Liebhaber-Reiseführer Nr. 1

Wolfgang O. Steinhardt

Toskana für Liebhaber

Liebhaber-Reiseführer Nr. 1

Wolfgang O.
Steinhardt

Toskana für Liebhaber

Ein Führer durch Land, Kunst,
Geschichte und Gastronomie

ARCUS

Abkürzungen
fügen der Kenntnis und der Liebe
Schaden zu,
da die Liebe zu allen Dingen
der Ursprung dieser Kenntnis ist
und die Liebe
in dem Maß glühender
als die Kenntnis
gründlicher ist.
Von welchem Nutzen ist dann der,
der die Details jener Dinge
vermindert,
von denen er vorgibt,
gründliche Information zu geben,
während er doch die Hauptteile
dessen zurückläßt,
aus denen das Ganze
zusammengesetzt ist.
Es ist wahr,
daß die Ungeduld,
die Mutter der Beschränktheit,
die Kürze lobt.

(Leonardo da Vinci, *Schriften*)

Inhaltsverzeichnis

Vorwort 9

Einführung
Toskana und kein Ende
oder
Was ist eine Liebhaber-Reise? 13

1. Kapitel
Die Grenzen der Toskana 23

2. Kapitel
Der Weg in die Toskana 47

3. Kapitel
Florenz
Die Ankunft 77
Der Aufenthalt 80
Essen und Trinken 150

4. Kapitel
Siena
Die Ankunft 161
Der Aufenthalt 165
Essen und Trinken 197

5. Kapitel
Pisa
Der Weg – Die Maremma 207
Die Ankunft 216
Der Aufenthalt 217
Essen und Trinken 233

Epilog
Noch einmal:
Toskana und kein Ende 239

Anhang 243
Geschichtlicher und kunstgeschichtlicher Überblick 243

Liste der empfohlenen Liebhaber-Hotels und Liebhaber-Restaurants (mit allen wichtigen Details und Anfahrtswegen) 253
A) Auf dem Wege in die Toskana 254
B) In und um Florenz 258
C) In und um Siena 263
D) Die Maremma, Pisa, Lucca, Livorno und Umgebung 267

Ferienwohnungen 271

Wein und Weingüter 271

Einkaufstips 273

Die wichtigsten Galerien, Museen Palazzi und Kirchen 275

Naturschutzparks 277

Reisetips 277

Erwähnte und empfehlenswerte Literatur 285

Kartenmaterial 289

Ortsregister 289
Personen- und Sachregister 293

Zum raschen Auffinden einzelner Orte und Sehenswürdigkeiten empfiehlt sich die Benutzung des Ortsregisters (S. 289)

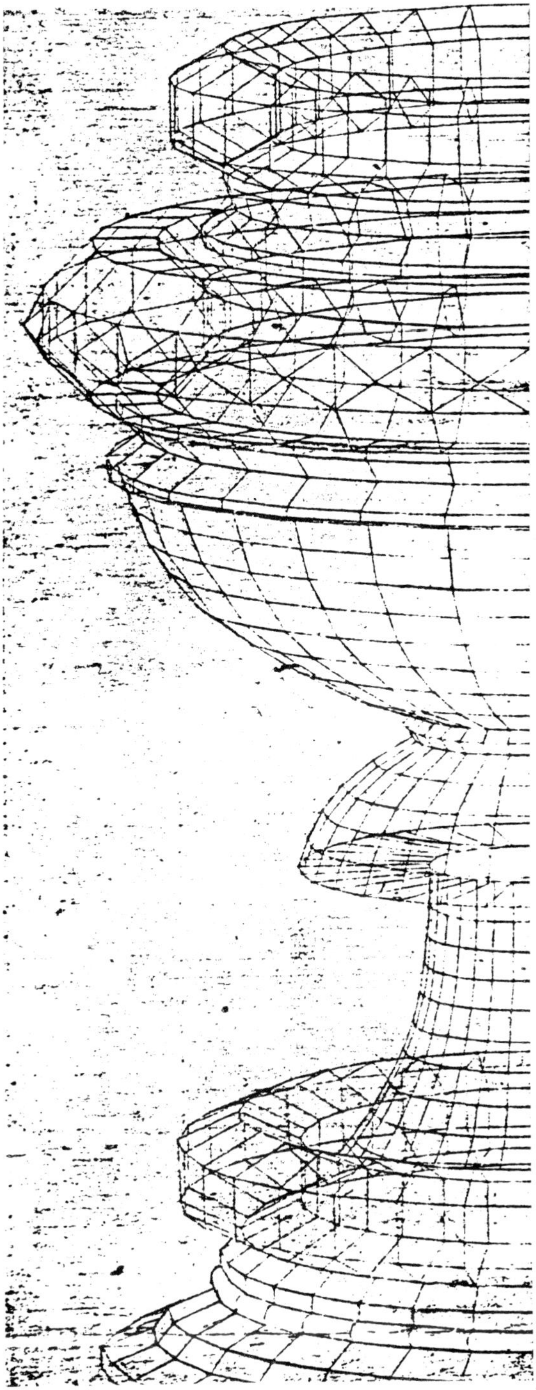

Vorwort

Unser Verstehen einer Welt ergibt sich nicht aus der Entdeckung ihrer gegenwärtigen Erscheinung, sondern indem wir erinnern, was wir ursprünglich getan haben, um sie hervorzubringen.

(G. Spencer Brown, *Laws of Form*)

Mit diesem ersten Band der Reihe »Liebhaber-Reiseführer« legen wir einen Reiseführer neuer Art vor. Ein Buch, das sowohl zur Lektüre als auch zur Reiseplanung zu Hause geeignet ist, genau wie als Reisebegleiter und zuverlässiger Führer, der den Reisenden unterwegs vor Sorge und Unsicherheit bewahrt.

Die besondere Aufgabe unseres neuen Typs von Reiseführer liegt darin, den Touristen aus seiner Welt in die Welt seines Reiseziels zu versetzen, ihn für diese andere Welt zugänglich werden zu lassen, ihn in Bereitschaft zu versetzen, damit er sie von Grund auf verstehen kann. Das Reisebuch neuen Typs soll also Mittler sein, es soll Aufgeschlossenheit fördern und helfen, das besuchte Land in einer Weise zu bereisen, die den Reisenden immer weiter aufschließt, ihm hilft, die Barrieren abzubauen, die der gewohnte Alltag in ihm gegen das Erfassen des Anderen hat erwachsen lassen, so daß er das besuchte Land nicht nur mit dem Verstand zu erfassen vermag, sondern mit allen seinen Sinnen.

Die Entwicklung der Reisebücher hat nicht mit der Entwicklung des Tourismus Schritt gehalten. Oder besser gesagt: Sie hat nicht mit der Entwicklung der Touristen Schritt gehalten, die den Tourismus tragen. Der heutige Tourist – soweit er wirklich auf der Höhe der Zeit steht – will die von ihm besuchte Welt nicht vorfabriziert aus dem Reiseführer erfahren. Er will nicht lesen: »Sie stehen jetzt auf dem schönsten Platz der Welt«, »Sie sehen jetzt eine der herrlichsten Statuen, die jemals geschaffen worden sind«. Und er will sich nicht vorschreiben lassen, wie er zu sehen oder zu erleben hat; er will nicht lesen: »Das Blau des Mantels, das kaum Helligkeitsabstufungen zeigt, läßt die Madonna flach, fast körperlos erscheinen. Es verstärkt die Erinnerung an eine Ikone.« Er will unbeeinflußt sehen. Und er will auch nicht lesen: »...beeindruckend sind vor allem die eigenhändigen Fresken Fra Angelicos.« Er will herausfinden, ob sie ihn beeindrucken und wie dieser Eindruck zustande kommt. Genausowenig will er mit Abfolgen trockener Daten gefüttert werden. Und er lehnt Aussagen ab, die mit Anspruch auf eine Gültigkeit gemacht werden, deren Anschein allein durch das Verschweigen ihrer Voraussetzungen entsteht. Der moderne Tourist hat gewiß meist wenig Zeit, dennoch ist er keineswegs von jener Ungeduld erfüllt, die als »Mutter der Beschränktheit die Kürze lobt«. Er will nicht Opfer der Abkürzungen werden, von denen Leonardo spricht, und in einen Zustand geraten, in dem er veranlaßt wird zu sagen »alles klar, keine Probleme«, aber nur weil er getäuscht worden ist, während diese »Klarheit« lediglich der Verarmung der Wahrnehmung entspringt. Der moderne Tourist will nicht Worte und Beschreibungen, hinter denen das Wahrzunehmende und zu Erlebende verschwindet. Er will unmittelbar erleben, mit den eigenen Augen sehen. Dabei will er vielleicht Urteile anderer erfahren – möglichst einander widersprechende Urteile –, um sie mit seinem Eindruck zu vergleichen und um die verschiedenen Kriterien der Beurteilung zu erfassen und das Erlebte vielfältiger sehen zu können. Kurz gesagt: Der moderne Tourist lehnt die Vermittlung von Vorurteilen ab. Er will nicht eine verurteilte Welt konsumieren, oder gar nur Urteile über diese Welt, und sich damit zum Verbraucher von etwas reduzieren lassen, was er in Wirklichkeit mit seinem ganzen Wesen und von Grund auf erfassen will, und nicht nur mit seinem Verstand.

Dabei kann der moderne Tourist kein Buch gebrauchen, das sich zwischen ihn und die Welt schiebt, die zu erleben er aufgebrochen ist. Das Buch soll das Land nicht präsentieren oder gar repräsentieren, es soll Hinweise geben.

Es soll auch nicht durch vielfarbige Abbildungen den Blick des Reisenden auf bestimmte Erwartungen einrichten. Zahlreiche mehrfarbige Abbildungen sind ein buchhändlerisches Verkaufsargument (für das der Käufer letztlich zu zahlen hat), dem Touristen, der das Land mit eigenen Augen sehen will, dienen sie nicht. Bilder sollen optische Hinweise geben, bzw. Hinweise durch optische Darstellungen und Gegenüberstellungen, sie sollen dort ergänzen, wo Worte nicht mehr genügen. Damit sind sie nicht weniger wichtig, im Gegenteil, erst so gewinnen sie eine unerläßliche Funktion im Rahmen des Ganzen.

Liebhaber-Reiseführer sollen als Mittler dienen, als Medium im besten Sinn des Wortes. In einer Zeit, in der die Medienlandschaft mehr und mehr an die Stelle der Landschaft, die Darstellung mehr und mehr an die Stelle des Dargestellten tritt, ist das keineswegs selbstverständlich.

Nur durch die reine Mittlerfunktion kann ein Reiseführer dem Touristen tatsächlich dienen. Er hat nicht die Zeit, sich ganz auf sich gestellt, die Voraussetzungen zu schaffen, die für das rückhaltlose Erleben des besuchten Landes notwendig sind. Da soll ihm das Reisebuch neuen Typs behilflich sein: Es soll ihm Zeit sparen. Und es soll ihm die sichere Grundlage für die Planung und Durchführung der Reise geben, damit er das besuchte Land in seiner schönsten Form erleben kann, ohne jene Zeitverluste und Beeinträchtigungen der Aufnahmebereitschaft, wie sie sich aus der Beschäftigung mit durchaus vermeidbaren Mißhelligkeiten ergeben.

In diesem Sinne: Gute Reise!

Einführung

Toskana und kein Ende
oder:
Was ist eine Liebhaber-Reise?

Die Landkarte ist nicht das Territorium.
(Alfred Korzybski, *Science and Sanity*)

Wer einmal – und sei es auch nur für Augenblikke – einen Ansatz zur rückhaltlosen Entdekkung dieses Landes gemacht hat, den läßt es nicht wieder los. Er wird immer neue Reize entdecken, die ihn begeistern. Und das ist es ja, was den Liebhaber ausmacht: Er ist nicht einer, der sagt »ich liebe dich« und alle seine folgenden Handlungen von dieser Voraussetzung ableitet oder sich sogar darauf beschränkt, das zu tun, was man eben tut, wenn »man« seine Liebe erklärt hat. Der wirkliche Liebhaber beschränkt sich nicht auf Zärtlichkeit oder ist gar lediglich um Zärtlichkeit bemüht. Der wirkliche Liebhaber ist ein Entdecker. Er entdeckt seine Geliebte jeden Tag aufs neue und entdeckt immer neue Reize an ihr. Sie ist ihm unerschöpflich, und niemals könnte der Augenblick eintreten, wo er in der Lage wäre, eine Bestandsaufnahme ihrer Reize zu machen. Die Fülle seiner Entdeckungen ließe ihm nicht einmal die Zeit, es auch nur zu versuchen. Niemals könnte eine solche Bestandsaufnahme mit der rasanten Abfolge seiner Entdeckungen Schritt halten. Diese Bereitschaft, niemals innezuhalten, nicht zu zählen und keine Erklärungen abzugeben, sondern unaufhörlich weiterzugehen, ist es, was den wahren Liebhaber auszeichnet. Durch diese Bereitschaft läßt er die Geliebte stets aufs neue erblühen. Mit wachsender Kenntnis wächst seine Lust, sie immer intensiver und tiefer zu ergründen. Zugleich wächst die Bereitschaft der Geliebten, sich weiter zu öffnen.

Damit ist angedeutet, wohin dieses Buch zielt: Es soll und kann nicht erschöpfend sein. Kein Buch kann die Toskana erschöpfend und endgültig wiedergeben. Dieses Buch soll den Leser oder Benutzer anregen, es soll Ausgangsbasis sein, ihn auf den Weg bringen, ihm helfen Barrieren abzubauen, die sein Erleben hindern.

So viel in einem Buch über die Toskana auch immer dargestellt sein mag, am Schluß bleibt stets die Fülle, die der Leser nur für sich allein entdecken kann. Und mit jeder neuen Entdekkung wird er mehr und mehr entdecken, was es erst noch zu entdecken gilt.

Hier wird also nicht ein neues Inventarium gegeben, es werden nicht wieder einmal mehr alle Sehenswürdigkeiten der Toskana aufgezählt und vielleicht noch ein paar neue und ausgefallene oder weniger bekannte dazu, sondern hier soll es dem Leser oder Benutzer erleichtert werden, eine Reise durch die Toskana in ihrer schönsten Form anzutreten, eine echte Liebhaber-Reise.

Das beginnt mit der Anreise und der Wahl der richtigen Hotels. Es macht sehr wohl einen Unterschied, ob die Anreise eine Strapaze darstellt oder ob sie bereits zu einem Erlebnis wird, das den Geist öffnet und die Aufnahmebereitschaft steigert. Und es macht einen entscheidenden Unterschied, ob diese Anreise in eine überflüssig lange Fahrt durch die engen Gassen einer vom Verkehrsstau geplagten Stadt mündet, oder ob dem Reisenden die günstigste Anfahrt zu dem Hotel seiner Wahl gewiesen wird. Und es macht schließlich einen ganz entscheidenden Unterschied, ob man jeden Morgen aus einem stillosen Hotel aufbrechen muß, aus dem man sich erst mühsam in den Zauber von Florenz, Siena oder San Gimignano finden muß, oder ob man in einem Liebhaber-Hotel wohnt, in einer Atmosphäre, die den Geist des Landes ausstrahlt. Solche Hotels müssen keineswegs besonders teuer sein, oft sind sie nur etwas schwerer zu finden. Sie stehen nicht gerade am Hauptbahnhof. Besonders die ganz großen – und damit oft teuersten – luxuriösen Hotels stammen sehr häufig aus jener langen Epoche, in welcher man Hotels eines internationalen Stils schätzte, bei denen von der Atmosphäre des Landes nichts oder nur wenig zu spüren ist.

Auf der Suche nach echten Liebhaber-Hotels hilft der herkömmliche Hotelführer wenig. Er bietet eine Liste von Beherbergungsbetrieben und überläßt es den Reisenden, die Erfahrung zu machen, um was für eine Art von Hotel es sich handelt. Er weiß allenfalls nach der Reise, ob seine Wahl wirklich seinen Wünschen entsprach. Da besteht die Gefahr, daß man Dinge akzeptiert, ohne überhaupt zu wissen, wieviel besser man es haben könnte. Da verdeckt eine einigermaßen zufriedenstellende Erfahrung die vollkommenere Möglichkeit.

Dieses Buch wurde nicht zuletzt durch Berichte von Reisenden inspiriert, die erzählt haben, wie sie in Florenz oder San Gimignano am angenehmsten Hotel oder dem besten Restaurant vorbeigegangen sind, ohne zu ahnen, was ihnen entging. Im Grunde müßte man immer erst mal eine Reise machen, um herauszufinden, wie man ein Land am besten bereist; aber wer hat dazu die Zeit, von den Kosten ganz abgesehen. Und eine Reise reicht meist nicht. Es bedarf langer Zeit und Erfahrung, um die schönsten Möglichkeiten eines Landes herauszufinden. Diesen Zeitaufwand soll dieses Buch sparen helfen. Oder, um die Frage vom Anfang dieser Einführung zu beantworten: Eine Liebhaber-Reise ist eine Reise, bei der man direkt an das Wesentliche kommt, eine Reise, auf welcher sich Landschaft, Kultur und Gastronomie harmonisch zu einem Ganzen zusammenfügen, eine Reise, auf der man die ganze Fülle des Landes erfaßt.

In diesem Sinne handelt es sich hier um ein Buch aus der Praxis für die Praxis oder besser: aus der Erfahrung für die Erfahrung. Es soll ein Reiseführer im Sinne von Reisebetreuer sein, und zugleich ein Buch zum Planen und Plänemachen und zum Träumen, wenn die Zeit zur Verwirklichung der Pläne noch nicht gekommen ist.

Die Verknüpfung der Bereiche Landschaft, Kunstschätze und Gastronomie dürfte ungewohnt sein. Herkömmliche Reiseführer oder Reisebücher stellen einen der Bereiche massiv in den Vordergrund, sind Restaurantführer oder Kunstführer oder Landesbeschreibung. Aber darin liegt eine künstliche und äußerst schädliche Trennung, die es dem Reisenden erschwert, die andere Welt von Grund auf zu erfassen. Tatsächlich sind die drei Bereiche untrennbar miteinander verknüpft und bedingen sich vielfältig gegenseitig. Nur eine Darstellung, die diese Verwobenheit beläßt, hat Aussicht, dem lebendigen Ausdruck der Kultur eines Landes gerecht zu werden.

Dabei werden sich im Verlauf des Buches vielschichtige Fragen ergeben, wie etwa: »Ist die Landschaft nicht einfach da? Und sind die Bewohner des Landes nicht eben hineingeboren in diese Landschaft? Und haben dann unter dem Eindruck der Landschaft und anderer Gegebenheiten ihre Lebensweise entwickelt?« So stellen es die meisten Reiseführer dar, gewissermaßen als eine Abfolge von Ursachen und Wirkungen. Tatsächlicht verhält es sich anders: Die Lebensweise der Bewohner drückt sich weitgehend in der Gestaltung der Landschaft aus. Sie können von der Landschaft inspiriert auf sie einwirken. Später werde ich darauf zurückkommen. Jetzt möchte ich nur soviel sagen: Es läge nahe, hier eine Wendung wie »die Wechselwirkung zwischen Landschaft und Bewohner« zu verwenden. Dann wäre ein eindeutiger und klarer Ausdruck da. Nur: unter dem Ausdruck »Wechselwirkung« würde die Anschaulichkeit schwinden, die Erfaßbarkeit des tatsächlichen Vorganges. Oder wie Leonardo es ausdrückt: »Von welchem Nutzen ist dann der, der die Details jener Dinge vermindert, von denen er vorgibt, gründliche Information zu geben, während er doch die Hauptteile zurückläßt, aus denen das Ganze zusammengesetzt ist?«

Ein Satz wie »zwischen Landschaft und Bevölkerung besteht eine Wechselwirkung« beantwortet nichts. Er faßt zusammen, erstickt lediglich die Frage, verdeckt die Details und vermindert die Information. Sollte man nicht lieber auf solche Schein-Antworten verzichten? Die Fragen aber stellen und offen halten?

Wenn ich an die Stelle einer Beschreibung der Vorgänge zwischen Landschaft und ihren Bewohnern den Ausdruck »Wechselwirkungen« setze, dann abstrahiere ich. Ich könnte weitergehen und an die Stelle des letzten Absatzes setzen: »Abstrahieren beantwortet nichts, es läßt die Dinge lediglich immer unzugänglicher werden.« Damit hätte ich eine neue Stufe der Abstraktion erreicht. Und so könnte ich fortfahren zu immer neuen Ebenen der Abstraktion. Damit wären wir wieder bei den »Abkürzungen, die der Kenntnis und der Liebe Schaden zufügen«. Es wird immer mehr vereinfacht, mit immer weniger Worten wird immer mehr »erfaßt« und scheint immer klarer zu werden, während tatsächlich das Gegenteil der Fall ist.

Ebenso vereinfacht strenge Abgrenzung der Bereiche nur dem Anschein nach. Tatsächlich entstehen durch jeden weiteren Schritt solcher Pseudo-Vereinfachungen lediglich neue Mystifikationen und Verzerrungen, die zugleich mit jedem Schritt immer weniger erkennbar werden.

Widerspruch wird mitunter auch die Behandlung von darstellender Kunst und Kochkunst auf nahezu gleichwertiger Ebene hervorrufen. Bei zahlreichen Menschen gelten die darstellenden Künste als etwas Höheres, während die gastronomischen Künste einer niederen Ebene zugeordnet oder gar mit einer gewissen Verachtung behandelt werden. Das hat – um es mal überspitzt auszudrücken – ganz ohne Zweifel auch mit der unterschiedlichen Dauerhaftigkeit der Produkte der Kochkunst und etwa der Malkunst zu tun. Die Erzeugnisse der Kochkunst sind von großer Flüchtigkeit. Nicht nur den Mimen, auch den Köchen flicht die Nachwelt keine Kränze. Dabei ist die Gastronomie ohne Zweifel der Bereich, in welchem der Tourist am unmittelbarsten mit dem Ausdruck einer Kultur in Berührung kommt. Und zugleich stellt sie die lebendigste Form dieses Ausdrucks dar. Die Kulturschätze und berühmten Werke der Architektur gehören meist der Vergangenheit an, im Falle der Toskana einer recht fernen Vergangenheit. Wer besucht schon die Toskana, um Kontakt mit ihren lebenden Künstlern zu bekommen? Womit manchem dieser Künstler gewiß Unrecht getan wird. Doch in der Gastronomie, besonders in den Restaurants, bekommt der Tourist einen unmittelbaren Kontakt mit der gegenwärtigen Kultur des Landes. Kein Restaurant ist einfach Ausdruck des Willens seines Inhabers oder seines Küchenchefs, ein Restaurant wird letztlich von seinen Gästen getragen. In manchen Gegenden Italiens gibt es sicherlich eine gewisse Anzahl von Restaurants, die nur in der Saison und da hauptsächlich von ausländischen Touristen leben. Etwa an der Adria ist das der Fall. In der Toskana leben die Restaurants ganz überwiegend – in den Wintermonaten in vielen Gegenden sogar ausschließlich – von einheimischen Gästen. Das, was dem ausländischen Gast da geboten wird, ist also ein unmittelbarer Ausdruck dessen, was die Bevölkerung im wahrsten Sinne des Wortes »kultiviert«. Und dabei stellt es ohne Zweifel einen besonders beachtlichen Zug dar, daß in Italien die eigenständige italienische Küche dominiert und nicht von der internationalen Steak- und Schnitzel-Küche verdrängt worden ist. Das ist ja keineswegs überall in der Welt so. Beispielsweise im Schweizer Kanton Graubünden gibt es – oder gab es – eine ganz ausgeprägte und sehr schmackhafte eigenständige Bündner Küche. Dort ist es heute die Ausnahme, ein Restaurant zu finden, in dem original Bündner Gerichte – außer dem längst zur internationalen Küche gehörenden Bündnerfleisch – angeboten werden. In einem solchen Falle ist es dann nicht zuletzt die ansässige Bevölkerung, die eben das vorzieht, was ihr vielleicht als »Duft der großen Welt« erscheint.

All diese Tatsachen berechtigen nicht nur zur Verbindung der drei Bereiche, sie machen sie im Interesse eines intensiven Erlebens geradezu notwendig. Im Falle der Toskana wäre eine solche Trennung ganz besonders künstlich und willkürlich: Hier benutzen die Einwohner die alte Kulisse für ein modernes Dasein. Mit großer Selbstverständlichkeit leben sie in der alten Architektur. Da ist nichts museal geworden, weder in der Alltagspraxis noch im Bewußtsein der Bevölkerung. Das moderne Leben pulsiert durch die alten Städte. Die große Vergangenheit ist für die Bewohner eine allgegenwärtige Dimension ihrer Gegenwart. Darin unterscheidet sich Florenz beispielsweise von Venedig, das zu einem großen Museum geworden ist, in welchem sich das heutige Leben in bezug auf die Vergangenheit und auf die Touristen abspielt. In Florenz stehen die Touristen – bei aller Bedeutung als Wirtschaftsfaktor – eher am Rande des Lebens einer aktiven und auf zahlreiche gewerbliche Tätigkeiten ausgerichteten Bevölkerung. Im gewissen Sinne ist der Tourismus in Florenz und der Toskana eher eine Belastung für die Bevölkerung, die ihren Lebensraum mit den Touristen teilen muß. Die Bevölkerung leidet unter den höheren Preisen, die der Tourismus stets mit sich bringt, wenn er größere Ausmaße annimmt. Die Touristen verstopfen die Straßen, besetzen die Parkplätze und stehen in einer Stadt wie Florenz der Bevölkerung bei der Ausübung von deren alltäglicher Tätigkeit oft geradezu im Wege.

»Aus der Erfahrung für die Erfahrung« – das bedeutet auch, daß in diesem Buch keinerlei Empfehlungen gegeben werden, die nicht auf Anschauung und Kontakt basieren. Auch daraus ergibt sich die Unmöglichkeit der Vollständigkeit. Kein einzelner Mensch kann alle Erfahrungen machen – alles erleben – was möglich ist. Gewiß, ein Mensch kann alle Kunstwerke in den Uffizien sehen, oder auch alle Kunstwerke in Florenz oder einem noch größeren Bereich. Und er könnte eine vollständige Liste machen. Eine solche vollständige Liste, ein lexikalisch kunsthistorisches Verzeichnis, wäre sogar ohne jeden unmittelbaren Kontakt möglich; sie ließe sich aufgrund von bereits bestehenden Büchern anfertigen. Eine sehr lebendige Angelegenheit wäre das allerdings nicht. Erfahrung wählt aus. Sie läßt sich nicht übertragen, ist nicht mitteilbar. Möglich ist einzig, Anregung und Ausgangsbasis für Erfahrung zu geben, machen muß sie jeder für sich.

Überhaupt stellt Vollständigkeit ein höchst problematisches Bestreben dar: Mit der Länge einer Liste – also dem Zeitaufwand, der erforderlich ist, ihr zu folgen – verdeckt sie mehr und mehr, was sie nicht enthält, läßt ihrem Benutzer nicht die Zeit, ihre Mängel zu entdecken.

Besonders unsinnig wäre das Streben nach Vollständigkeit der Erfahrung auf gastronomischem Gebiet. Was die Hotels angeht: Liebhaber-Hotels sollen es dem Gast ermöglichen, in einer Umgebung zu wohnen, die etwas von dem Reiz und dem Geist des Landes besitzt, so daß sie ein idealer Ausgangspunkt für das Erleben des Landes sein kann. Damit ist die Zahl der Hotels bereits eingegrenzt. Es dürfte gelungen sein, weitgehend alle Hotels zu erfassen, die diesen Kriterien entsprechen. Das schließt nicht aus, daß es Häuser gibt, die in der Liste fehlen, obwohl sie eigentlich hineingehören. Zu bedenken ist, daß jener Komfort vorausgesetzt wird, den der Reisende heute weitgehend gewohnt ist. Das Fehlen des gewohnten Komforts fördert sicherlich nicht die Erlebnisbereitschaft. Grundsätzlich ist zu beachten: Die bloße Nennung eines Hotels oder Restaurants stellt bereits eine Empfehlung dar. Es werden keine Bewertungen durch Symbole gegeben, aus denen sich eine Rangordnung ableiten läßt. Das einzelne Hotel und das einzelne Restaurant wird im Rahmen des Hauptteils ausführlich beschrieben. Alle erwähnten Hotels und Restaurants werden überdies im Anhang in einer Liste zusammengefaßt. Dort sind neben detaillierten Hinweisen für die Anfahrt die wichtigsten Daten angegeben.

Völlig unmöglich ist Vollständigkeit der Erfahrung im Hinblick auf Restaurants. Kein Mensch kann in allen Restaurants und Trattorien der Toskana essen, schon gar nicht innerhalb nützlicher Zeit für die Abfassung eines Reiseführers. Außerdem stellt die Beurteilung von Restaurants ein ganz besonderes Kapitel dar, auf das ich an geeigneter Stelle zurückkommen möchte.

Empfehlung setzt Kenntnis voraus. Es dürfte gelungen sein, eine große Zahl all der Restaurants in der Toskana zu erfassen, die zur Zeit der Fertigungstellung des Buches – also Anfang 1985 – mit Recht das Prädikat »Liebhaber-Restaurant« tragen können. Das bedeutet aber keineswegs, daß es nicht noch andere Restaurants gibt – vor allem kleinere –, in denen ausgezeichnet gekocht wird, wenigstens einzelne Gerichte oder zu bestimmten Zeitpunkten. Ein solches Restaurant dann im richtigen Augenblick zu finden und auch das richtige Gericht zu bestellen, ist reine Glückssache.

Für eine Empfehlung genügt das nicht. Da ist Zuverlässigkeit ein wesentliches Kriterium. Wenn etwa in einem Restaurant – oder in diesem Fall sollte ich sagen: in einer Trattoria – sehr gute *ravioli di ricotta e bietole* (mit Quark und Mangold gefüllte Ravioli) und vielleicht ein schmackhaftes frittiertes Huhn zu haben sind, man dafür aber in Kauf nehmen muß, daß alles übrige bestenfalls durchschnittlich ist, die Preise überhöht und die Rechnungen meist noch ordentlich aufgerundet, dann kann ich es nicht empfehlen. Und wenn ein renommierter Schriftsteller in einem Toskana-Sonderheft einer bekannten Zeitschrift über diese Trattoria unter dem Titel 'Die Wonnen der Ursprünglichkeit' schreibt, dann kann ich mich nur fragen, ob er vielleicht einer schwärmerischen Begeisterung zum Opfer gefallen ist, wie manch anderer auch. Diese Trattoria ist nun ganz bestimmt nicht Ausdruck der Kultur bzw. Lebensart des Landes und man findet dort ganz überwiegend ausländisches Publikum. Die in der Gegend Ansässigen schütteln nur den Kopf, wenn man von diesem Lokal spricht und wundern sich, daß man vor diesem Hause immer wieder so viele große ausländische Autos parken sieht. Ein anderer Autor bezeichnet diese Trattoria mit 'vergnügliche Falle' – nun gut: Jedem Tierchen sein Plaisierchen.

Und wenn langsam immer mehr Gutshöfe dazu übergehen, ihrem Betrieb eine Trattoria oder Taverna anzuschliessen und damit werben, daß alles, was serviert wird, aus der Produktion des Gutshofes stammt, dann kann das durchaus zutreffend sein. Das besagt aber noch lange nicht, daß dort gut gekocht wird. Auch die gutseigenen Produkte können mäßig zubereitet und lieblos serviert werden. Und: Einfallsarmut hat überhaupt nichts mit Ursprünglichkeit zu tun. Wenn der eine oder andere Autor dann diese Taverne dennoch empfiehlt und von ihrer *cucina casalinga* (Küche nach Hausfrauenart) schwärmt, ist er vielleicht seiner eigenen Ideologie vom einfachen Leben zum Opfer gefallen. Oder er hat einen Tag erwischt, an dem es mal besser war als üblich.

Mit der Zunahme des Fremdenverkehrs steigt die Neigung zum Absahnen. Man lernt, worauf die Fremden fliegen und richtet sich danach, wenigstens in den Anpreisungen. Das betrifft auch die *vendita diretta* (Direktverkauf) ländlicher Produkte; außer Wein und Olivenöl werden oft auch Käse, Schinken und Honig angeboten. Viele Touristen, die sich von der Ankündigung *vendita diretta* angezogen fühlen, merken oft garnicht, daß die angebotenen Waren vielfach weder von besonders hoher Qualität sind noch preiswerter als in den Läden, in denen man mehr Auswahl hat. Allzu häufig genügt eine pittoreske Umgebung, um Touristen zu einem Kauf zu verführen, von dem ihnen mangels Vergleichsmöglichkeiten niemals klar werden wird, wie ungünstig er war.

Oder wenn ich in einem recht renommierten Restaurant in der Provinz Grosseto auf der Speisekarte ein Gericht finde, das mich interessiert, nämlich *rigatoni olive* (Nudeln mit Fruchtfleisch von Oliven) und dann feststellen muß, wie es ohne jede Kunst gekocht ist, dann den Inhaber darauf anspreche und zu hören bekomme, so werde dieses Gericht schon seit Jahrhunderten in dieser Gegend bereitet, dann mag das noch angehen. Wenn dann aber die übrigen Gänge völlig nichtssagend sind und zum Dessert ein Zucotto mit *frutta di bosco* (Waldbeeren) serviert wird, bei dem mir die Waldfrüchte zu fehlen scheinen, auf meine Reklamation der Wirt erscheint und eine Plastikpackung bringen läßt, auf deren Etikett zu lesen ist, daß es sich um Zucotto mit *frutta di bosco* handele und wenn dann dieses Dessert noch genausoviel kostet wie die frischen Waldbeeren mit einem ausgezeichneten Eis, die ich wenige Tage zuvor in einem sehr guten Restaurant gegessen habe, dann kann ich auch dieses Restaurant beim besten Willen niemandem empfehlen. Und es spielt letztlich keine Rolle mehr, daß die gute Flasche, die ich geleert habe in diesem als Enoteca – also Weinhandlung – bezeichneten Restaurant schlicht achtzig Prozent mehr kostet als der gleiche Wein in einem weitaus besseren Lokal. Da zählt auch der einstige Ruhm eines solchen Restaurants nicht; den kann der Gast von heute nicht essen und ich kann nur sagen, daß die Vereinigung der *Ristoranti del Buon Ricordo*, zu der dieses Restaurant lange gezählt hat, zu verstehen ist, wenn sie es aus ihrer Liste streichen will. Im Grunde müßte man vor solchen Gaststätten warnen. Aber ich gebe nur positive Empfehlungen. Niemand hat das Recht, negative Empfehlungen zu geben und damit den betroffenen Gastronomen das Leben schwer zu machen.

Und ein Wort zu den Preisen: Sie sind in starkem Maße Veränderungen unterworfen. Und Veränderung heißt hier seit langem stets, daß sie steigen. Während vieler Jahre stiegen die Beträge in Lire, während der Außenwert der Lire entsprechend sank, in dieser Zeit – bis zum Ende der siebziger Jahre – blieben die Preise für die Touristen aus Deutschland, der Schweiz und Österreich weitgehend konstant. Durch die Währungsschlange hat sich das seither geändert. Der Außenwertverlust der italienischen Währung gleicht längst nicht mehr die Inflation im Lande aus. So sind auch auf DM, SFr und Schilling bezogen starke Preissteigerungen eingetreten. Heute – das heißt am Anfang des Jahres 1985 – ist Italien für Touristen aus Deutschland, Österreich und der Schweiz längst kein billiges Reiseland mehr und wenn die Tendenz anhält, wird Italien sehr bald ein teures Pflaster sein. Das gilt für die Preise in der Gastronomie noch stärker als für die Preise beim Shopping.

Naturgemäß finden sich Liebhaber-Hotels und Liebhaber-Restaurants vorwiegend in den oberen Preisklassen, aber ich habe mich ganz besonders bemüht, auch Liebhaber-Betriebe zu finden, die mit den Preisen zurückhaltender sind. Im Hauptteil des Buches sind keine Preise angegeben, dort findet allenfalls das Preisniveau eines Betriebes Erwähnung. Im Anhang sind dann die Preise zu finden, wie sie zumindest für die erste Hälfte des Jahres 1985 bleiben dürften. Diese Preisangaben sind unverbindlich und ohne Gewähr. Sie werden auch in späteren Jahren einen Hinweis auf das Preisniveau des jeweiligen Betriebes geben.

Gerade die Zusammenfassung der drei Bereiche macht einen überschaubaren Aufbau des Buches notwendig. Dabei waren die praktischen Bedürfnisse des Reisenden ausschlaggebend. Da ist einmal die Konzentration auf die drei Zentren Florenz, Siena und Pisa, ergänzt durch einen ausgiebigen Abstecher an die Strände der Maremma. Es empfiehlt sich nicht, den Aufenthaltsort täglich zu wechseln. Nur wer mindestens zwei Nächte am gleichen Ort und im gleichen Hotel verbringt, gewinnt überhaupt das Gefühl, angekommen zu sein. Bei täglichem Wechsel vergeudet man auch viel Zeit mit Packen und Auspacken etc.

Für eine richtige Liebhaber-Reise in die Toskana empfiehlt es sich, alle drei Zentren aufzusuchen, Florenz und Siena etwa gleich lange, Pisa etwas kürzer. Aber man kann sich ja auch erst mal auf einen Bereich konzentrieren und die anderen für spätere Reisen aufheben. Jedenfalls sollte man die Zeit für den einzelnen Landesteil nicht zu kurz bemessen. Wer nur sechs Tage Zeit hat, wird mehr davon haben, wenn er die ganze Zeit in Florenz oder in Siena verbringt, statt je zwei Tage in Florenz, Siena und Pisa.

Das Buch ist so gehalten, daß man es lesen kann, wie man eben ein Buch liest – von vorne bis hinten. Es beginnt mit einem Kapitel über die Toskana insgesamt, in welchem der Leser vieles erfährt, was er über das Land wissen will. Und vielleicht sogar einiges, von dem er nicht wußte, daß es ihn im Grunde sehr interessiert. Dabei wird auch der, der die Toskana schon mehrfach bereist hat, Neues erfahren über Geschichte, Gegenwart, Bevölkerung, Klima, Küche und so weiter und alles das in Zusammenhang mit der Praxis einer Reise in dieses zauberhafte Land mit Anregungen zum Erlebnis aller seiner Reize.

Das folgende Kapitel heißt »Der Weg in die Toskana«. Es konzentriert sich weitgehend aufs Praktische und soll die Anreise genußreich machen. Dabei ist völlig auf künstlerische und historische Faktoren verzichtet. Die Reise in die Toskana soll nicht in der Anfahrt steckenbleiben. Also bleibt dieses Kapitel auf die Darstellung der vorteilhaftesten Reisewege beschränkt und berücksichtigt darüber hinaus lediglich die besten Restaurants, die die notwendige kulinarische Unterbrechung der Reise zum Erlebnis werden lassen. Dabei wird sich herausstellen, daß die *strada del sole* zwischen Mailand und Bologna den Namen »Strada del Gourmet« verdient. Das wird von den meisten Reisenden übersehen, zu ihrem eigenen Schaden. In diesem Zusammenhang ergibt sich Gelegenheit, einiges über die Schwierigkeiten der Restaurant-Bewertung zu sagen.

Es schließen sich drei Kapitel über die Zentren der Liebhaber-Reise in die Toskana an: Florenz, Siena und Pisa. Am Anfang des Kapitels über Pisa findet sich der Abstecher Maremma. Jedes der drei Hauptkapitel ist nach dem Prinzip aufgebaut: Wohnen, Sehen, Essen. Die Unterkunft stellt die Grundlage eines jeden Aufenthaltes dar. Wer gut untergebracht ist, der kann sich unbeschwert den Dingen widmen, die es zu sehen gibt, bis sich der Wunsch nach einer guten Mahlzeit einstellt. Der Mittelteil, der sich mit dem befaßt, was es zu sehen gibt, wird natürlich in jedem Kapitel den breitesten Raum einnehmen. Er ist mehr anregend als führend gehalten. Ausgehend von Hinweisen auf das unvermeidliche Pflichtpensum wird das Besondere einen breiten Raum einnehmen, besondere Sehenswürdigkeiten, genau wie besondere Weisen, das Bekannte zu sehen. All das eingebettet in anekdotisches und historisches Material. Und am Schluß eines jeden dieser Kapitel: die Hinweise auf die kulinarischen Freuden der Gegend.

Der Epilog gibt dem Buch die Abrundung.

Im Anhang findet sich ein Überblick über Geschichte und Kunstgeschichte der Toskana und parallel dazu die wichtigsten gleichzeitigen Ereignisse in der übrigen Welt.

Es folgt die Liste der erwähnten Hotels und Restaurants, mit Adressen, Telefonnummern, Hinweisen auf Ruhetage, Preisen – angegeben werden auch die jeweils akzeptierten Kreditkarten – etc., also mit allem, was zur Planung und Durchführung der Reise notwendig ist. Dann kommt eine Liste der wichtigsten Galerien und Museen; dabei werden die Öffnungszeiten angegeben sowie auch die wöchentlichen Ruhetage. Da die Einlaßzeiten mitunter wechseln, werden auch die jeweiligen Telefonnummern angegeben, so daß man – falls der Hotelportier nicht recht Bescheid weiß – rechtzeitig anrufen und sich die Zeiten bestätigen lassen kann. Allzu viele Toskana-Reisende haben schon vor verschlossenen Museumstüren umkehren müssen.

Anschließend eine Liste wichtiger Reisetips und ein Verzeichnis weiterführender Literatur. Damit sich der Leser ein Bild machen kann, wie weit das einzelne Buch ihn interessiert, ist jedes Buch kurz charakterisiert.

Ganz am Schluß findet sich das Register, von dem aus sich die Erwähnungen aller wichtigen Sehenwürdigkeiten auffinden lassen. Durch dieses Register wird das Buch zum Führer vor Ort, vermittels welchem man sich immer dann informieren kann, wenn man es gerade benötigt.

1. Kapitel

Die Grenzen der Toskana

Alle wissen es. Aber trifft es deshalb zu?
(Koreanisches Sprichwort)

Die Toskana ist eine der zwanzig Regionen, in die Italien eingeteilt ist. Die Region Toskana besteht aus neun Provinzen: Florenz, Arezzo, Grosseto, Livorno, Lucca, Massa-Carrara, Pisa, Pistoia und Siena. Die Toskana erstreckt sich über 22 992 km². Sie hat 3 527 325 Einwohner. Das ergibt eine Bevölkerungsdichte von 153 per km². (Zum Vergleich Italien insgesamt 187,5 per km².) Die wichtigsten Produkte des Landes sind: Wein, Olivenöl, Marmor, Textilien, Chemikalien.

Das sind nicht die Angaben, die der Liebhaber der Toskana sucht. Wie wenig er sie sucht, zeigt sich beim Versuch, in Florenz ein Buch mit statistischen Angaben über das Land zu kaufen. In drei Buchhandlungen habe ich vergeblich gefragt. Dabei waren diese Buchhandlungen mit Literatur über Florenz und die Toskana vollgestopft. Ein Buch, das auch statistische Angaben enthält? Die Buchhändler überlegten und bedauerten schließlich. Die Frage hatte sie überrascht. Dabei wäre mir ja durchaus auch ein Buch in italienischer Sprache willkommen gewesen, aber auch das war nicht vorrätig. Und warum sollten die Buchhändler etwas vorrätig halten, was keiner verlangt? Also mußte ich mich an andere Stellen wenden, um die gewünschten Angaben zu erhalten.

Die heutige politische Einheit Toskana umfaßt ein sehr vielfältiges Land. Aber was interessieren den wahren Liebhaber der Toskana die Wintersportmöglichkeiten im 1399 m hoch gelegenen Abetone (Provinz Pistoia) mit seinen Skiliften und Gondelbahnen bis auf fast zweitausend Meter Berghöhe? Was interessiert ihn die Erinnerung an Napoleon auf der Insel Elba oder der bedeutende Handelshafen von Livorno?

Das, was der wirkliche Liebhaber des Landes unter Toskana versteht, umfaßt eine ganz bestimmte, historisch und künstlerisch durchtränkte Landschaft. Diese wirkliche Toskana liegt im wesentlichen zwischen Florenz und Siena. Gewiß beginnt sie bereits nördlich von Florenz und geht über Siena hinaus. Auch gehören Lucca und Pisa dazu, doch diese beiden Städte liegen schon am Rande. Es ist das Herz der Region Toskana, das den Liebhaber des Landes anzieht. Man könnte daher auch von »Toskana des Herzens« sprechen.

Von dieser Toskana des Herzens soll hier vor allem die Rede sein. Sie ist fortan gemeint, wenn ich »Toskana« schreibe. Dabei werden schöne Gebiete außer acht gelassen, aber sie liegen eben jenseits der Grenzen, die das Herz uns setzt.

Was macht die Toskana des Herzens zu dem, was sie ist? Was gibt ihr ihren ganz besonderen Reiz, diesen Reiz, der sie heraushebt vor allen Ländern? Gründet dieser Reiz in der Landschaft? Oder in den Menschen? Oder in der Geschichte? Oder in den Werken der Kunst, die auf diesem Boden entstanden sind?

Man ist gewohnt zu sagen, daß die Menschen aus der Landschaft erwachsen, und daß aus den Menschen wiederum Geschichte und Werke der Kunst erwachsen. Tatsächlich aber verhält es sich anders: Die Menschen verändern die Landschaft, sie setzen zahlreiche der Akzente, durch welche die Landschaft auf sie zurückwirkt. Aber das tun sie unter Einwirkung der Landschaft.

Von der Toskana wird ja vielfach gesagt, daß ihre Landschaft ein Kunstwerk sei, völlig kultiviert und gestaltet von den Bewohnern. Und sicherlich: Diese Landschaft in ihrer strengen Schönheit und perlenden Musikalität ist weit vom Urzustand entfernt. Die eigentlichen Reize dieser Landschaft sind weitgehend von den Bewohnern gesetzt. Also wurzelt alles in den Menschen? Die Frage nach dem Ursprung läßt sich nicht beantworten – genausowenig wie die berühmte Frage »was war zuerst: Henne oder Ei« – man muß sie stellen, aber man muß bereit sein, auf die Antwort zu verzichten, wenn man sich nicht unendlich und fruchtlos im Kreise drehen will. Zahlreiche Antworten sind möglich. Allein genommen trifft keine zu. Man muß alle zugleich nehmen. Aber damit erlangt man nicht die gewünschte Einfachheit einer eindeutigen und widerspruchsfreien Antwort.

Erklärt man die toskanische Landschaft zum Kunstwerk, kommt man gefährlich schnell zu der beliebten Annahme, daß sie ein Produkt dessen darstellt, was beispielsweise von dem weithin berühmten Psychologen C. G. Jung als kollektives Unbewußtes bezeichnet werden würde. Und da liegt es dann nicht mehr fern, diese Landschaft als Ausdruck der Volksseele zu betrachten, als Produkt völkischen Wachsens und Empfindens, oder als »stammesgeschichtlich Gewordenes« (Konrad Z. Lorenz). Und drängen sich da nicht Bezeichnungen auf wie »gesundes Volksempfinden« oder »Rassenseele«, von noch Schlimmerem ganz zu schweigen? Immer wieder wechselnde Bezeichnungen verschleiern den immer gleichen Gegenstand.

Außerordentlich viel spricht gegen die Annahme des Wirkens einer solchen kollektiven Gestaltungskraft.

Warum sollten gerade die Toskaner sie besitzen? Die Toskaner sind ein außergewöhnlicher und bemerkenswerter Menschenschlag, und viele von ihnen haben im Verlauf der Jahrhunderte ganz ungewöhnliche Begabungen gezeigt und hervorragende Leistungen vollbracht, aber alles das gibt keinen Anlaß, ihnen eine solche kollektive Gestaltungskraft zuzuschreiben. Wie sollte eine solche Kraft auch wirken?

Ein Gemälde malen heißt eine überschaubare Fläche gestalten innerhalb einer überschaubaren Zeit. Bei der – wenn auch als unbewußt angenommenen – Gestaltung einer sich über viele Quadratkilometer erstreckenden Fläche wäre wohl jede Gestaltungskraft überfordert. Der Raum einer solchen Landschaftsgestaltung hätte überdies auch noch eine unüberschaubare zeitliche Dimension. Ein Baum braucht Zeit, bis er groß ist. Eine Reihe von Zypressen wächst nicht von einem Tag auf den anderen.

Erheblich wahrscheinlicher ist, daß die Akzente in der Landschaft zufällig gesetzt sind, aus dem Bedürfnis nach Schatten heraus oder aus der Notwendigkeit eines Gebäudes. Dem Betrachter, der das Werden nicht erlebt hat, erscheint der gegenwärtige Zustand als festgefügte Ordnung. Eine besondere Wirkung entsteht dabei durch die gewisse Sparsamkeit der Reize der toskanischen Landschaft. Mehr als andere Landschaften erweckt sie im Betrachter das Gefühl eines Ganzen, dessen Ursprung er einzig und allein künstlerischem Gestaltungswillen zuzuschreiben vermag, während es in Wirklichkeit seiner Sehweise entspringt, welche die einzelnen Reizpunkte unwillkürlich in bezug aufeinander sieht. Und möglicherweise beruht die Wirkung, welche die toskanische Landschaft auf viele Menschen ausübt, gerade in dieser Aktivierung der Gestaltungsfähigkeit des Betrachters, läßt diese in ihm schlummernde Fähigkeit für ihn spürbar und handhabbar werden.

Das heißt: diese Landschaft macht lebendig und erlöst damit von jener Angst, die aus der Erstarrung kommt und die die Menschen so erbittert für Antworten streiten läßt, deren Zweifelhaftigkeit sie tief in ihrem Innern spüren und für die sie mit dem Wachsen der Zweifel immer heftiger streiten, um die Zweifel zu betäuben.

Aber spielt es eine Rolle, wie eine Wirkung entsteht? Kommt es nicht einzig und allein darauf an, daß sie entsteht? Diese Frage soll jeder für sich allein nicht beantworten, sondern untersuchen. Es geht im Grunde um die Frage: Was ist ausschlaggebend, der Vorgang oder sein Ergebnis? Oder anders dargestellt $4+5$ ergibt neun. Und $\sqrt{\frac{17 \times 4 + 33 - 20 \times 11 - 81}{10}}$ ergibt ebenfalls 9. Ist deshalb aber $4+5=$

$\sqrt{\frac{17 \times 4 + 33 - 20 \times 11 - 81}{10}}$? Sicherlich nicht für einen, der es ausrechnen muß. Die Ergebnisse stimmen überein, nicht aber die Wege zu ihnen. Oder wenn zwei Menschen einen Pfad gemeinsam gehen, spielt es da vielleicht keine Rolle, ob das geschieht, weil jeder für sich diesen Pfad als angemessen erkannt hat, oder ob es geschieht, weil der eine den anderen unter Druck gesetzt hat? Auch das Opfer des Drukkes wird vielleicht sagen, daß der gemeinsame Pfad der einzige angemessene sei, nur wurzelt diese Aussage in ganz anderen Vorgängen. Es macht einen entscheidenden Unterschied, ob ich einen Weg gehe, nachdem ich ihn sorgfältig geprüft und gewählt habe, oder ob ich ihn gehe, weil es die einzige Möglichkeit ist, keine Prügel zu bekommen. Im ersten Fall handelt es sich um eine freie Entscheidung, im zweiten Fall um Unterwerfung. Oder nehmen wir das Wort »Zauber«: Als vom Zauber berührt beschreibt sich derjenige, der von etwas gefesselt ist, oder fasziniert oder gebannt, wie die Schlange von der Melodie des Schlangenbeschwörers. Und vom Zauber berührt beschreibt sich auch der, welcher plötzlich jenseits von Erwartung, Vorstellung und Erfahrung – also dem Reduktionsventil seines Geistes (Aldous Huxley) – wahrnimmt, seine Scheuklappen verliert, frei ist angesichts der ungeschmälerten Fülle von Möglichkeiten. Hier verschleiert Übereinstimmung der Bezeichnungen die Verschiedenheit der Gegenstände.

Was das alles mit der Toskana zu tun hat? Im Verlauf der Reise – und des Buches – wird es immer deutlicher werden, daß beides untrennbar verbunden ist. Und mit Mathematik hat das alles nichts zu tun, auch wenn das Wurzelzeichen solche Assoziationen hervorrufen mag. Leonardo da Vinci hat gesagt: »Wer keine Mathematik kennt, der lese mich nicht.« Im Falle des vorliegenden Buches reicht aber die Kenntnis der deutschen Sprache.

Für den Augenblick möchte ich nur noch eines anmerken: Der Vorgang – oder das Vorausgegangene – ist nicht mit Geschichte zu verwechseln. Geschichte stellt jeweils einen Versuch dar, den Vorgang von einer bestimmten Position her als Weg zu dieser Position darzustellen, eine von vielen möglichen Weisen eines solchen Versuchs.

Wenn jemand nur vierundzwanzig Stunden Zeit hätte und mich fragen würde, wie er die Toskana in dieser kurzen Zeit am intensivsten erleben könnte, dann würde ich ihm raten, nach San Gimignano zu fahren und eine Stunde lang in der Hitze des Mittags durch die Straßen unter den schönen Türmen zu gehen und vielleicht den einen kleinen Turm zu besteigen, der noch von den Türmen der Festung *La Rocca* erhalten ist, und von dort in die Weite des Landes zu blicken. Anschließend sollte er vielleicht in dem mittelalterlichen Speisesaal des Hotels *La Cisterna* eine kleine Mahlzeit einnehmen, deren Reize genauso ausgeprägt und sparsam gesetzt sein sollten wie die der Landschaft, also eine typisch toskanische Mahlzeit. Dann könnte er durch das Chianti – über Castellina, Radda und Gaiole – nach Montevarchi fahren, wo er auf die Autobahn kommt. Auf dem Wege durch das Chianti sollte er überall dort anhalten und einen kleinen Spaziergang machen, wo es ihm gerade besonders gefällt. Auf der Autobahn sollte er dann bis zur Ausfahrt Firenze–Certosa fahren, von dort zum Piazzale Michelangelo, wo er aussteigen sollte, um die Stadt zu überblicken. Später sollte er den Wagen irgendwo in der Stadt abstellen und zu Fuß ein Stück am Arno entlang gehen, eine der Brücken überqueren und vom Arno her unter den Bögen der Uffizien zur Piazza della Signoria gehen und einen Blick auf den Palazzo Vecchio werfen. Anschließend sollte er in die Hügel bei Bagno di Ripoli fahren, auf der Terrasse des ländlichen Restaurants *La Gargotta* angesichts der Stadt Florenz, in der die Lichter angehen und über die langsam die

Dunkelheit hereinbricht, ein *bistecca alla fiorentina* essen. Danach könnte er einen Spaziergang durch die Hügel machen, wo die Leuchtkäferchen schwirren. Und wenn unser Mann Glück hat, scheint der Mond und hüllt die Türme und Kuppeln von Florenz in seinen Silberglanz. Übernachten sollte er dann im Hotel *Villa La Massa*, das ganz in der Nähe von Bagno di Ripoli und direkt am Arno liegt. Es befindet sich in einer klassischen toskanischen Villa aus dem 15. Jahrhundert. Am folgenden Morgen sollte er hinauffahren nach Fiesole und über die Straße, die auf dem Kamm der Hügel entlang führt, zur Villa *I Tatti* in Settignano hinüberfahren, der Villa, die der während langer Zeit so berühmte Kunsthistoriker Bernard Berenson bewohnt hat. Wenn möglich, sollte er die Villa mit Berensons kleiner Gemäldesammlung besuchen. Dann wäre es wohl Zeit zur Abreise. Die vierundzwanzig Stunden wären um. Aber man hätte die Toskana erlebt. Nur: läßt sich Erleben so zusammenpressen? Kann man erleben, wenn man es gerade will? Braucht man nicht Zeit? Alle Zeit der Erde, aus welcher dann das Erlebnis erwächst? Ohne Erwartung? Ja, ist Erwartungslosigkeit nicht Voraussetzung dafür, daß man vom Zauber berührt wird? Unmittelbar berührt?

Der Kunst ist in diesen vierundzwanzig Stunden Toskana nur sehr wenig Zeit gewidmet. Aber Werke toskanischer und florentiner Meister kann man an vielen Orten der Erde in Museen besichtigen. Die Landschaft, der Zauber des Ortes, sie sind einmalig und lassen sich nicht verpflanzen.

Bei diesem Kurzbesuch in der Toskana habe ich einen heißen Sommertag vorausgesetzt und Glühwürmchen, die es nur im Sommer gibt. Also ist die Toskana nur in der Hitze und nur im Sommer die wirkliche Toskana des Herzens? Nun, das wird jeder anders sehen. Viele Leute meinen, daß Florenz in den Sommermonaten – und ganz besonders im Juli und August – unerträglich sei. Das schreibt beispielsweise auch Mary McCarthy in ihrer Plauderei über Florenz. Es ist eine klare, eindeutige Aussage. Aber ihr Zutreffen setzt zumindest voraus, daß alle Menschen – oder wenigstens fast alle – von gleicher Art sind, und daß weder sie noch die klimatischen Verhältnisse sich verändern. Diese Umstände werden im allgemeinen vergessen. Einen als gültig betrachteten Satz prüft man nicht, sondern man versucht, ihm zu entsprechen. Und wer ihm nicht entspricht, der neigt dazu, seine Abweichung (oder sein Fehlverhalten) an ihm zu messen, statt einfach in Erfahrung zu bringen, wie die Dinge wirklich liegen, ohne dann in das zu laufen, was man mit »Erfahrungsfalle« bezeichnen könnte, nämlich die eigene Erfahrung zu verallgemeinern. Ich bin nicht der Auffassung, daß Florenz im Juli und August unerträglich sei. Ich liebe die Hitze, die ich auf der Haut fühle, die mich durchdringt und lebendiger macht. Und ich habe lange Zeit gemeint, daß die Toskana nie so schön sei, wie in der größten Sommerhitze. Aber dann habe ich sie auch in der Kälte des Winters lieben gelernt, wenn der Himmel über dem Land von einem fahlen Blau ist und die Museumsaufseher im Palazzo Pitti ihre Wintermäntel anbehalten und sich an spärlichen elektrischen Heizgeräten zu wärmen versuchen. Diese Paläste sind nicht für den Winter gebaut. Die Toskana kann im Sommer sehr heiß sein, ein heißes Land ist sie nicht. Das meinen viele Touristen lediglich, weil sie die Toskana und Italien nur in der warmen Jahreszeit besuchen. Aber ich habe auch schon einen verregneten Juni erlebt, in dem ich heizen mußte. Und ab Oktober friert man ohne Heizung. Die guten Hotels sind meist gut geheizt. Die Mehrzahl der Einheimischen friert in der kalten Jahreszeit ziemlich viel. Die Wohnungen werden sparsam geheizt, die Fenster schließen nicht so gut wie in nördlichen Ländern, die Steinfußböden sind kalt. Man könnte meinen, daß die Toskaner ihr Leben unter der

Voraussetzung eingerichtet haben, daß die Toskana ein heißes Land sei, eine Vorstellung, deren Ursachen sich nur schwer ergründen lassen. Allgemein verbreitete Vorstellungen sind schwer zu erschüttern. Und wenn es doch mal gelingt, wird es von den Betroffenen meist als Schock empfunden.

Der wirkliche Liebhaber der Toskana – also der, welcher sie ergründen will – sollte das Land zu allen Jahreszeiten kennenlernen. Gerade im Winter wird er ganz neue und besondere Reize entdecken, selbst wenn es schneit. Oder gerade dann. Aber nicht nur zu allen Jahreszeiten, auch zu allen Tageszeiten sollte man ein Land oder eine Stadt erleben.

Wer kann sagen, daß er eine Stadt wirklich erlebt hat, wenn er sie nicht erlebt hat, bevor das Leben erwacht? Bevor die Ordnung über die Stadt hereinbricht? Bevor die große Maschine anläuft, in der jeder ein Rädchen sein soll – ein kleineres oder größeres – und ja nicht mehr sein darf.

Aber ist das Wort »Ordnung« hier am Platz? Sollten wir nicht besser »Routinen« benutzen? Mit »Ordnung« verbindet sich meistens die Vorstellung von etwas Erstrebenswertem – »heilge Ordnung, segensreiche Himmelstochter« heißt es bei Schiller – bei »Routine« ist es anders. Es gilt zwar als wünschenswert, daß man routiniert ist. Auf einen Routinier kann man sich verlassen. Andererseits: Routinen wirken ermüdend und abstumpfend, ein Kreislauf immer neuer Wiederholungen, die sich allerdings dadurch voneinander unterscheiden, daß sie von Mal zu Mal unerträglicher werden, jedenfalls bis zum break-point jener Resignation, die dazu führt, daß man sich an seine Routinen zu klammern beginnt. Da erscheinen dann die Routinen als das einzige, was einem bleibt. Wer aus den Routinen ausbrechen will, der muß Hindernisse überwinden. Selbst im Urlaub und auf Reisen. Dabei verstand man ja gerade unter Urlaub ursprünglich den Ausbruch aus den Routinen, die Ferien von dem, was man als Ich empfindet. Mit den Jahrzehnten sind Urlaub und Reisen einbezogen worden in den großen Kreis der Routinen. Aber muß das so sein?

Wer die Stadt sehen will, bevor die Routinen hereinbrechen, der muß sehr früh aufstehen, vielleicht um vier Uhr. Und da ist ihm dann erst mal die eigene Routine im Wege. Man ist nicht gewöhnt, so früh aufzustehen, schon gar nicht im Urlaub, wenn man mal ausschlafen kann. Zugleich steht einem die Vorstellung im Wege, daß man dann den ganzen Tag nicht ausgeschlafen sein wird, wenn man um vier Uhr aufsteht. Hat man diese inneren Hindernisse überwunden, dann ist der Ehepartner vielleicht nicht einverstanden, man sagt sich, daß man rücksichtsvoll sein müsse und gibt den Entschluß wieder auf oder führt ihn nicht durch. Dann sind da aber noch die Gewohnheiten der anderen. Ein Hotelgast, der morgens um halb fünf das Haus verlassen will, muß den Nachtportier stören. Das tut man nicht gern – wieder möchte man rücksichtsvoll sein –, außerdem will man nicht auffallen und vielleicht als eine Art Sonderling betrachtet werden. So ein Nachtportier sagt leicht mal zu seinem Kollegen über einen Gast, der sich morgens um vier Uhr wecken läßt, um in die Stadt zu gehen: »Der von Nummer 109 ist verrückt.« Die vage Vorstellung, daß es zu solchen Feststellungen kommen könnte, wirkt äußerst hemmend. Aber was besagt eine solche Feststellung? Außerdem kann man mit dem Nachtportier sprechen, das ist besser als das berühmte gute Trinkgeld. Wenn man dem Nachtportier erklärt, warum man so früh aufsteht, dann wird er es vielleicht gut finden. Heute sprechen die Nachtportiers in den guten Hotels der Toskana meist deutsch oder englisch oder beides. Das hat sich im Verlauf der letzten fünfzehn Jahre sehr geändert. Früher waren Fremdsprachen bei den Italienern noch nicht so verbreitet. Gerade eine Stadt wie Florenz oder wie Siena sollte man erleben, bevor die Routinen in Gang kommen; man gewinnt eine neue Perspektive, erlebt die Stadt in einer neuen Frische und kommt gerade dadurch den »Ferien vom Ich«, vom Bild, das man von sich und der Welt hat, dem Image, auf das man sich begrenzt, näher. Wer die Stadt kennenlernt, bevor sie von den Erwachenden berührt ist, lernt deshalb noch nicht die Welt derer kennen, die in der Stadt am Morgen die ersten Brötchen backen. Tatsächlich ist es sehr schwer, ja vielleicht unmöglich, den berühmten hautnahen Kontakt zur einheimischen Bevölkerung zu finden. Da hilft auch nicht das Gespräch mit dem Taxichauffeur oder mit dem Frisör. Im besten Fall erfährt man dabei, wie diese Menschen auf einen Fremden reagieren. »Wenn man in Florenz sein Geld verdienen muß, ist es eine Stadt wie jede andere«, hat mir mal ein Deutscher gesagt, der schon viele Jahre in Florenz lebte. Nicht viel anders dürften es die meisten Einheimischen erleben. Sie werden es vielleicht nicht so unverblümt zum Ausdruck bringen, sie werden von der Schönheit der Stadt und von der lachenden italienischen Sonne sprechen. Und sobald sie allein sind, werden sie über die Hitze fluchen. Nun, in ihrer Art sind Einheimische in München, Hamburg oder Berlin nicht anders, immer mit den örtlich bedingten leichten Abweichungen: Zu Fremden will man höflich sein.

Die Toskaner übertreiben die Höflichkeit nicht. Zum Unterschied von den Einheimischen in anderen Gegenden Italiens – z. B. Venedig – fühlen sie sich nicht auf die Fremden angewiesen. Die Toskana lebt nicht vom Fremdenverkehr, ihre Bewohner tolerieren ihn. Und sie haben nicht das Bedürfnis – anders als vielleicht viele Römer –, sich ständig bestätigen zu lassen, wie schön ihr Land ist.

Die Toskaner gelten allgemein als fleißig und arbeitsam. Nicht zuletzt das hat dazu geführt, daß sie mitunter als die Preußen Italiens bezeichnet werden. Die Toskaner besitzen fast keinen der Züge, die man in den nördlichen Ländern Europas den Bewohnern Italiens so gerne verallgemeinernd zuschreibt. Ihrerseits sind Toskaner im übrigen mitunter recht schnell bereit, genauso vorschnelle Kollektiv-Urteile über die Italiener aus südlicheren Gegenden abzugeben. Es zeigt sich einmal mehr, daß die Opfer von Gedankenlosigkeiten und Verallgemeinerungen noch lange nicht bereit sind, ihre eigenen Gedankenlosigkeiten zu erkennen. Aber das ist ein so verbreiteter Zug der Menschen, daß manche ihn menschlich nennen, obwohl er im Grunde eher unmenschlich ist und sich unmenschlich auswirkt.

Die Toskaner sind eher sparsam als verschwenderisch. Das hat ihnen mitunter den unberechtigten Ruf eingetragen, daß sie geizig und phantasielos seien. Tatsächlich kann man weder das eine noch das andere von ihnen sagen. Zutreffen dürfte aber, daß sie keine Phantasten sind, das ist aber etwas ganz anderes, sowohl auf wirtschaftlichem Gebiet als auch sonst. Das zeigt sich sehr stark in den wesentlichen Werken der toskanischen Maler der Renaissance: Ihre Fülle und ihr Formenreichtum entspringen nicht aus einer üppig ins Kraut schießenden Phantasie, sondern aus dem Bestreben, den Dingen in harter Arbeit auf den Grund zu gehen. In diesem Zusammenhang ist ein Vorwurf interessant, den Leonardo da Vinci in seinem berühmten »*Trattato della Pintura*« gegen Botticelli erhebt. Leonardo war der Auffassung, daß der Künstler umfassend sein und die Struktur aller Dinge kennen müsse, die er in seine Malerei einbeziehen wolle. Er wirft Botticelli vor, daß er solche Kenntnis für überflüssig halte und meine, daß man nur einen Schwamm voll Farbe an die Wand werfen müsse, wo er dann Spuren hinterlasse, in denen man die herrlichsten Landschaften sehen könne. Es ist wahr, sagt Leonardo, daß man in solchen Flekken sehen könne, »was immer man darin sehen möchte«, und wirft Botticelli vor, daß er die verzerrtesten Landschaften gemalt habe. In dieser Äußerung zeigen sich die Pole der toskanischen Malerei der Renaissance. Und es zeigt sich einmal mehr, wie gefährlich Feststellungen vom Typ »die toskanischen Maler der Renaissance sind so-und-so« nun einmal sind, egal ob über Maler oder sonst irgendwas. Leonardo und Botticelli haben jeder auf seine Weise etwas gemacht, und so unterschiedlich es auch sein mag, beides ist beachtlich. Und man sollte nicht anfangen zu streiten, welcher von beiden vielleicht »toskanischer« gewesen sei. Sicherlich scheint mir das Bestreben Leonardos, den Dingen auf den Grund zu gehen und sie mit den einfachsten Mitteln zum Ausdruck zu bringen, bei den toskanischen Malern der Renaissance stärker verbreitet gewesen zu sein als die Tendenz, die Leonardo dem Botticelli vorwirft. Aber vielleicht kommt darin mehr ein Moment der Entwicklung zum Ausdruck als ein regional bedingtes Element. Andererseits ist dieses Element bei den florentiner Malern der Renaissance viel stärker als bei den venezianischen. Ein Grundzug der Haltung von Männern wie Giotto, Leonardo, Pontormo, Uccello und der anderen Florentiner Meister der Renaissance war – bei aller Verschiedenheit – die weitgehende Unabhängigkeit des einzelnen, oder wenigstens das Streben nach solcher Unabhängigkeit. Den Dingen auf den Grund gehen heißt ja, Voraussetzungen abbauen, nicht von Voraussetzungen ableiten, sondern erst abbauen und dann von Grund auf aufbauen oder wenigstens eben von der Ebene der Einfachheit, die der einzelne erreicht hat. Drückt sich in der Unabhängigkeit, die die Toskaner den Fremden gegenüber an den Tag legen, ein Ansatz dieser Haltung aus? Die Frage läßt sich stellen, eine Antwort ist schwer zu geben. Diese Haltung wird den Toskanern ja heute vielfach als Stolz ausgelegt. Stolz ist aber etwas anderes als Unabhängigkeit. Stolz ist stets auf etwas bezogen, meist auf etwas, was man verteidigen will. Stolz steht dem Streben, Dingen auf den Grund zu gehen, gerade im Wege. Unabhängigkeit und Stolz werden vom Betrachter oft verwechselt und häufig auch als Arroganz ausgelegt. Oft reagiert der Betrachter auf Grund seiner eigenen Haltung, und die Beschreibung bringt mehr seine Reaktion zum Ausdruck, als daß sie das darstellt, was der Fall ist.

Ich kann sagen, daß ich die Bewohner der Toskana als Menschen kennengelernt habe, mit denen sich gut leben läßt, und zwar egal, in welcher Funktion ich sie kennengelernt habe, als Handwerker, Geschäftsleute, Landwirte, Beamte oder einfach als Menschen und Freunde. Das bedeutet aber nicht, daß ich die Menschen in anderen Regionen Italiens als weniger angenehme Menschen kennengelernt habe; sie sind sicherlich von Region zu Region verschieden, aber man kann mit allen gut auskommen und leben. Das heißt keinesfalls, daß es nicht auch mal Streit gibt, etwa mit Museumsaufsehern, die die Kasse ihres Museums allzu früh schließen wollen. Wenn in Italien für ein Museum angegeben wird »Geöffnet von 10.00–13.00«, dann bedeutet das meist, daß nach 12.30 Uhr niemand mehr eingelassen wird. Und wenn man dann im letzten Augenblick kommt, weil man keinen Parkplatz gefunden hat, dann kann es leicht Schwierigkeiten geben. Die Museumsaufseher wollen pünktlich nach Hause, was sich verstehen läßt. Und sie werden gewiß nicht so gut bezahlt, daß man von ihnen Überstunden verlangen könnte.

Alles, was wir heute an besonderen Zügen an der Haltung der Toskaner beobachten können, läßt noch lange keine Erklärung dafür zu, daß die Menschen gerade dieses Landes sich so zahlreich und entschieden aus dem Dunkel des Mittelalters lösten und es zum Zentrum des Aufbruchs machten, der später mit »Renaissance« bezeichnet wurde und der der Ausgangspunkt der modernen Entwicklung ist. War es die Macht der Herrschenden? Die war anderswo gewiß größer. War es das großzügige Mäzenatentum der Florentiner Fürsten und reichen Bürger? Großzügige Mäzene hat es auch anderswo gegeben, genau wie ein verbreitetes Interesse an den Werken der Künstler. War es die Entwicklung des Bankwesens, das seinen Ursprung weitgehend in der Toskana des Mittelalters hat, bzw. die Rückwirkung davon auf die Bankiers – zu denen ja die Medici gehörten. Hatte das internationale Geschäft den frühen Bankern die Augen geöffnet für die Fülle der Möglichkeiten, ihnen den Weg zu Weltoffenheit und Einfallsreichtum gewiesen, zur Überwindung der Enge? Aber selbst wenn man sagt, daß internationaler Handel und internationales Geschäft die häufigsten Voraussetzungen für die Öffnung einer Gesellschaft seien, ist die Frage damit nicht beantwortet, sondern nur verlagert. Muß man dann doch fragen, warum gelang die Entwicklung des Bankgeschäfts gerade in der Toskana? Und warum hat das Geschäft nicht bei den internationalen Partnern der toskanischen Banker im gleichen Maß zu Weltoffenheit geführt? Kein einzelner Faktor kann den Ausschlag gegeben haben, es muß die Abstimmung aller Faktoren miteinander gewesen sein, die Florenz und die Toskana zu einem solchen entscheidenden Faktor der Entwicklung werden ließen. Und vielleicht haben auch gerade jene Gründe dabei wesentlich mitgespielt, derentwegen wir heute dieses Land so sehr lieben: Die Landschaft, die in der Kargheit ihrer Reize den Betrachter lebendig macht. Es war ja nicht nur ein Aufbruch der Künste, es war ein Aufbruch des Menschen schlechthin. Es gelang ja nicht lediglich, die Perspektive auf einer planen Fläche darzustellen und auf diese Weise Raum und Bewegung in die Darstellungen zu bringen, der Mensch schlechthin gewann neuen Bewegungsraum, löste sich aus der Erstarrung des Mittelalters, das nicht umsonst als »Dark Age« bezeichnet wird. Vor Einbruch des Mittelalters waren die darstellerischen Mittel der Malerei und die Wissenschaften schon weitaus höher entwickelt gewesen. Das Mittelalter war ein Rückfall, die Menschen waren zum Bestandteil größerer Einheiten geworden, in denen das Wort »Individuum« nur als die Bezeichnung für einen Teil des Ganzen stand, nicht aber für ein von Grund auf unabhängiges Wesen, das eigenständigen Ausdruck besaß oder besitzen sollte. Zugleich mit dem Gewinn des neuen Lebensraums begann der Künstler, sich aus der Anonymität zu lösen. Nicht einfach aufgrund eigener Absicht, sondern getragen von der Bevölkerung. In seiner *Geschichte der Kunst* schildert E. H. Gombrich diesen Vorgang wohl sehr treffend:

»Giotto war weit und breit berühmt. Das Volk von Florenz war stolz auf ihn. Man interessierte sich für sein Privatleben und erzählte Anekdoten über seinen Mutterwitz und seine Geschicklichkeit. Auch das war etwas Neues. Eigentlich hatte es etwas Derartiges vorher nie gegeben. Natürlich lebten auch früher Meister, die allgemein geschätzt und von Kloster zu Kloster oder von Bischof zu Bischof weiter empfohlen wurden. Aber im großen ganzen fand man es nicht notwendig, die Namen der Meister der Nachwelt zu überliefern. Man betrachtete sie wie wir einen guten Tischler oder Schneider. Auch den Künstlern selbst lag wenig daran, bekannt oder berühmt zu werden. Oft signierten sie nicht einmal ihre Arbeiten. Wir kennen die Namen der Meister von Chartres, von Straßburg oder von Naumburg gar nicht. Sie waren gewiß zu ihrer Zeit geschätzt, aber sie ließen den Ruhm und die Ehre der Kathedrale, an der sie arbeiteten. Auch in dieser Hinsicht beginnt mit dem Florentiner Maler Giotto ein gänzlich neues Kapitel in der Geschichte der Kunst. Von diesem Tage an wurde die Kunstgeschichte zuerst in Italien und dann auch in anderen Ländern zur Geschichte der großen Künstler.«

Hier beginnt eine Polarisierung zwischen Bevölkerung einerseits und Kunst sowie Wissenschaft andererseits. Künstler und Wissenschaftler gehen neue Wege, hören auf, lediglich das in der Gemeinschaft herrschende Gefühl auszudrücken. Auch eine solche Entwicklung konnte nicht einseitig – allein aus dem Willen und der Absicht der Künstler und Wissenschaftler heraus – entstehen. Ruhm ist nichts, was man schaffen kann. Ruhm ist lediglich Widerhall, den findet eine Leistung oder sie findet ihn nicht. Über die Leistung selbst sagt der Ruhm nichts. Eine grundlegende Neuerung kann ihrem Schöpfer Haß und Verfolgung einbringen, das hatte man lange genug erfahren müssen: Wer an bestimmte Dinge rührte, wurde verfemt und verbrannt. Jetzt dämmerte plötzlich die Stunde des Menschen herauf, des einzelnen, der einen Schritt wagte in das Unbekannte. Nur der einzelne kann einen solchen Schritt machen. Wer eingebunden ist in die große Gemeinschaft, den hindern eben die Brüder oder Genossen daran, das Beunruhigende zu unternehmen, das, was sie erschrecken würde. Und sie finden Mittel und Wege, es dem einzelnen so erschreckend zu machen, daß aller Mut der Erde schließlich erlahmt. Diese psychischen Faktoren kultureller Entwicklung sind bisher viel zu wenig untersucht worden.

Plötzlich zeigte sich nun an vielen Orten der Welt, und ganz besonders und zuerst in der Toskana, eine wachsende Bereitschaft für das Neue. Es entwickelte sich das, was später – vermutlich durch den Florentiner Maler und Kunsthistoriker Giorgio Vasari – unter dem Namen »Renaissance« zusammengefaßt worden ist. Diese Bereitschaft für das Neue war damals in der Toskana größer, als sie beispielsweise im Frankreich des 19. Jahrhunderts war, das wir uns ja so aufgeschlossen vorstellen. Tatsächlich gab es damals in Frankreich und Holland zahlreiche Maler, die heute berühmt sind. Aber Männer wie Cézanne und van Gogh haben zu ihren Lebenzeiten überhaupt keine Anerkennung gefunden, wurden nicht zu Ausstellungen zugelassen und haben praktisch nichts verkauft. Es gab keine verbreitete Aufgeschlossenheit für das Neue, weder bei der Mehrheit der Künstler noch bei der Bevölkerung. Das Volk bremste die Entwicklung und die Bewußtseinserweiterung nach Kräften. Es waren einzelne, deren Leistungen oft erst nach ihrem Tode erkannt wurden. Dann wurden sie allerdings als die großen Söhne beansprucht, egal wie schlecht man sie behandelt hatte.

Aber lassen wir uns nicht von unserer Toskana-Begeisterung forttragen, auch in der Toskana der Renaissance fand die Bereitschaft für das Neue ihre Grenzen. Wenn ein Mann wie Uccello seine Nächte mit der Erarbeitung der Darstellung der Perspektive in der Malerei verbrachte, dann ergab das eben Konflikte mit seiner Frau und seiner weiteren sozialen Umwelt, die ihn schließlich als verrückt bezeichnete. Andere vereinsamten mit den Jahren, wie etwa Leonardo, dem mitunter vorgeworfen wurde, daß er immer mehr Neues zu ergründen suche, statt seine früheren Errungenschaften in der Malerei auszunutzen und in klingende Münze umzusetzen. Wieder andere – wie etwa Pontormo – litten unter entsetzlichen Ängsten. Und das Schicksal von Galileo Galilei ist ja hinlänglich bekannt. Sicherlich ist es erlaubt, Galilei hier in einer Reihe mit Namen zu nennen, die im Rahmen der Kunstgeschichte stehen. Alle diese Maler waren ja nicht nur Maler, sondern widmeten sich zugleich wissenschaftlichen Bestrebungen, und keineswegs immer nur solchen, die in direktem Bezug zu ihrer Malerei standen. In jener Zeit bestand keine so klare Trennung zwischen Kunst und Wissenschaft, wie man sie später errichtet hat. Eine Trennung, die sich äußerst schädlich auswirkt, beraubt sie uns doch vieler Möglichkeiten der Erkenntnis und produziert auf beiden Seiten Einseitigkeiten.

Weniger beachtet als ihr Aufstieg wird der Niedergang der Künste in der Toskana. Dabei ist dieser Niedergang nicht weniger phänomenal als der Aufstieg. Schneller als die politische Macht der Medici erlosch die schöpferische Kraft der Künstler in der Toskana. Vielleicht kann man sagen: Die Herausforderung war vorbei, der Kampf um die neuen Mittel und um die neue Bewußtheit war beendet. Sicherlich hätte man weitergehen können, aber man zog es vor, das Errungene anzuwenden, zu nutzen. Der Kampf war vorbei, was blieb, war Malerei, gefällige Malerei, der eben der Ausdruck des Kampfes fehlte, den Männer wie Giotto, Uccello und Leonardo gekämpft hatten, eines Kampfes, der sich zwar in Malerei ausdrückte, der aber weit über die Malerei und die Künste hinausging. Dieser Kampf hatte die toskanische Kunst der Renaissance groß gemacht. Mit dem Ende des sechzehnten Jahrhunderts versickert die Malerei in der Toskana zur Mittelmäßigkeit. Sie hat sich bisher nicht erholt. Und vielleicht ist auch die Zeit vorbei, in der sich ein entscheidender Aufbruch der Menschen in der Malerei niederschlagen könnte. Vielleicht ist es so. Sicher bin ich nicht. Kann ich nicht sein.

Man könnte sagen: Mit dem Ausgang der Renaissance ist die Toskana wieder zum Alltag übergegangen. Nur: der Alltag hatte immer gedauert. Es sind einige gewesen, die alles geschaffen haben. Man hat sie bewundert und man hat sie auch beschimpft oder gar verfolgt. Es sind die großen Abweichler gewesen. Jeder ist seinen Weg gegangen, jeder für sich. Und sie haben dabei entscheidend mitgewirkt an einer grundlegenden Veränderung der Welt, an der Erweiterung der menschlichen Möglichkeiten. Ausgangs der Renaissance waren ihre Errungenschaften weithin zur Selbstverständlichkeit geworden, zu etwas, was man nutzte. Die Wahrheiten enthüllen sich als einfach, wenn man sie erst einmal gefunden hat, schwierig ist der Kampf um sie und ihre Durchsetzung. Und die Selbstverständlichkeit der schließlich allgemein akzeptierten Wahrheiten macht es vielleicht für die Nachwelt so schwierig, die tatsächliche Leistung zu erfassen.

Was hat der Brainstorm der Renaissance an der Toskana und am Leben in ihr geändert? Das ist wieder eine von den Fragen, die fruchtbar sind, solange man sie stellt, auf die man aber niemals eine endgültige Antwort versuchen sollte. Architektur beispielsweise setzt neue Akzente, die sporadisch, aber doch sehr wirksam sein mögen. Neue Formen lassen sich zwar nicht sofort allgemein in Praxis umsetzen, aber sie weisen auf Möglichkeiten hin bzw. darauf, daß es stets mehr Möglichkeiten gibt als man ahnt. Sicherlich sind viele Formen des Handwerks von der Renaissance sehr unmittelbar beeinflußt und befruchtet worden. Und für die betroffenen Menschen haben sich damit vielleicht – zuerst ganz vage – erste Hoffnungsschimmer ergeben, die jenseits jener Verheißungen lagen, die die Kirche gab. Solche Erscheinungen sind vielleicht lange Zeit fast nicht wahrnehmbar. Letzten Endes war die Botschaft der Renaissance eine mächtige Ermutigung für alle Menschen: Jeder vermag mehr, als er weiß.

Vermutlich am wenigsten wurden die Landwirte und Weinbauern der Toskana berührt. Aber ein Funken der Botschaft wird auch sie erreicht haben, die ihre Erträge ja einem eher kargen Boden abringen mußten. Der Genuß von toskanischem Wein und dem unvergleichlichen toskanischen Olivenöl täuscht vielleicht mitunter darüber weg: Die hügelige Landschaft der Toskana begrenzt die Formen der Landwirtschaft und macht eine großräumige und ertragreiche moderne Landwirtschaft weitgehend unmöglich. Zahlreiche kleine Bauern haben deshalb auch während der letzten Jahrzehnte ihr Land verlassen und sind in die Städte gezogen, wo sie sich ein besseres Einkommen versprachen. Die verlassenen Häuser sind in vielen Fällen an Liebhaber der Toskana verkauft worden, die sie ausgebaut und mit modernen Einrichtungen versehen haben und als Ferienhäuser benutzen oder auch ganzjährig bewohnen. Neben Italienern haben sich zahlreiche Deutsche und Schweizer auf diese Weise hier niedergelassen. Einzelne von ihnen betreiben auch in begrenztem Umfang Weinbau oder andere Formen der Landwirtschaft, wobei das Ziel dann meist weniger im reichen Ertrag als im besonders guten Produkt liegt.

Dem Rückgang der Landwirtschaft steht eine langsame Industrialisierung – vor allem in Form von mittleren Betrieben – gegenüber. Das Wort »Industrialisierung« wirkt unnötig erschreckend. Die Toskana ist groß, und es gibt in ihr weite Flächen, die fast unbewohnt sind. Es besteht keine Gefahr, daß die Toskana ver-industrialisiert wird. Wenn in irgendeinem Tal eine Fabrikationshalle gebaut wird, dann neigen eben leider alle dazu, nur auf das Schlimme – auf das Ungewohnte, das als Störung erscheint – zu blicken, statt sie im Rahmen des Ganzen zu sehen, in welchem sie letztlich verschwindet. Die Toskana des Herzens wird nicht untergehen.

Es ist für mich ein unvergleichliches Gefühl, in der frühen Nacht durch dieses Land zu fahren, da und dort das Licht eines einzelnen Hauses zu erblicken, vielleicht die Landschaft im schwachen Schein eines halben Mondes mehr erahnend als sehend. Die Toskana verspricht dann Ruhe, Lösung von allem, was einen gefangenhält. Lösung aber nur, um die Welt am folgenden Morgen völlig neu zu sehen und zu erfassen. Wozu sonst wäre es gut, sich von allem zu lösen, wenn nicht zu einem Neubeginn?

Nichts entspräche weniger dem Geist der Männer der Renaissance als der Wunsch nach Stillstand und endgültiger Ruhe. Schließlich fahre ich ja durch die Nacht. Ich reite nicht einen steinigen Weg entlang, sondern fahre auf einer guten Straße. Und wer wollte wirklich zurückkehren zu der Lebensweise der Renaissance? Wer heute den Wunsch hätte, ein Renaissancemensch von 1450 zu sein, der würde einen Widerspruch zum Geist der Renaissance repräsentieren. Ein Renaissancemensch von heute hat eine völlig andere Basis als der Renaissancemensch aus dem Cinquecento. Und ein Funke Renaissancemensch lebt ja wohl in jedem Liebhaber der Toskana.

Auf meiner Fahrt durch das nächtliche Land tauchen in Kurven im Scheinwerferlicht Olivenbäume vor mir auf. Und ohne daß es mir bewußt wird, schärft ihr Anblick in mir die Erwartung einer Mahlzeit bei meiner Ankunft, vielleicht lediglich einer *bruschetta* mit einem Becher kühlen Weines. Aber ist nicht wiederum die ganze Toskana enthalten in einer solchen Scheibe toskanischen Landbrotes mit Knoblauch, das in Olivenöl geröstet ist, und einem Glase herben, klaren Weißweins aus dem Chianti?

Zweifellos trägt die Küche eines Landes entscheidend dazu bei, daß es mit dem Herzen gesucht wird, so wie viele Menschen die Toskana suchen. Genau wie ein Gemälde nicht durch den dargestellten Gegenstand wirkt, sondern durch die Form der Darstellung, so wirkt auch die Küche nicht durch Vermittlung von Nahrung, sondern durch die Form der Zubereitung und der Darbietung. Wenn Raffael eine Madonna gemalt hat und wenn Picasso eine Madonna gemalt hat, dann haben beide ein Sujet verwendet – theoretisch könnte es ein und dieselbe Vorlage sein –, der entscheidende Unterschied, also die jeweilige Botschaft, liegt in der Form. Ebenso macht es eine Welt von Unterschied, wie eine simple Tomatensauce bereitet wird. Oder wie ganz einfach Spaghetti gekocht werden. Ganz abgesehen von dem Unterschied zwischen einer Kreation von einem Koch wie Nino Bergese oder Gualtiero Marchesi und dem, was in irgendeiner Kantine zusammengebraut wird, um die Belegschaft zu sättigen. Da wird nicht jedesmal mehr oder weniger wohlschmeckende Sättigung verabreicht, sondern es werden völlig verschiedene Botschaften vermittelt. Das hat nichts mit dem banalen »Liebe geht durch den Magen« zu tun. Vorlieben für den Geschmack von Nahrungsmitteln sind im Menschen vielleicht tiefer angelegt als Vorlieben im Hinblick auf die Formen von Gegenständen und Darstellungen. Möglicherweise liegen da die Wurzeln dafür, daß Ernährungsweisen so besonders schwer zu verändern sind und daß Völker Ernährungsweisen beibehalten, auch wenn die Gegebenheiten längst nicht mehr bestehen, unter denen sie angemessen waren; genau wie einzelne Menschen sich nur sehr schwer von einmal eingefahrenen Eßgewohnheiten trennen können, auch wenn sie immer wieder erleben, daß sie ihrer Gesundheit nicht zuträglich sind. Aber lassen wir die Frage, ob die Grundlagen des ästhetischen Empfindens eines Menschen in den Formen seiner frühkindlichen Ernährung liegen. Diese Zusammenhänge sind bisher wenig erforscht. Sie fallen vielleicht in den Bereich, der in der Alltagssprache mit »so genau wollte ich es gar nicht wissen« umschrieben wird. Und andererseits: Vielleicht spricht die sich in Mitteleuropa – wenigstens in den Großstädten – ausbreitende Begeisterung für die italienische Küche eher gegen die Schwerveränderlichkeit von Eßgewohnheiten. Die Zahl der italienischen Restaurants in Deutschland und in der Schweiz wächst mit der Zahl begeisterter Italien-Reisender, die wenigstens die italienischen Gaumenfreuden auch daheim genießen wollen. Tun wir es diesen Genießern gleich: Lassen wir die Fragen, wenden wir uns dem zu, was uns schmeckt.

Man kann sagen: In der toskanischen Küche drückt sich erneut die grundlegende Aufrichtigkeit der Menschen dieses Landes aus. Man versucht nicht, etwas vorzugaukeln, es gibt keine Tricks, keine schweren Saucen, in denen der Geschmack des Fleisches oder des Fischs untergeht. In der toskanischen Küche herrscht der Wille vor, die besonderen Eigenheiten eines jeden Naturprodukts zu entfalten und voll zur Geltung zu bringen. Ganz ähnlich wie in der toskanischen Malerei der Renaissance herrscht in der toskanischen Küche das Bestreben vor, die größte Wirkung durch die einfachsten Mittel zu erzielen. Eben dadurch hat die toskanische Küche die europäische Eßkultur so entscheidend beeinflußt. Gewiß mußte der Umstand hinzukommen, daß Katharina von Medici Heinrich von Orleans heiratete – den späteren König Heinrich II. von Frankreich. Als Braut nahm sie im Jahre 1533 eine Schar florentinischer Köche und Zuckerbäcker mit an den französischen Hof. Die französische Küche war damals noch nicht sehr weit entwickelt, erst die Kochkünstler aus der Toskana legten die Grundlagen für das, was heute in aller Welt als französische Küche gepriesen wird. Übrigens: Was heute unter dem Namen »Cuisine Nouvelle« von den großen Köchen Frankreichs als neue Entdeckung gepriesen wird – frische Produkte der Saison möglichst naturbelassen auf den Tisch –, stellt im Grunde eine Rückbesinnung auf die grundlegenden Prinzipien der klassischen toskanischen Küche dar. Die toskanische Küche hat ihre Eigenständigkeit durch die Jahrhunderte bewahrt. Neue Bestandteile sind hinzugekommen, die Grundlagen sind unverändert geblieben. Manches – etwa Tomaten, Spaghetti und Bohnen –, was wir für feste Bestandteile der toskanischen Küche halten, ist erst im Laufe der Zeit auf dem Speisezettel erschienen. Tomaten sind erst Mitte des sechzehnten Jahrhunderts aus Amerika in die Toskana gekommen und erst mal sehr zögernd aufgenommen worden. Spaghetti und Teigwaren überhaupt sind aus dem Süden Italiens übernommen worden. Die klassische toskanische Küche verwendete Brot an ihrer Stelle. Bohnen wurden erstmals im sechzehnten

Jahrhundert in der Toskana bekannt, als Papst Clemens VII., ein Medici, sie nach Florenz brachte. Heute gehören sie zu den festen Bestandteilen der toskanischen Küche.

Niemals läßt sich die ganze Fülle von Wohlgeschmack, welche die toskanische Küche zu bieten vermag, in Worte fassen. Wohlweislich werden Kochbücher nicht in Anweisungen geschrieben, wie »bereite den köstlichen Geschmack einer *pappa col pomodoro*«, sondern aus so nüchternen Vorschriften wie »man nehme ein Pfund Tomaten, zwanzig Zehen Knoblauch, 70 g Olivenöl, 200 g altbackenes Brot, Fleischbrühe, Basilikum, Zwiebeln und Salz, brate zuerst die Zwiebeln an...«, und der Wohlgeschmack liegt dann im Ergebnis, das man genießen kann, auch wenn man nicht weiß, wie es zustandegekommen ist. Eine *pappa* ist ein Tomatenbrei, ein ganz einfaches Gericht; um zu wissen, wie herrlich es schmeckt, muß man es gegessen haben. Der Knoblauch schmeckt – auf diese Weise gekocht – übrigens sehr sanft und fein.

Die *pappa* gehört zu den *primi piatti*, also den Zwischengerichten der toskanischen Küche, die genau wie die übrige italienische Küche generell in *antipasto* (Vorspeise), *primo* (Zwischen- oder Vorgericht), *secondo* (Hauptgericht) und *dessert* eingeteilt ist. Zu den *antipasti*, die man in der Toskana unbedingt probieren sollte, gehören vor allem *panzanella* sowie *crostini*. *Panzanella* besteht aus in Wasser eingeweichtem Brot, kleingeschnittenen Tomaten, feingehackten Sardellenfilets, gehackten Zwiebeln, Basilikum, Essig, Olivenöl, Pfeffer und Salz. Alles zusammen ergibt eine erfrischende Speise, die kalt serviert wird. *Crostini* sind geröstetes Brot, meist mit einer Leberpaste, mitunter auch mit einer Hühner- oder einer Rindermilzpaste. Das sind vielleicht die feinsten und typischsten toskanischen *antipasti*. In fast jedem Restaurant werden Schinken und Salami, vielleicht mit eingelegten Oliven, als *antipasti* angeboten. Sie mögen von sehr guter Qualität sein, doch sind sie eher langweilig. Lediglich wenn man mal frisch gekochte grüne Oliven – und zwar von den kleinen – angeboten bekommt, sollte man davon essen. Sie haben einen ganz besonderen bitteren Geschmack. Als *primo* lieben die Toskaner eine gute Gemüsesuppe, in die sie einen Schuß Olivenöl geben. In dieser Gemüsesuppe zeigt sich genau wie bei den *antipasti* die Vorliebe für die Verwendung von Brot: Meist findet man in einer solchen Suppe eine Scheibe des toskanischen Landbrotes, das in den meisten Restaurants neben den fast überall eingebürgerten Grissini auf dem Tisch steht. Dieses Brot ist aus eher grobem Mehl gebakken, hat eine feste Kruste und schmeckt für uns etwas salzlos.

Natürlich gibt es eine Fülle von *primi* aus Reis oder Nudeln, die eine besondere toskanische Note haben. Besonders Risotto mit Pilzen oder Risotto mit Artischocken. Aus der Fülle der Nudelgerichte möchte ich *pappardelle con lepre* – Bandnudeln mit Hase – hervorheben und Spaghetti mit Lachs, was vielleicht eine Kreation neueren Datums sein dürfte.

Die Vielfalt der Formen bei den Teigwaren wirkt vielleicht wie eine überflüssige Spielerei. Mit der Zeit aber – und wachsender Erfahrenheit in toskanischer und italienischer Küche – merkt man, daß es durchaus einen Unterschied macht, ob man eine bestimmte Sauce mit ganz feinen *capellini* (besonders dünne Spaghetti) ißt, oder beispielsweise mit *rigatoni*, einer kurzen Röhrennudel. Der Unterschied liegt im Ausmaß der von der Sauce überzogenen Fläche und ihrem Verhältnis zur gesamten Masse. Es ergeben sich durchaus Variationen im Geschmack. Das mag geringfügig erscheinen, aber auf diese kleinen Unterschiede kommt es an. So ist es beispielsweise auch empfehlenswert, bei der Zubereitung von Salat erst Salz, dann Essig und erst am Schluß Öl hinzuzufügen. Nur so können sich die Bestandteile des

Salats richtig mit dem Salz und dem Essig verbinden. Gibt man das Öl zuerst hinzu, überzieht es die Salatblätter, Tomaten, Zwiebeln usw. mit einem Film, der die anderen Gewürze an der unmittelbaren Berührung mit diesen Hauptbestandteilen hindert.

Als besondere Delikatesse findet man in den Monaten Oktober bis Januar weiße Trüffeln (*tartufi bianchi*). Sie kommen zwar hauptsächlich in Piemont vor – vor allem in der Gegend von Alba –, werden aber in der Toskana genauso gern gegessen wie in anderen Regionen Italiens. Sie werden mit Hilfe von besonders abgerichteten Hunden gesucht. Meist werden sie roh verwendet, in hauchdünne Scheiben geraspelt auf *primi* wie *risotto con funghi* oder *tortellini con panna* gestreut oder auch für Fleischgerichte verwendet. Diese *tartufi bianchi* haben ein ganz einzigartiges Aroma, und man sollte sie unbedingt probieren. Sie haben lediglich einen Fehler: Sie sind sehr teuer. Ein Kilo weißer Trüffeln kostete in den letzten Jahren im Laden je nach Qualität bis weit über tausendfünfhundert Deutsche Mark. Allerdings ist ein Kilo unerhört viel. Für eine Mahlzeit benötigt man pro Person etwa zehn Gramm. Die Beigabe von *tartufi* verteuert natürlich jedes Gericht ganz beträchtlich.

Die Fleischsorten für die Hauptgerichte sind mannigfaltig. Am berühmtesten vielleicht: *bistecca alla fiorentina*, ein großes Stück gegrilltes Rindfleisch – von einem in Deutschland und in der Schweiz nicht üblichen Zuschnitt –, das in etwa dem amerikanischen T-bone-Steak entspricht. So ein *bistecca* sollte ca. 650 Gramm wiegen, nur dann hat es die richtige Dicke, die es so saftig werden läßt, wie es sein sollte. Innen bleibt das Fleisch meist roh. Es richtig durchzubraten, erfordert besonderes Geschick, weil es dann zu lange auf dem Grill bleiben muß und die Gefahr besteht, daß es außen verbrennt.

Zu den klassischen florentinischen Gerichten gehört *anitra all'arancia* (Ente mit Orange). Vielfältig sind die Zubereitungen von Hühnern: Man bekommt sie oft ganz hervorragend gegrillt, aber sie werden auch frittiert, gebraten und gekocht. Frittiert wird überhaupt gerne, zum *fritto misto alla fiorentina* werden Kartoffelkroketten, Hirn, Kalbsbries, Artischocken und andere Gemüse, Lammkoteletts etc. in Ei und Mehl gewendet und dann in Öl schwimmend gebacken. Perlhuhn, eine Huhnart mit einem besonders würzigen Geschmack, ist sehr beliebt, genau wie *agnello* (Lamm), *capretto* (Zicklein) und in der entsprechenden Jahreszeit auch Wild, vor allem Wildschwein, Hase und Fasan. Eine besondere Spezialität ist *trippa alla fiorentina* – Kutteln auf Florentiner Art. Die Kutteln werden mit Karotten, Sellerie, Tomaten und Basilikum bereitet. Das ergibt ein schmackhaftes Gericht, ist aber gewiß nicht jedermanns Sache.

Eine sehr interessante Art, Fleisch zuzubereiten – beispielsweise Schweinekoteletts – besteht darin, es statt in Öl in Chianti zu braten und die Pfanne so lange auf dem Feuer zu lassen, bis der Wein völlig vom Fleisch aufgesogen ist; so bereitet heißt das Schweinekotelett dann *maiale ubriaco* (betrunkenes Schwein).

In diesem Land mit einer so langen Küste gibt es natürlich auch sehr gute und frische Fische. Die Fische aus dem – im Grunde fischarmen – Tyrrhenischen Meer sind besonders fein und schmackhaft. Die besten Sorten sind weitaus teurer als Fleisch. Am teuersten und am begehrtesten sind die Schalentiere, vor allem *aragosta* (Langusten), die – von den üblichen Zubereitungsweisen abgesehen – auf livornesische Art zubereitet werden, in einer roten Sauce aus Tomaten, Knoblauch, Petersilie und Öl. Diese Zubereitung ist auch bei den meisten Fischarten recht schmackhaft. Im übrigen werden Fische auf die übliche Weise bereitet, meist gegrillt oder in Folie. Fische gibt es in erster Linie am Meer. Im Inneren des Landes findet man sie vorwiegend in großen Restaurants in Florenz, doch mehr und mehr heute auch in anderen Gegenden. Die Restaurants in Meeresnähe bieten meist auch recht interessante *antipasti* aus Fisch und Meeresfrüchten. Als *primo* gibt es oft auch Muscheln sowie Nudelgerichte mit Meeresfrüchten oder Muscheln.

Neben Knoblauch und Zwiebeln werden in der toskanischen Küche zahlreiche Gewürzkräuter verwendet, vor allem Rosmarin, das besonders beim Grillen eine gute Würze gibt.

Die Hauptgerichte werden meist ohne Beilage angeboten, und man muß ein *contorno* – Salat oder Gemüse – extra bestellen, sofern man es wünscht. Zu den Nudelgerichten wird Parmesan gereicht, genau wie zum *risotto*. Die toskanischen Gemüsesuppen hingegen sollte man ohne Parmesan genießen. Überhaupt sollte man jedes Nudel- oder Reisgericht erst einmal probieren, bevor man Parmesan darüber streut. So herrlich der Käse ist, nicht in jedem Fall verfeinert er den Geschmack.

Trotz der berühmten Zuckerbäcker der Katharina von Medici ist das Angebot an typischen toskanischen Süßspeisen heute nicht groß. Sehr verbreitet findet man *zucotto*, eine Süßspeise aus Biskuitkuchen mit Rahm, Schokolade und anderen Zutaten, meist mit Likör gewürzt. Er wird auf sehr verschiedene Weise komponiert und wird häufig auch als Halbgefrorenes serviert. Sehr verbreitet ist auch *tira misu*, ein Dessert aus *mascarpone*, einem feinen Weißkäse aus der Lombardei, der mit Eiern und Zucker verquirlt und mit Schokoladensplittern gewürzt eine sehr feine Süßspeise ergeben kann. Das Rezept stammt ursprünglich aus der Lombardei. Seit ein paar Jahren ist dieses Dessert in der Toskana derart in Mode gekommen, daß man es nun überall und bis zum Überdruß angeboten bekommt. Ein typisches Beispiel wie ein an und für sich gutes Gericht sehr schnell abgenutzt werden kann.

Der toskanische Wein bedarf ja wohl keiner Empfehlung, wenigstens nicht, was seine Spitzenerzeugnisse angeht. Daß er nach wie vor recht preiswert ist, verdankt er einzig und allein dem Umstand, daß die toskanischen Weinhersteller nicht so intensiv Werbung betreiben wie ihre französischen Kollegen. Produziert wird überwiegend Rotwein. Dabei wird nach strengen Maßstäben behördliche Kontrolle geübt. Nur Erzeugnisse aus bestimmten Gebieten und mit bestimmten Eigenschaften dürfen als »Chianti classico« bezeichnet werden. Auch die Weißweine sind ausgezeichnet und trinken sich sehr gut. In den Restaurants wird meist ein Hauswein – häufig offen, mitunter aber auch in Flaschen – angeboten. Diese Hausweine sind in der Regel nicht schlecht, weitaus besser aber sind Flaschenweine, die man extra bestellt. Sie haben einen höheren Preis, sind deshalb aber noch lange nicht teuer. Getrunken wird der Wein praktisch nur bei Tisch. Man sieht so gut wie nie Einheimische, die bei einer Flasche Wein zusammensitzen. Auch nicht nach Tisch. Auch hier zeigt sich der Toskaner maßvoll. Er genießt den Wein, aber er zerstört nicht durch Übermaß des Genusses seine Genußfähigkeit. Darin liegt ja eine Grundregel für den Gourmet. So sieht man in der Toskana auch praktisch nie Betrunkene.

Nach dem meist sehr empfehlenswerten und für die Einheimischen weitgehend unerläßlichen *caffé* wird mitunter noch ein Grappa oder ein *digestivo* (Verdauungsschnaps) getrunken. Darüber hinaus ist der Verbrauch an hartem Alkohol allem Anschein nach sehr gering. Um den größten Durst zu stillen, bestellen die Einheimischen meist auch eine Flasche *aqua minerale*. Man kann sie *con gas* (mit Kohlensäure) haben, was wohl wegen der verdauungsfördernden Wirkung vielfach geschätzt wird. Wer das Prickeln nicht mag, bestellt *aqua minerale senza gas*.

Die toskanischen Restaurants sind überwiegend rustikal, gemütlich und durchweg sauber, aber nicht luxuriös oder elegant. Es ist in der

Regel nicht erforderlich, daß man sich zum Abendessen umzieht. Die meisten italienischen Gäste kommen heute leger gekleidet. Die Herren hängen ihr Sakko während des Essens über die Stuhllehne. Selbst in den wenigen eleganteren Restaurants von Florenz muß man nicht mit Krawatte und Sakko kommen. Es ist weitgehend dem eignen Wunsch überlassen, wie man sich präsentiert. Sich umzuziehen dürfte am ehesten dann angemessen sein, wenn man das Abendessen im Restaurant eines eleganten Hotels einnimmt. Das Essen in den Hotels ist für durchschnittlichen Geschmack bereitet und meist nicht spezifisch toskanisch. Außerdem macht der besondere Apparat eines großen Hotels oftmals höhere Preise erforderlich. Am besten beschränkt man das Essen im Hotel auf den Abend des Ankunftstages. Auch sollte man sich – von Ausnahmen abgesehen – nicht durch Halbpension an die Hotelküche binden. Auf einer Liebhaber-Reise sollte man sich möglichst wenig festlegen, so daß man stets bereit und offen ist für neue Eindrücke.

Weinstuben, in denen man abends eine Flasche Wein trinkt und plaudert, gibt es in der Toskana kaum. Das ergibt sich aus den erwähnten Trinksitten. Es gibt auch wenig Cafés, wie man sie in Deutschland, Schweiz und Österreich, Frankreich und anderen Ländern kennt. Dafür gibt es zahllose kleine Bars. Die Einheimischen trinken ihren *caffè* überwiegend stehend an der Bar. An der Bar bezahlt man einen weitaus geringeren Preis, als wenn man sich an einen Tisch setzt und bedienen läßt.

In einem Punkt sind die italienischen Tischsitten sehr konservativ. Die Restaurateure wollen ganze Mahlzeiten verkaufen: sie erwarten, daß man zumindest *primo, secondo und caffè* nimmt und Wein dazu trinkt. Wer weniger konsumiert, wird mit einer leichten Mißbilligung betrachtet oder wenigstens mit Erstaunen. Es verstößt eben gegen das, was die Leute gewohnt sind. Andererseits machen die Gastronomen zweifellos ihre Kalkulationen aufgrund der Annahme, daß die Gäste ganze Menus bestellen. Ein gutes *primo* – für manchen Gast durchaus ausreichend – ist recht billig, auch wenn man den Preis für das *coperto* (das Gedeck) hinzurechnet, der meist erhoben wird. Ein Restaurant zahlt bei Gästen, die nur *primo* essen und vielleicht ein Mineralwasser dazu trinken, sicherlich drauf. So haben kleinere Restaurants mitunter sogar einen schriftlichen Hinweis an der Tür, daß sie nur komplette Mahlzeiten servieren.

Die volle Freude an der toskanischen Küche hat man nur, wenn man eine komplette Mahlzeit ißt. Dabei ist das toskanische Essen ja leicht und keineswegs übermäßig kalorienreich. Man kann sich diese Freude also durchaus erlauben, besonders wenn man an Stelle eines Nudelgerichts eine Gemüsesuppe ißt und vielleicht das Dessert wegläßt. Ein gewisser Ausgleich läßt sich auch beim Frühstück schaffen. Das *continental breakfast* in den Hotels ist ja sicherlich keine Offenbarung. Da stopft man sich im Grunde mit Brötchen, Butter und Marmelade voll, nimmt also Kalorien zu sich ohne besonderen Genuß. Jeder Mensch kann ja nur eine begrenzte Menge essen; und er sollte sehen, daß er in erster Linie das ißt, was ihm wirklich schmeckt. Wenn man sich beim Frühstück auf Kaffee, Milch und ein gekochtes Ei beschränkt, hat man etwas im Magen, aber dennoch das Kalorienkonto entlastet. Man kann dann dafür mehr von dem Besonderen essen, was die Toskana bietet. Sofern der Frühstückspreis nicht im Zimmerpreis enthalten ist, spart man dabei noch. Kaffee mit Milch und Ei kosten niemals den meist recht saftigen Preis, der für ein bescheidenes *continental breakfast* berechnet wird.

Mit wenigen Ausnahmen ist jedes Restaurant an einem Tag in der Woche geschlossen, das ist auch häufig bei den Restaurants in den

Hotels der Fall. Gute Restaurants erfreuen sich meist eines regen Zuspruchs. Es ist also ratsam, telefonisch einen Tisch zu bestellen. Die Wirte und Kellner in der Toskana sind meist sehr freundlich und zuvorkommend. Und jede Mahlzeit in einem guten Restaurant ist im Grunde immer wieder ein ganz besonderes Erlebnis, auf das man sich jedesmal aufs neue freut. Das klingt fast wie Werbung. Es ist aber Tatsache.

Zusammenfassend läßt sich sagen: In der heutigen Gastronomie der Toskana kommt einmal mehr zum Ausdruck, daß die Menschen dort phantasievoll, aber keine Phantasten sind und daß sie grundlegende Qualität anstreben, aber keine Extravaganz. Vielleicht haben sie diese Eigenschaften erworben, weil sie in früheren Jahrhunderten einen eher kargen Boden kultivieren mußten, um das zu erwerben, was sie zum Leben brauchten. Vielleicht aber ist es ihnen auch nur darum gelungen, diesen Boden zu kultivieren und ihn fruchtbarer zu machen, weil sie eben die Eigenschaften hatten, die dazu notwendig waren. Man kann das eine mit dem anderen erklären, so herum oder anders herum, je nachdem was man zuerst hat und erklären will.

Man kann aber auch andere Formen der Erklärung suchen. Man kann fragen: Was kommt von den Griechen her? Und was von den Etruskern, die einst das Land bewohnten, wie wir an vielen Ausgrabungen erkennen. Und was von den Römern? So viele Ausgangspunkte, so viele Erklärungen. Jede stellt etwas in den Vordergrund und läßt anderes wegfallen. Also nochmals: Lassen wir die Fragen offen, behalten wir die Möglichkeiten, die in der Toskana liegen solange sie ohne Antwort bleiben. Feststeht, daß die Toskana das Herzland Italiens ist. Die Sprache von Siena entspricht weitgehend dem heutigen Italienisch. Der Florentiner Dante Alighieri hat die Sprache der Toskana durch seine Werke zur literarischen Sprache werden lassen. An keinem anderen Ort in Italien reichte damals die intellektuelle Kraft zur Überwindung des Lateinischen. Die Toskanische Akademie della Crusca dürfte die erste Akademie der Welt gewesen sein, die ein Wörterbuch der Alltagssprache zusammengestellt hat, im Jahre 1611.

Florenz war die Wiege der Renaissance. Zu einer Zeit, da in weiten Teilen Europas noch das Dunkel des Mittelalters herrschte. Und vielleicht haben sogar die recht, die sagen, daß Florenz die Renaissance schlechthin gewesen sei und daß alle anderen Länder das neue Licht von Florenz und der Toskana übernommen haben. Und – ich möchte es ausdrücklich unterstreichen – »Renaissance« bezeichnet nicht ein Programm altphilologischer oder sonstiger Gelehrter, die zurück zu den Griechen oder zurück zum Denken der Antike wollten. Es war nicht der Versuch, etwas nachzuahmen. So läßt es sich im Nachhinein bequem zusammenfassen und darstellen. Aber darin drückt sich eben jene Haltung aus, die der Liebe und der Kenntnis Schaden zufügt, wie Leonardo es in dem Satz ausdrückt, den ich diesem Buch vorangestellt habe. Und welches Denken meint wohl der, der »Denken der Antike« sagt? Meint er das Denken der Vorsokratiker? Oder das Denken des Sokrates? Oder das des Aristoteles? Zwischen dem Denken der Vorsokratiker und dem des Aristoteles besteht ein Unterschied wie zwischen dem Mittelalter und jenem Wiedererwachen des Menschen, das wir mit »Renaissance« bezeichnen.

Das was mit Männern wie Uccello (1397–1475), Masaccio (1401–1428), Brunelleschi (1377–1446) begann, war ein Aufbruch von Grund auf. Es war nicht der Versuch, eine Theorie zu verwirklichen, die irgend jemand aufgestellt hatte. Es war ein völlig neues Herangehen an die Dinge, unmittelbar und nicht durch scholastische Vorstellungen von den lebendigen Quellen abgeschnitten. Erfahrung wurde direkt aus der Praxis gewonnen und nicht aufgrund der Anwendung alter Vorschriften. Die Bezeichnung »Renaissance« wurde erst – wie schon erwähnt – viel später gebräuchlich, als diese Entwicklung schon rückblickend überschaubar geworden war in ihrer ganzen Fülle. Der umgekehrte Weg – wenn man erst einen Namen wählt und ihn dann zu erfüllen sucht – engt von vornherein ein und schließt aus, was nicht in den gesetzten Rahmen paßt. Wirkliche Entwicklungen lassen sich nicht planen, lebendige Entwicklung läßt sich nicht eingrenzen, bevor sie überhaupt beginnt. Die Toskana ist in vieler Hinsicht Herzland Italiens. Und als im neunzehnten Jahrhundert nach der nationalen Einigung Italiens eine Hauptstadt bestimmt werden sollte, standen Florenz, Venedig und Rom zur Debatte. Sicherlich war es ein Vorteil für Florenz, daß es nur vorübergehend als Hauptstadt diente (1865–1871). Zweifellos wäre Florenz heute eine ganz andere Stadt, wäre es auf Dauer die Hauptstadt Italiens geworden anstelle der Tiberstadt Rom.

Der Arno ist sehr anders als der Tiber. Er besitzt eine herbe Lieblichkeit. Der Arno ist der Fluß der Toskana. Er entspringt am La Falterona, einem etwa 1800 Meter hohen Apennin-Gipfel, etwa sechzig Kilometer von Florenz entfernt. Wenn der Tag sehr klar ist, sieht man vom Gipfel sowohl das Adriatische als auch das Tyrrhenische Meer. Einige hundert Meter unter dem Gipfel sprudelt die Quelle des Arno. Von dort fließt er fast bis Arezzo, bis er einen großen Bogen macht, um in die Gegenrichtung zu fließen, erst nach Florenz und dann schließlich nach Pisa und zum Meer. Der Arno verläßt die Toskana nie. Er gehört ihr allein. In elegantem Schwung fließt er durch die Städte. Und es ist immer wieder schön, die Straßen am Arno entlangzugehen, sowohl in Florenz als auch in Pisa, besonders am Abend, wenn die Straßenlaternen angehen, die den Fluß säumen. Der Abend am Lungarno gibt keine Antwort, aber er ist voller Möglichkeiten. Und eben darin liegt die Botschaft der Renaissance. Und in Worten des großen florentinischen Gelehrten Pico della Mirandola (1463–1494): »Daher ließ sich Gott den Menschen gefallen als ein Geschöpf, das kein deutlich unterscheidbares Bild besitzt, stellte ihn in die Mitte der Welt und sprach zu ihm: Wir haben dir keinen bestimmten Wohnsitz, noch ein eignes Gesicht, noch irgendeine besondere Gabe verliehen, o Adam, damit du jeden beliebigen Wohnsitz, jedes beliebige Gesicht und alle Gaben, die du dir sicher wünschst, auch nach deinem Willen und nach

Bankbetrieb in Florenz, Holzschnitt aus dem 15. Jahrh.

Wäre es auch ohne wirtschaftlichen Aufschwung zum grossen Aufbruch »Renaissance« gekommen? Ist nicht vielleicht für beides die Auflösung gleich gearteter geistiger Blockierungen notwendig?

deiner eigenen Meinung haben und besitzen mögest. Den übrigen Wesen ist ihre Natur durch die von uns vorgeschriebenen Gesetze bestimmt und wird dadurch in Schranken gehalten. Du bist durch keinerlei unüberwindliche Schranken gehemmt, sondern du sollst nach deinem eigenen freien Willen, in dessen Hand ich dein Geschick gelegt habe, sogar jene Natur dir selbst vorherbestimmen. Ich habe dich in die Mitte der Welt gesetzt, damit du von dort bequem um dich schaust, was es alles in dieser Welt gibt. Wir haben dich weder als einen Himmlischen noch als einen Irdischen, weder als einen Sterblichen noch einen Unsterblichen geschaffen, damit du als dein eigener, vollkommen frei und ehrenhalber schaltender Bildhauer und Dichter dir selbst die Form bestimmst, in der du zu leben wünschst.« So steht es in Pico della Mirandolas *Über die Würde des Menschen*.

Aber die Renaissance war keineswegs ein lieblicher Frühling, etwa im Sinne von Botticellis berühmtem Gemälde *Primavera*. Da wo das Licht aufgeht, melden sich auch die Geister der überwundenen Nacht und versuchen, alles wieder zu zerstören. Das haben wir in der ersten Hälfte des zwanzigsten Jahrhunderts in Europa erlebt, als Hitler die Uhr zurückdrehte, und wir erleben es heute im Nahen Osten, wo religiöses Eiferertum in den vom Neuen beunruhigten Menschen latente Schuldgefühle aktiviert und ausnützt. Manche Leute nennen das »den Volkswillen aktivieren« und deklarieren das Ergebnis als demokratisch. Ausgangs des Quattrocento, als Florenz in seiner höchsten Blüte stand, trat dort ein finsterer Mönch auf, gnadenlos und eifernd: Girolamo Savonarola (1452–1498). Er kam 1482 aus Ferrara nach Florenz und trat in das Dominikanerkonvent San Marco ein, das von den Medici stets gefördert worden war. Savonarola begann mit wütenden Bußpredigten und Beschuldigungen gegen die Medici. Lorenzo, der regierende Medici, unternahm nichts gegen den Eifernden, der die kluge Mäßigung der Toskaner zur Unmäßigkeit wandelte. Savonarola wurde Prior von San Marco, weigerte sich, mit Lorenzo zusammenzukommen, bis er den todkranken Medici schließlich auf dem Sterbebett mit Schmähungen überhäufte. Lorenzos weise Haltung, die in der klaren Vernunft der Medici wurzelte, die ursprünglich Kaufleute und Bankiers waren, und die politische Führung nicht durch Machtwillen, sondern durch Förderung des wirtschaftlichen Gedeihens erlangt hatten, konnte nicht verhindern, daß Savonarola nach Lorenzos Tod

Savonarola auf der Kanzel, Holzschnitt, London, Britisch Museum.

Fanatisch manipulierte er latente Ängste der Menschen, um Macht über sie zu gewinnen. Er hatte Erfolg bei den Massen, aber kann man deshalb sagen, was er wollte, sei richtig gewesen?
Ein Vorhang trennt die Zuhörer nach Geschlechtern!

Lorenzo di Medici (1449–1492), posthumes Bildnis von Giorgio Vasari, Uffizien.

Die Zeitgenossen nannten ihn »Il Magnifico«. »Der Prächtige« ist dafür nicht unbedingt die angemessene Übersetzung. Seine Devise: Leben und leben lassen. Er ließ sogar Savonarola gewähren, obwohl der Mönch das Volk gegen die Medici aufhetzte.

(1492) das Volk durch Agitation auf seine Seite brachte und die Vertreibung der Medici bewirkte. Nach der Ausschaltung der Medici hatte Savonarola freie Bahn für die angestrebte Errichtung der »Diktator Gottes«. Die Stadt ernannte ihn zum König von Florenz. Er machte Halbwüchsige zu seinen Milizen; sie durften in alle Häuser eindringen und alles zerstören, was nunmehr als Teufelswerk galt, neumodische Kleidungsstücke, unerwünschte Bücher und Kunstwerke. Auf der Piazza della Signoria fanden große Bücherverbrennungen statt. Savonarola hatte die Stadt in einen religiösen Taumel versetzt, hatte Männer »bekehrt«, von denen man das nie erwartet hätte. Er brachte vorübergehend eine Umkehr zustande, die zuvor niemand für möglich gehalten hätte. Dabei ging er weit über das hinaus, was im Vatikan als angemessen angesehen wurde. Schließlich wurde es dem Papst zuviel; er exkommunizierte Savonarola. Dem wilden Mönch wurde der Prozeß wegen Ketzerei gemacht, und er wurde – nachdem sich auch der Rat von Florenz gegen ihn gewandt hatte – zum Tode verurteilt und öffentlich verbrannt. So endete der Rückfall in die Nacht des Mittelalters mit einer mittelalterlichen Maßnahme. Die Orgie von Masochismus und Flagellantentum hatte ihr Ende. Der Mensch konnte zurückkehren in seine Würde. Die Toskana war gerettet. Betrachtet man Savonarola lediglich aus der Perspektive von Florenz und beschränkt sich auf den Zeitabschnitt, den er dort verbracht hat, dann mag er manchem Leser als Gottesmann erscheinen, als der große Säuberer, der Gottes Welt wieder in die rechte Ordnung bringt. Daher sei noch angemerkt: Savonarola hat ursprünglich in seiner Vaterstadt Ferrara Medizin studiert. Er lernte eine Tochter der vornehmen Florentiner Familie Strozzi kennen, die als unterlegene Rivalen der Medici ins Exil gegangen waren und unter dem Schutz des Herzogs Borso d'Este in Ferrara lebten. Savonarola liebte das Mädchen und wollte sie heiraten. Die Familie Strozzi un-

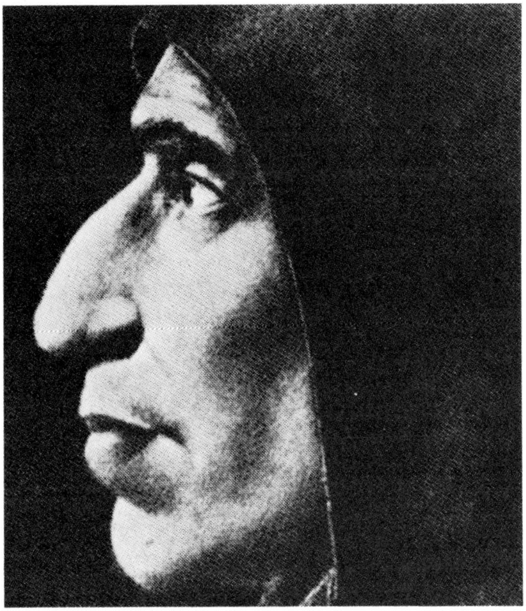

Girolamo Savonarola (1452–1498), Bildnis von Fra Bartolomeo, Museo di San Marco.

»Das fratzenhafte Ungeheuer«, so hat Goethe ihn genannt. Das Volk ließ sich von seinen Reden aufpeitschen. Zeigten sich in diesem Massenverhalten masochistische Züge, die der Mönch zu befriedigen wußte?

terband diese Heirat. Savonarola soll über zwei Jahre gebraucht haben, bis er diese Wunde verkraftet hatte, die Florentiner ihm geschlagen hatten. Viele Autoren fassen das so zusammen: »Savonarola hat über eine unglückliche Liebe zu Gott gefunden...« Sicherlich: Er hatte diesen Sturm unter Verwendung des Wortes »Gott« und der davon abgeleiteten Religion entfacht. Aber lag darin nicht eher ein Mißbrauch des Wortes »Gott«, ein Mißbrauch zur Befriedigung eines vehementen Rache-Denkens?

Jedenfalls war Savonarola kein Toskaner, weder von Geburt, noch seinem Geiste nach. Das, was er seine Revolution nannte, das war kein Schritt voran, kein Schritt in eine größere Weite. Es war ein Schritt zurück in die Enge und zu größerer geistiger Beschränktheit. Savonarola war kein Neuerer, keiner der Neuland betrat, einen Schritt ins Unbekannte wagte. Er war ein Erneuerer, und das ist etwas ganz anderes. Erneuerer wollen Altes erneuern und Abgestorbenes wieder beleben. Solche »Erwecker« versuchen die Ängste vor dem Neuen zu aktivieren, um das Gestern oder Vorgestern dem Heute und Morgen als angebliche Ordnung aufzuzwingen. Die Erneuerer sind zu einfallslos und zu feige, um sich an etwas anderem zu orientieren als an der Vergangenheit. Sie verfolgen alles mit von Angst getriebenem Haß, was nicht in ihre Vorstellungen paßt. Vor den Erneuerern müssen wir uns hüten, egal was sie erneuern wollen, welche Tradition oder welchen Glauben, und egal ob sie sich einfältig als Erneuerer bezeichnen oder ob sie verkappt auftreten. Nicht auf die Worte, auf die Handlungen müssen wir achten.

Der Tod des Savonarola, anonymes Gemälde aus dem 16. Jahrh., Museo di San Marco.

Erst wurde er gehenkt und dann verbrannt. »Aug' um Aug', Zahn um Zahn«, ganz nach dem Geschmack des Opfers. Savonarolas Ende ein Höhepunkt an Scheußlichkeit. Manche meinen allerdings, Hinrichtungen seien ein gutes Mittel, »das Wort zu Fleisch werden zu lassen«, das Wort des Gesetzes nämlich.

2. Kapitel

Der Weg in die Toskana

Wenn es anfängt häufiger vorzukommen,
ist es kein Wunder mehr.

(Tibetanisches Sprichwort)

Niemand von uns besitzt jenen wunderbaren Zauberring, von dem es heißt, daß man ihn nur drehen muß, um sich an den fernen Ort zu versetzen, an dem man gerade sein möchte. Wir können nicht plötzlich auf der Ponte Vecchio in Florenz stehen. Vor die Ankunft ist der Weg gesetzt. Er muß keineswegs ein notwendiges Übel sein. Man kann ihn so gestalten, daß er Freude macht und vorbereitet auf das Erlebnis der Toskana.

Als der heilige Petrus in die Toskana reiste – auf seinem Wege nach Rom –, hatte er es nicht so gut wie wir. Er hatte keine Wahl hinsichtlich der Anreise. Er mußte das Schiff nehmen, als er von Antiochia kam. Die Legende behauptet, er sei bei Pisa an Land gegangen. Die romanische Basilika S. Piero a Grado, die auf einem Quai des alten Hafens stehen soll, erinnert daran. Heute ist jedenfalls das Meer etwa sechs Kilometer von der Basilika entfernt.

Näher bei Pisa liegt der Flugplatz Galileo Galilei. Es ist der einzige Flugplatz in der Toskana, auf dem große Jets landen können. Seine Entstehung verdankt er wohl den Amerikanern, die in dieser Gegend eine ihrer wichtigsten Basen in Italien haben. Direkte Verbindungen zwischen dem Ausland und dem Aeroporto Galileo Galilei gibt es gegenwärtig mit London, Paris und Frankfurt, letzteres allerdings nur dreimal wöchentlich. Wenn man sonst aus dem Ausland nach Pisa fliegen will, muß man in Mailand oder Rom umsteigen, was oft mit ziemlichen Wartezeiten verbunden ist.

Steht man dann in der Ankunftshalle des Flugplatzes Pisa und will nach Florenz, kann man wählen zwischen Eisenbahn (neuerdings ist die Eisenbahn für die direkte Verbindung nach Florenz bis unmittelbar an den Flugplatz geführt), Bus, Mietwagen oder Taxi. Die Mietwagenpreise sind hoch; erträglich sind sie lediglich, wenn man einen Wagen für eine Woche mit unbegrenzten Kilometern wählt und dann in dieser Zeit auch einiges abspult. Ein Taxi ist für so eine weite Strecke natürlich teuer.

Auch bei Florenz gibt es einen Flugplatz, dort können aber nur kleinere Maschinen landen. Dieser Flugplatz – er heißt Pretola – wird im inneritalienischen Linienverkehr angeflogen. Man muß in Rom oder Mailand umsteigen.

Aber das Flugzeug ist gewiß nicht das günstigste Verkehrsmittel, um zu einer Liebhaber-Reise in die Toskana zu gelangen. Schon wegen der Begrenzung des Gepäcks; mag es auf der Hinreise noch gehen, was aber macht man beim Abflug mit den zwei 12er Kartons Chianti, die man gekauft hat, und dem Karton mit den sechs Literflaschen Olivenöl? Und mit allen möglichen anderen Erwerbungen, auf die man ungern verzichten möchte? Das Flugzeug engt die Entscheidungsfreiheit der Reisenden ein. Sicher, wer aus den USA kommt oder aus Australien, der hat keine andere Wahl. Aber wer aus Europa anreist, sollte nicht fliegen. Das Verkehrsmittel für das Erleben der Toskana ist nun mal das Auto. Sicher, man kann einen Leihwagen nehmen – kommt man aus Übersee, wird einem nichts anderes übrigbleiben –, aber das löst nicht alle Probleme. Gegen die Benutzung der Eisenbahn sprechen weitgehend dieselben Gründe wie beim Flugzeug; dabei gibt es natürlich durchgehende Wagen und Schlafwagen, etwa von München nach Florenz. Und von Mailand nach Florenz kann man einen der berühmten italienischen Expreßzüge benutzen, die jeden Morgen und allabendlich Mailand und Rom verbinden.

Ohne Auto läßt sich die Toskana im wahrsten Sinne des Wortes nicht erfahren. Kein anderes Verkehrsmittel gibt einem ein ausreichendes Maß an Entscheidungsfreiheit und Möglichkeiten. Nur das Auto macht die Toskana wirklich zugänglich. Wir machen uns selten bewußt, wieviel man als Tourist dem Automobil verdankt. Vielleicht läßt es sich durch ein Zitat aus einem Reiseführer aus dem Jahre 1924 verdeutlichen. Das Buch trägt den Titel »Wie reist man in Italien?« Da kann man lesen: »Die

Gegend, welche die Bahn von Florenz ab durchschneidet, ist reich an landschaftlichen Schönheiten. In weitem Bogen umzieht sie erst die Stadt, links oben Fiesole. Nun verengt sich das Tal, es folgen verschiedene Tunnels, auf den Hügeln malerisch gelegene kleine Orte, die man links sitzend am besten sehen kann.«

Damals, als ein eigenes Auto noch selten und man weitgehend auf die Eisenbahn angewiesen war, bewunderte man die Landschaft vom Zug aus. Heute fährt man in die Landschaft, kann anhalten und einen Spaziergang machen. Man kann die kleinen Orte besuchen, die man damals allenfalls vorbeigleiten sah. Damals mußte sich der Reisende weitgehend auf die Städte konzentrieren. Die offene Landschaft war ihm nur im Umkreis des von der letzten Tramhaltestelle aus zu Fuß Erreichbaren zugänglich; es sei denn, er fand eine Kraftdroschke und war dann bereit, für die Wartezeit zu zahlen, wenn er einen Spaziergang machen wollte.

Auch mit dem Bus läßt sich die Toskana nicht ergründen. Die Linienbusse zu benutzen, wäre kompliziert, zeitraubend und unbequem. Der Linienbus würde den Touristen an Fahrzeiten und Haltestellen binden, die in dem über große Strecken dünn besiedelten Land keineswegs so häufig sind, wie der Tourist sie benötigt. Der Tourist wäre weitgehend an den Umkreis um die Haltestellen gebunden und befände sich stets in Gefahr, den letzten Bus am Abend zu verpassen und plötzlich mutterseelenallein in der Weite des Landes zu stehen. Er wäre da keineswegs eigenständig auf sich gestellt, sondern von einem System abhängig, einer Ordnung, die ihm aufgezwungen wird. Das entspricht nicht dem, was wir Liebhaber-Reise nennen.

Bei Gesellschaftsreisen in Reisebussen entsteht ein Klima, das für das Erlebnis der Toskana abträglich ist. Bei solchen Fahrten wird dem Erlebnis des Landes eine Gleichschaltung in der Gruppe vorangestellt, durch sie wird das Erlebnis des Landes für den einzelnen verzerrt.

In der großen Zeit der Toskana mußte man reiten. Das Pferd war das Verkehrsmittel der Renaissancemenschen. Heute haben wir das Auto. Sicherlich sind nicht alle Autofahrer Renaissancemenschen, aber alle Renaissancemenschen von heute sind Autofahrer. Und wenn man sich mal richtig vorstellt, welche Schwierigkeiten ein Pferd bereitet, erkennt man, daß ein Auto einem Pferd gegenüber durchaus ein Fortschritt ist.

Damit ist etwas über die Anreise gesagt: Man kann mit der Bahn kommen. Und man kann nach Pisa fliegen oder nach Florenz. Wenn irgend möglich, sollte man aber mit dem Wagen anreisen. Sicherlich ist das für viele eine weite Fahrt. Aber die Straßen sind von überall her gut. Außerdem kann man sich die Reise in Abschnitte einteilen. Und jedes einzelne Teilziel ist dann nicht mehr gar so weit.

Welchen Grenzübergang nach Italien soll man wählen? Oder anders gesagt: Welche Strecke für die Anreise? Das liegt keineswegs immer auf der Hand. Natürlich, wenn man beispielsweise in München startet, liegt es nahe, sich für die Brennerroute zu entscheiden. Die Straße ist schnell und problemlos – ausgenommen an Wochenenden und in der Hauptreisezeit, da bricht allzu oft der Verkehr auf der Autobahn in Richtung Salzburg zusammen und es kommt zu langen Wartezeiten im Stau. Am Grenzübergang Kiefersfelde sollte es allerdings nach der Einführung der Europaspur ohne Wartezeiten abgehen. Ist man aber schon ein paar mal über den Brenner gefahren, möchte man vielleicht mal was anderes.. Man kann von München auch sehr gut über Graubünden und den San Bernardino fahren, entweder über Landsberg/Memmingen zum Pfändertunnel bei Bregenz oder, wenn man sich etwas Zeit nimmt, zur Abwechslung auch mal über Garmisch-Fernpaß und dann über

Feldkirch mit einem Besuch im schönen Fürstentum Liechtenstein. Für die Strecke durch die Schweiz stehen heute praktisch durchwegs Autobahnen oder autobahnähnliche Straßen zur Verfügung.

Auch aus den anderen Teilen Deutschlands bietet sich keine Strecke zwingend an. Genauso für die Schweizer: Wer in Zürich oder Basel startet, wird immer abzuwägen haben zwischen San Bernardino und Gotthard. Aber er kann auch mal die Simplon-Route wählen oder über den großen St. Bernhard und das Aostatal fahren.

Von Wien und den österreichischen Bundesländern östlich von Salzburg aus ist sicherlich der Weg über Villach–Tarvisio–Udine am kürzesten. Daß man da streckenweise auf Landstraßen angewiesen ist, wird dadurch kompensiert, daß die Autobahn in Italien von Carnia bis in die Gegend von Bologna meist ziemlich wenig befahren ist.

Jedenfalls: Die Möglichkeiten sind vielfältig. Und man sollte vor jeder neuen Reise überlegen, ob man nicht mal eine andere Route wählt. Für alle, die die Toskana möglichst schnell erreichen wollen, ist natürlich stets die kürzeste Autobahn-Verbindung naheliegend, aber – es sei nochmals betont – man muß stets vorher überlegen, ob die Route nicht aus irgendwelchen Gründen am Reisetag überfüllt sein könnte.

Für die nähere Betrachtung der Anreisemöglichkeiten wollen wir davon ausgehen, daß es am günstigsten ist, wenn man so am Reiseziel eintrifft, daß man sein Zimmer in Ruhe beziehen und anschließend zu Abend essen kann. Da in Italien die Restaurants meist erst gegen 20 Uhr öffnen, ergibt sich daraus eine Ankunftszeit zwischen achtzehn und neunzehn Uhr. Setzen wir außerdem voraus, daß das Ziel erst mal Florenz ist; denn ich glaube, daß Florenz als erstes Standquartier einer Liebhaberreise in die Toskana am günstigsten ist. Und legen wir weiterhin zugrunde, daß die mittlere Reisegeschwindigkeit auf der Autobahn 100 Kilometer pro Stunde beträgt. Dann ergibt sich, daß der Start zur letzten Etappe der Anreise nach dem Mittagessen des Anreisetages in einem Umkreis von maximal 300 Kilometern erfolgen sollte. Das entspricht der Entfernung Florenz–Mailand (298 km) oder Florenz–Rom (277 km). Der letzte Rastpunkt auf der Fahrt nach Florenz sollte also von Norden her südlich von Mailand und von Süden her nördlich von Rom liegen.

Die Mehrzahl der Liebhaber-Reisenden in die Toskana werden – das darf wohl vorausgesetzt werden – von Norden her anreisen. Die große Mehrzahl wird dabei entweder über die San-Bernardino-Strecke kommen oder die Brenner-Route benützen. Seit Jahren ist ja auch der Gotthard-Tunnel fertig geworden. Aber bis die Zufahrtsstraße auf der Südseite ausgebaut sein wird, muß man während der Hauptreisezeit auf der Tessiner Seite mit Stauungen rechnen. Sie – sowie auch alle, die über Villach–Venedig her anreisen sowie über Stilfserjoch, Stresa oder ähnliche Nebenstrecken – treffen früher oder später auf die *strada del sole*. Vom San Bernardino kommend bei Mailand, vom Brenner kommend bei Modena und aus Richtung Villach bei Bologna. Bis Bologna läßt sich die *strada del sole* meist sehr zügig befahren. Natürlich darf man nicht gerade in einen Wochenend- oder Ferien-Exodus der Mailänder geraten. (Im Hinblick auf solche Ereignisse sollte man sich bei der Reiseplanung rechtzeitig informieren, am besten über den Automobil-Club des Heimatlandes.) Bei Bologna treffen alle Hauptströme des Verkehrs zusammen, von dort aus ist die Autobahn dann auch nicht mehr dreibahnig, wie größtenteils zwischen Mailand und Bologna. Also ist der Verkehr zwischen Bologna und Florenz oft sehr stark, vor allem der Lastwagenverkehr. Der Apennin, eine natürliche Barriere zwischen Bologna und Florenz, macht eine recht kurvenreiche Führung und viele Tunnels notwendig. Zudem müssen laufend zahlreiche Reparaturarbeiten an dieser Strecke – besonders an den Brücken – ausgeführt werden, nicht nur als Folge des normalen Verschleißes, sondern auch weil die geologischen Formationen des Apennin relativ jung und unruhig sind und es oft zu Rissen kommt. Es gibt also häufig Baustellen und dadurch Sperrungen einer Fahrbahn. Da man praktisch immer Lastwagen vor sich hat, die diese Bergstrecke nur im Kriechtempo überwinden können, ergeben sich immer wieder Stauungen oder Fahrten im Schrittempo. Das macht keinen Spaß, es verlängert die Fahrzeit unmäßig und belastet Fahrer und Wagen. So ist es häufig besser, auf eine Nebenstrecke auszuweichen. Ich habe oft die S.S. 64 (S.S. ist die Abkürzung für *Strada Statale*, also Staatsstraße) benutzt, die auch Porrettana genannt wird, weil sie über Porretta Terme (ein Rheumabad) führt. Um sie zu erreichen, verläßt man die *strada del sole* bei der Abfahrt Sasso Marconi. Die Porrettana ist keine Autobahn, aber sie ist gut ausgebaut. Sie führt durch keine größeren Ortschaften, dafür aber durch landschaftlich sehr reizvolle Gebiete. Und vor allem – das habe ich immer wieder feststellen können – ist sie wenig befahren. Man kommt zügig voran.

Knapp 10 Kilometer hinter Sasso Marconi erreicht man Marzabotto, eine kleine Stadt, in deren Nähe man besonders interessante etruskische Ausgrabungen besichtigen kann. Hinter Porretta Terme erreicht man die Toskana und kommt dreißig Kilometer später auf einer reizvollen Fahrt ins Tal hinunter nach Pistoia. Die größte Apenninhöhe, die auf dieser Strecke zu überwinden ist, der Passo de Porretta (932 m), ist durch einen fünf Kilometer langen Tunnel völlig entschärft. Von Sasso Marconi bis zum Erreichen der A 11 (der Autobahn, die von Florenz zum Meer führt) sind es etwa 80 km angenehmer Fahrt. Man hat dann allerdings noch etwa 37 km auf der A 11 bis nach Florenz vor sich, doch ist diese Strecke meist nicht so stark befahren, ausgenommen an Sonntagnachmittagen in der schönen Jahreszeit, wenn die Florentiner vom Ausflug ans Meer zurückkehren. Alles in allem muß man bei Benutzung der Porrettana etwa vierzig Kilometer mehr fahren, hat aber oft eine zeitlich kürzere und entspannte Fahrt und geringeren Fahrzeugverschleiß als bei Fahrten im Schrittempo des Autobahnstaus. Man sollte für die Strecke Bologna–Florenz via Porretta gut zwei Stunden ansetzen.

Aber es muß nicht die Porrettana sein, es gibt noch weitere Ausweichstrecken: Einmal die Straße Sasso Marconi/Prato (S.S. 325). Man erreicht sie ebenfalls, wenn man die Autobahn bei der Ausfahrt Sasso Marconi verläßt oder aber noch besser, wenn man die etwa 15 Kilometer südlich liegende Ausfahrt Riovéggio benutzt. Etwas umständlich zu erreichen (man muß durch ganz Bologna fahren oder von Sasso Marconi aus über eine kleine Querverbindung) ist die S.S. 65, die alte Straße Bologna/Florenz. Auch diese beiden Straßen sind durchaus brauchbar. Sie sind beide nicht viel befahren, führen durch reizvolle Landschaften und nicht durch größere Orte. Man benötigt natürlich länger als bei zügiger Fahrt auf der Autobahn A 1, aber wenn die Autobahn verstopft ist, sind sie allemal vorzuziehen.

Woran man merkt, daß Staus zu erwarten sind? Mitunter läßt es sich daran erkennen, daß sehr viel Verkehr ist und die Parkplätze der Raststätten überfüllt sind. Aber ich habe es auch oft erlebt, daß der Verkehr noch über Riovéggio hinaus sehr gut lief und später das große Chaos kam mit langen Wartezeiten, vielleicht in einem der vielen Tunnels. Wenn man einigermaßen sicher gehen will, sollte man bei Sasso Marconi oder Riovéggio von der Autobahn abfahren und an der Zahlstelle den Kassierer fragen, ob Staus gemeldet seien. Der Kassierer wird meist nur italienisch sprechen, aber irgendwie kann man sich sicherlich verständlich machen. Erhält man die Auskunft, daß es keine Behinderungen gibt, kann man unmittelbar hinter der Zahlstelle wenden und zurück auf die Autobahn fahren.

Ein gutes Kriterium für die Wahl von Grenzübergang und Anreisestrecke kann natürlich auch darin liegen, daß man ein bestimmtes Restaurant oder Hotel am Wege kennenlernen möchte. Die Villa Mozart in Meran kann durchaus ein lohnender Grund sein, die Brennerstrecke zu wählen, auch wenn die Bernardinoroute näher liegen würde. Genauso kann beispielsweise der Wunsch, die einzigartige Küche des »göttlichen Gualtiero Marchesi« kennen zu lernen, den Ausschlag dafür geben, via Bernardino und Mailand zu reisen, obgleich die Fahrt über den Brenner kürzer wäre. Und wer noch nicht so Italien-erfahren ist, um ganz spezielle Wünsche zu haben, der kann getrost sein: kulinarische Höhepunkte kann er an jeder der Anreisestrecken erleben. Jetzt werde ich mit den gastronomischen Empfehlungen für die Anreise beginnen und mich dabei an den gesetzten Dreihundert-Kilometer-Umkreis halten (wenigstens annähernd); zuerst an den wichtigsten Anreisestrecken aus dem Norden und dann auch noch aus Richtung Rom. Zuvor möchte ich aber einige Worte über Restaurantkritik und Restaurantbewertung sagen.

Man kann sich darauf beschränken, Restaurants vermittels von Sternen, Kochmützen, Ziffern oder sonstigen Symbolen auszuzeichnen oder zu bewerten. Berühmt geworden sind ja die 'Sterne' mit denen im roten Michelin (erscheint alljährlich auch für Italien) besonders empfehlenswerte Restaurants markiert werden. Daneben sind im Michelin für die Stern-Restaurants noch jeweils drei kulinarische Spezialitäten genannt. Allzuviel bleibt der Erfahrung überlassen, die man erst beim Besuch des Restaurants machen kann. Das beginnt damit, daß praktisch keine Hinweise dafür gegeben werden, wie man ein Restaurant erreicht. Etwa bei den Restaurants, die sich beiderseits der *strada del sole* anbieten, muß der Reisende ja die Autobahn – wenn auch nur für wenige Kilometer – verlassen und bedarf einer zuverlässigen Anleitung; sonst muß ihm das Risiko einer solchen Abweichung vom geraden Wege zu groß erscheinen. Und: Wer lediglich ein Symbol als Empfehlung findet, weiß sehr wenig oder garnichts darüber, was für eine Art Küche ihn erwartet. Heute sind die Kriterien für gutes Essen längst nicht mehr so eindeutig, daß man alles mit einem Symbol ausdrücken könnte. Ein Tourist, der eine klassische oder traditionelle regionale und deftige italienische Küche sucht, wird vom »göttlichen Gualtiero Marchesi« vielleicht sehr enttäuscht sein, zumindest dann, wenn er sich dem Unerwarteten und Neuen völlig unvorbereitet gegenüber sieht. Und andererseits: Wer eine kreative italienische Küche sucht, eine *nuova cucina italiana*,der wird bei dem gut geführten und sehr gastlichen Restaurant Fini in Modena möglicherweise nicht zufrieden sein, zumindest wenn er sich nicht zuvor ein gewisses Bild von dem machen konnte, was ihn erwartet. Aus solcher Enttäuschung ergibt sich dann vielleicht ein ärgerliches und abwertendes Urteil und es ist von Finis »üppiger alter Fleischküche« die Rede. Sicherlich wird im Fini viel mit Fleisch gekocht, aber man hat sich im Restaurant Fini in Modena die Pflege der klassischen Küche der Emilia-Romagna zum Ziel gesetzt. Und unter dieser Voraussetzung gebührt dem Restaurant sicherlich Lob. Und man sollte vom Fini nicht sprechen, ohne den einzigartigen modenensischen *aceto balsamico*(Essig) zu erwähnen, mit dem man den stets frischen Salat – vom Wagen serviert – anmachen lassen kann. Dieser Essig stellt eine kulinarische Spezialität ersten Ranges dar. Eine andere Spezialität der Gegend ist *bollito misto* (verschiedene Fleischsorten zusammen gekocht). Ob man sich nun aber den Bauch mit lange gekochtem und wahrhaftig nicht a la minute zubereitetem Fleisch vollschlagen will, ist wirklich eine Frage. Und eine andere Frage ist, ob es tatsächlich günstig ist, *bollito misto* vom *carello* zu servieren, also von einem Wagen, in dem es heiß gehalten wird. Mit der oft recht beträchtlichen Dauer des Warmhaltens verliert das Fleisch immer mehr die richtige Konsistenz. Außerordentlich eindrucksvoll ist der *carello* mit den Desserts; man findet kaum irgendwo eine reichhaltigere Auswahl. Andererseits kann man fragen, ob die meist klassischen Rezepte dieser Desserts nicht einer moderneren Auffassung angenähert werden sollten, sind sie doch großenteils allzu »reich« und fast durchwegs auch mit allzu großzügiger Verwendung von Zucker bereitet.

Jede auf knappste Symbole reduzierte Restaurantbewertung läßt den Touristen weitgehend allein. Wer solche Symbole verteilt, bringt unausgesprochen den Anspruch zum Ausdruck, daß er die alleinseligmachenden Kriterien der guten Küche kenne. Dabei kann man gerade im Hinblick auf die Sterne des Michelin viele Fragen stellen. Verfehlte Urteile lassen sich nie ausschließen. Der Inspektor kommt vielleicht an einem besonders glücklichen oder besonders unglücklichen Tag. Aber wie kann es passieren, daß ein Restaurant in einem kleinen ligurischen Badeort seit Jahren einen Stern erhält, obwohl es sich neben seiner sehr schönen Lage direkt am Meer und seiner korrekten Bedienung lediglich durch übersetzte Preise für seine allenfalls durchschnittliche Küche auszeichnet? Und wie kommt es, daß alle Welt bereits davon redet, daß die Qualität eines lange Zeit berühmten Restaurants in Verona stark nachgelassen hat, daß aber ausgerechnet der Herausgeber des Michelin davon mehrere Jahre lang keine Notiz nimmt, bis er endlich in der Ausgabe 1985 nur noch einen Stern gibt? Und wieso hat so ein vorzügliches Restaurant wie Paracucchis *Locanda dell' Angelo* auch in der Ausgabe 1985 wieder lediglich einen Stern, obwohl es seit Jahren zwei Sterne verdient hat? Und warum hat Fulvio Pierangelinis »Gambero Rosso« in San Vincenzo in der Ausgabe 1985 nicht den verdienten zweiten Stern erhalten? Und warum ist das ausgezeichnete kleine Restaurant von Bruno und Sabina Tramontana »Da Noi« in Florenz erneut im Michelin weder erwähnt noch mit dem verdienten Stern ausgezeichnet? Es ließen sich noch viele derartige Fragen stellen, die die Fragwürdigkeit der auf Symbole begrenzten Bewertung unterstreichen. Ich will nur noch eine hinzufügen: Wie kommt es, daß der Michelin in Italien kein einziges Restaurant in Italien mit seiner Top-Bewertung von drei Sternen auszeichnet? Ich wüßte mindestens fünf Restaurants, die die drei Sterne verdient hätten. Zeigt sich darin nicht in erster Linie eine Überbewertung der Vorstellungen der Herausgeber? Einen Vorteil hat die Begrenzung auf wenige Symbole: Sie macht die Benutzung von der Sprache weitgehend unabhängig. Es gibt zwei Restaurantführer für Italien, die den Touristen ausführlicher unterrichten und ihm eine seinen Wünschen entsprechende Wahl erleichtern. Aber der »*Guida d'Italia*« des italienischen Nachrichten-Magazins L'*Espresso* setzt die Kenntnis der italienischen Sprache voraus, während der im vergangenen Jahr nach fünfjährigem Unterbruch wieder herausgekommene *Guide Italie Gault Millau* auf französisch geschrieben ist. Der Kuriosität halber sei dabei bemerkt, daß zumindest einige der Mitarbeiter des Gault Millau auch Mitarbeiter des Espresso 1984 waren, und dennoch praktisch alle Bewertungen (in beiden Führern werden neben den Beschreibungen Kochmützen und Punkte nach dem System soundsoviel aus zwanzig vergeben) im Gault Millau einen Punkt niedriger sind als im Espresso. Dennoch: Wenn manche Leute da von französischer Restaurant-Beurteilungs-Maffia sprechen, muß man dem entschieden entgegentreten.

Es ist ganz einfach so: Man kann ein Restaurant erst nach ziemlich gründlicher Kenntnis wirklich beurteilen; ein oder zwei Besuche geben nur einen oberflächlichen Eindruck. Man muß das Restaurant mindestens in bezug auf die Gegend und die Spezialitäten der Gegend und auf seine besonderen Ziele kennen. Und man darf sich vor allem nicht einem einzigen Küchenprinzip verpflichtet fühlen, dem man nun alles andere unterordnet. Geht man aber wirklich auf alle Dinge ein, kann man nicht am Schluß allem durch die Bewertung vermittels eines Symbols Ausdruck geben, dadurch würde man alle Details auslöschen.

Das sind jetzt wohl genug gute Begründungen dafür, daß ich mich entschlossen habe, auf die Verwendung von Symbolen und die Einführung einer Rangordnung zu verzichten. Wichtig ist die Beschreibung. Sie ermöglicht es dem Leser, seine Wahl selbst zu treffen. Gerade an der *strada del sole* ist die Auswahl groß und jeder kann das finden, was ihm besonders zusagt. Die Vielfalt des Gebotenen ist großartig und macht Freude. Fände man eines Tages landauf landab nur noch einen Typ Küche, dann würde das sicherlich nicht mehr so viel Spaß machen, auch wenn alle diese Restaurants dann von gleicher hervorragender Qualität wären (und folglich keines mehr hervorragen würde). Außerdem haben die großen Meister der italienischen Gastronomie sicherlich individuelle Würdigung ihrer Arbeit verdient. Sie üben nicht einfach einen Job aus oder betreiben ein Geschäft, sondern sie geben ihrer Küche und ihrem Restaurant eine ganz besondere Form. Das ist keineswegs selbstverständlich. Es bringt bedeutende Mühen und Kosten, und es ist ja keineswegs von vornherein gesichert, daß sich ein Publikum findet, das all das zu würdigen weiß.

Ich werde nur ausgezeichnete Restaurants empfehlen, die ich gut kenne und die von der jeweils angegebenen Autobahnausfahrt leicht zu erreichen sind.

Drei Restaurants kenne ich auf dem Wege in die Toskana, von denen jedes einzelne eine Reise wert ist. Es sind zugleich die für die neue Entwicklung der italienischen Gastronomie und Küche insgesamt wichtigsten Restaurants. Diese Köche und Restaurateure haben einer neuen und kreativen italienischen Küche zum Durchbruch verholfen: Gualtiero Marchesi (Milano), Gianluigi Morini (*San Domenico* in Imola), Angelo Paracucchi (*Locanda dell'Angelo* in Ameglia). Der wohl wichtigste Vorläufer dieser ersten Generation, Peppino Cantarelli (Samboseto), hat sein Restaurant im Jahre 1983 nach vielen Jahren unermüdlicher Arbeit geschlossen. Er wollte nicht, daß sein *Restaurant Cantarelli* von jemandem weitergeführt wird, der möglicherweise dem alten Anspruch nicht genügen würde.

Inzwischen kann man von einer zweiten Generation großer kreativer italienischer Restaurateure sprechen. Zu ihr gehört Giorgio Pinchiorri mit seiner aus Frankreich stammenden Frau Annie Feolde (*Enoteca Pinchiorri* in Florenz); dann Fulvio Pierangelini, der den erstaunlichen Mut besaß, in San Vincenzo, einem während der kühleren Jahreszeit gottverlassenen kleinen Badeort sechzig Kilometer südlich von Livorno, ein Restaurant mit einer modernen kreativen Küche zu betreiben, die im besten Sinne italienisch ist. Und schließlich mein Geheimtip: Gianfranco Vissani. Im abgelegenen väterlichen Gasthaus *Padrino* am wenig einladenden Ufer eines Stausees etwa 12 km von Orvieto entfernt hat er einen festlichen Speisesaal für Gourmets eingerichtet. Und es ist hinreissend, mit welcher Begeisterung er sein erlesenes *menu degustazione* mit ausgesuchten Weinen serviert.

Zwei der bahnbrechenden Restaurants liegen in jenem Teil der *strada del sole*, auf den ich jetzt die Aufmerksamkeit ziehen will: Zwischen Mailand und Bologna. Diese knapp zweihundert Kilometer sind eine wahre *strada del gour-*

met, eine Schlemmerstraße. Man könnte sie auch *strada della alta cucina italiana* nennen. Keines der empfohlenen Restaurants liegt unmittelbar an der Autobahn. Aus vielen und naheliegenden Gründen lassen sich in den Raststätten an der Autobahn keine Spitzenrestaurants einrichten. In den Raststätten-Restaurants mag man vielleicht ordentlich essen, dem wahren Liebhaber-Touristen reicht das nicht. Auch ist er froh, dem Betrieb und Staub der Autobahn mal für zwei Stunden den Rücken zu kehren.

Von den Restaurants, die ich einer Reise für wert halte, liegt eines am Anfang der *strada del gourmet* und eines an ihrem Ende. Da wir uns von Norden nach Süden bewegen, liegt das *Gualtiero Marchesi* am Anfang. Ein kleiner Umweg ist notwendig auf dem Weg in die Toskana, eine Reise nicht. Kommt man aus Richtung Como oder Varese, folgt man der Tangenziale als ob man nach Bologna fahren wollte, biegt dann aber nicht nach Bologna ab, sondern fährt in Richtung Mailand auf die A1 und dann die Tangenziale Est in Richtung Flugplatz – Lainate. Man fährt also weiter um die Stadt herum bis zur Ausfahrt via Forlanini. Dann fährt man die große Straße stadtwärts immer geradeaus. Die Namen der Straße wechseln (von via Forlanini in viale Corsica und Corso XIII.Marzo), die Straße bleibt immer dieselbe, bis man nach der Kreuzung viale Piceno die Piazza Emilia überquert und nach zwei weiteren kleinen Querstraßen wieder einen Platz erreicht, die Piazza Santa Maria di Suffragio, dort muß man gleich rechts einbiegen – an der Kirche vorbei – und schon ist man in der via Bonvesin de la Riva. Im Anhang findet man den Weg nochmals beschrieben. Und bei den folgenden Restaurants soll die Beschreibung des Weges überhaupt dem Anhang vorbehalten bleiben, in dem sich eine Liste aller angegebenen Restaurants und Hotels mit allen wichtigen Daten findet. Im Fall »Marchesi«: Wer es ganz einfach haben will und vielleicht auch wegen des Gepäcks im geparkten Wagen Sorge hat, der kann sein Gefährt auf den bewachten Parkplatz des Motel Agip an der Tangenziale stellen und sich vom Hotelportier ein Taxi bestellen lassen. Da das Hotel außerhalb der Stadtgrenze liegt, kostet das Taxi relativ viel, ist aber immer noch erschwinglich. Will man abends bei Gualtiero Marchesi essen, kann man in dem Hotel Agip auch ganz ordentlich und nicht übertrieben teuer übernachten.(Für alle, die lieber abends essen und anschliessend übernachten wollen, werde ich im Anhang nach Möglichkeit auch für die Anreise Hotel-Empfehlungen geben).

Das *Gualtiero Marchesi* liegt in der Häuserzeile einer gewöhnlichen Wohnstraße, nichts weist von außen auf etwas Außergewöhnliches hin. Um eingelassen zu werden, muß man an der gläsernen Tür klingeln. Ist man mit dem Auto bis zum Restaurant gefahren und möchte es lieber nicht auf der Straße stehen lassen, kann man sich erst den Weg zu einer der beiden in der Nähe liegenden Parkgaragen weisen lassen, wo man seinen Wagen während des Essens in Sicherheit weiß.

Die Räume des Restaurants besitzen die unnachahmliche Eleganz des besten heutigen Mailänder Design. Auf jedem Tisch steht eine interessante moderne Plastik, meist aus Metall. Im ersten Augenblick mag die Atmosphäre manchem Besucher etwas kühl erscheinen. Da hängen weder Schinken von der Decke noch die beliebten und meist recht verstaubten bauchigen Weinflaschen. Bei Marchesi herrscht eine glasklare Atmosphäre, in der man sich ohne Ablenkung den erlesenen Speisen widmen kann, die mit Gaumen und Verstand zu genießen sind. Da wird nicht versucht, dem Gast etwas vorzumachen. Marchesi scheint zu wissen, daß der Gast einen klaren Kopf haben muß, um eine große Küche zu würdigen. Zum Genuß gehört nicht allein der Wohlgeschmack der Speise, sondern auch die Bereitschaft der Geschmacksnerven des Gastes. Solche sensible

Bereitschaft kann leicht beeinträchtigt werden. Der Gast sollte weder übersättigt sein noch ausgehungert, und schon gar nicht in Eile, und auch nicht übermüdet. Andererseits gleicht die Gastlichkeit, mit welcher der Gast in einem guten Restaurant aufgenommen wird, viele solcher Beeinträchtigungen aus. Gastlichkeit muß vom Herzen kommen, man kann sie nicht erlernen. Auch das weiß Marchesi. In seinem Buch schreibt er: »Ist doch die Kochkunst ein Ereignis der Liebe.« Aber er zitiert auch einen älteren Kollegen aus Venedig, mit dem er befreundet war, ein Koch benötige »den Kopf frei wie ein Vögelchen!« Und Marchesi setzt hinzu, es müsse ein Kopf sein, »der denken und fliegen kann«. Und das heißt: keine Vorurteile, keine vorgefaßten Rezepte, die nur immer zu wiederholen sind. Worin zeigt sich denn die »Richtigkeit« des lang Erprobten? Doch nur darin, daß es jedesmal mit dem übereinstimmt, wie es die vorangegangenen Male war, also der Gewohnheit entspricht. Heute heißt die Aufgabenstellung für einen Spitzenkoch nicht mehr: »Bereite ein Hühnerfrikassee!« Heute heißt sie: »Kombiniere die Eigenarten der Produkte, die der Markt des Tages hergibt, in einer Weise, daß die Entfaltung des Geschmacks jeden einzelnen Produktes die Eigenart aller anderen entfalten hilft, und zwar unter den ganz besonderen Umständen von Tag und Jahreszeit«. Es ist ähnlich wie in der Malerei. Im Mittelalter hieß die Aufgabenstellung: »Male eine Verkündigung« oder »Male eine Madonna« und es wurde im Vertrag mit dem Maler ausgemacht »so schön wie möglich«. Und ob es am Schluß schön war und »richtig«, wurde an den herrschenden und allgemeinen Vorstellungen hinsichtlich von Inhalt und Arrangement gemessen. Die Bandbreite der akzeptablen Variationen war gering. Sehr langsam hat sich die Aufgabenstellung verändert; erst zu einem »male so, daß der Betrachter eindeutig erkennen kann, was du dargestellt hast«, dann zu einem »male so, daß zum Ausdruck kommt, was du siehst« bis zum »male ein Bild, das den Betrachter erkennen läßt, wie es kommt, daß er darin eine Darstellung von etwas Bestimmten zu erkennen vermeint«. Aber ich greife vor, zur Malerei kommen wir erst in Florenz.

Daß Gualtiero Marchesi ein Buch mit Kochrezepten geschrieben hat, scheint der neuen Geisteshaltung nicht zu entsprechen. Aber es war notwendig, erst mal zu zeigen, daß man anfangen mußte, neue Wege einzuschlagen. Außerdem: Man sollte Rezepte nicht als unverrückbare Anweisungen nehmen, sondern als Grundlage für eigene Ideen und Einfälle, als Anregungen. Daß er die italienische Tradition nicht über den Haufen wirft, kann der Leser von Marchesis »*La mia nuova grande cucina italiana*« (das Buch ist auf Deutsch erschienen, siehe Bücherliste im Anhang) an dem einfachen Beispiel erkennen, wie er ein abgenutztes und mit der Zeit fast ungenießbares Gericht wie *fegato alla veneziana* (Kalbsleber auf venezianische Art) völlig neu durchdacht und schließlich durch einige wenige Veränderungen nicht nur wieder genießbar, sondern zu einer einfachen und leichten Köstlichkeit gemacht hat. Im Falle Marchesi ist es wirklich am Platze »das Buch zur Mahlzeit« zu empfehlen.

Aber zurück zur via Bonvesin de la Riva und zu unserer Mahlzeit. Wer Gualtiero Marchesis Küche kennenlernen will, ist mit der Wahl des großen Menu sicherlich nicht schlecht beraten, wobei mir allerdings der Käse vor dem Dessert als überflüssige Verbeugung vor der Tradition erscheint. Eine sorgfältige Käseauswahl ist zwar lobenswert und mag der Abrundung des Menus dienen, über die Kreativität der Küche sagt sie nichts und auf dem Kalorienkonto wiegt der Käse nicht leicht.

Neben dem großen Menu sah ich bei meinem letzten Besuch erstmals drei weitere Menus auf der Karte: *Menu vegetario* (Vegetarisches Menu), *menu della pasta* (Teigwaren-Menu) und *menu di tradizione* (Traditionelles Menu). Das war eine große Überraschung. Und vielleicht ist es eine Entwicklung, die auch Marchesi überrascht hat. Darauf läßt jedenfalls die Tatsache schließen, daß die Speisekarte erstmals nicht gedruckt, sondern mit der Schreibmaschine geschrieben war, wie sonst nur die zusätzlichen Angebote des Tages.

Ist diese Vielfalt der Menus ein erster Schritt weg von der »großen Küche des Göttlichen Marchesi« zu einem Marchesi, der korrekt – und damit ohne Kreativität – kocht, was fremde Rezepte ihm vorschreiben? Werden wir seine große Küche bald nur noch erleben können, wenn wir seine Rezepte nachkochen, diese Anweisungen für Kompositionen von einmaliger Feinheit und Leichtheit, beispielsweise die *sella di lepre, salsa al ribes, tagliatelle di grano saraceno* (Hasenrücken, Sauce mit Johannisbeeren, Bandnudeln aus Buchweizenmehl) oder *ratatouille di zucchini, peperoni, trota e code di gamberi di fiume* (Ratatouille aus Zucchini und Peperoni, Forellen und Schwänzen von Flußkrebsen). Erst wenn man seine Rezepte selbst kocht, erkennt man, mit welcher Zurückhaltung Marchesi die Naturprodukte einsetzt. Erzielt etwa Paul Bocuse den Wohlgeschmack seiner Gerichte durch kräftigen Einsatz von Butter und Rahm, so verwendet Marchesi nur sehr geringe Mengen davon und erreicht den Wohlgeschmack durch den raffinierten Einsatz von sorgfältig präparierten Fonds und anderen Kunstgriffen höherer Kochkunst.

Das vegetarische Menu erscheint noch einigermaßen naheliegend. Doch wird er mit der *salsa al foie gras* (Stopfgänselebersoße) zu den *sfoglia ai tartufi di Norcia* (Blätterteig mit Norcia-Trüffeln) bei echten Vegetariern auf Ablehnung stoßen. Nebenbei: die Trüffeln von Norcia sind zum Unterschied von den berühmten *tartufi bianchi* dunkel gefärbt und haben einen völlig anderen Geschmack.

Und wie verträgt sich Großmutters Traditions-Menu mit der bisherigen Arbeit des »Göttlichen«? Und dann das Teigwaren-Menu: Drei Gänge Teigwaren und ein Dessert für umgerechnet fast einhundert Mark, wer will das essen, auch wenn die *maccheroni* des ersten Ganges mit Norcia-Trüffeln bereitet sind und die frischen *tagliatelle* (Bandnudeln) des zweiten Ganges mit Scampi. Beim dritten Gang gibt es dann lediglich Bologneser Fleischragout zu den Nudeln. Wenn es darum ginge, die Nudelgerichte neu zu erfinden, wie Marchesi mir sagte, und wenn er die Vielfalt der Möglichkeiten zeigen wollte, dann wäre es doch wohl naheliegender, auf der Karte ein Teigwaren-Tris anzubieten, einen Teller mit kleinen Portionen von drei verschiedenen Nudelgerichten, so wie man es mitunter in anderen Restaurants findet.

Und was heißt es denn, wenn Marchesi sagt, er wolle die Nudelgerichte neu erfinden? Er hat sie nie abgeschafft. In seinem Buch stehen einige Rezepte für sehr feine Nudelgerichte, und zwar so dosiert, daß man »den Magen nicht gleich so voll stopft« wie er schreibt. Auf der Karte seines Restaurants waren Nudeln während langer Zeit allenfalls als Beilage zu finden, eigentliche Nudelgerichte wurden nicht angeboten. Das war die Folge eines einleuchtenden Gedankenganges: Die tradtitionelle italienische Abfolge der Speisen entspricht dem Bedürfnis von Menschen, die körperlich hart arbeiten und zugleich sparen müssen. Für sie war es eine gute Lösung: Erst mal viel Nudeln und anschließend etwas Fleisch oder Fisch mit Gemüse, quasi als Leckerbissen. Inzwischen haben sich die Verhältnisse geändert. Die überwiegende Mehrheit der Menschen arbeitet nicht mehr körperlich, die traditionelle Lösung ist nicht mehr angemessen. Dennoch: Die Nudelgerichte wegzulassen, war in Italien eine kühne Neuerung, zu der viel Mut gehörte.

Was hat Marchesi dazu veranlaßt, diese zusätzlichen Menus anzubieten? Meinte er vielleicht, auf diese Weise ein breiteres Publikum gewinnen zu können? Oder hat er vielleicht eines Tages erschrocken bemerkt, daß er im Begriff stand, eine eigene Tradition zu entwickeln? Das ist ja eine Gefahr, der auch ein kreativer Koch kaum entgeht. Die Gäste tendieren dazu, einmal gekostete Genüsse zu wiederholen und bei einem neuen Besuch immer wieder zu bestellen, was sie einmal begeistert hat. Hat dieses Erschrecken vielleicht zu einer Überreaktion geführt?

Ich vermute, daß Marchesi sehr bald wieder zu einer vielleicht modifizierten Form seiner kreativen *grande cucina* zurückfinden wird. Und wenn das Nudel-Menu längst vergessen ist, wird meine Empfehlung an die Liebhaber-Reisenden immer noch aktuell sein: Wählen Sie das große *menu degustazione*. Denen, die keine so umfangreiche Mahlzeit wünschen und lieber à la carte essen wollen, empfehle ich besonders: *insalata tiepida di code di scampi ai cetrioli* (lauwarmer Salat aus Scampi und Gemüsegurke), eine ganz hervorragende Komposition. Oder *ragout di polpa di rane e code di gamberi di fiume alle foglie di menta* (Ragout aus Froschschenkeln und Flußkrebsschwänzen mit Minzenblättern). Als Hauptgericht dann eines der großartigen Fischgerichte oder das einmalige *filetto d'agnello al dragoncello, tortino di melanzane, pomodoro e basilico* (Lammfilet mit Estragonsauce und feingeschnittenen Auberginen mit Tomaten und Basilikum) und als Dessert vielleicht die herrlich leichten *uova alla neve, crema inglese* (Schnee-Eier mit englischer Creme) oder die hervorragende Apfeltorte. Wer auf eines der Nudelgerichte neugierig ist, dem rate ich zu *stracci di pasta, verze e fonduta* (Nudeln, mit geschmolzenem Fontinakäse überzogen). Das ist ein sehr schmackhaftes Gericht, allerdings ist es alles andere als leicht. Die *ravioli aperto* (offene Ravioli) erscheinen mir als ein schmackhaftes Fischragout, das aus unerfindlichen Gründen zwischen Lasagneblätter geraten ist, und die *lasagne al ragout di carne* (Lasagne mit Fleischragout) sind banal.

Die Weinkarte ist von großer Reichhaltigkeit. Aber man ist auch gut bedient, wenn man einen leichten italienischen Tafelwein wählt, auch wenn es der mit dem niedrigsten Preis ist. Die Rechnung wird ohnehin das Schwerste an dieser wunderbaren, hochinteressanten Mahlzeit sein. (Preisangaben für alle Restaurants im Anhang).

Zur *Antica Osteria del Ponte* in Casinetta di Lugagnano sind es von der Ausfahrt Lorenteggio der Mailänder *Tangenziale* etwa siebzehn Kilometer. Aber wenn man am Ziel ankommt, denkt man, man sei am Ende der Welt. Jedenfalls mir ging es so, als ich das erste Mal dort war. Es war ein Abend im Oktober, etwas neblig. Ich erreichte den mit alten, traulich wirkenden Gebäuden umbauten Platz, der nur von zwei oder drei Laternen erhellt war und sah die gewölbte alte Brücke mit der grazilen, freundlichen Heiligenstatue vor mir. Da wußte ich, daß ich am Ziel sein müsse. Und ich wußte auch, wenn dies wirklich das Ende der Welt ist, dann kann es nur ein gutes Ende sein. In dem intimen, von der klassisch-strengen Anmut einiger schöner alt-lombardischer Möbelstücke geprägten Restaurant hebt einen eine Atmosphäre der Unbeschwertheit und Entspanntheit aus allem heraus, was einen vielleicht bedrücken mag. Wenn Ausdrücke wie »akkurate Nonchalance« oder »präzise Ungezwungenheit« irgend etwas bedeuten, dann kann man das in der *Osteria del Ponte* erleben. Sorglosigkeit und Gelassenheit haben hier nichts mit Gleichgültigkeit zu tun. Und von solcher sensiblen Leichtigkeit ist auch die Küche von Ezio Santin. Nach Wanderjahren in Frankreich hat er das, was er bei französischen Meistern wie Guérard, Troigros und Vergé beobachtet und studiert hat, in die Küche seiner Heimat eingebracht und einen ganz persönlichen Stil entwickelt. Dabei stehen weniger Geniestreiche und kreative Durchbrüche im Vordergrund, sondern eine freundliche Ausgewogenheit, die letztlich konservativ ist. Unvergleichlich ist seine *crema di zucca* (Kürbiscremesuppe), eine Vorsuppe, die das Herz erwärmt; ein Gedicht die *ravioli di astice* (Hummerravioli), hervorragend *agnello al timo* (Lamm mit Thymian), wunderbare Desserts, beispielsweise *mousse au citron con lamponi* (Zitronenmousse mit Himbeeren). Das Speisenangebot auf der handgeschriebenen Speisekarte wechselt entsprechend dem Marktangebot sehr stark, so daß die Empfehlung ganz bestimmter Gerichte leicht zu Enttäuschungen führen kann. Eine gute Wahl ist auf jeden Fall das täglich neu komponierte *menu degustazione.* Die Auswahl an Weinen ist hervorragend, das versteht sich im Grunde von selbst; auch hier kann man unbedenklich das preisgünstigste Angebot wählen. Daß eine so sorgfältige Küche, die nur mit besonders ausgesuchten Rohmaterialien arbeitet, beträchtliche Kosten bereitet, liegt auf der Hand. Die Rechnung ist hoch, aber angemessen und nach einer so guten Mahlzeit kann sie die Gelassenheit des Gastes nicht beeinträchtigen.

Von der Autobahnausfahrt Casalpusterlengo sind es etwa 16 Kilometer bis zu dem lombardischen Städtchen Maleo mit dem traditionsreichen *Ristorante il Sole,* ein klassisches Restaurant im Stil der *vecchia lombardia.* Das Haus ist gerade renoviert worden. Die klare Einfachheit der Gasträume ist dabei unangetastet geblieben. (Für das kommende Jahr ist der Ausbau von Hotelzimmern geplant).

Es ist eine Freude, in diesen einfachen, stilvollen Räumen zu sitzen. Die Küche ist von ebenso sauberer Klarheit wie die Räumlichkeiten. Das Klassische scheint in dieser Küche schon wieder *nouvelle* geworden zu sein oder ist es vielleicht immer gewesen. In der *Sonne* gibt es Nudelgerichte von ungewöhnlicher Feinheit, etwa die *conchiglie con verdure* (Nudeln in Muschelform mit Gemüsen), aber auch die *minestrone* (Gemüsesuppe) ist sehr gut, genau wie die *zuppa di cipolle* (Zwiebelsuppe). Als Hauptgericht ganz besonders interessant: *Fegato di vitello all'uva* (Kalbsleber mit Weintrauben) oder *faraona alle mele* (Perlhuhn mit Apfel). Und wer *stracotto con polenta* wählt, einen ausgezeichneten Rinderschmorbraten mit Polenta, der erhält beim Abschied einen schönen Keramikteller zur Erinnerung. (Es gibt eine Reihe von Restaurants, die in der Kette *I Ristoranti del Buon Ricordo* unter dem Patronat der *Accademia Italiana della Cucina* lose zusammengeschlossen sind. In den Restaurants dieser Gruppe erhält der Gast, wenn er eine ganz bestimmte Spezialität des Hauses wählt, einen solchen Andenkenteller. Wenn ein Restaurant zu dieser Gruppe gehört, werde ich das erwähnen). Als Dessert ist in der *Sonne sabbiosa con crema di mascarpone* berühmt, eine klassische Form des Desserts, das inzwischen unter dem Namen *tira misu* eine Verbreitung gefunden hat, die ihm schlecht bekommen ist. In der *Sonne* von Maleo sollte man es probieren. Die Auswahl an Weinen ist groß. Wer den sehr akzeptablen Hauswein wählt, ist gut bedient und belastet die Rechnung nicht zu sehr. Sie liegt ohnehin weit unter dem, was man beispielsweise bei Marchesi anlegen muß.

Nach dem Essen empfiehlt es sich, von Maleo nach Codogno zurückzufahren, dort aber nicht wieder nach Casalpusterlengo zurückzufahren, sondern in Richtung Piacenza nach Fombio und von dort auf der S.S. 9 bis zur Autobahnauffahrt (Piacenza Nord); auf diese Weise halbiert man die Zahl der Zusatzkilometer.

Und dann die *Antica Osteria del Teatro* in Piacenza, der Stadt mit dem schönen Namen, der wohl vom italienischen *piacere* kommt und auf deutsch etwa heißt »wie es gefällt«. Es ist ein paar Jahre her, da kam ich in Modena bei einem Essen aus Anlaß der Vorstellung einer neuen Ausgabe von Pellegrino Artusis berühmten klassischen Kochbuch *La scienza in cucina e l'arte di mangiar bene* mit einem pensionierten Oberst aus Piacenza ins Gespräch. Er lud mich nach

Piacenza ein und erbot sich, mir die dortige Küche vorzustellen. Ich erwiderte, daß ich bereits in Piacenza gegessen habe und erwähnte die *Antica Osteria del Teatro*. Der Oberst war keineswegs einverstanden. Die Osteria sei ein sehr gutes Restaurant, meinte er, aber die Küche von Piacenza könne man dort nicht kennenlernen. Inzwischen hat George Cogny das geändert und bietet in seinem eleganten und klassischen Restaurant auch ein durchaus empfehlenswertes viergängiges *menu delle specialitá locali* (Menu örtlicher Spezialitäten). George Cogny stammt aus Frankreich, doch ist seine Küche keineswegs französisch, sondern basiert auf der Anwendung guter französischer Ideen auf eine italienische Küche. Und die »französischen« Ideen haben sich vielleicht durch jene Gedanken und Fertigkeiten entwickelt, die die toskanischen Köche im Gefolge der Katharina Medici nach Frankreich gebracht haben.

Wenn man sich für eine beschaulichere Mahlzeit in den schönen herrschaftlichen Räumen des alten Palazzos Zeit lassen kann, sollte man das stets gut ausgewogene *menu degustazione* wählen. Ansonsten empfehle ich besonders das *gratin di porcini* (Steinpilze gratiniert), die *spaghettini al ragù di pesce* (besonders dünne Spaghetti mit Fischragout), *carré di agnello* (Lammkarree). Das Studium der Weinkarte ist eine recht erfreuliche Sache. Und für einen guten Tropfen – vielleicht aus dem Hause Pojer und Sandri oder von der berühmten Kellerei Jerman oder der Abbazia di Rosazzo muß man keineswegs tief in die Tasche greifen und ist dennoch hervorragend bedient.

Der nächste empfehlenswerte Ort für eine gute Mahlzeit abseits der Autobahn liegt bereits in der Emilia Romagna, einer Region, die für ihre kulinarischen Produkte weltberühmt ist (Parmesan, Parmaschinken, Tortellini etc.). Die *Trattoria Colombo* in Santa Franca bei Polesine Parmense (ca. 14 km von der Autobahnausfahrt Fiorenzuola) ist von einer zuverlässigen soliden Ländlichkeit, ein Familienbetrieb (die Familie ist allerdings nicht gerade klein). Colombo Ramelli, der Chef des Hauses, fühlt sich der traditionellen emilianischen Küche verpflichtet und die ist mitunter recht kräftig, um nicht zu sagen deftig. In der Küche regiert Bruna, Colombos Frau, sie versteht es, die Deftigkeit so zu veredeln, daß sie auch den Gast mit verfeinertem Geschmack erfreut. Sehr empfehlenswert ist das *menu degustazione*, dessen Preis sich in erträglichen Grenzen hält. Man kann aber auch ein kleineres und doch interessantes *menu turistico* (Touristen-Menu) bestellen. Von der Karte sind besonders empfehlenswert: *Tortelli alla parmigiana* (Teigtaschen auf Art von Parma), *risotto al Monterosso con porcini* oder *tartufi* (Risotto mit Steinpilzen oder Trüffeln), *culatello al forno con cipolle all'aceto balsamico* (im Ofen bereitetes Schweinslendenstück mit Zwiebeln in Balsamessig), *scamone di manzo al Barolo* (Rindfleisch in Barolowein). Zum Dessert *dolce Patrizia*. Der *Monterosso* ist ein guter Tischwein, genau wie der *Gutturnio*. Wer sich nicht mit diesen Hausweinen eigener Produktion begnügen will, findet auf der Weinkarte eine gute Auswahl italienischer Weine. Empfehlenswert ist auch der *Grappa di Monterosso*, doch als Autofahrer sollte man da vielleicht lieber Vorsicht walten lassen. Im zur Trattoria gehörenden Laden kann man ausgezeichnete Produkte eigener Herstellung kaufen.

Von besonders origineller Art ist das *Ristorante Guareschi* in Roncole Verdi, dem Geburtsort des berühmten Opernkomponisten Giuseppe Verdi. Giovanni Guareschi, der Gründer des Restaurants, war der Autor der beliebten Don Camillo und Peppone-Romane. Das rustikale Restaurant ist nur mittags geöffnet (samstags auch abends). Die Küche ist regional und basiert weitgehend auf eigenen Produkten. Besonders empfehlenswert: *Canelloni Rigoletto* (gefüllte Nudeln), *anitra alla carbonara* (Ente) oder *manzo brasato alla parmigiana* (Rinderschmorbraten nach Art von Parma). Und als Nachtisch vielleicht *spumone gelato alla vaniglia con salsa di more* (Schaumgefrorenes von Vanille-Eis mit Brombeersauce). Es werden gute, vorwiegend regionale Weine angeboten.

Ein ganz besonders liebenswürdiger und fürsorglicher Gastgeber ist Giorgio Petrini. Sein *Ristorante Aquila Romana* in Noceto (Autobahnausfahrt Fidenza oder Parma industriale) besitzt einen altmodischen, kleinstädtischen Charme mit einem Touch von originalem Jugendstil. Da können nostalgische Gefühle aufkommen. Bereits zu einer Zeit, als es in Italien noch eher ungewöhnlich war, mehr als einen Wein zu einer Mahlzeit zu trinken, servierte Giorgio Petrini zu den einzelnen Gängen des von ihm nach dem Marktangebot des Tages komponierten Menus die passenden Weine. Diese auf der klassischen parmenensischen Küche basierenden Menus waren schon allein wegen der Köstlichkeit der zahlreichen in kleinen Portionen servierten *antipasti* (Vorspeisen) und *primi* (Zwischengerichte) stets ein Erlebnis. Und sie sind es noch immer. Aber heute serviert Petrini nicht mehr ausschließlich das Menu. »Die Menschen haben heute oft nicht mehr so viel Muße, um ausgiebig zu genießen», sagte er mir. Aus diesem Grunde kann man jetzt im *Adler* auch à la carte speisen. Aber wer sich nicht die Zeit für das übrigens sehr preiswerte *menu degustazione* nimmt, der läßt sich etwas entgehen. Ihm seien empfohlen: *Anolini pasticciata* (gratinierter Nudelauflauf), *vitello al latte con mele al cognac* (Milchkalb mit Äpfeln), *Pesca alla fiamma con gelato* (flambierter Pfirsich mit Eis). Der Weinkeller ist gut bestückt, Giorgio Petrini ist aber vor allem bestrebt, immer wieder neue Weine aufstrebender Produzenten zu finden und in den Vordergrund zu stellen. Ein solches Bestreben ist wichtiger und interessanter als der berühmte Keller »mit allen großen Gewächsen«. Diesen Keller kann letztlich jeder haben, wenn er nur genug Geld einzusetzen vermag. Und wenn ihn jeder haben würde, dann hätten alle das gleiche. Das wäre sehr langweilig. Das Angebot an Romanée Conti und Château Rothschild ist eine Sache des Prestiges, aber keineswegs ein Zeichen für eine kreative Gastronomie. Und eine Restaurantbeurteilung, die solche Angebote zum Maßstab macht, versucht, einen völlig unangemessenen Zwang auszuüben. Der Einwand, man müsse doch für jedes Gericht den optimal passenden Wein bereit halten, ist nicht einmal Ausdruck eines Vorurteils, sondern entspringt purer Gedankenlosigkeit. Um die optimale Wahl zu treffen, müßte der Gast nicht nur alle Weine kennen, sondern auch im Vorhinein wissen, wie das Gericht beschaffen ist, das er bestellt. Beim ersten Besuch eines Restaurants kann der Gast das Gericht nicht kennen und bei einem wichtigen und kreativen Restaurant auch bei nachfolgenden Besuchen nicht, da das Angebot der Küche immer wieder neu sein wird. Soll man sich also auf den Wirt oder den Sommelier verlassen? Nach welchen Kriterien entscheidet der aber? Und selbst wenn es so etwas wie gültige Kriterien geben sollte, wie soll er denn das täglich wechselnde Angebot des Marktes einbeziehen? Ganz abgesehen von der unausgesprochenen und anmaßenden Voraussetzung, Geld habe keine Rolle zu spielen. Zum Glück sind in Italien die Jahre vorbei, in denen ein paar Flaschen Romanée Conti auf der Theke eines Restaurants als eine Art Abzeichen betrachtet wurden. Italien ist ein Land mit einer enorm vielfältigen Weinproduktion. Und es gibt in diesem riesigen Angebot eine beträchtliche Zahl von hervorragenden Weinen, die allerdings noch nicht zum von manchen Leuten hochbezahlten Statussymbol geworden sind. Man kann diese Weine nicht alle kennen. Ich werde im Anhang unter »Weine« eine Reihe von Produzenten aufführen, auf die sich der Liebhaber-Reisende bei seiner Weinbestellung verlassen kann. Und aufgrund solcher Erfahrungen wird er mit der Zeit anfangen, neugierig zu werden und eigene Wege zu gehen. Und das können die ersten Schritte sein, um sich von den Ritualen zu befreien, denen gewisse Leute alles zu unterwerfen trachten, was mit dem Genuß von Wein zusammenhängt.

In Rubiera (12 km von der Autobahnausfahrt Modena Nord) finden wir eine Hochburg der emilianischen Küche, das *Ristorante Arnaldo – Aquila d'Oro*. Das zumindest abends stets sehr gut besuchte Restaurant kann man nicht einfach als rustikal bezeichnen, es besitzt durchaus einen Anflug von Eleganz. Alles ist sehr gut organisiert. Ähnlich wie im *Ristorante Fini* wird sehr viel vom *carello* (Wagen) serviert. Neben einem Wagen mit den üblichen Antipasti wie Schinken, Salami, Mortadella etc. gibt es einen weiteren Wagen mit gemischten Antipasti, die ganz hervorragend sind, insbesondere das *carpaccio* (hauchdünn geschnittenes rohes Rindfleisch mit Olivenöl, feinen Gewürzen, Kräutern und Trüffeln). Sehr schmackhaft sind auch Arnaldos Nudelspezialitäten: *Spugnolata* (Lasagne mit Pilzen), *tagliatelli verdi al prosciutto* (grüne Bandnudeln mit Schinken) und *lasagne al forno* (Lasagne aus dem Ofen). Wer alle drei Gerichte probieren möchte, läßt sie sich als *tris* servieren und bekommt dann einen Teller, auf dem von jedem eine kleine Portion ist. Ausgezeichnet ist auch der Wagen mit frischen Salaten, besonders gut sind die *crudité* (frische Zwiebeln, Stangensellerie, Fenchel, Karotten etc.), zu denen ein Schälchen mit Öl und Essig serviert wird zum Eintunken des rohen Gemüses. Und dann kommt der Wagen mit dem *bollito misto* (gemischtes gekochtes Fleisch). Am besten ist da das *faraona all'indiana* (Perlhuhn aus der Tonform). Es ist sehr schmackhaft, aber ziemlich zerkocht. Franca, Arnaldos Frau, hat mir gesagt, es müsse vier Stunden gekocht werden, damit es den richtigen Geschmack bekommt, ebenso müßten die übrigen Fleischsorten ausgiebig gekocht werden. Manch einer wird sich da vielleicht die Frage stellen, ob die Prämisse »wir pflegen die klassische Küche der Emilia« heute noch eine akzeptable Prämisse ist, aber den meisten schmeckt es sehr gut, nicht zuletzt weil die *salsa verde* (kalte Kräutersauce), die es dazu gibt, bei Arnaldo ganz besonders gut ist. Sehr reichhaltig ist schließlich der Wagen mit den Desserts. Nicht besonders umfangreich ist die Weinkarte. So hält man sich am besten an den *Lambrusco*, den leicht moussierenden Wein der Gegend. Dazu muß aber gesagt sein, daß die Lobpreisungen des Lambrucso meiner Ansicht nach einzig und allein einem begeisterten Lokalpatriotismus entspringen. Ein hervorragendes Restaurant für alle, die die klassische Emilianische Küche lieben. Der *Aquila d'Oro* ist auch Hotel und man bekommt wohl kaum irgendwo sonst zwischen Mailand und Florenz für so wenig Geld so anständige Zimmer mit jedem Komfort.

Modena und Bologna sind Zentren höchst kreativer italienischer Industrie-und Gewerbeproduktion. Neben einer seltenen Vielfalt feiner modischer Textilien, Schuhe und Lederwaren wird auch Spitzentechnik erzeugt, nicht zuletzt die hochkarätigsten Sportwagen der Welt: Lamborghini, Ferrari, Maserati und de Tomaso. All das behindert keineswegs die hervorragende landwirtschaftliche Erzeugung in dieser fruchtbaren Gegend. Zwischen Modena und Bologna verläuft die *strada del sole* in der Nähe von Vignola, dem Zentrum der einzigartigen Kirschengegend, die ganz Westeuropa mit Früchten in Spitzenqualität beliefert. Und bei Zola Predosa, nahe bei Bologna, werden auf dem Weingut *Terre Rosse* ausgezeichnete Weine erzeugt. Die *strada del gourmet* nähert sich jetzt ihrem Ende oder – wenn man sich zum Umweg über Imola entschließt (auf die Tangenziale von Bologna in Richtung Ancona abzweigen) – einem ganz besonderen Höhepunkt.

Ich glaube, daß es nicht übertrieben ist, in

Bezug auf das *Ristorante San Domenico* vom »Wunder von Imola« zu sprechen. Nicht in Mailand oder Turin und auch nicht in Rom hat Gianluigi Morini dieses einmalige Restaurant geschaffen, sondern in einer kleinen Provinzstadt. Daß deren Einwohner die Existenz eines Spitzenrestaurants keineswegs durch zahlreichen Besuch honorieren würden, mußte ihm von vornherein klar gewesen sein. Auch daß die Anfahrt von Gästen aus Bologna und entfernteren Städten im Herbst und Winter häufig durch Nebel behindert sein würde. Morinis Weg war ein Alleingang gegen jede Berechnung und Vernunft. Nachdem er den Wünschen des Vaters gefolgt war und seine Ausbildung mit einem Diplom als Buchhalter abgeschlossen hatte, wollte er Filmregisseur werden. Als er in Rom auf allzu viele Hindernisse stieß, nahm er schließlich eine Stellung in einer Bank in Imola an. Davon berichtet er in seinem Buch A *tavola al San Domenico*. Wer in diesem Buch blättert, erkennt schnell, daß es Gianluigi Morini nicht allein auf das einzelne Gericht ankommt. Er komponiert aus Rezepten (sie stammen vom unvergleichlichen und hochsensiblen Valentino Marcattilii, dem jungen Küchenchef von San Domenico) auf die verschiedenen Jahreszeiten abgestimmte Menus, für die er auch die passenden Weine angibt. Anfangs waren Kochen und das Bewirten der Freunde das Hobby des jungverheirateten Bankangestellten. Dabei entdeckte er, daß der Erfolg der Mahlzeit keineswegs allein von der Qualität der Speisen und Getränke abhängt, sondern – und wie er meint vor allem – von der Inszenierung des Ganzen. So entschloß sich Gianluigi Morini, sein Hobby zum Beruf zu machen. Er wurde der große Regisseur dieses bezaubernden Restaurants von intimer Eleganz, in welchem er alle Elemente so vollendet aufeinander abstimmt, daß man mit Recht sagen kann, daß es ausgewogener und besser durchkomponiert ist als jedes andere in Italien. Der »Zauberer von Imola« hat alles bis ins kleinste Detail durchdacht und mit Liebe verwirklicht. Allerdings mit beschwörenden Zauberformeln war da nichts getan, harte und unermüdliche Arbeit war notwendig, jeden Tag aufs Neue, und das bis vor wenigen Jahren neben dem Hauptberuf in der Bank.

Die Speisekarten werden täglich neu gedruckt, zweimal täglich werden frische Brötchen gebacken, der Blumenschmuck auf den Tischen und auf den Serviertabletts ist stets frisch und mit Sorgfalt gesteckt. Bei so viel Liebe zum Detail ist es überflüssig zu erwähnen, daß Tafelsilber und Geschirr, Kristall, Vasen und Leuchter von erlesenem Geschmack zeugen. Der sehr dezente Einsatz klassischer Musik ist sehr wirkungsvoll. Auf der seit einiger Zeit zweisprachigen Speisekarte (italienisch und englisch) findet man ein sehr empfehlenswertes täglich neu komponiertes Menu. Noch interessanter kann eine Zusammenstellung aus der reichhaltigen Karte sein. Man findet stets einige Kreationen, die bereits zu den San-Domenico-Klassikern gehören und von Stammgästen immer wieder gewünscht werden, neben von Valentino hervorragend komponierten neuen Gerichten. Von den »Klassikern« möchte ich besonders empfehlen die *terrina di fegato con tartufi bianchi* (Leberterrine mit weißen Trüffeln), *riso mantecato con burro e parmigiano* (cremiges Parmesanrisotto), *uova in raviolo con burro nocciola e tartufi* (Ei im Teig mit Nußbutter und weißen Trüffeln), *sella di vitello »Nino Berghese«* (Kalbsrücken »Nino Berghese«). Was an neuen Kreationen auf die Karte kommen wird, kann ich natürlich nicht voraussehen. Bei meinem letzten Besuch begeisterten mich vor allem *fricassea di pesci ai carciofi* (Frikassee verschiedener Fische mit Artischocken), eine Komposition, in der alle Bestandteile zu einem harmonischen und einzigartigen Ganzen verschmelzen; dann *ventaglio di petto di' oca all' agro di mele e cipolle* (feingeschnittene Gänsebrust in säuerlicher

Sauce von Äpfeln und Zwiebeln) und *soufflè ghiacciato alle prugne e Armagnac* (geeistes Pflaumensoufflé mit Armagnac). Überflüssig zu sagen, daß der Weinkeller dieses Hauses gewissermaßen »komplett« ist und keine Wünsche offen läßt. Doch ist man auch mit einem preisgünstigen Wein aus der Gegend gut bedient, etwa einem Trebbiano di Romagna oder einem der guten Weine von *Terre Rosse* aus Zola Predosa.

Daß sich der beträchtliche Aufwand (für die etwa fünfzig Gedecke sind rund vierzig Menschen tätig) auf der Rechnung niederschlagen muß, ist verständlich. Was man als Gast dafür bekommt, ist das Geld wert.

Im Herbst 1982 hat Gianluigi Morini auch die Gesamtleitung des *Ristorante Papagallo* in Bologna übernommen. Seither verläßt er jeden Abend gegen halb zehn Uhr San Domenico und fährt nach Bologna ins Papagallo, so wie er sich in früheren Jahren nach dem Mittagessen aufs Fahrrad schwang, um in die Bank zurückzufahren. Für den Rest des Abends überläßt er San Domenico dem stets freundlichen Natale Marcattilii (dem Bruder des Küchenchefs), der seine Sache hervorragend macht, so daß die Qualität des Restaurants auch in Abwesenheit des »Zauberers« unvermindert ist. Und dennoch: es hieße Gianluigi Morini unrecht tun und würde auch Natale nicht gerecht, wenn man verschweigen würde, daß sich etwas ändert. Ein gutes Restaurant ist kein Apparat, den man in Betrieb setzt und der dann läuft, unabhängig von der Persönlichkeit des Gastgebers.

Von Imola führt eine direkte Straße nach Florenz. Die Straße ist ordentlich ausgebaut und führt durch eine einmalige Gebirgslandschaft. Wer in Imola übernachten will, findet im modernen *Hotel Olimpia* ruhige Zimmer mit allem Komfort. Man sollte allerdings rechtzeitig telefonisch reservieren. Vor allem an den Wochenenden, an denen auf dem Autodromo von Imola Rennen stattfinden, ist alles ausgebucht.

Es gibt noch andere sehr gute Restaurants in den Städten an der *strada del sole*, vor allem in Bologna und Parma, aber sie entsprechen nicht meiner Definition, daß sie von der Autobahn leicht erreichbar sein müssen. Es gibt gute Gründe dafür, sich an diese Eingrenzung zu halten, genau wie es gute Gründe dafür geben kann, sich nicht an eine derartige Eingrenzung zu halten. Bei der Brenner-Route will ich mich nicht daran halten und bereits weit außerhalb der Dreihundert-Kilometer-Zone beginnen, die ich als Bereich meiner Restaurantempfehlungen auf dem Wege in die Toskana definiert habe.

Wer die *confine del stato*, die Grenze der Republik Italien, am Brenner überschreitet, hat oft schon eine weite Fahrt hinter sich und bis nach Florenz sind es dann immerhin noch fast 450 Kilometer. Wer da lieber erst mal ausruhen möchte, der kann 13 Kilometer nach der Grenze in Sterzing zwischen verschiedenen sehr ordentlichen Hotels wählen, etwa dem *Aquila Nera – Schwarzer Adler* oder dem alten *Corona-Krone e Maria*. Die Hotelnamen sind doppelsprachig, wie das Südtirol – Alto Adige überhaupt. Sterzing heißt auf Italienisch Vipiteno. Wer in einem besonders gediegenen Haus untergebracht sein möchte und bereit ist, dafür das Doppelte von dem zu zahlen, was er in Sterzing anlegen müßte, der sollte bis zur Autobahnausfahrt Bressanone (Brixen) fahren. Das Hotel *Elefant* in Bressanone befriedigt mit seiner freundlichen Atmosphäre, der gediegenen rustikalen Ausstattung, den großzügigen Zimmern und dem schönen Park mit Schwimmbad auch die berühmten »verwöhntesten Ansprüche«. Von der Küche des »Elefant« ist allerdings nicht viel zu vermelden, weder im Positiven, noch im Negativen, ausgenommen die *Elefantenplatte*, eine auf Reis aufgebaute sehr üppige Platte mit verschiedenen Arten von Fleisch und Gemüse, die allerdings erst ab vier Personen serviert wird. Alle die gerne viel und deftig essen, werden an dieser Platte ihre Freude haben. Im übrigen ist die Küche von jener Neutralität, die entsteht, wenn man jedem Geschmack gerecht werden will. Zu erwähnen bleibt das reichhaltige Frühstücksbuffet mit dem einmalig guten südtiroler Bauernschinken. Doch wer da richtig zugreift, setzt sich für das Mittagessen matt und das ist schade, denn da gibt es am Wege nach Florenz noch sehr interessante Vorschläge.

Wer allerdings meint, daß er am Brenner noch nicht müde und ruhebedürftig, sondern offen für ein großes Erlebnis sein wird, der sollte sich rechtzeitig ein Zimmer im Hotel *Villa Mozart* in Merano (Meran) bestellen. Von der Autobahnausfahrt Bozen Süd (Bolzano Sud) sind es zwar an die dreißig Kilometer, aber die Villa Mozart ist eine Reise wert, und zwar in doppelter Hinsicht: einmal wegen der hervorragenden Küche von Andreas Hellrigl und ein weiteres Mal wegen des in vollendetem Jugendstil gehaltenen Hotels, ebenfalls ein Werk von Andreas Hellrigl bzw. unter seiner Ägide entstanden und ein Zeichen seiner ungewöhnlichen Vielfalt. Das Hotel ist konsequent bis ins letzte Detail (das schließt Badezimmer und WC genauso ein wie das Schwimmbad und das Eßbesteck) in einem von allen Schnörkeln, allem Muff und Kitsch befreiten Jugendstil durchgestaltet, der auf seine geometrischen Elemente zurückgeführt von einer völlig unerwarteten Klarheit ist, so daß er geradezu als Vorläufer des Bauhaus-Stils erscheint. In dieser Befreiung des Jugendstils von allen großväterlichen und nostalgischen und schwülstigen Elementen zugunsten des Geometrischen und Konstruktiven liegt ein einmaliges Verdienst Hellrigls, das weit über die Schaffung eines Hotels mit einer besonders attraktiven Atmosphäre hinausgeht. Hier ist nicht etwas nachgeahmt worden, um von nostalgischen Tendenzen zu profitieren, hier ist eine letztlich eigene und originale Schöpfung entstanden. Nicht weniger klar und schöpferisch ist die Küche von Andreas Hellrigl. Das Restaurant ist nur abends geöffnet und im allgemeinen ausschließlich den Hotelgästen vorbehalten. Man sollte so rechtzeitig eintreffen, daß man um acht Uhr zu Tisch gehen kann, da die einzelnen Gänge allen Gästen möglichst gleichzeitig serviert werden sollen. Besser ist es allerdings, so früh einzutreffen, daß man sich nicht nur umziehen, sondern auch mit dieser einmaligen Umgebung erst mal richtig vertraut machen kann, in der lediglich die Gäste, ihre Kleidung und Autos, nicht dem Jugendstil entsprechen. Es gibt ausschließlich Halbpension, das heißt Zimmer mit Abendessen und Frühstück. Und in diesem Fall ist das Abendessen ein ganz unerläßlicher Bestandteil von einem Erlebnis, das einem an keinem anderen Ort der Erde geboten wird. Die Küche basiert sowohl auf italienischen wie auf tiroler Elementen, sie ist kreativ und hervorragend leicht. Einzelne Gerichte zu empfehlen, hat wenig Sinn, da das täglich wechselnde Menu aus einer festen Abfolge von Gängen besteht. Trotzdem seien einige besonders gelungene Gerichte der deutsch abgefaßten Speisekarte genannt: Rohe Ochsenfleischscheiben, Parmesan und Artischocken (weiter südlich würde man da wahrscheinlich »carpaccio« auf die Speisekarte schreiben); Speck und Spargelspitzen mit Krensauce; Jakobsmuscheln in Safransauce mit Gemüsestreifen; Herrengröstel mit Saisonsalat. Und zum Dessert: Schwarzpolenta-Auflauf mit Rotwein- und weißer Schokoladensauce.

Die auf der Speisekarte angegebenen Weine sind von Andreas Hellrigl genau auf die Speisen abgestimmt ausgewählt. Die Karte kann leicht zu dem Irrtum verführen, daß die Weine in dem in Anbetracht des Gebotenen durchaus angemessenen Preis enthalten seien. Das sind sie aber nicht, wie man erfährt, wenn man bei der Abreise die Rechnung zahlen will. In seinem Streben nach Vollendung achtet Andreas

Hellrigl weniger auf den Preis der Weine als auf ihre Eigenart. Wer sicher gehen will, daß sein Etat nicht überstrapaziert wird, der lasse sich die Weinkarte zeigen und wähle eventuell eine andere Flasche. Auf diese Weise lassen sich Mißverständnisse und Trübungen eines einmaligen Erlebnisses vermeiden.

Andreas Hellrigl veranstaltet jedes Jahr Kochkurse, bei welchen er die Teilnehmer in die Geheimnisse seiner Küche einweiht. Wer sich dafür interessiert, kann sich die Unterlagen geben oder schicken lassen.

Die Villa Mozart hat nur zwanzig Betten. Man sollte also möglichst frühzeitig reservieren lassen. Wer Pech hat und kein Zimmer bekommt oder wer zur Mittagszeit Meran passiert, der kann im eleganten *Restaurant Andrea* essen. Was ihm dort geboten wird, hat zwar nicht die Vollendung der Küche des Meisters (Küchenchef ist Walter Oberrauch unter der Oberleitung von Andreas Hellrigl), aber es ist immer noch eine beachtliche Küche. Wer es deftig liebt, kann *prosciutto alla meranese* (Meraner Schinken) bestellen und einen Keramikteller *del Buon Ricordo* als Andenken mitnehmen. Wer eine leichte, moderne Küche vorzieht, hat die Wahl zwischen dem *menu degustazione* und der Auswahl nach der Karte. Dazu werden hervorragende Weine, vor allem aus Südtirol geboten. Was man am Schluß dafür zu zahlen hat, ist nicht wenig.

Das Städtchen Goito in der Provinz Mantua (Autobahnausfahrt Nogarole Rocca) ist ein recht unscheinbarer Ort von nicht einmal zehntausend Einwohnern, an dem niemand ein so ausgezeichnetes Restaurant wie das *Al Bersagliere* erwarten würde. Den Namen hat das Lokal ohne Zweifel wegen des Kriegerdenkmals auf der anderen Seite der Brücke, an der es liegt. Dieses Denkmal ist auch auf der Speisekarte abgebildet. Es stellt einen der berühmten Bersaglieri im Sturmangriff dar. Im übrigen ist das Restaurant alles andere als kriegerisch, sondern von einer verhaltenen bürgerlichen Eleganz, die durch und durch solide wirkt. Solide wirken auch die Gäste, die meist aus Brescia, Cremona und anderen größeren Städten kommen. Sie haben vierzig und mehr Kilometer zu fahren. Aber sie wissen, daß sich der Weg lohnt. Schon seit hundertfünfzig Jahren befindet sich das Restaurant im Besitz der Familie Ferrari. Das bedeutet keineswegs, daß die Küche in Traditionen erstarrt wäre. Massimo Ferrari pflegt eine moderne und leichte Küche, ohne regionale Elemente zu verleugnen. Wer das nach der jeweiligen Jahreszeit komponierte *menu degustazione* (fünf Gänge plus Sorbet und Käse) bestellt, erhält einen ausgezeichneten Überblick über die Leistung dieser hervorragenden Küche. Ansonsten besonders empfehlenswert: *Insalata tiepida di pollo* (lauwarmer Hühnersalat), *sfoglia di frutti di mare* (Blätterteig mit Meeresfrüchten), *spuma d'anitra alle mele* (Entenschaum mit Äpfeln), *risotto con lumache* (Risotto mit Schnecken) – wer dieses Gericht wählt, erhält einen Teller *del Buon Ricordo-*, *tagliatelle con sugo d'anitra* (Nudeln mit Entensauce), *rombo con capperi e olive* (Steinbutt mit Kapern und Oliven), *noce di lepre al tartufo nero* (Hasennüßchen mit schwarzen Trüffeln), *quaglie ripiene al marsala* (gefüllte Wachteln in Marsala), eine Fülle wunderbarer Gerichte. Zum Dessert gibt es eine reiche Auswahl vom Wagen oder aus der Küche ein ganz hervorragendes *soufflè ghiacciato al limone con passato di lampone* (geeistes Zitronensoufflè mit Himbeersauce). Die Weinkarte bietet eine erfreuliche Auswahl ausgezeichneter Flaschen. Sehr gut und preiswert bedient ist man mit dem Grattamacco (weiß und rot). Das einzige, was in diesem Restaurant vergleichsweise mäßig ist: Die Rechnung.

Zur Fortsetzung der Reise in die Toskana sollte man auf der Hauptstraße (S.S. 236) nach Mantova und zur Autobahneinfahrt Mantova Nord fahren. Aber vielleicht sollte man es so einrichten, daß man am Abend im *Bersagliere* speist und anschließend in einem der gut eingerichteten Zimmer des Hauses übernachtet (rechtzeitig bestellen, es sind nur wenige Zimmer), und dann am Morgen das zauberhafte, auf drei Seiten von Seen eingefaßte Mantua besichtigen.

Mantua gehört – ähnlich wie Ravenna und Orvieto – zu den Städten, an denen vorbei man meist eilig einem Ziel entgegenfährt ohne zu ahnen, was man versäumt. Würde man es ahnen, man würde es nicht versäumen. Es geht in Mantua nicht um Andreas Hofer – der lag zwar »zu Mantua in Banden« und wurde dort getötet, das aber war lange nach Mantuas großer Zeit und ist von Napoleon zu verantworten, mit Italien hat es nichts zu tun. Sehenswert ist vor allem der weitläufige *Palazzo Ducale* und dort vor allem die Deckenmalerei des Mantegna, eines Meisters der Perspektive, in der *camera degli sposi* (Raum der Ehegatten). Leider ist man im *Palazzo Ducale* gezwungen, sich einer Führung anzuschließen, d. h. man wird durch Hinweisschilder freundlich gebeten, die geführte Gruppe nicht zu verlassen, aber wehe man verläßt sie und der Führer oder sonst ein Aufseher oder eine Aufseherin bemerkt das, dann kann es Ärger geben. Wer so gezwungen wird, dem Willen und Rhythmus des Führers unterworfen in der Herde mitzutrotten, der wird gehindert, mit eigenen Augen zu sehen. Er muß da stehen bleiben, wo es dem Führer paßt, sich von ihm das Gängige auf die übliche Weise servieren lassen. Und wenn er die Sprache des Führers nicht versteht oder es ihm gelingt, nicht hinzuhören, aber immer wieder gezwungen ist zu warten, bis der Führer seine Erklärungen abgegeben hat, wird er anfangen, sich zu langweilen. So oder so wird seine Aufnahmebereitschaft und die Offenheit seiner Sinne erlahmen. Egal welche Argumente im Einzelfall benutzt werden, um den Besuch eines Palazzos oder Museums nur in geführten Gruppen zuzulassen, es ist der beste Weg jedes unmittelbare Erleben zu zerstören; übrig bleiben allenfalls Belehrungen oder Langeweile.

Auch in Mantua gibt es ein Liebhaber-Restaurant: *Il Cigno* (Der Schwan). (Wenn man direkt von der Autobahn dorthin will, benutzt man die Ausfahrt Mantua Nord). Es befindet sich in schönen, weiten und eleganten Räumen eines alten Palazzo. Gepflegt wird in erster Linie die klassische mantovanische Küche. Da gibt es beispielsweise *sorbir di agnoli* (mit Fleisch gefüllte Nüdelchen in Brühe), in welche beim Auftragen ein Schuß Rotwein gegossen wird. Das ergibt einen ganz eigenen, leicht süßlichen Geschmack. Oder die *tortelli di zucca al burro e parmigiano* (mit einer Kürbiscreme gefüllte Teigtaschen mit Butter und Parmesan). Das ist sicher ganz ausgezeichnet bereitet, nur ist der klassische mantovanische Geschmack bestimmt nicht jedermanns Sache. Tendierten schon die gefüllten Nüdelchen mit dem Wein in der Brühe zum Süßen, so ist die Füllung dieser Teigtaschen nun wirklich nur etwas für Liebhaber einer bei allen Gängen das Süße bevorzugenden Küche. Ähnlich ist es bei der *anitra in salsa di fegato all'arancia* (Ente in Lebersauce mit Orange). Bei diesem Gericht stehen die Orangenscheibe und vor allem eine hervorragend kandierte Aprikose in einem interessanten Kontrast zu der Lebersauce, welche die ausgezeichnet bereitete Ente bedeckt. Nur: lediglich ein ganz besonders kräftiger Magen wird damit anstandslos fertig. Im *Cigno* zählt die Tradition mehr als die Leichtigkeit der Gerichte. Für viele ist es ohne Zweifel besser, sich an weniger ausgeprägte Gerichte zu halten, etwa *insalata di coniglio alle erbe e noci* (Kaninchensalat mit Kräutern und Nüssen), *zuppa di porri* (Porreesuppe), *sella di vitello al forno al carciofo* (Kalbsrücken mit Artischocken), *capriolo al vino rosso* (Reh in Rotwein) oder aber auch an den *insalata di petti di cappone* Salat aus Kapaunbrust). Das ist zwar auch nach einem alten Rezept, aber nicht zu schwer; ein Hauptgericht, das nicht warm ist.

Wer es bestellt, wird mit dem Teller *del Buon Ricordo* belohnt. Als Nachspeise ein ausgezeichnetes *mousse di cioccolato* (Schokoladenmousse). Das Angebot an Weinen ist recht gut (man ist gut beraten, wenn man einen Wein der Abbazia di Rosazzo wählt), wobei die Preise höher liegen als in anderen erstklassigen Restaurants. Überhaupt: wenn er die Bestellungen aufnimmt, wirkt Tano Martini sehr zurückhaltend, fast schüchtern. Wenn man am Schluß die Rechnung betrachtet, erscheint es einem ganz anders. Aber das täuscht vielleicht; auch eine klassisch-regionale Küche erfordert einen hohen Aufwand, wenn – und das ist im *Cigno* der Fall – nur erstklassige Produkte Verwendung finden.

Kurz vor Modena mündet die Brenner-Strecke in die *strada del sole*. Man kann also auch nach Rubiera fahren oder – und das sei ausdrücklich empfohlen – nach Imola, um zu erleben, was »A Tavola al San Domenico« bedeutet.

Die östlichste Anreisestrecke (durch Friaul-Julisch Venetien) ist nicht nur dann empfehlenswert, wenn sie sich als der kürzeste Weg anbietet. Sie ist durchaus einen Umweg oder eine Reise wert, und der ist gar nicht so groß. München–Bologna ist über Salzburg–Tauern–Autobahn, Tarvisio nur ca. 150 Kilometer weiter als über den Brenner.

Friaul-Julisch Venetien ist eine äußerst reizvolle Region, wird aber sträflich vernachlässigt. Liegt es daran, daß es abgelegen ist? Oder entsteht die Abgelegenheit dadurch, daß die Autobahnverbindung auf italienischer Seite nur zögernd hergestellt wird? Und resultiert das Zögern daraus, daß es sich um ein in früheren Jahrhunderten umstrittenes und umkämpftes Gebiet handelt, auf das Österreich lange Anspruch erhoben hat, schon wegen der Hafenstadt Triest?

Friaul-Julisch Venetien ist ein Grenzbereich, in dem die italienischen, österreichischen und slawischen Einflüsse weniger voneinander scharf abgegrenzt sind, als daß sie sich gegenseitig durchdringen und vermischen. Nicht zuletzt dieser Umstand macht diese landschaftlich attraktive und landwirtschaftlich fruchtbare Region (besonders was Anbau und Produktion von Wein angeht) so reizvoll und gibt ihr ein so großes und noch lange nicht ausgeschöpftes Potential an kreativen Möglichkeiten.

Kulinarisch findet diese Lage ihren ganz besonderen Ausdruck im *Ristorante Boschetti* in Tricesimo (Autobahnausfahrt Udine Nord). Es ist ein Restaurant von solider Eleganz, in dem eine moderne Küche gepflegt und vorbildlich serviert wird, die in erster Linie von der friaulischen Tradition ausgeht. Um einigermaßen einen Überblick über diese besondere Küche zu gewinnen, sollte man das *menu degustazione* wählen. Besonders empfehlenswert sind im übrigen Gerichte wie *terrina di fegato d'anitra con gallinella e cetriolino* (Entenleberterrine mit Wasserhuhn und Gürkchen), *fegato di coniglio alle insalate* (Kaninchenleber mit Salaten) *capesante con fagiolini freschi ed olio di mandorle* (Muscheln mit frischen Böhnchen und Mandelöl), *raviolini di branzino in salsa di astice* (mit Meerbarsch gefüllte Nudeln in Hummersauce), *filetto di salmone al vapore con pomodore fresco e verdure di stagione* (gedämpfter Lachs mit frischen Tomaten und Gemüsen nach der Saison), *animelle al cuore di carciofi* (Kalbsbries mit Artischockenherzen), und zum Dessert *meringa al cioccolato e bavarese di menta* (Schokoladenbaiser mit minzengewürzter bayerischer Creme). Daneben gibt es auch Gerichte der traditionellen friaulischen Küche wie *zuppa di fagioli e orzo* (Bohnensuppe mit Graupen). So groß Einfallsreichstum und Vielfalt der Küche auch sind, es bleibt der Eindruck, daß hier das volle Potential der kreativen Möglichkeiten noch lange nicht ausgeschöpft ist und daß die Küche von Vinicio Dovier zu einer der originellsten und wichtigsten Italiens werden könnte. Aber dazu bedarf es auch der Ermutigung durch die Gäste, und die sollten wir ihm nicht schuldig bleiben. Hervorragend das Angebot an Weinen, vor allem sollte man sich an die friaulischen Erzeugnisse halten, die zu den besten Italiens gehören. Die Rechnung hält sich in einem Rahmen, der in Anbetracht des Gebotenen eher bescheiden erscheint. Trinkt man allerdings zum Dessert Picolit, einen unvergleichlichen Dessertwein, für den die seltenen Trauben auf den *Colli orientali del Friuli* (östliche Hügel des Friaul) wachsen, wird es gleich erheblich teurer. Der Picolit ist ein ungewöhnlich edler Dessertwein, ohne aufdringliche Süße, etwas ganz Besonderes.

Nicht so leicht zu finden wie es der anfangs gegebenen Definition entspricht, dafür aber ein Platz, wie man ihn wohl kaum noch einmal auf Erden findet: Das *Hotel Relais el Toula* in Paderno di Ponzano, eine klassische venetianische Villa in einem herrlichen Park (nur wenige Zimmer, unbedingt vorbestellen). Hat man die Zufahrt durch den Weingarten hinter sich gelassen, ist man Gast in einer anderen Welt, wirklich Gast und völlig ungestört, ohne den Betrieb eines geschäftigen Hotels. Ein Ort der Besinnung, an dem man sich vielleicht auch einmal unwillkürlich fragen wird, wie es kommt, daß so wenig hervorgegangen ist aus solchen zauberhaften Villen. Vielleicht waren es bereits in der Zeit ihrer Entstehung nicht Ausgangspunkte für Unternehmen und Taten, sondern Zufluchtsorte, deren Zauber die Bewohner nicht mehr losließ.

An einem Platz, an dem es so schön ist, ist es natürlich auch teuer. Man speist wie auf einem venezianischen Landsitz. Die Küche ist mehr klassisch-venezianisch als kreativ. Aber die herrschaftliche Intimität der Räumlichkeiten macht die Mahlzeit zum Erlebnis. Alles was auf den Tisch kommt, ist aus erstklassigen Produkten und frisch bereitet. Wer eine raffiniertere Küche wünscht und bereit ist, sich dafür dem Zauberbann des Hauses zu entreißen, kann nach Treviso fahren und dort im eleganten *Ristorante El Toula da Alfredo* essen, das ebenfalls zu dem kleinen aber feinen gastronomischen Imperium gehört, das der kürzlich verstorbene Alfredo Beltrami aufgebaut hat. Besonders zu empfehlen: *Crostini al midollo* (Crostini mit Mark), *risotto col nero di sepia* (Tintenfischrisotto), *rognoncino con bacche die ginepro e rosmarino* (Kalbsnieren mit Wacholderbeeren und Rosmarin), *filetti di rombo al mandorle* (Steinbuttfilets mit Mandeln).

Die Autobahn A 13 mündet schließlich in die Tangenziale von Bologna. Und da muß man sich entscheiden, wählt man den direkten Weg nach Florenz oder läßt man sich zum Abstecher nach Imola verlocken.

Reist man über Genua in die Toskana, hat man es von der Autobahnausfahrt Chiavari nicht weit zum Ristorante Ca' Peo in Leivi oberhalb von Chiavari. Von den Fenstern dieses freundlichen und charmant eingerichteten Restaurants in einem umgebauten Bauernhaus hat man einen weiten Blick über Chiavari und das Meer. Franco Solari ist ein sorgfältiger Gastgeber, bei dem man sich bestens aufgehoben fühlt. Geboten wird eine ausgezeichnete, leichte und ganz persönliche Küche, die auf der ligurischen Tradition basiert. Besonders empfehlenswert: *Mousse di fave in salsa di tonno* (Bohnenmousse in Thunfischsauce), eine ganz hervorragende *zuppa di porcini* (Steinpilzsuppe), und überhaupt köstliche Vorgerichte aus Steinpilzen, sehr feine und leichte Nudel- und Reisgerichte, *tomaxelle* (besonders gute, kleine Fleischrouladen), *fricassea di agnello con carciofi* (Frikassee vom Lamm mit Artischocken), ausgezeichnete Fischgerichte, je nach Angebot des Marktes. Zum Dessert hervorragende *frutta di bosco con gelato* (Waldbeeren mit Eis) oder *uova di neve* (Schnee-Eier). Franco Solari ist ein großer Weinkenner und verfügt über einen Keller mit ausgesuchten italienischen und französischen Weinen; am besten läßt man sich von ihm einen guten regionalen Tischwein empfehlen. Dann bleibt auch die Rechnung in vernünftigen Grenzen. Das Restaurant ist klein, und ohne Vorbestellung hat man keine Chance. Wer abends speisen und anschließend übernachten will, der kann sich dann auch gleich eines von den neu erbauten sehr wohnlichen Appartements reservieren lassen. Am folgenden Morgen wird er dann mit schwerem Herzen weiterreisen, aber die Toskana lockt.

Nur wenige Kilometer von der Grenze der Toskana entfernt liegt die *Locanda dell'Angelo*, Angelo Paracucchis großartiges Restaurant. Angeblich liegt es in Ameglia, aber wer in diese Ortschaft hinauffährt, wird es niemals finden. Tatsächlich liegt es an der Straße zwischen Sarazana und Marinella di Sarazana, eine Oase in einer nicht sonderlich einladenden Gegend. Um so einladender ist dafür der große, in der Schlichtheit seiner Eleganz klassische Raum des Restaurants, der geschickt durch Säulen unterteilt auch nicht ohne eine freundliche Intimität sein kann. Parachucchi gehört zur ersten Generation der neuen, großen italienischen Restaurateure. Er ist ein enthusiastischer Gastgeber und zugleich ein Mann, der völlig in seiner Arbeit aufgeht. In der *Locanda dell'Angelo* gibt es keinen wöchentlichen Ruhetag, und Betriebsferien gibt es auch nicht. Wenn man abends oder auch in der Nacht um elf Uhr unangemeldet kommt, dann sieht man keine betretenen und abweisenden Gesichter. Der Gast wird herzlich begrüßt und freundlich bedient. Und Angelo Paracucchi ist stets ganz da, nimmt die Bestellungen auf, bietet dem Gast ein Schauspiel, wenn er die unvergleichlichen *Spaghetti ai frutti di mare* (Spaghetti mit frischen Meerestieren) auf dem Flambierwagen frisch bereitet oder zum Dessert seine berühmte *frutta flambée* zelebriert. Und wenn ich es auch noch nicht gesehen habe, so bin ich doch sicher, daß er schon am frühen Morgen mit dem gleichen Eifer beim Einkauf der Produkte ist, die Guiseppe Nappini, sein unermüdlicher Küchenchef dann im Verlauf des Tages verarbeitet. Angelo Paracucchi ist ein unbestechlicher Meister des Einkaufs, egal ob es sich um frische Fische, Gemüse oder beispielsweise Enten handelt, die ich kaum jemals woanders in gleicher Produktqualität serviert bekommen habe. Hier dominieren nicht so sehr raffinierte neue Kreationen, sondern erprobte Paracucchi-Klassiker je nach Tagesangebot des Marktes und da sind ganz besonders erfreulich *gamberi con fagiolini* (Krebsschwänze mit Böhnchen), *penne basilico e pecorino* (Nudeln mit Basilikum und Schafskäse), *scaloppe di branzino al profumo di zafferano* (Wolfsbarsch mit Safran), *scampi armagnac con riso pilaf* (Scampi in Armagnac mit Pilafreis), *petto di anatra al aceto miele e fiori di tiglio* (Entenbrust in Honigessig und Lindenblüten), *fricassea di capretto al limone* (Frikassee vom Ziegenkitz in Zitrone), und zum Dessert ein wunderbar zartes *soufflée alle pere* (Birnensouffle). Es gibt eine reich bestückte Weinkarte, aber man kann durchaus den aktuellen Hauswein trinken. Er wechselt oft, da Angelo Paracucchi unermüdlich auf der Suche nach erstklassigen Angeboten ist. Die Küche hat bei aller Feinheit und Sorgfalt etwas Elementares, genau wie dieser zupackende Mann. Vor nicht allzu langer Zeit hat er erneut zugepackt und zwar kräftig: Er hat das *Carpaccio* eröffnet, ein Restaurant in Paris, an einer hochfeinen Adresse. Paris liegt nicht so dicht bei Ameglia wie Bologna bei Imola. Und wenn Angelo Paracucchi als Gastgeber in der Locanda nicht präsent ist, ist es immer noch ein ganz hervorragendes Restaurant, aber es ist eben anders.

Bleibt der Weg vom Süden in die Toskana, meist wird es wohl der Weg von Rom sein. Die günstigste Straße ist die Autobahn A 1. Von der Ausfahrt Orvieto sind es etwa 14 Kilometer zu Gianfranco Vissanis *Ristorante Il Vissani* (ursprünglich *Il Padrino*) am Lago di Corbara direkt an der S.S. 448. »Als wenn Ihr träumtet« wäre vielleicht eine passende Überschrift für einen längeren Bericht über das Vissani. Und vielleicht hat es als Traum begonnen, aber der junge Gianfranco Vissani, ein großer stämmiger Mann mit schwarzen Locken, verwirklicht ihn für sich und seine Gäste. Was er da begonnen hat, war anfangs gegen jede berechnende Vernunft, auch wenn er das Restaurant seines Vaters als Basis benutzen konnte. Der Lago di Corbara ist ein Stausee und nicht besonders einladend. Das Gebäude mit dem Wagenrad davor ist so unauffällig, daß ich erst mal daran vorbeigefahren bin. Vielleicht gerät man zuerst in das ursprüngliche Padrino, das weiterbetrieben wird, ein ordentliches Restaurant auf den Geschmack eines breiten Publikums berechnet, nicht exeptionell. Doch dann wird man in Gianfrancos Reich geführt, einen eleganten Saal, in dem die Tische erlesen gedeckt sind. Tischwäsche, Tafelsilber, Geschirr und Gläser, alles ist mit Geschmack aufeinander abgestimmt. Im Hintergrund dezente klassische Musik. Man ist plötzlich in einer anderen Welt. Aber was würde man zu dieser Ambiente sagen, wenn nicht auch Küche und Keller auf dem höchsten Niveau stünden? Es beginnt mit den verschiedenen herrlichen Arten von Brot, die Gianfrancos Mutter für die Gäste bäckt, beispielsweise Brot mit schwarzen Trüffeln, mit Nüssen, mit Finocchi, um nur einige zu nennen. Das Menu wechselt täglich. Uns servierte Gianfranco Vissani zuletzt *mousse di fegato grosso di oca con tartufi bianchi* (Mousse von Gänsestopfleber mit weißen Trüffeln), *triglie con salsa di Castello Sala abbocato* (Rotbarbe in lieblichem Wein des Castello Sala), *scampi con salsa cetreoli* (Scampi mit einer Sauce aus Gurken), *sorbetto Cabernet di Sauvignon* (Sorbet aus Cabernet di Sauvignon), *risotto capesante e lampone* (Risotto mit Jakobsmuscheln und Himbeeren), *spigola al dolcetto* (Seebarsch in Wein), *bavarese di lamponi con salsa al cioccolata* (Bayerische Creme mit Himbeeren in Schokoladensauce) und dazu köstliches Kleingebäck. Eine hervorragende kreative Küche, jedes Gericht mit besten Zutaten und auf Spitzenniveau, an jenem Abend nur für uns bereitet (in der Küche assistieren Gianfrancos Mutter und seine Frau) und von Gianfranco hervorragend serviert. (Das Menu wird nur auf Bestellung bereitet). Selbstverständlich verfügt Gianfranco über einen Keller mit reichem Angebot an hervorragenden Weinen und er versteht es, auch als Sommelier zu brillieren. Schon allein der Picolit von der Abbazia di Rosazzo, den er zum Dessert servierte, zeigt, auf welch hohem Niveau dieses Weinangebot steht. Alles in allem: Ich bedauere mehr denn je, das Wohlgeschmack sich nicht durch Worte vermitteln läßt. Ich kann nur raten: Hinfahren und genießen. Der Preis ist in Anbetracht des Gebotenen bescheiden. Wer eine solche Mahlzeit lieber am Abend genießt und anschließend eine ruhige Nacht verbringen will, findet recht ordentlich ausgestattete Zimmer im ersten Stock des Hauses.

Wer weniger auf kulinarische Abenteuer und Höhepunkte erpicht ist, wird vielleicht Lust haben, den Weg von Rom mit einem Abstecher nach Assisi zu verbinden, um die Stätten des Heiligen Franz zu besuchen. Dort ißt man am besten im Restaurant *Umbra* im gleichnamigen Hotel, ein angenehmes, gut geführtes Restaurant mit einer sehr guten regionalen Küche. Besonders zu empfehlen Nudel- und Reisgerichte mit Pilzen oder Trüffeln, oder die ungewöhnliche gute *zuppa di lenticche* (Linsensuppe), als Hauptgericht *piccione alla ghiotta* (gefüllte Taube) – wer dieses Gericht bestellt, bekommt den hier besonders hübschen Teller *del Buon Ricordo*-oder *agnello a spezzatino* (Lammragout) und zum Dessert *zuppa inglese* (eine in Italien beliebte Süßspeise aus Biskuit likörgewürzt und Creme). Gute Auswahl umbrischer Weine, hier besonders zu empfehlen der rote Rubesco von Lungarotti aus dem naheliegenden Torgiano. Der Rubesco ist ein ganz vorzüglicher Wein und es ist vielleicht keine schlechte Idee, den Weg über Torgiano fortzusetzen und dort ein oder zwei Kartons direkt von der Cantina Lungarotti günstig einzukaufen. Dort findet man auch die verschiedenen Jahrgänge des ganz besonders guten *Rubesco Riserva* sowie den sehr angenehmen weißen *Torre di Giano Riserva*. Außerdem kann man in Torgiano ein sehr interessantes Weinmuseum besichtigen. Und wer vor der Ankunft in Florenz lieber noch einmal übernachten möchte, ist in dem ebenfalls der Familie Lungarotti gehörenden Hotel *Le Tre Vaselle* sehr gut – wenn auch nicht billig – aufgehoben. Die Zimmer sind von klassischer Einfachheit, aber mit jedem Komfort ausgestattet. Restaurant und Nebenräume sind vielleicht ein wenig zu kunstgewerblich geraten, weniger einfach als geziert. Im Restaurant, der *Locanda Le Tre Vaselle*, wird eine sehr gepflegte und feine umbrische Küche serviert, nicht gerade von aufregender Kreativität, aber auch nicht von der Langweiligkeit gewisser Häuser, die unter der Marke *casalinga* (hausgemacht) Einfallslosigkeit für Ursprünglichkeit ausgeben. Besonders zu empfehlen: *Panzanella con prosciutto* (Panzanella mit Schinken), *Risotto al Rubesco* (Risotto mit Rubesco), *risotto all'aglio* (Risotto mit Knoblauch), *anatra alle bacche di ginepro* (Ente mit Wacholderbeeren), *piccione alla Spoletina* (Taube nach Art von Spoleto), gute Auswahl regionaler Desserts. Was den Wein angeht, stehen natürlich die Erzeugnisse des Hauses ganz im Vordergrund. Was am Schluß auf der Rechnung steht, ist nicht gerade »ländlich«, aber doch akzeptabel.

In Umbrien gibt es noch viele reizvolle Orte, Hotels und Restaurants. Aber das hier ist kein Führer durch Umbrien. Und die Toskana wartet.

3. Kapitel

Florenz

Lebensgroß und zweimal so natürlich.
(Lewis Carrol, *Alice hinter den Spiegeln*)

Die Ankunft

Eine autogerechte Stadt ist Florenz nicht, und wohl auch keine pferdegerechte, jedenfalls dann nicht, wenn es so viele Reiter in ihr gäbe, wie es heute Autofahrer gibt. Wenn man sich vorstellt, daß anstelle eines jeden geparkten Autos, ein Pferd angebunden steht, dann muß man sich zweifellos sagen, daß es mit Autos erheblich angenehmer ist. Trotzdem: in der Innenstadt mit dem Auto zu fahren ist problematisch, ganz besonders, wenn man sich nicht auskennt. Das widerspricht keineswegs der Tatsache, daß man das Auto benötigt, um die Toskana zu erleben. Florenz ist nicht die Toskana. Um das Land zu erleben ist das Auto unerläßlich, in der Stadt ist es vorteilhaft, wenn man das Auto auf dem Hotelparkplatz stehen lassen kann, wenigstens so lange man sich im Zentrum der Stadt bewegen will. Dort zu fahren macht keinen Spaß, und vor allem ist es sehr schwer, einen Parkplatz zu finden, es sei denn, man ist spätestens um halb neun in der Stadt, da findet man meist noch einen Platz auf einem der bewachten Parkplätze in der Innenstadt. Für Frühaufsteher keine schlechte Lösung. Andererseits: die Parkgebühren sind hoch und in vier bis fünf Stunden kommt leicht so viel zusammen, wie ein Taxi kostet, sofern man nicht allzuweit außerhalb wohnt, allerdings reicht es nur für eine Fahrt, rechnet man jedoch die Kosten für Sprit etc. hinzu, dann ist auch die zweite Fahrt noch drin. Und erleben muß man das Stadtzentrum ohnehin zu Fuß.

Trotzdem wäre es verfehlt, den Autoverkehr aus dem Zentrum von Florenz zu verbannen. Florenz zeichnet sich ja gerade dadurch aus, daß das moderne Leben mitten in der historischen Architektur stattfindet, das heutige Leben flutet durch die alte Stadt. Wollte man den Verkehr aus dem Zentrum verbannen, würde man Florenz in ein Museum verwandeln, ähnlich wie Venedig. Das Absterben von Venedig hängt mit den Schwierigkeiten des Zugangs zusammen, die sich aus der besonderen Lage der Stadt ergeben. Florenz kann ein solches Schicksal erspart bleiben. Florenz lebt und kann weiterleben. Venedig stirbt ab und wird dadurch immer mehr zu dem, was es bereits ist: einem riesigen Open-air-Museum. Das ist eine Entwicklung, die sich nicht umkehren läßt.

Wie kommt man am besten in Florenz an? Das hängt ganz davon ab, wo man hin will. Florenz ist eine ausgedehnte Stadt mit mehr als einer halben Million Einwohner. Und es empfiehlt sich im allgemeinen, ein Stück um die Stadt herum zu fahren und nicht im dichten Verkehrsgewühl durch sie hindurch. Also muß man wissen, wo man wohnen wird. Da Florenz meist sehr gut besucht ist, sind gute Hotels eher knapp. Man sollte auf jeden Fall vorbestellen.

Ein echtes Liebhaber-Hotel ist *Villa Le Rondini*. Es liegt etwas außerhalb der Stadt, sehr ruhig mitten in einem 22 Hektar großen Olivenhain mit herrlichem Blick auf die Stadt. Es gibt ausreichend Parkplätze auf dem eigenen Areal, Swimmingpool, und Tennisplatz. Die schöne Villa stammt aus dem 16. Jahrhundert und ist nach modernen Erfordernissen umgebaut, außerdem gibt es mehrere auf dem großen Areal verteilte Dependancen. Die Zimmer sind komfortabel und angenehm. Zum Zentrum sind es etwa acht Kilometer. Jedesmal mit dem Taxi zu fahren wird bei dieser Entfernung etwas teuer. Von der Hotelleitung wird man darauf aufmerksam gemacht, daß der Linienbus in die Stadt in der Nähe des Hotels eine Haltestelle hat und alle zwanzig Minuten verkehrt. Die Fahrt in einem derartigen Bus ist aber sicherlich nicht die geeignete Vorbereitung, um für das Erlebnis Florenz offen zu sein. Bei der Ankunft kann man die Villa Le Rondini von der Autobahn A 1 erreichen, ohne die Stadt zu berühren. Man verläßt die Autobahn bei der Abfahrt Barberino und fährt dann noch etwa dreißig Kilometer auf der S.S. 65 in Richtung Florenz. Bei Trespiano muß man aufpassen, daß man nicht das Schild verfehlt, das die Zufahrt zum Hotel anzeigt.

In der Villa Rondini wohnt man für heutige Verhältnisse preiswert. Ich werde die heute gültigen Preise zusammen mit allen wichtigen Daten für jedes Hotel im Anhang angeben. Dort werde ich auch noch ganz allgemein etwas über die Preise sagen.

Das Hotel *Villa San Michele* in Fiesole erreicht man ebenfalls von der Autobahnabfahrt Barberino aus über die S.S. 65. Man muß nur aufpassen, daß man nicht kurz vor dem Stadtgebiet von Florenz die Abzweigung linker Hand verfehlt, die über Badia di Fiesole zur via San Domenico führt, welche Florenz mit Fiesole verbindet. Die Franziskanermönche, die einst das Kloster bewohnten, das – sehr sorgfältig restauriert und mit jedem Spitzenkomfort versehen – heute das Hotel beherbergt, hätten sich sicherlich nicht im mindesten vorstellen können, welch ein Luxus heute dort herrscht. Wahrscheinlich wäre ihnen schon die bloße Vorstellung sündhaft und verdammungswürdig erschienen. Wohl in keinem anderen Hotel ist es auch nur annähernd so gut gelungen, die Renaissance-Ambiente mit dem Luxus und der Technik von heute zu verbinden. Ein Zufluchtsort in einem weitläufigen Park, an dem man klösterliche Stille genauso genießen kann wie die Freuden eines modernen Swimmingpool mit Blick auf Florenz. Alles das knapp fünfzehn Minuten von Dom und Uffizien entfernt, mit Transfer-Möglichkeit zur Stadt im hoteleigenen Auto. Die Villa San Michele ist das perfekte Liebhaber-Hotel – so lange man nicht auch den Preis beachtet. Der Gegenwert von gut dreihundertfünfzig Mark pro Person für eine Nacht im Doppelzimmer, das lehnen auch sehr viele reiche Leute ab, die das ohne weiteres bezahlen könnten. Und man kann durchaus die Frage stellen: Wo liegt die Grenze dessen, was für eine Nacht im Hotel vertretbar ist. Im Hinblick auf den speziellen Fall der Villa San Michele würde ich sagen: Wenn man für eine Woche oder länger nach Florenz fährt, um die Stadt richtig kennenzulernen, ist der Preis zu hoch, um so mehr als man dann ja doch meist unterwegs ist und wenig vom Hotel hat. Aber für einen kurzen Aufenthalt, vielleicht um einen Geburtstag oder einen Hochzeitstag besonders festlich zu begehen, kann man das in Anbetracht des Gebotenen schon mal bezahlen (sofern man es übrig hat). Dann sollte man es allerdings als einen Besuch ansehen, bei dem man das Hotel kennenlernen will und nicht die Stadt. Das Hotel Villa San Michele ist es wert.

Nicht weit von der *Villa San Michele* befindet sich die *Pensione Bencista*. Trotz der Bezeichnung *pensione* unterscheidet sich das Haus in nichts von einem Hotel, eine schöne alte Villa in einem Olivenhain mit Blick auf die Stadt. Reichlich Parkplatz. Allerdings kein Schwimmbad. Man muß mindestens Halbpension nehmen. Wenn man Florenz kennenlernen will, ist das alles andere als praktisch. Wer hat schon Lust mittags wegen des Essens ins Hotel zurückzufahren? Und abends sind die guten Restaurants in der Stadt besonders interessant.

Von der Autobahnausfahrt Certosa der A 1 erreicht man verschiedene Hotels ohne allzusehr ins Verkehrsgewühl zu geraten, das glanzvollste davon *Grand Hotel Villa Cora* in einer schönen, sehr gepflegten neoklassizistischen Villa aus dem 19. Jahrhundert, in einem Park mit sehr schönem Swimmingpool. Die Nebenräume des Hotels sind geradezu prunkvoll, genau wie die sehr geräumigen Zimmer, soweit sie im Hauptgebäude liegen. In der Dependance geht es etwas moderner und enger zu. Aber ausschlaggebend ist ja die Ambiance des Hotels als Ganzem. Das Zimmer benutzt der Florenzbesucher ohnehin vor allem zum Schlafen, da muß es ja nicht unbedingt ein Galazimmer sein, das natürlich auch teurer ist. Es gibt ausreichend Parkplätze auf dem Areal des Hotels. Wenn man mit dem Taxi zur Ponte Vecchio fährt ist das durchaus erschwinglich, es gibt aber auch die Möglichkeit des Transfers im hoteleigenen Auto. Leider haben die Preise während der letzten Jahre eine Höhe erreicht, die die Freude des Liebhaber-Touristen schon sehr dämpfen kann.

Entspannter in Hinblick auf Atmosphäre und Preis ist das ganz in der Nähe liegende *Hotel Park Palace*. Es liegt abseits der Straße, in einem Park in einer klassischen toskanischen Villa. Die Zimmer sind sehr schön und haben fast alle eine herrliche Aussicht. Es gibt ein Schwimmbad, ausreichend Parkplätze auf dem Hotelareal, außer hoteleigenem Transfer in die Stadt alles, was man sich wünschen kann. Ein echtes Liebhaber-Hotel.

In der gleichen Gegend, aber etwas enger, ohne Pool und mit ziemlich kleinem Garten: Hotel *Villa Carlotta* in einer umgebauten Patriziervilla, die in einer sehr ruhigen Seitenstraße liegt. Es gibt Parkplätze auf dem Hotelareal. Man hat alles, was man braucht.

Ein weiteres Hotel auf den Hügeln oberhalb der Stadt und ebenfalls von der Autobahnausfahrt Certosa gut erreichbar, Hotel *Villa Belvedere* eine umgebaute alte Villa in einem großen Park, sehr ruhig, entspannte Atmosphäre und angenehm unprätentiös. Die Zimmer haben zum Teil einen sehr schönen Blick auf die Stadt. Der Swimmingpool ist vielleicht allzu bescheiden dimensioniert. Reichlich Platz zum Abstellen der Autos auf dem Areal des Hotels. Man fühlt sich durchaus gut aufgehoben.

Hotel *Villa Betanien*, ebenfalls eine umgebaute Villa in einem Garten. Kein Swimmingpool, aber ausreichend eingezäunter Parkplatz. Dieses Hotel hat alles, was man benötigt, nur in bescheideneren Dimensionen, als die bisher erwähnten Häuser, dafür liegt es preislich günstig.

Am Fuß der Hügel, nicht weit vom Arno, das Hotel *David*, es liegt an einem verkehrsreichen Platz, aber doch weit genug von der Straße entfernt und in einem Garten, so daß die Gäste nicht vom Verkehrslärm behelligt sind. Ein neuerer Bau mit rustikalem Einschlag, unaufdringlich, mit allem Komfort. Man ist nicht nur untergebracht, man wohnt. Parkplätze auf dem Hotelareal und auf dem Platz davor. Der Preis hält sich in vernünftigen Grenzen. Man kann am Arno entlang zu den Uffizien laufen, das hat seinen eigenen Reiz. Ein Taxi ins historische Zentrum lohnt da kaum noch.

Richtig in der Stadt und doch in einem schönen Garten und ruhig liegt das Hotel *Royal* in einer kürzlich völlig renovierten alten Villa. Die mit allem Komfort versehenen Zimmer sind vielleicht allzu sachlich modern eingerichtet, dafür ist im großen Salon des Hotels der Stil der alten Villa gewahrt. Besonders schön ist es, unter den alten Bäumen im Garten zu sitzen. Der Gast ist gut aufgehoben. Die Preise liegen in einem vernünftigen Bereich, allerdings das Frühstück muß man mitbezahlen, egal ob man es konsumiert oder nicht. Das Auto kann man beruhigt auf dem großen Parkplatz auf dem Areal des Hotels stehen lassen. In etwa fünfzehn Minuten ist man zu Fuß am Dom.

Das *Hotel Golf* liegt an der Viale Fratelli Rosselli, einer der meist befahrenen Straßen der Stadt. Man sollte also bestrebt sein, ein Zimmer zum Hof hinaus zu bekommen. Das Hotel ist auf gediegene Weise modern eingerichtet, natürlich mit allem Komfort. Ausreichend Parkplätze auf dem Hof. Die Preise sind angemessen.

Ebenfalls in der Viale Fratelli Rosselli, aber durch Bäume, eine Promenadenstraße und einen Vorgarten vom Verkehrsfluß getrennt, liegt Hotel *Villa Azalee*. Ein Haus im Stil des vorigen Jahrhunderts, durchaus wohnlich und mit schönem Garten, die sehr geräumigen Zimmer haben allen Komfort. Es gibt keine hoteleigenen Parkplätze, aber an der Promenadenstraße vor dem Haus findet man meist einen Platz. Mitunter muß man allerdings etwas Geduld aufbringen. Vernünftige Preise. Auch von der *Villa Azalee* ist es nicht sehr weit ins historische Zentrum von Florenz.

Sehr elegant und schick, aber nicht groß und fast etwas verträumt, ist das Hotel *Regency*. Es liegt in einer ruhigen Gegend der Stadt, an einem baumbestandenen Platz, eine Villa aus dem 19. Jahrhundert in einem kleinen Garten und mit eigenen Parkplätzen, auf denen man das Auto beruhigt stehen lassen kann. Bei der Einrichtung des Hauses und der sehr komfortablen Zimmer ist es gelungen, eine symphatische Synthese von Elementen aus vergangener Zeit mit heutigen Stilmerkmalen zu schaffen. Zum Dom läuft man von der Piazza Massimo D'Azeglio etwa 15 Minuten. Das *Regency* ist ein Liebhaber-Hotel ohne jede Einschränkung, sofern der Preis nicht schreckt.

Das Hotel *Villa La Massa* liegt mitten im Grünen, direkt am Arnoufer, etwas außerhalb der Stadt. Es befindet sich in einer wirklich schönen toskanischen Villa aus dem siebzehnten Jahrhundert und im Stil dieser Zeit sind auch die Aufenthaltsräume eingerichtet. Ein sehr ruhig gelegenes Haus mit großzügig ausgestatteten, geräumigen Zimmern. Der Swimmingpool ist beheizt. Es gibt Parkplätze in ausreichender Zahl auf dem Hotelgelände. Mit dem Auto ist man in zwanzig Minuten im Zentrum von Florenz. Praktisch ist es, zur Fahrt in die Stadt den hoteleigenen Kleinbusservice zu benutzen. Für einen ausgiebigen Florenzaufenthalt sind die Preise zu hoch, und ob es eines der ganz besonderen Hotels ist, das eine Reise lohnt, das möchte ich nicht entscheiden.

Mit Sicherheit gehört das *Castello di Sammezzano* zu den ganz besonderen Hotels. Es liegt auf einer Anhöhe, zu der man durch einen riesigen, jahrhundertealten Park voller botanischer Seltenheiten hinauffährt. Schon Karl der Große soll in diesem Schloß genächtigt haben. Damals besaß es allerdings noch nicht das phantastische und überaus reiche Dekor in arabischem und maurischem Stil, das hat erst der Marquis Ferdinando Ottavio Ximenes von Aragonien geschaffen, der das Schloß 1605 gekauft hat. Die komfortablen und sehr geräumigen Zimmer (es sind nur 14) sind in atemberaubender Weise dekoriert und ausgestattet. Von den Fenstern hat man einen Blick in die Weite des Landes. Natürlich gibt es jeden Komfort (aber keinen Swimmingpool) und ausreichend Parkplätze. Trotz allem, die Preise sind nicht gering, aber keineswegs so prohibitiv wie man erwartet. Nach Florenz sind es allerdings dreißig Kilometer. Wer die Stadt kennenlernen will, muß das nicht unbedingt zu weit finden.

Der Aufenthalt

Es ist vorteilhaft, mit einem Überblick anzufangen, einem Blick über die Stadt.

Wie das hineingewachsen ist in die Landschaft – oder aus ihr heraus – kann auf mich so atemberaubend und hinreißend wirken, daß ich mitunter die Gerüste mit den Leuchtreklamen, die man auch am Tage auf den Dächern der Innenstadt erkennen kann, zur Hilfe nehmen und meinen Blick an ihnen festhalten muß, damit ich nicht völlig davongetragen werde. Jeder Turm scheint an seinem Platz zu stehen, jeder Akzent wirkt richtig gesetzt. Und die zarte Wolke über der machtvollen Kuppel des Doms – hat der Künstler nicht durch sie eine letzte Nuance gesetzt, sein Werk gekrönt? Und erst wenn das Rot der Kuppel des Doms im Kontrast zu einem grau verhangenen Himmel steht... Jeder Augenblick ist anders, und keiner von dem der Betrachter sich nicht hinreißen lassen kann, immer wieder aufs neue.

Diesen Überblick kann man von der Piazzale Michelangelo gewinnen, aber sehr viel besser noch vom Forte Belvedere. Auf der anderen Seite der Stadt – der Seite, wo der Bahnhof liegt und von der aus es nach Fiesole hinaufgeht – erstreckt sich das Arnotal zu weit und die Hügel liegen zu fern vom alten Kern der Stadt, als daß man von ihnen her einen starken Eindruck gewinnen könnte. Wenn man darauf achtet, wird man merken, daß fast alle Panoramafotos der Stadt von der Belvedere-Seite her aufgenommen sind.

Vom Forte Belvedere hat man es nicht weit, um nach gewonnenem Überblick zu Fuß in die Stadt zu gelangen (für den Hinweg benutzt man am besten ein Taxi), durch die Via del Forte di San Giorgio und die Costa San Giorgio. Auf dem holprigen Pflaster dieser steilen, alten Gassen gewinnt man Kontakt mit der Vergangenheit, ihrer weniger glanzvollen, ihrer bürgerlichen und alltäglichen Seite. So kann man sich aus dem Hingerissensein lösen, in das man durch den Überblick vom Forte Belvedere geraten sein mag. Auf diesem Wege begegnet man der Stadt allmählich, wird nicht von ihr überwältigt, durch ihren Glanz und ihre Pracht, die ihre geheimeren Reize nur verdeckten, und man stürzt sich auch nicht in sie hinein. Und so, wie ein behutsamer Liebhaber, der die Geliebte mit allen seinen Sinnen erfassen und spüren möchte, sollte man sich der Stadt nicht nur beim ersten Besuch nähern, sondern bei jedem Aufenthalt erneut.

Florenz ist immer wieder neu. Der fünfte Besuch ist anders als der siebente. Und man kann den ersten und den fünften Besuch bekanntlich nicht gleichzeitig machen. Beim erstenmal stehen Dinge im Vordergrund, von denen man erst bei einem sehr viel späteren Besuch merkt, daß sie Wichtigeres verdeckt haben. Nach dem ersten Besuch sagt man »ich habe Florenz gesehen«, nach dem zweiten Besuch ist man vielleicht bei »jetzt habe ich auch noch den Rest von Florenz gesehen«, und beim fünften Besuch fängt man an, mehr und mehr Dinge wahrzunehmen und beginnt, ein Gefühl für die unausschöpfbare Fülle von Florenz und der Toskana zu bekommen und sagt gar nichts mehr.

So gelangen wir zur Ponte Vecchio, dieser eigentümlichen, häuserbestandenen alten Brükke, die man nur zu Fuß überqueren kann. Lediglich in der Mitte geben Arkaden den Blick auf den Arno frei, sonst hindern ihn die Läden der Silberschmiede. Wir überqueren die Brükke. Während einiger Jahre mußte man sich auf der Ponte Vecchio durch ein Gewühl junger Menschen aus aller Welt drängen. Meist waren es wohl Rucksack-Touristen und viele hatten sicher nicht mal einen Rucksack. Was sie nach Florenz trieb? Vielleicht waren sie auf ihre Weise auf der Suche nach der Toskana. Oder der Renaissance. Sie vergaßen dabei nur, daß Uccello, Leonardo und Michelangelo ihre Zeit nicht damit verbracht haben, herumzustehen und zu schwatzen. Andererseits wissen wir nicht, was solche jungen Menschen tun, wenn sie nicht herumstehen und schwatzen. Und vielleicht ist die Welt von heute für viele junge Menschen zu eng geworden. Alles ist reglementiert und wer tatkräftig beginnen will, stößt auf einen Wald von Vorschriften, die ihn hemmen und entmutigen. Und wenn man neuerdings sehr viel weniger junge Menschen auf der Ponte antrifft, dann liegt es wohl vor allem daran, daß es gelungen ist, sie zu hemmen und zu entmutigen, sich dort aufzuhalten.

Wir gehen immer weiter, ohne bestimmtes Ziel – und so gelangen wir unweigerlich früher oder später zum Dom. Was für ein machtvolles Bauwerk! Neulich hat mir ein guter Freund erzählt, bei seinem dritten Aufenthalt in Florenz habe er plötzlich vor dem Dom gestanden und sich gefragt: »Ist er eigentlich wirklich schön?!« Das ist die Gefahr bei mehrmaligem Besuch:

Die Eindeutigkeit der Urteile schwindet. Aber fing er nicht gerade in diesem kritischen Augenblick an, mit den eigenen Augen zu sehen? Ich erwähne diese kleine Episode aus einem ganz bestimmten Grund: Viele Menschen kommen nach Florenz und wissen z. B. ganz genau »Der Dom ist ein herrliches Meisterwerk«. Und wenn sie dann davor stehen, stellt sich das erwartete Gefühl nicht ein. Es geht ihnen wie Goethe in Rom, der in seinen *Römischen Elegien* beredte Klage darüber führte – »sprecht ihr hohen Paläste, Steine redet ein Wort« –, daß ihn alles nicht weiter berührte. Nur bringen es die meisten nicht zum Ausdruck, sondern bekommen ein schlechtes Gewissen, daß sie nicht so reagieren, wie »man« reagiert. Und darüber spricht man lieber nicht. Das möchte man sich nicht einmal selbst eingestehen. Aber das ist genau das Gegenteil von Erleben. Damit sperrt man sich den Zugang erst richtig ab.

Betrachten wir die »ewigen Zeugen« der Vergangenheit doch als das, was sie sind: Ausdruck des Gefühls von Menschen der Vergangenheit, ihres Verhaltens, Teil ihres Alltags und Ausdruck dessen, was sie begeisterte. Auch ist die »Ewigkeit« gerade im Falle des Doms *Santa Maria del Fiore* (was für ein Gegensatz zwischen dem Namen *Heilige Maria der Blumen* und der machtvollen Fülle des Baus) nicht so weit her. In jedem billigen Reiseführer kann man lesen, wie häufig diese Kathedrale im Laufe der Jahrhunderte verändert worden ist. Solche Veränderungen nahmen oft Jahrzehnte in Anspruch, das lag an den technischen Schwierigkeiten,

Dom Santa Maria del Fiore.

Schön? Stereotyp? Bestätigung eines in Menschen tief verwurzelten Ordnungssinns? Oder: Ausdruck einer geheimen Sehnsucht nach Ordnung und nach dem Frieden, welche die Gleichförmigkeit der Elemente des Musters einem von Ängsten geplagten Betrachter verheißt?

Dom Santa Maria del Fiore, Seitenfassade.

Mitte:
Dom Santa Maria del Fiore, Ausschnitt aus Seitenfassade.

Unten:
Andy Warhol, Marilyn Monroe, Siebdruckfoto, 1962. Stockholm, Moderna Museet.(c) VAGA, New York, Bild-Kunst, Bonn 1985

Wenn wir ein optisches Muster haben, ein serielles Vorkommen weitgehend übereinstimmender Elemente, egal ob es sich um Ornamente oder die Darstellung eines Menschen handelt, dann gilt nur noch die Entsprechung. Dann wird die Ordnung wichtiger genommen als jede noch so großartige individuelle Besonderheit eines einzelnen Elements. Jedes der Elemente muß musterhaft sein, passen, sich einfügen, in der Ordnung sein. Abweichungen werden nur innerhalb einer geringen Bandbreite ertragen, man muß sie vernachlässigen und übersehen können.
Ein Architekt oder Künstler kann zahlreiche Elemente eines Musters gleichzeitig sichtbar machen. Damit weist er möglicherweise auf jene Serien hin, die das menschliche Leben bestimmen, dort aber als lineare Abfolgen in der Zeit: Jeder soll jeden Tag und stets das weitgehend gleiche Gesicht zeigen, sein Verhalten soll stets innerhalb einer engen Bandbreite liegen. Abweichungen werden auch da nur hingenommen, wenn sie geringfügig sind und sich vernachlässigen lassen.
Wie viel Abweichung tolerieren wir bei einem individuellen Element eines Musters oder einer Serie, egal ob es sich um das Muster einer Tapete handelt, um das regelmäßige Funktionieren einer Uhr oder einer anderen Mechanik oder um das Verhalten eines Menschen? Und wann fangen wir an zu sagen »so geht das nicht«, »das paßt hier nicht rein«, »das stört« oder »das macht alles kaputt, es muß weg«? Wann beginnen wir zu sagen »Fehler« oder »Entartung« oder »krankhaft«?
Läßt sich solche Ordnung mit dem vereinbaren, was Pico della Mirandola meint, wenn er von der Würde des Menschen schreibt?

Geführte Gruppen im Dom Santa Maria del Fiore. Man blickt auf den Führer, er steht im Mittelpunkt des Interesses. Von ihm läßt man sich sagen, was man zu sehen hat, anstatt mit den eigenen Augen zu sehen.

die das Bauen damals bereitete. Die Fassade ist überhaupt erst 1887 nach Entwürfen aus dem Jahre 1885 verändert worden. Sie ist also reine Pseudo-Gotik. Aber das mindert keineswegs die Sehenswürdigkeit des Ganzen. Im Gegenteil: dadurch wird es erst lebendig. Hier drängt sich die Frage auf: Warum soll es gerade heute fertig sein und seine endgültige Form gefunden haben? Diese Frage mag ketzerisch erscheinen, aber sie entspricht durchaus dem Geist der Toskana des Herzens, aus der die Menschen der Renaissance hervorgegangen sind. Ein Giotto des 20. Jahrhunderts würde sie sicherlich stellen. Aber Giotto war eben ein Mann, von dem erzählt wird, er habe, als der Papst von ihm im Hinblick auf einen Auftrag eine Arbeitsprobe verlangte, einfach einen Stift genommen und einen vollkommenen Kreis auf ein Blatt gemalt. Und der Papst hat das verstanden und akzeptiert. Unsere Gegenwart bringt solche Männer nicht hervor, oder läßt sie nicht zu. Ein junger Giotto würde vielleicht aufbegehren gegen die fertigen Formen der Vergangenheit, die wir verehren. Vielleicht würde er sagen: »Diese Liebe für die Vergangenheit entmachtet uns, sie beraubt uns der Möglichkeit, unsere Städte neu zu gestalten, macht uns zu Bewahrern und Betrachtern und verhindert die Entfaltung unserer besten Kräfte.« Solche Worte wären durchaus im Sinne der Renaissance, die ja schließlich nicht in ein Vakuum gebaut wurde. Damit das Florenz der Renaissance erbaut werden konnte, mußte Platz geschaffen werden. Gebäude mußten abgerissen werden, die museal denkende Menschen unter Denkmalschutz gestellt hätten.

Beim Bau des Doms – vor allem seiner Krönung durch die Kuppel – stellten sich Probleme, deren Lösung Folgen hatte, die weit über den Anlaß hinausgingen. Filippo Brunelleschi (1377–1446) stieß bei seinen Studien zur Lösung der Probleme, welche sich bei der Ausführung der von ihm entworfenen Kuppel ergaben, auf die mathematischen Grundlagen, auf welchen es später Uccello und anderen gelang, das Problem der Darstellung der Perspektive auf ebener Fläche – also in der Malerei – zu lösen. Aber das war ein Nebenprodukt. Brunelleschi löste grundlegende Veränderungen der Baukunst aus, die lange über seine Zeit hinaus wirksam blieben. Lange Zeit hatte niemand geglaubt, daß es jemals möglich sein würde, eine Kuppel mit so großer Spannweite zu errichten. Daß es gelang, galt als Wunder. Später wurde Michelangelo mit der Errichtung der Kuppel des Sankt-Peters-Doms in Rom beauftragt. Er brachte seine Bewunderung für Brunelleschi und die Kuppel von Santa Maria del Fiore in

Paolo Uccello: John Hawkwood (Giovanni Acuto), Fresko, Santa Maria del Fiore:

Dargestellt ist nicht der Mann, sondern eine Darstellung, die ihn zeigt, ein Denkmal. Dieses Denkmal existierte nur im Kopf des Malers, als Idee. Immerhin: Ein solches Denkmal könnte errichtet werden.

dem Satz zum Ausdruck: »Ich werde eine Schwester von ihr erbauen, zwar größer, aber nicht schöner.«

Alles das wird beim Besuch der Kathedrale keineswegs deutlich. Die Steine verraten nicht die geistigen Leistungen, die notwendig waren, um sie in dieser Weise zusammenzufügen. Der Besucher sieht nicht den Unterschied zu anderen Kathedralen, die vor dem Duomo Santa Maria del Fiore erbaut wurden, für ihn ist es eine große Kathedrale, in der sich Meisterschaft und Fleiß zahlreicher Künstler kristallisieren. Das Ergebnis verdeckt dabei vielfach die Fülle von Leistungen und von Tragödien und Komödien, die mit seiner Entstehung verbunden sind. Was – um nur ein Beispiel zu geben – steckt nicht alles hinter Uccellos Fresko im Dom, an dem die meisten Besucher ziemlich achtlos vorbeigehen. Es trägt den Namen *Reiterstandbild des Giovanni Acuto* (John Hawkwood). Er war ein englischer Söldner, der zeitweilig die florentinischen Streitkräfte kommandiert hat. Für seine großen Verdienste hatte die Stadt ihm ein Reiterdenkmal versprochen. Nach seinem unerwartet frühen Tod fand man die sparsame Lösung, lediglich ein Gemälde eines Denkmals in Auftrag zu geben. Nachdem die erste Ausführung des Gemäldes von Agnolo Gaddi wohl nicht standbildhaft genug ausgefallen war, beauftragte man Uccello, der als Spezialist für Perspektive das Standbildhafte stark herausholte. Allerdings mußte das auf Kosten der Lebendigkeit des Ausdrucks gehen. Viele bemängeln das und die fehlende Ähnlichkeit. Sie vergessen: Uccello hat keinen Reiter gemalt, sondern ein Reiter-Standbild.

Ein Kunstwerk stand lange Zeit im Duomo, das so berühmt war, daß jeder Besucher dorthin drängte: Michelangelos *Pietà*. Er hat sie mit weit über 70 Jahren begonnen. Sie war von ihm für das eigene Grabmal bestimmt. Während der Arbeit brach das linke Bein des Christus ab, vermutlich als Folge eines Fehlers im Marmor. Im Zorn hat sich Michelangelo daraufhin von dieser auf seinen Tod gerichteten Arbeit abgewendet, hat das unvollendete Werk einem Diener geschenkt. War es Trotz gegen den Tod? Jedenfalls: Michelangelo hat noch mehr als ein Dutzend Jahre gelebt, nachdem er die Arbeit an dieser Gruppe abgebrochen hat.

1981 ist die *Pietà* ins Dom-Museum gebracht worden. Gewiß, sie war nicht für den Dom bestimmt und ihr Standort hat während ihrer 160 Jahre im Dom öfter gewechselt, aber im Dom schien sie am Platz zu sein, eine Funktion zu haben. Wer sie jetzt sehen will, muß extra ins Dom-Museum – es ist aus einem Depot für nicht mehr benötigte Kunstgegenstände entstanden – gehen und sie dort suchen. Gewiß, im Dom war sie gefährdet. Ein Attentat ist auf sie verübt worden. Aber jetzt ist sie abgeschoben, quasi im Altenheim, ohne eigene Funktion. Wenn man schon meint, so sehr auf ihre Sicherheit bedacht sein zu müssen, sollte man im Dom vielleicht eine Kopie aufstellen, so wie man es gemacht hat, als man das Original des *David* von der Piazza della Signoria in die Galleria dell' Accademia verbracht hat.

Behalten wir die *Pietà* vor unserem geistigen Auge und gehen so schnell wie möglich zum Original des *David*. Vergessen wir, daß der in der einen Plastik dargestellte Mann Jesus heißt und daß die andere Figur den Namen David trägt, stellen wir quasi die menschlichen Körper nebeneinander – den triumphierenden und den leblos zurücksinkenden –, dann haben wir die beiden Pole des Werkes von Michelangelo. Sie stimmen mit den beiden Polen des menschlichen Lebens schlechthin überein. Aber diese Spannung zwischen Sieg und Tod ist schließlich das ganz besondere und oft unausgesprochen gebliebene Problem der Männer der Renaissance. Während das Mittelalter meist den Tod als den großen Triumphator gesehen und dargestellt hatte, triumphierte jetzt der Mensch, aber eben nur solange er leb-

Michelangelo: David, Accademia di Belle Arte.

Michelangelo: Pietà, Dom-Museum.

te. Der Tod ist ihm in einem ganz neuen Ausmaß zur Bedrohung geworden.

Ein völlig anderes Lebensgefühl als im Dom kommt in dem wohl ältesten erhaltenen Bau von Florenz zum Ausdruck: dem Baptisterium, der Taufkapelle. Bis 1128 ist es der Dom der Stadt gewesen, dann wurde es zur Taufkapelle. Eine solche Kapelle wird überall dort benötigt, wo die Lehre vorherrscht, daß kein Ungetaufter die Kirche betreten dürfe und die Babys folglich außerhalb des eigentlichen Gotteshauses getauft werden müssen. Fühlt man sich im Inneren des Baptisteriums nicht von einer Herzlichkeit und Wärme eingehüllt, die ganz in Gegensatz zu dem steht, was das Innere der Kathedrale ausdrückt? Wie das Baptisterium auf viele Menschen wirkt, kommt vielleicht nirgends besser zum Ausdruck als in Dantes Worten, der es *»mio bel San Giovanni«* genannt hatte. Dort drinnen wirkt alles eher gedämpft, beruhigend, ja fast traulich. Die Muster an den Wänden, aus hellem und dunklem Marmor, der Mosaikfußboden und die prächtige Kuppel, die den achteckigen Bau überwölbt. Entspringt das alles einer anderen Welt? Oder ist es nur auf eine andere Funktion hin gestaltet? Weltberühmt sind die Bronzetüren des Baptisteriums. Sie sind in zahlreiche Felder aufgeteilt, in denen Szenen aus der biblischen Geschichte dargestellt sind. Diese Reliefs der Südtür hat Andrea Pisano in den Jahren 1330–1336 geschaffen. Die Nord- und die Osttür sind etwa hundert Jahre später von Lorenzo Ghiberti geschaffen worden. Von der Osttür – sie steht der Kathedrale gegenüber – hat Michelangelo gesagt, sie sei es wert, als Eingang zum Paradies zu dienen. Aber was ist das für ein Eingang, der so sehr dazu verlockt, vor ihm stehen zu bleiben und ihn zu betrachten?

Man sollte nicht die vierhundertvierzehn Stufen scheuen, die zum Campanile des Doms hinaufführen. Von oben gewinnt man ganz neue Perspektiven der Muster der Marmorwände der Kathedrale, vom Blick über Stadt und Land ganz abgesehen. Der Campanile ist nach Entwürfen Giottos gebaut worden, er hat 1334 mit der Ausführung begonnen, starb aber 1336. Danach dauerte es Jahrzehnte, bis der Turm fertiggestellt wurde. Aber vielleicht ist es noch interessanter, zur Kuppel des Doms hinaufzusteigen. Dabei muß man zwar bis zur »Laterne« – dem Aufsatz, welcher die Kuppel krönt – eine noch größere Anzahl von Stufen bewältigen als bei der Besteigung des Campanile, aber dafür lernt man die Zweischalenkonstruktion der Kuppel kennen, in deren Zwischenraum die Treppe verläuft. Oben hat man dann einen herrlichen Blick über die Stadt und das Land, in das eingebettet sie liegt.

Wenn man den Dom schließlich verläßt, wird man vielleicht richtig Sehnsucht haben zurückzukehren an den Arno, ein Stück weit den Lungarno entlang zu gehen, hinüberzublicken zu den Hügeln, die strengen Linien des Forte Belvedere in das Blau des Himmels ragen zu sehen. Das ist der Inbegriff von Florenz, mehr als alles andere – vielleicht ausgenommen die Piazza della Signoria und ausgenommen den Platz vor der Kirche Santa Croce und ausgenommen den Kreuzgang im Innenhof des Klosters San Marco und den Kreuzgang von San Lorenzo und – und – und, so viele Namen, so viele Ausnahmen.

Gibt es irgendwo in der Welt einen zweiten Platz von solcher Wirkung wie die Piazza della Signoria? Der Palazzo Vecchio drückt bei aller

An der Piazza della Signoria. Benvenuto Cellini: Perseus mit dem abgeschlagenen Haupt der Medusa.

Schrecken oder Sieg über den Schrecken? Auf jeden Fall: Es wirkt erschreckend.

ernsten Schlichtheit und klaren Linienführung einen übermütigen Behauptungswillen aus, eine Herausforderung. Die übrigen Bestandteile sind einzeln betrachtet Abstrusitäten. Aber diese Ansammlung von Abstrusitäten ergibt ein einmaliges Meisterwerk, oder ein Werk von einmaliger Wirkung. Sicherlich, unter diesen Abstrusitäten sind Meisterwerke. Donatellos *Judith* ist sicherlich eine großartige Arbeit, und dennoch ist diese Darstellung einer Frau, die einem Mann den Kopf abschlägt, eine Scheußlichkeit ersten Ranges. Sie ist 1980 in den Palazzo Vecchio verbracht worden, doch soll demnächst an ihrem alten Standort auf der Piazza ein Abguß aufgestellt werden. Zweifellos ist auch Cellinis *Perseus* in der Loggia ein Meisterwerk, und zugleich ist dieser Mann mit dem blutenden Haupt der Medusa in der Hand eine abstoßende Abstrusität, für sich allein betrachtet wenigstens. Dabei gibt es Details von großer Schönheit, etwa die Figur des Merkur am Sokkel des Perseus. Aber die Schönheit des Details wird von der Brutalität des Ganzen verdeckt. Vom *Raub der Polyxena* und vom *Neptun* wollen wir lieber schweigen. Gewiß steht da auch eine Kopie des *David* von Michelangelo, aber ist er nicht auch Ausdruck einer unerhörten Übertreibung? Dieser *David* ist ja im Grunde ein Goliath und ein Fest männlicher Schönheit und Kraft. Wieviel menschlicher wirkt Donatellos *David*, der im Bargello steht. Oder Verrocchios *David* (ebenfalls im Museo Nazionale im Bargello). Mehr noch als bei Donatello ist der *David* bei Verrocchio Ausdruck des Sieges des Einfallsreichtums über die brutale Kraft. Er scheint von der herrlichen Frechheit beseelt, die sich letztlich in der Ansammlung von Abstrusitäten zeigt, die nun einfach einmal den vielleicht herrlichsten Platz der Welt ausmachen. Auf diesem Platz wird zur Schau gestellt, was Menschen sonst verbergen, und damit wird es unschädlich gemacht. Hier siegt toskanische Gemessenheit über eine Maßlosigkeit und Grausamkeit von Jahrtausenden. In diesem Sinne trifft genau das zu, was T. E. Lawrence über die Piazza della Signoria sagt: »a perfect centre of the human world.« So wirkt der Platz genau in umgekehrtem Sinne wie Venedigs nicht minder weltberühmter Markusplatz, den Napoleon als den größten Salon der Welt bezeichnet hat. In seiner raffinierten, effektheischenden Eleganz verschleiert der Markusplatz das, was die Piazza della Signoria zur Schau stellt. Aber eben das brauchte Venedig, wo ganz im Gegensatz zu Florenz und zur Toskana Grausamkeit zur staatlichen Institution geworden war. In Venedig wurden die Häftlinge des Staates in Zellen unter den legendär gewordenen Bleidächern des Dogenpalastes gehalten. Viele der Zellen waren ohne Tageslicht oder so niedrig, daß man in ihnen nicht aufrecht stehen konnte. Die Gefängnisse waren immer überfüllt. Im Sommer war es unter diesen Bleidächern unerträglich heiß und im Winter unerträglich kalt. Die Verhältnisse waren derart, daß im Laufe der Jahrhunderte Tausende von Unschuldigen starben, während sie auf den Prozeß warteten, bei dem sie freigesprochen worden wären. In Venedig hatte man außerdem keinen Anspruch auf einen ordentlichen Prozeß oder auch nur rechtliches Gehör. Zehntausende wurden in aller Heimlichkeit getötet. Alles das geschah im Namen der Ordnung. Auch in Florenz und der Toskana hat es Grausamkeiten und Gewalttätigkeit gegeben; das waren Verstöße und Ausschreitungen, sie sind nie zu einer dauernden Einrichtung geworden. In der Toskana galt der einzelne von altersher mehr als in der strengen Republik Venedig, die sich so viel auf ihre Gerechtigkeit zugute hielt. Im Grunde wirken die Schrecken dieser Gefängnisse und der Folterkammern noch heute einschüchternd auf die Menschen, die alljährlich zu Zehntausenden diese Zeugnisse der Unmenschlichkeit besuchen und – wenigstens dem Anschein nach – seelenruhig be-

Donatello: David, Bargello.

Andrea del Verrocchio: David, Bargello.

Und wenn sie nicht den Namen »David« trügen, was würde es ändern?

trachten. Solche Sehenswürdigkeiten stellen die eigentlichen Obszönitäten der Menschheit dar, und es ist schwer zu begreifen, daß das allem Anschein nach niemand versteht. Man betrachtet diese Dinge mit einer Selbstverständlichkeit, die die Frage aufdrängt: Wie wenig Zeit muß über Unmenschlichkeit vergangen sein, bis die Erinnerung niemand mehr zu berühren scheint? Aber hat sie die Zeitgenossen berührt, soweit sie nicht unmittelbar betroffen waren? War es für die Mehrzahl nicht nur Gerechtigkeit, vor der man sich eben hütete? Aber genau darin lag die Berührung, in der Disziplinierung, die ja dann auch zur fast tausendjährigen Dauer Venedigs führte.

Aber bitte, damit sollen Venedig und seine Einzigartigkeit nicht herabgesetzt werden, es geht lediglich um die Demonstration einer Besonderheit von Florenz, die durch die Darstellung dieses Kontrastes am besten deutlich wird.

Man sollte sich möglichst ein oder zwei Tage in Florenz eingefühlt haben, bevor man die größte Sehenswürdigkeit der Stadt besucht:

die Gemäldegalerie in den Uffizien. Allein über sie ließe sich ein Buch schreiben. Die Uffizien sind weit mehr als eine Galerie alter Meister, sie sind eine Schule des Sehens, wie es keine zweite auf der Erde gibt. Es gibt zahlreiche große und schöne Galerien mit großen Sammlungen alter Meister, aber es sind letztlich alles Gebäude, in denen Gemälde hängen. Einzig die Uffizien verschmelzen mit den ausgestellten Werken zu einem umfassenden Kunstwerk. Dabei sind sie keineswegs als Kunstgalerie gebaut worden. »Uffizien« heißt soviel wie »Ämter«. Und tatsächlich sind sie als Verwaltungsgebäude errichtet worden, im Auftrage Cosimos I. und nach Plänen von Vasari. Und sie sind auch als Verwaltungsgebäude verwendet worden. Aber egal, welche Absicht am Anfang stand, die erreichte Wirkung zählt.

Uffizien, Korridor.

Worin liegt die Einmaligkeit der Uffiziengalerie? In der Ausgewogenheit des Gebäudes? In seiner Öffnung zur Landschaft hin? Auf der Stirnseite der Uffizien blickt man durch große Fenster auf den Arno, das Belvedere, die Hügel über der Stadt. Das Gebäude öffnet sich auf die ganze Herrlichkeit dessen, was Florenz ausmacht. Und übertrifft dieser Ausblick nicht alle Gemälde? Aber nicht die Bauweise und nicht die Meisterschaft, Architektur und Landschaft zu verschmelzen, fügen Gebäude und Kunstwerke zu einem Ganzen zusammen. Entscheidend sind die langen Gänge, die dem Besucher das sichtbar werden lassen können, dessen Darstellung die Künstler der toskanischen Renaissance gemeistert haben: die Perspektive. Das mag trivial erscheinen. Perspektive ist schließlich überall. Das heißt: Vorhanden ist sie nirgends. Wenn wir mit der Meßlatte hingehen, werden wir sie nicht finden. Sie begleitet uns auf allen Wegen. So wie der Horizont vor uns her marschiert, wenn wir die Landstraße entlang gehen. Und so bleibt es unentscheidbar, ob Perspektive etwas ist, was auf Voraussetzungen beruht, die außerhalb unseres optischen Sinnes liegen, oder ob sie etwas ist, was durch die Funktion unseres Sehens entsteht. Jedenfalls lädt selten ein Bauwerk so stark dazu ein, sie sich sichtbar zu machen wie die Uffizien. Wenn man auf dem langen Gang die Stirnseite des Gebäudes erreicht hat und sich dann umwendet und den Gang hinunterblickt, dann erkennt man es. Die Menschen kommen einem entgegen, und mit ihrer Bewegung sieht man

Uffizien, Innenhof vom Querflügel aus gesehen. Zeichnung Guiseppe Zocchi

sie im Verhältnis zu den Plastiken wachsen, die an der Wand des Ganges stehen. Zuerst ist es vielleicht ein diffuser Eindruck, dann wählt man eine Plastik als Bezugspunkt, und es bestätigt sich. Man hat es immer gewußt, aber gesehen hat man es selten oder nie. Vielleicht machen die Gemälde in den Uffizien bereit, es zu erkennen. Normalerweise wissen wir mehr, als daß wir wirklich den optischen Vorgang des Sehens realisieren. Wir leben mehr in Vorstellungen als in optisch-sinnlicher Wahrnehmung. Wir wissen, unser Freund ist so und so groß und sehen ihn auch so, egal ob wir ihn direkt vor uns haben, ihn näherkommen oder weggehen sehen. Die Uffizien machen uns bereit zur Erfahrung des Sehens, der unmittelbaren Sinneswahrnehmung. So verschmilzt das Gebäude funktionell mit den Kunstwerken, die in ihm ausgestellt sind, bzw. der Entwicklung, die sich in diesen Kunstwerken manifestiert.

All das kann sich der Besucher sehr leicht verdunkeln, wenn er sich beispielsweise von den beiden quantitativen Schwerpunkten der Galerie einfangen läßt, den Botticellis und den Tizians. Im Sinne von Vollendung und Vollkommenheit sind beide entscheidende künstlerische Höhepunkte. Anders ist es, wenn man die Schaltpunkte der Entwicklung als die künstlerischen Höhepunkte ansieht, dann stehen Giotto, Uccello, Leonardos *Anbetung der Könige* im Vordergrund, und die vollkommenen Welten von Botticelli und von Tizian erscheinen als Endpunkte oder gar Sackgassen, in die man mit der Anwendung der neuen Möglichkeiten und Mittel geraten ist. Wir neigen ja dazu, Kunstwerke unter Voraussetzungen zu betrachten, die so verbreitet und selbstverständlich sind, daß wir sie uns nur selten klarmachen. Vor allem ist die Voraussetzung, daß Künstler sich in ihrer Kunst selbst ausdrücken, heute sehr stark in den Vordergrund gerückt und hat sogar die Voraussetzung überholt, daß das Ziel der Malerei in möglichst naturgetreuer Wiedergabe liege. Solche Voraussetzungen stehen dem Erlebnis der Uffizien im Wege. Ein Weg liegt darin zu versuchen, jedes Gemälde im Zusammenhang mit den Voraussetzungen zu betrachten, von denen der Maler tatsächlich ausgegangen ist. Die Maler von Siena haben ihre Voraussetzungen in der Präambel der Satzungen ihrer Gilde sehr deutlich zum Ausdruck gebracht: »Mit Gottes Hilfe sind wir jene, die den des Lesens Unkundigen die Taten darstellen, die im Namen und durch die Kraft des heiligen Glaubens vollbracht wurden.« Das war ihre Absicht, und die haben sie nach besten Kräften zu erfüllen gesucht. Dabei hätte man sicherlich nichts gegen naturgetreue Wiedergabe gehabt, bzw. gegen die Erzeugung der entsprechenden Illusionen, wenn es nur dem übergeordneten Ziel gedient hätte: der Stärkung des Glaubens der Betrachter. Aber von einer solchen Wirkung waren die Seneser Maler, deren Wirksamkeit ja zu einem beträchtlichen Teil vor den Florentinern liegt, nicht so überzeugt.

Die toskanischen Maler vor Giotto – und auch noch lange danach – hatten keine Wahl, sie mußten fast ausnahmslos religiöse Motive malen. Aber sie waren vielleicht auch so eingebunden in die Gemeinschaft, daß sie gar nichts anderes wollten, es kam ihnen vielleicht nicht einmal als Möglichkeit in den Sinn. Maler wie van Gogh oder Cézanne – also Künstler, die eigene Wege gehen – hätten damals überhaupt nicht existieren können, noch viel weniger als einige hundert Jahre später. Erst langsam, mit dem Drang, es immer besser zu machen, wurde man sich der Grenzen der Darstellungsweise bewußt oder versuchte, sie zu überschreiten. So begann dann in Florenz die Beschäftigung mit der Malerei selbst, es entstanden neue Voraussetzungen: Man wollte die Natur darstellen, die Welt erfassen, den Dingen auf den Grund gehen. Und letztlich war es die Erfüllung der alten Voraussetzung, durch die man anfing, den Rahmen zu sprengen und die neue

Dimension zu erreichen. Vielleicht spürten die Maler der Heiligen Schrift die Grenzen ihrer Künste. Daraus entstand der Wunsch, sie zu erweitern und schließlich die Beschäftigung mit der Malerei und allen Gegenständen, die sie darstellt, wie Leonardo es forderte. Aber vielleicht läßt sich manches besser verdeutlichen, wenn wir einen Gang durch die Uffizien machen.

Am Eingang der Uffizien herrscht während der Hauptreisezeit oft ein großer Andrang, den man durch das Aufstellen von Laufgittern zu regeln sucht. Manchmal kann einem die Zeit recht lang werden bis man an die Kasse gelangt, um den neuerdings nicht unbeträchtlichen Obolus für die Eintrittskarte zu entrichten. Einer Lieberhaber-Reise entspricht dieses Schlangestehen nicht. Es macht verdrießlich und zerstört die Aufnahmebereitschaft für das Erlebnis der Uffizien. Als Liebhaber-Reisender sollte man flexibel planen und lieber wieder weggehen, wenn man lange warten müßte, um zu einer besseren Zeit – etwa wenn die meisten beim Essen sind – wiederzukommen.

Die Galerie befindet sich im Obergeschoß. Es gibt zwei große Fahrstühle. Natürlich sind sie nachträglich eingebaut worden. Selbst wenn man damals schon Fahrstühle gehabt hätte, die Medici hätten sie an dieser Stelle kaum benötigt. Sie pflegten die Uffizien nicht von der Straße her zu betreten. Sie haben sich auf der Höhe des Obergeschosses einen Übergang vom Palazzo Vecchio bauen lassen und von den Uffizien einen Gang zum Palazzo Pitti, in dem sie wohnten. Von den Uffizien zum Pitti muß man die Ponte Vecchio überqueren und geht sicherlich zu Fuß an die acht Minuten. Die Medici konnten diesen Weg unbehelligt zurücklegen. Der Gang von den Uffizien zum Pitti – *Corridore Vasari* genannt – führt zuerst viele Stufen abwärts und dann auf dem Niveau des ersten Stocks bis zur Ponte Vecchio hinüber und weiter über die Brücke, und zwar aufgestockt über den Läden der Silberschmiede. An den Wänden des *Corridore Vasari* hängen zahlreiche Selbstporträts von mehr oder weniger bekannten Malern aus vielen Ländern. Es ist sehr reizvoll, den Medici auf diesem täglichen Spaziergang zu folgen. Wenn man den Gang besichtigen will, muß man sich an das Direktionsbüro der Galerie wenden. Jeden Tag wird eine begrenzte Anzahl von Karten zur Teilnahme an einer Führung durch den Gang ausgegeben. Es ist sehr schwer, eine solche Karte zu er-

Der Eingang zu den Uffizien, der vielleicht wichtigsten Kunstsammlung der Welt. Die Kunst des Besuchers besteht darin, einen Zeitpunkt zu finden, in dem die Laufgitter leer sind. Langes Schlangenstehen erzeugt gewiß keinen besonders aufnahmebereiten Zustand des Geistes.

wischen. Personalmangel wird als Grund dafür angegeben, daß es unmöglich sei, den Gang einer größeren Zahl von Besuchern zugänglich zu machen. Am Ende einer solchen Führung wird man dann beim Pitti sich selbst überlassen. Man hat also nicht die Möglichkeit, durch den *Corridore Vasari* in die Uffizien zurückzukehren. Die Rückkehr auf dem alten Königsweg ist den Museumsangestellten vorbehalten.

Wir überlassen den banalen Fahrstuhl all jenen, die gern eng gedrängt stehen. Wir gehen die sehr schöne Treppe hinauf. An heißen Tagen mag das etwas mühsam sein, aber es ist angemessen. Die eigentliche Galerie befindet sich im zweiten Stock. Die Ausstellungsräume liegen links von dem sehr langen Gang, der die ganze Länge des Gebäudes bis zum Arno durchmißt. Rechts blickt man durch zahlreiche Fenster hinunter auf den von den drei Flügeln der Uffizien gebildeten Platz.

Eine Gemäldegalerie kann man auf zahlreiche verschiedene Arten ansehen. Wie zahlreich – oder eigentlich zahllos – sie sind, erkennt man am besten, wenn man sich mal zehn Minuten neben einem berühmten Bild postiert und die Betrachter beobachtet. Oder man macht mal überhaupt einen ganzen Rundgang – nicht gerade beim ersten Besuch in den Uffizien –, nur um das Verhalten der Besucher zu beobachten, oder besser das Verhalten der Besucher in bezug auf die Bilder. Das ist sehr aufschlußreich. Meist schaut man ja nur auf die Bilder, genau wie man im Theater nur auf die Bühne schaut. Das ganze Spektakel – oder den ganzen Vorgang – erkennt man erst, wenn man rundherum blickt. Es ergibt sich eine völlig veränderte Beziehung zur Welt.

Die schlechteste Methode der Bilderbetrachtung: Man schließt sich einer Führung an und läßt sich genau erzählen, was man sieht. Man erfährt dann zwar allerhand Zahlen und was auf den Bildern zu sehen ist und wo der Maler geboren wurde. Am Schluß weiß man alles, was der Führer gesagt hat, ob es stimmt, weiß man nicht. Und auch wenn es stimmt, der Führer hat einen vom wirklichen Schauen abgelenkt. Im Grunde sollte man sich Gemälde allein ansehen. Schon zwei sind zuviel. Man neigt dann dazu, sich die Bilder gegenseitig zu beschreiben, statt wirklich hinzusehen, will sich vor dem anderen nicht blamieren und gibt Urteile ab. Wie das oft läuft, hat Rainer Maria Rilke in seinem Florentinischen Tagebuch sehr anschaulich dargestellt: »Man ist überhaupt gegen ein Kunstwerk ungerecht, sobald man es mit anderen im Bunde beurteilen will. Das führt am Ende zu Fragen wie: Raffael oder Michelangelo, Goethe oder Schiller, Sudermann oder –, und die guten Deutschen haben stets geschwärmt für solche Gesellschaftsspiele. Vielleicht wird man einmal erkennen, daß solche Fragen ein Zeichen großer Unreife sind. Muß denn geurteilt sein? Bei einem Musikstück ist es noch am ehesten möglich, daß einer naiv genießt: die Musik rinnt ihm angenehm durch die Nerven und setzt seine Fußspitze in Bewegung, und er fühlt sich ganz gemein wohl dabei. Vor einem Bild kommt ihm schon die Angst: nur schnell, schnell denken, und so irgend etwas Technisches von »breitem Pinsel« oder »fleißiger Arbeit« – und die zweite Angst: ob das Urteil ihn auch nicht irgendwie schädigen wird in den Augen seines Begleiters. An den besterntesten Bildern der Galerie hängen schon förmlich diese Urteile wie die Silberherzen bei den Gnadenmadonnen: »Für wunderbare Heilung aus Urteilsnöten.«

Den Katalog oder das Verzeichnis sollte man erst am Schluß kaufen. Der Katalog kann einen unerhört ablenken. Man muß auch nicht jedes Bild sehen. Viele denken daran, nur ja nichts auszulassen und sehen vor lauter Streben nach Vollständigkeit kein Gemälde wirklich an. Schließlich ist das Studium der Etiketten eine Ablenkung. Sollte man sich ein Bild nicht erst mal ansehen und dann, wenn man es interessant findet, nach dem Namen des Malers schauen? Natürlich kann man dann auch nach dem Titel des Gemäldes schauen. Aber der Titel sollte kein Maß sein, an dem man die Darstellung mißt.

Nehmen wir beispielsweise die drei Davids (von Michelangelo, Donatello und Verrucchio): Wären es vielleicht ohne den Namen und den Bezug auf die biblische Geschichte von David und Goliath keine Kunstwerke? Und manche Kunstexperten erwähnen gerne, daß Michelangelos David für die Florentiner ein Symbol der Unabhängigkeit ihres Staates gewesen sei. Was hat das mit dem Werk zu tun? Dann ist es schon interessanter zu erfahren, daß am Anfang einfach ein vier Meter hoher, aber nicht sehr tiefer Marmorblock vorhanden gewesen ist. Diesen enormen Stein zu bewältigen war eine Aufgabe, an der einige Künstler gescheitert sind, bevor Michelangelo den Auftrag bekam, sich mit ihm zu beschäftigen.

Zuerst sind Titel ja wohl dazu da, daß die Kunstwerke eine Bezeichnung haben, vermittels welcher man über sie reden kann. Und soll man über etwas reden, was einen nicht interessiert? Auch bringt es nichts, wenn man lange auf ein Gemälde starrt, das einen langweilt.

Natürlich kann man auch gleich zu den Botticellis eilen, sie in eine Menschenmenge eingekeilt betrachten und dann dem Ausgang zustreben. Dann hat man gesehen, was man braucht, um mitreden zu können.

Es ist leicht, eine Aufzählung von alledem zu machen, was man nicht tun soll. Und man kann lange damit fortfahren. Sehr viel schwieriger ist es, zu sagen was man tun sollte. Ich kann allenfalls versuchen, eine Richtung anzudeuten.

Im ersten Saal sehen wir *Die thronende Madonna mit Kind und Engeln* von Giotto (ca. 1304). Auf der einen Seite davon hängt die *Thronende Madonna mit Kind* von Cimabue und auf der anderen Seite eine *Thronende* von Duccio. Das sind drei Darstellungen, die hinsichtlich des Gegenstandes übereinstimmen und die im Aufbau einander sehr ähnlich sind. Die Übereinstimmungen sind groß und verdecken die Unterschiede in der Darstellungsweise. Man erkennt ziemlich leicht, daß die Mariengestalten verschieden sind. Bei Duccio ist die Madonna weitgehend formal und konventionell dargestellt, bei Cimabue ist etwas mehr persönlicher Ausdruck vorhanden, und bei Giotto vermittelt die Darstellung tatsächlich den Eindruck einer sitzenden Frau. Aber die Beschäftigung mit Unterschieden in Figuren und Details hindert an der Erkenntnis grundlegenderer Unterschiede. Wenn man längere Zeit auf das Gemälde von Cimabue blickt, es als Ganzes sieht, und sich dann mit dem Cimabue vor dem geistigen Auge dem Giotto zuwendet, also die beiden Bilder quasi übereinandergelegt sieht, dann erkennt man die entscheidenden Unterschiede in der Behandlung von Licht und Schatten und der Erzeugung einer gewissen Illusion von Raum bei Giotto. Dieser Vergleich wird dadurch erleichtert, daß die Bilder unmittelbar nebeneinander hängen. Müßte man mit dem Cimabue vor dem geistigen Auge erst in einen anderen Saal gehen, würde man die Vision wahrscheinlich verlieren. Hier zeigt sich, welche große Rolle das Hängen der Gemälde spielt. Wie die Bilder gehängt werden, ergibt sich sehr oft aus der Menge der vorhandenen Bilder. Besäßen die Uffizien vielleicht fünf Giottos, hätte man sie alle in einen Saal gehängt, und der Cimabue würde in einem anderen Saal hängen. Man hätte dann vielleicht einen Saal, in dem man ganz von Giottos Geist eingehüllt wird, die Möglichkeiten des Vergleichens gingen weitgehend verloren.

Das Hängen der Gemälde stellt in vieler Hinsicht ein Problem dar. Bilder, die für einen Altar gemalt worden sind, hängen plötzlich in einem Museum, genau wie Bilder, die für eine private Umgebung gemalt worden sind. Die meisten Künstler malen jedes einzelne Gemälde auf sei-

Cimabue: Thronende Mutter Gottes

Giotto: Thronende Mutter Gottes

Wenn man immer nur ein Bild auf einmal betrachtet, ist es schwer, den Unterschied zu erkennen.

ne Bestimmung hin, seine Funktion. Am Schluß hängen sie alle unter übereinstimmenden Bedingungen im Museum und da haben sie keine speziellen Funktionen mehr. Das verändert die Wirkungen. Genau wie es die Wirkungen von Bildern beeinflußt, wie sie nebeneinander gehängt sind. Vom Kino her wissen wir, welche entscheidende Wirkung dadurch entsteht, wie die Bilder miteinander verknüpft werden. In der Gemäldegalerie ist es nicht anders. Wie ein Gemälde wirkt, hängt auch weitgehend damit zusammen, was neben ihm hängt. Dabei wirkt die kunsthistorische Ordnung nivellierend. Wenn man die Bilder nach Künstlern und dann nach Epochen ordnet, sind die Unterschiede relativ gering und für den Betrachter schwer erkennbar. Eine kontrastreiche Hängeweise – warum nicht ein Giotto neben einem Picasso? – würde völlig neue Einsichten über die Malerei ermöglichen, und nicht nur über sie. Das ist nicht nur im Bereich der Malerei der Fall. Nehmen wir beispielsweise die vergleichende Geschichtstabelle im Anhang dieses Buches. Und nehmen wir die Einweihung des Aztekentempels in Tenochtítlan 1487, bei welcher dem Gott Huitzilopochtli Zehntausende von Menschen geopfert wurden. Für die Azteken damals – und vielleicht auch für ihre heutigen Nachfahren – war das ein großes Ereignis. Es erschien ihnen genausowenig als Verbrechen, wie die Hexenverbrennungen den Priestern der heiligen Inquisition als ein Verbrechen erschienen waren. Betrachten wir dieses Ereignis heute für sich allein, dann hat es Gewicht genug, aber wieviel mehr Gewicht hat es, wenn wir sehen, daß ziemlich zur gleichen Zeit Pico della Mirandola in *Über die Würde des Menschen* schrieb, daß jeder Mensch seine Form für sich allein bestimmen solle, daß er eben dazu geschaffen sei. Vergleichend betrachtet lassen sich Sätze wie »Alle Kulturen sind von gleichem Wert« wohl nur noch sehr schwer vertreten. Und auch die Zerstörung des Aztekenreiches läßt sich dann – wie das heutzutage vielfach Mode geworden ist – nicht mehr so eindeutig verurteilen. In ähnlicher Weise bekommt eine Darstellung der Entstehung der Erde einen ganz anderen Stellenwert, je nachdem, ob man sie allein betrachtet oder zusammen mit Schöpfungsgeschichten anderer Völker, in denen die Trennung zwischen Wasser und Festland vielleicht durch ein riesiges Krokodil erfolgte, das so lange mit seinem Schwanz schlug, bis Wasser und fester Stoff getrennt waren, wie Gregory Bateson es von den Iatmul am Sepik-River berichtet. Mit vielen »Schöpfungs-Geschichten« zusammen

Simone Martini, Verkündigung

betrachtet, wird jede einzelne als Versuch erscheinen, sich bestimmte Erscheinungen zu erklären. Tatsächlich werden sie durch solche »Erklärungen« eher verdunkelt, und zwar genau in dem Maße, in welchem der Drang besteht, eine bestimmte Erklärung zu glauben. Dieser Drang nach Gewißheit, nach gesichertem Wissen ist es, was oft als Dummheit erscheint, viel eher aber einen Mangel an psychischer Kraft zum Ausdruck bringt.

Wenn wir die Thronenden Madonnen verlassen, kommen wir an Simone Martinis *Verkündigung* vorbei; manche finden es wegen des vielen Goldes etwas kitschig, andere preisen den Ausdruck der Maria, die vor der Botschaft zurückweicht. Es ist sicherlich ein Bild, das man betrachten sollte und vielleicht eine gute Gelegenheit, sich zu fragen, wie es auf einen Menschen wirken würde, der noch nie etwas vom Christentum gehört hat, der also nicht wüßte, was das Gemälde bedeutet. Was würde er sehen? Eine Frau die angesichts eines Menschen mit gefiederten Flügeln erschrickt? Das ist keine müßige Frage, noch soll sie der Belustigung des Lesers dienen. Sie läßt – wenn auch vielleicht etwas brüsk – deutlich werden, daß es weitgehend vom Betrachter, vom Zustand seines Geistes, abhängt, was er sieht. Der fromme Christ, der weiß, was das Bild bedeutet, der vielleicht an den Satz aus dem ersten Kapitel des Lukas-Evangeliums denkt »Fürchte dich nicht, Maria, du hast Gnade bei Gott gefunden!« sieht etwas anderes als der, der von alledem nichts weiß.

Dann folgt eine Anzahl von Gemälden ganz im Sinne der Aufgabe, die heiligen Geschichten zu verbreiten. Im Grunde waren sie für einen Zweck gedacht, den Malerei heute kaum mehr hat: Als Information oder auch als Beeinflussung, sie sollten Kenntnisse vermitteln, ergreifen oder auch weihevoll stimmen.

Halt machen werden wir bei Uccellos *Schlacht von San Romano*, nicht um das Gemälde zu bewundern oder seines Meisters in Ergriffenheit zu gedenken, sondern um es zu betrachten. Bei dem, was in den Uffizien hängt,

handelt es sich lediglich um einen Teil des gesamten Gemäldes. Ein anderer Teil hängt in London in der National Gallery und der dritte Teil im Louvre in Paris. Von Uccello sind nur wenige Werke auf uns gekommen. Das Schlachtbild – und mehr noch Uccellos *Jagdszene* (London), sowie die beiden *St. Georg und der Drache* (London und Paris) – wirken in der Auffassung der Gegenstände vielleicht naiv, sind aber in der Durchführung raffiniert. Uccello stellt soviel Perspektive dar – nach innen laufende Linien also – wie es sich nur möglich machen läßt. Genau das wirft der große Kunstwissenschaftler Bernard Berenson ihm vor. Er erkennt Uccellos große Begabung an und fährt dann fort: »... aber wenn er diese Gaben überhaupt einsetzte, dann um wissenschaftliche Probleme zu illustrieren. Seine wahre Leidenschaft war Perspektive, und Malen war ihm lediglich Gelegenheit, einige Probleme in dieser Wissenschaft zu lösen und seine Beherrschung ihrer Schwierigkeiten zu demonstrieren.« Solche Vorwürfe sind ihm auch schon zu Lebzeiten gemacht worden. In seinen späteren Jahren bekam er keine Aufträge mehr. Schließlich ist er völlig verarmt gestorben. Manche Autoren schreiben, er sei wunderlich geworden, und das ist ja wohl eine freundliche Weise, um das zu beschreiben, was man mit »verrückt« bezeichnet. Andererseits weigerte er sich vielleicht ganz einfach – möglicherweise ohne sich dessen bewußt zu sein –, seine Enthüllungen zur Schaffung von Illusion anzuwenden. Er hatte etwas dem Dunkel entrissen, in dem es bisher gelegen hatte; sollte seine Arbeit nun dazu dienen, Illusionen zu schaffen und damit neues Dunkel?

Uccello hatte die Mathematik unserer Sehweise dem Dunkel entrissen bzw. er hatte die Relationen des Sehens erfaßbar und darstellbar gemacht. Es hatte immerhin einige Jahrtausende gebraucht, bis das einem Menschen gelungen war. Hellenistische Maler hatten bereits vor dem Beginn unserer Zeitrechnung Ansätze

Paolo Uccello: Heiliger Georg mit dem Drachen, London, National Gallery

(*Nebenseite*)
Paolo Uccello; Schlacht bei Romano, Uffizien.

Kopf eines Faun, Ausschnitt aus einem Gemälde aus Herculanum, vermutlich Kopie eines Werkes aus dem 2. Jahrh. vor Christus, Neapel, Museum Nazionale

Toskanischer Meister (um 1270) Christus am Kreuz, Uffizien.

Künstler des alten Griechenlands waren intuitiv zu perspektivischer Darstellung gelangt. Wie ist es dazu gekommen, daß dieser Weg nicht fortgesetzt wurde, sondern die Nacht des Mittelalters über Europa hereinbrach? Es dauerte viele Jahrhunderte, bis die Künstler der Renaissance wieder einen Weg zur perspektivischen Darstellung fanden, diesmal nicht intuitiv, sondern durch mühsam erarbeitete Konstruktion abgesichert.

zu räumlicher Darstellung gemacht. Aber das war alles vage geblieben und ist später in Vergessenheit geraten. Jetzt war es endlich einem Mann gelungen, den entscheidenden Schritt zu tun und diese Beziehungen – die im Grunde jeder ständig anwendet – zu erkennen und bei Darstellung in einer planen Fläche zu benutzen. War das nicht eine Leistung, hinter der jede Anwendung dieser Erkenntnisse in der Malerei verblassen mußte? Warum hatte es so lange gedauert, bis ein Mensch diese Probleme löste? Das ist eine Frage, die heute noch kaum gestellt wird. Vielleicht liegt ein gewisser Hinweis auf eine Antwort in den Worten, die Donatello – der berühmte Bildhauer – laut Vasari öfter zu Uccello gesagt hat: »Ach Paolo, durch deine Perspektive vernachlässigst du das, dessen wir gewiß sind zugunsten des Ungewissen.« Tatsächlich bringt das Schwinden zum Fluchtpunkt hin ein Mehr an Wirklichkeit unter Verlust von Gewißheit, einen Hinweis auf das Unbekannte. Da könnte die Quelle des Widerstandes liegen, der die Entdeckung so lange verhindert hat. Donatellos Worte deuten aber auch eine gewisse Mißbilligung an. Vielleicht liegt die Schwierigkeit einer solchen Entdeckung nicht so sehr in der Materie, sondern in den sozialen Widerständen, auf die der Entdecker stößt. Diese Widerstände mögen stumm sein, dafür um so bedrohlicher, sind sie doch tief in den Menschen verwurzelt, auch im Entdecker selbst. Er muß den Widerstand in der Umwelt und den Widerstand in sich selbst überwinden. Das ist um so schwerer, als nur ein

Jagddarstellung ohne und mit Perspektive:

Apollonio di Giovanni: Die trojanische Jagd, (Ausschnitt) Yale University Art Gallery.

Paolo Uccello: Die Jagd (Ausschnitt), Oxford Ashmolean Museum.

Der vor-perspektivistische Maler ist an das Objekt gebunden. Er malt jeden einzelnen Gegenstand entsprechend seines Wissens von ihm. Mit der Beherrschung der Perspektive gelingt es dem Maler, sich vom einzelnen Gegenstand zu lösen und das Blickfeld insgesamt zu erfassen, in dessen Tiefe sich die Gegenstände mehr und mehr im Ungewissen verlieren. Ein neuer Standpunkt, von dem aus sich eine neue Weise des Ordnens ergibt.

Paolo Uccello: Die Jagd, Oxford, Achmolean Museum (Ausschnitt).

Da für Uccello die Perspektive wichtiger gewesen sein dürfte als die Malerei, muß man wohl sagen: Er benutzte die Perspektive nicht als Darstellungsmittel im Rahmen der Malerei und ließ sie auf diese Weise in den Hintergrund treten, sondern er verwendete die Malerei – also sein eigentliches Fach – als Mittel um seine Entdeckung anschaulich zu machen und sie auch jenen nahezubringen, die sich nicht für Mathematik und geometrische Konstruktion interessierten. Im Rahmen einer auf Naturähnlichkeit und schnelle Erkennbarkeit bedachten Malerei bzw. Kunstkritik wird das folgerichtig als Mangel beschrieben. Man hat überhaupt nicht verstanden, worum es ging und durch die Erklärung hat man auch die Möglichkeit des Verstehens blockiert. Das Problem liegt eben in der Folgerichtigkeit.

Mann eine solche Arbeit vollbringen kann, der äußerst sensibel ist. Und sensibel ist man nicht nur für das, was es zu entdecken gilt, sondern auch für die Widerstände. So ist die Entdekkung mit enormen Ängsten verbunden. Und da der Entdecker im Kontext dieser Ängste handelt, neigt er dazu, sich der sozialen Umwelt gegenüber eher herausfordernd als geschickt zu verhalten. Man muß sich die Bedingungen vorstellen, unter denen ein Mann wie Uccello seine Entdeckungen macht: Wenn die Nachtglokke läutet und alle schlafen gehen, dann bleibt er auf, gegen den Widerstand seiner Frau. Alle sehen das Licht, bei dem er die Nacht durch arbeitet. Das erweckt Mißtrauen. Selbst bei einer so von Forschung begeisterten Bevölkerung wie der von Florenz in der Renaissance wächst das Mißtrauen gegen einen, der sich auf diese Weise außerhalb der Gemeinschaft stellt, in die eingebunden die anderen alle leben. Alles das bringt den Mann mit seiner Umwelt und mit sich selbst – soweit er durch diese Umwelt geprägt ist – in Konflikt. Viele heutige Psychoanalytiker verdammen jeden Konflikt bzw. wollen ihn lösen, wirkliche Innovationen sind jedoch ohne innere und äußere Konflikte nicht möglich. Aber vielleicht verwerfen die Psychoanalytiker gerade darum die Konflikte und die mit ihnen unvermeidlich einhergehenden Ängste. Es ist völlig unrealistisch anzunehmen, daß ein Weg zu bedeutender Neuerung im Cäsarenschritt eines nie Besiegten beschritten werden kann. Ein solcher Weg ist immer voller Ängste. Es ist auch kein Wunder, wenn ein solcher Mann dann zurückgezogen und mißtrauisch bleibt, nachdem der Kampf vorüber und seine Neuerung akzeptiert ist. Schließlich droht jener Geist des Rückschritts immer, auch wenn er noch keinen Savonarola gefunden hat, um sich in ihm zu verkörpern. Uccello ist gestorben, bevor Savonarola an die Macht kam. Für den »König Gottes« muß Uccello alles verkörpert haben, was er vernichten wollte.

Jeder Mensch kann sich einige Hinweise auf die Mathematik des Sehens verschaffen. Der Liebhaber-Reisende sollte vielleicht am Abend, wenn er im Hotel ist und vor einem Spiegel steht, einen Stift nehmen und den Umriß seines Kopfes, wie er ihn im Spiegel sieht auf das Glas des Spiegels zeichnen. Anschließend sollte er die Größe dieses Ovals mit der Größe seines Kopfes vergleichen. Er wird mit Verwunderung feststellen, wie sehr die Größe des Ovals von der Größe abweicht, die er zu sehen vermeinte.

Am folgenden Morgen kann er sich mit einem kräftigen Stift einen Raster von Quadraten

Paolo Uccello, Konstruktion, Uffizien.
So sahen die nächtlichen Freuden aus, die Paolo vom Ehebett fernhielten.

mit etwa 5 bis 7 Zentimeter Seitenlänge auf das Glas seines Fensters malen (dabei ist natürlich eine entsprechende Aussicht vorausgesetzt). Mit einigem Erstaunen wird er entdecken, wie klein er Häuser und Bäume auf dem Glas des Fensters sieht. Dabei hat er immer gedacht, Bäume und Häuser in voller Größe zu sehen. Wenn er dann ein paar Schritte vom Fenster zurücktritt, sollte er versuchen sich vorzustellen, daß alles, was er durch das Fenster sieht, auf das Glas gemalt sei. Dann schrumpft plötzlich die ganze Landschaft mit Bergen, Häusern und Bäumen auf die Größe eines Gemäldes im Format des Fensters zusammen. Er könnte sich in eine Welt mit entsprechend bemalten Fenstern versetzt sehen. Lediglich die Verschiebungen, welche durch seine kleinsten Bewegungen entstehen, weisen auf die tatsächlichen Relationen hin. Auf diese Weise kann jeder Liebhaber-Reisende für sich aufs neue etwas von dem entdecken, was die Männer der Renaissance entdeckt haben.

Leonardo schreibt einmal: »Die Perspektive gebraucht zwei entgegengesetzte Pyramiden, von denen eine die Spitze im Auge und die Grundfläche weit weg am Horizont hat. Die andere hat die Grundfläche in der Nähe des Auges und die Spitze im Horizont.« Das ist ein nicht ganz geglückter Versuch einer Beschreibung. Tatsächlich handelt es sich nicht um zwei Dinge, die man voneinander trennen könnte, sondern um zwei Vorgänge, die sich gegenseitig bedingen. Der eine Vorgang könnte nicht ohne den anderen sein. Eben weil zum Horizont zu alles kleiner wird, muß der Bildausschnitt mit dem Wachsen der Entfernung immer größer werden. Und umgekehrt.

Die Verwendung von Perspektive im Rahmen von Gemälden hat gleich nach ihrer Entdeckung aufgehört, ein Hinweis auf die Mathematik des Sehens zu sein. Das ist Folge der Anwendung im Rahmen einer Malerei, die unter der Voraussetzung stand, es müsse das Ziel der Malerei sein, eine möglichst große Ähnlichkeit mit der Natur zu erlangen. Wäre es nicht verständlich, daß Uccello sich einer solchen Entwicklung widersetzt hätte, die Perspektive gefällig und illusionistisch einzusetzen? Wäre nicht Entwicklung einer Malerei in seinem Sinne gewesen, die die Mathematik des Sehens immer mehr verdeutlicht, statt sie wieder zu verschleiern? Das Streben nach naturgetreuer Darstellung als Voraussetzung der Malerei ist paradox. Ein Gemälde kann immer nur ein Hinweis auf etwas sein, was es darstellt, genau wie ein Wort lediglich ein Hinweis auf etwas ist, was es bezeichnet. Daß ein Bild nur aus Symbolen besteht, aus Zeichen, die der Betrachter zueinander in Beziehung zu setzen und umzusetzen vermag, kann man erkennen, wenn man sich einen kleinen Rahmen schneidet, der einen Ausschnitt von vielleicht zehn mal zehn Zentimetern freigibt und einen möglichst breiten Rand hat, und diesen Rahmen dann auf ein Gemälde klebt – natürlich nicht auf ein echtes und nicht auf eines in den Uffizien, sondern auf eine lebensgroße Reproduktion. Wenn man die Position des Rähmchens öfter ändert, wird man Ausschnitte entdecken, die alles mögliche darzustellen scheinen, aber keinerlei Bezug zu dem haben, was das ganze Bild darstellt. Und was für Gemälde gilt, trifft auch für fotografische Darstellungen zu. Im Grunde besteht die Kunst des illusionistischen Malers darin, Reize bzw. Zeichen in einer Weise auf die Fläche zu setzen, für die der Betrachter in einer bestimmten Weise sensibilisiert ist, so daß er sie erkennt und automatisch zu einem Ganzen zusammensetzt, das ihm als künstlerische Darstellung erscheint. Jeder kann sich solche Hinweise auch auf viel einfachere Art beschaffen. Etwa vermittels seiner Hände: Wenn man eine Hand mit ausgestrecktem Arm senkrecht in Augenhöhe vor sich hält, kann man sehen, daß die Hand vom Hintergrund ein Vielfaches ihrer eigenen Fläche abdeckt; diese abgedeckte Fläche ist umso größer, je weiter entfernt der abgedeckte Hintergrund ist. Aber es geht auch ohne Einbeziehung des Hintergrunds. Wenn man halbwegs zwischen Augen und Hand zwei Finger der anderen Hand in Augenhöhe hält, reicht das – normale Proportion vorausgesetzt – die ganze entferntere Hand abzudecken.

Bei dem kleinen Experiment mit dem Papprähmchen besteht eine große Schwierigkeit: Wenn man den Kontext – den Gesamtzusammenhang – in dem der einzelne Bildausschnitt steht, erst mal kennt, ist es sehr schwer, sich vom Bewußtsein dieses Kontextes zu befreien. Leichter wird es vielleicht deutlich, wenn man die berühmte von Philosophen und Psychologen seit langem geschätzte Enten/Kaninchen-Darstellung betrachtet und sich vor Augen führt, daß die verwirrende Zweideutigkeit sofort schwinden würde, wenn man diese Darstellung entweder in ein typisches Enten-Milieu oder in ein typisches Kaninchen-Milieu einbezieht. Oder ein anderes Beispiel: Nehmen wir »NOT«, also ein Wort. Benutzt man es im Kontext der deutschen Sprache, wird etwas völlig anderes darunter verstanden, als wenn man es im Kontext der englischen Sprache benutzt. Und wer es im Kontext der einen oder anderen Sprache sieht, der wird ziemlich hartnäckig an der jeweiligen Bedeutung festhalten. Ebenso verhält es sich mit dem Wort »Gift«. Im Kontext der deutschen Sprache bezeichnet man etwas völlig anderes damit als in der englischen Sprache.

In unserem Jahrhundert sind zahlreiche Maler an der Gegenständlichkeit verzweifelt. Die Gegenstandslosigkeit führt aber nicht aus der Sackgasse heraus, in welche die unglückselige Voraussetzung der größtmöglichen Naturähnlichkeit geführt hat. Es gibt jetzt – mit vierhundert Jahren Verspätung – Formen der Malerei, die die Aufhellung weiterführen, die bei Uccello endete. Jede abgebrochene Form, etwa eine abgebrochene Violine bei Braque oder Picasso, weist den Betrachter auf seine Sehgewohnheiten hin, indem sie sie nicht erfüllt und demonstriert auf solche Weise, daß wir von Teilen auf das Ganze zu schließen gewohnt sind, also optisch ableiten. Diese Kunst zwingt den Betrachter zu einem wirklichen Sehen. Allerdings wenn er sie unter der Voraussetzung der

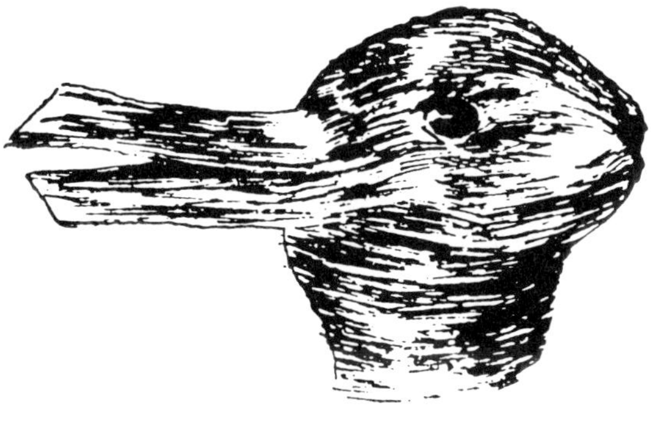

Ente oder Hase? (Zeichnung aus »Fliegende Blätter«). Was ein Betrachter erkennt, hängt vom Zustand seines Geistes ab. Erst wenn es fest in einen Zusammenhang eingebunden ist, erscheint es eindeutig.

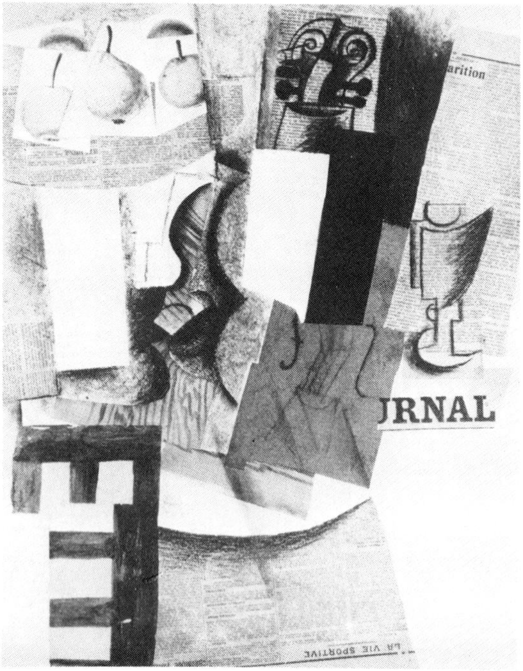

Pablo Picasso: Die Violine (1913) (c) SPADEM, Paris/ Bild-Kunst, Bonn, 1985.

Von Teilen schließen wir auf das Ganze. Daß es meistens funktioniert, beweist keineswegs, daß es eine wirklich zuverlässige Methode ist. Wir sorgen eben fur eine entsprechend »bereinigte« Welt, in der Fehler weitgehend ausgeschlossen werden.

Aus der Praxis der Kunsthistoriker heraus werden die Funktionen von Künstlern wie Braque, Dali, Magritte und Escher leider sehr oft verschleiert oder erstickt. Das geschieht ohne jede Absicht, einfach durch ordnungsgemäße Anwendung der Regeln des Faches, also ganz routinemäßig. Diese Kunsthistoriker klassifizieren, das heißt sie ordnen die Gemälde auf Grund bestimmter hervorstechender Merkmale der Darstellungsweise in Gruppen – also Klassen – ein und geben jeder der Klassen eine Bezeichnung wie »Kubismus«, »Surrealismus«, »Manierismus«, »Symbolismus« und so weiter. Dadurch wird die Aufmerksamkeit des Betrachters auf den Inhalt gelenkt, beziehungsweise auf die Abweichung der Darstellungsweise von dem, was allgemein als realistisch empfunden wird. Die eigentlichen Funktionen der Bilder bleiben Nebensache oder werden gar nicht mehr beachtet, fallen dem Bemühen zum Opfer, die Angemessenheit der Einord-

größtmöglichen Naturähnlichkeit der Malerei betrachtet, sieht er nur Verzerrung, erlebt aber wenigstens Beunruhigung. Dali läßt in seinen Bildern deutlich werden, daß man Objekte auf mehr als eine Weise zusammensetzen kann. René Magritte demonstriert in vielen seiner Bilder die Bedingtheit des Sehens und seine Paradoxie ganz unmittelbar. Der bedeutende holländische Graphiker Maurice Escher schließlich demonstriert dem Betrachter vermittels einiger seiner Blätter die Relativität der Perspektive und damit die Variierbarkeit des Sehens.

Salvador Dali: Erscheinung von Gesicht und Fruchtschale am Strand. Hardford, Connecticut, Wardsworth Atheneum. (c) SPADEM Paris/Bild-Kunst, Bonn 1985.

»Es ist nicht notwendig, daß das Publikum weiß, ob ich scherze oder ernst bin« (Dali).

Das ist keine Reproduktion eines Bildes von Magritte, aber eine Darstellung einer der von ihm verwendeten Methoden. Er will die Beziehung zwischen Darstellung und Dargestelltem bzw. der Bezeichnung des Dargestellten deutlich werden lassen und auf die Unsinnigkeit der verbreiteten Tendenz hinweisen, diese Faktoren miteinander zu identifizieren, also gleichzusetzen. Bei dem was sichtbar wird, handelt es sich keineswegs um ein Mysterium, geheimnisvoll erscheint es nur, weil man es sich normalerweise nicht richtig klar macht. Die Darstellung hat nicht die Eigenschaften des Dargestellten, die Abbildung ist ein Objekt völlig anderer Art.

Eine andere Methode, die Magritte häufig anwendet, um Bedingtheiten unseres Sehens zu verdeutlichen, ist mit der beschriebenen Methode des Einzeichnens eines Rasters auf einer Fensterscheibe verwandt. In einigen seiner bekanntesten Gemälde schneidet Magritte eine Fläche aus der Gesamtsicht und setzt sie dann als vermeintliches Gemälde wieder ein. Aber was hat es genutzt, daß Magritte gewisse Weisen des Sehens sichtbar gemacht hat. Es ist unter »Kunst« integriert worden, und da ist es unter Surrealismus eingeordnet. Und damit ist es ausgeschaltet und alles ist wieder »klar«.

M.C. Escher: *Relativität.* (c) M.C. Escher Heirs/Cordon Art, Baarn, Holland.

Auch hier ist etwas dargestellt, was nur im Kopf existiert, als Idee: Die gleichzeitige Wahrnehmung verschiedener Bezugssysteme. Könnte man dahin gelangen? Oder gehört es in den Bereich der Unmöglichkeiten? Daß es noch nie beobachtet worden ist, bedeutet nicht, daß es nicht erreicht werden könnte.

nung zu erkennen. Hier können wir einmal mehr auf die Frage Leonardos zurückkommen, die diesem Buch vorangestellt ist: »Von welchem Nutzen ist dann der, der die Details jener Dinge vermindert, von denen er vorgibt, gründliche Informationen zu geben, während er doch die Hauptteile zurückläßt, aus denen das Ganze zusammengesetzt ist?« Zugunsten der Kunstgeschichtler sei dabei angemerkt, daß nicht allein in ihrem Fach solche Methoden angewendet werden. Und in anderen Fächern wirken sie weitaus schädlicher auf das alltägliche Dasein des Menschen.

Erscheinungen wie die Kunst von Braque oder von Dali oder von Escher stehen entgegengesetzt zu dem, was Bernard Berenson als das entscheidende ästhetische Vergnügen ansah. Die künstlerische Darstellung soll es dem Betrachter ermöglichen, das Dargestellte schneller zu erkennen, als er den Gegenstand in der Wirklichkeit erkennen würde. Zweifellos hat Berenson recht, wenn er sagt, daß darin ein großes psychisches Vergnügen liegen kann. Nur: Wenn man immer weiter in Berensons Richtung geht, gelangt man dazu, immer weniger immer schneller zu erkennen. Das Blickfeld wird immer enger.

In der Malerei führt das schließlich zu Werken, wie jenen des berühmten Ad Reinhardt. Die Abstraktion ist total. Es bleibt eine schwarze Fläche. Man kann gegen diese Gemälde sagen was man will, man kann aber nicht bestreiten, daß sie die logische Konsequenz einer Entwicklung darstellen und insofern ihre Berechtigung haben. Sie stellen die malerische Repräsentation dessen dar, was man mit »Endlösung« bezeichnen könnte.

Mit diesen verinnerlichten Scheuklappen wächst die Beschränktheit des einzelnen Menschen. Diese zunehmende Stereotypie des Sehens und damit zwangsläufig auch des Reagierens ergibt jene Mechanisierung des Menschen, die wir in erwünschten Formen mit »Charakter« und in unerwünschten Formen mit »Erstarrung« bezeichnen. Erfassen wir aber, statt immer eindeutiger – und damit dem Anschein nach immer klarer, tatsächlich aber immer verarmter – zu sehen, immer mehr über den Vorgang des Sehens, wächst der uns zugängliche Bereich, ohne daß eine Verringerung unseres Tempos eintreten würde, im Gegenteil, auch unser Tempo wird wachsen.

Vielleicht scheint es, als habe das alles nichts mit der Toskana zu tun. Tatsächlich aber erwachsen diese Fragen mit den Entdeckungen, die in der Toskana der Renaissance gemacht worden sind; sie gehen von der Toskana aus. Und wo sollte man sie stellen, wenn nicht auf einer Liebhaber-Reise an ihren Ursprungsort und angesichts eines Uccello?

Setzen wir unseren Weg durch die Uffizien

Das ist kein Ad Reinhardt, aber doch die Reproduktion eines »schwarzen Bildes«. Wer längere Zeit auf eine solche Fläche blickt, wird darin zu erkennen vermeinen, was ihn im Innersten bewegt. Mag ein solches Bild auch jeder Interpretation offenstehen, ist es doch alles andere als offen oder erhellend. Die Weise seiner Entstehung wird keineswegs offen gelegt und es zeigt dem Betrachter auch nicht, worin das beruht, was es zu bewirken scheint. Die Sinne werden nicht berührt, nur die Vorstellungskraft des Betrachters wirkt (oder sollen wir »Geist« sagen oder »Fantasie«?). Über einer solchen »Black Art« könnte stehen: »Friede euren Sinnen!« oder »requiescat in pace«. Am Ende der Sinnlichkeit – oder besser gesagt: der Sinnenhaftigkeit, wenn die ermüdeten Sinne auf jeden Reiz nur noch mit Abwehr reagieren, stehen Absterben und Tod als Essenz aller Utopie.

fort und kommen wir zu dem, was vielen die Hauptsache ist: Sandro Filipepi, genannt Botticelli. Bernard Berenson urteilt über ihn durchaus im Sinne Leonardos. In seinen *Italian Painters of the Renaissance* schreibt er: »Nie schön, kaum jemals reizvoll oder auch nur attraktiv, in der Zeichnung fast nie korrekt, selten befriedigend in den Farben, hinsichtlich der Figuren mit wenig Glück, im Gefühl aufdringlich und sogar schmerzend – was macht dann Botticelli so unwiderstehlich, daß wir heute keine Alternative haben als ihn entweder anzubeten oder zu verabscheuen? Das Geheimnis liegt darin, daß es in der europäischen Malerei nie wieder einen Künstler gegeben hat, der so gleichgültig hinsichtlich der Darstellung, aber zugleich so ausgesprochen in der Darbietung war.« Gombrich hingegen meint, daß Botticelli – etwa in seiner *Geburt der Venus* – an gotisch beeinflußte Tradition von Fra Angelico erinnere, und er fühlt sich sogar an die Kunst des 14. Jahrhunderts gemahnt, insbesondere an Simone Martinis *Verkündigung*. Das ist ein sehr interessantes Urteil und sicher besonders in dem Sinne zutreffend, daß Botticelli keiner der eigenständigen Künstler der toskanischen Renaissance war. Seine einzige Innovation im Sinne des Aufbruchs liegt in der Wahl bestimmter Sujets. Hatte sich die Begrenzung auf christliche Motive auch längst entscheidend gelockert, so ausgesprochen als heidnisch angesehene Sujets wie *Die Geburt der Venus* waren bisher noch nicht repräsentativ dargestellt worden. Andererseits hatte Botticelli einen mächtigen Auftraggeber aus dem Hause Medici, der diese Sujets ausdrücklich bestellt hatte. Überschritt er also wirklich eine Grenze, deren Überschreitung die Gefahr der Verfolgung durch die Hüter der gültigen Ordnung – und damit auch der Grenze dieser Ordnung – über ihn heraufbeschwören würde?

Eine gewisse Verbreitung haben Vermutungen gefunden, daß es sich bei *Geburt der Venus* und *Primavera* um allegorische Darstellungen eines damals in Florenz aufkommenden Neuplatonismus handele und daß die beiden Gemälde unter Anleitung des geistigen Führers dieser Bewegung, eines Freundes des Auftraggebers, entstanden seien und voller neuplatonischer Symbole stecken. Nun hätte die Darstellung solcher Symbole an und für sich nichts mit Kunst zu tun. Man kann solche Symbole in ein Gemälde einbeziehen, es gewinnt dabei keine zusätzliche künstlerische Dimension; ge-

Botticelli: Geburt der Venus, Uffizien.

Fra Angelico: Verkündigung, Museo San Marco.

nausowenig wie wenn ein Maler ein Verkehrszeichen in ein Gemälde einbezieht oder einen Wegweiser. Derartige Symbole haben nichts zu tun mit den Zeichen, Elementen oder wie immer man das am besten bezeichnen mag, woraus die Wirkung eines Bildes hervorgeht. Bei den neuplatonischen Symbolen würde es sich um Geheimzeichen handeln, um Zeichen, deren Bedeutung nur Eingeweihten bekannt ist. Es wären also keine Zeichen und Symbole, bei denen Gemeinverständlichkeit angenommen wird, egal ob zu Recht oder zu Unrecht. Wobei

Simone Martini: Verkündigung, Uffizien.

Blicken wir gleichzeitig auf die Gemälde von Botticelli, Fra Angelico und Simone Martini: Stand Botticelli unter dem Einfluß der Meisterwerke aus vergangenen Tagen? Oder hatte er ganz aus sich heraus in einer Weise gemalt, die dann von den Kunsthistorikern als Folge derartiger Einflüsse erklärt wurde? Läßt sich das überhaupt ergründen?

es neben »allgemeinverständlich« und »nicht allgemeinverständlich« zumindest noch die Möglichkeit gibt, daß ein Symbol von jedem verstanden wird, nur, daß jeder etwas anderes versteht, ohne daß die Abweichungen erkannt werden. Das dürfte sehr häufig vorkommen, wird aber seiner Natur nach praktisch nie aufgedeckt, beziehungsweise verliert es mit der Aufdeckung seine Natur.

Nun ist die Verwendung des Wortes »Symbol« gerade in bezug auf Kunst recht verworren. Das zeigt sich schon darin, daß manche Kunsthistoriker eine bestimmte Kunstrichtung des 19. Jahrhunderts mit »Symbolismus« bezeichnen. Dabei sind alle gegenständlichen Gemälde symbolisch und bestehen aus Chiffren, die ihrerseits für etwas stehen, also Symbol-Funktion haben. Bezeichnungen im Bereich der darstellenden Künste sind überhaupt Glückssache. Alle Welt spricht von »abstrakter Kunst« und meint damit sowohl Kunstformen, die Gegenstände nicht in der üblichen und gewohnten Form präsentieren, als auch Kunstformen, die überhaupt nicht von Gegenständen ausgehen, also ungegenständlich sind. Tatsächlich aber kann es überhaupt keine gegenständliche Kunst geben, in der keine Loslösung vom lebendigen Ganzen stattfindet, die also nicht abstrahiert, beziehungsweise abstrakt ist. Jedes gegenständliche Gemälde stellt eine Abstraktion dessen dar, als dessen Darstellung es gemeint ist. Lediglich ungegenständliche Gemälde sind frei von Abstraktionen. Dabei fragt es sich, ob man sie überhaupt noch als darstellend bezeichnen kann. Streng genommen stellt ein gegenstandsloses Gemälde nichts mehr dar, gehört also auch nicht in die Klasse der Werke der darstellenden Künste. Ein solches Gemälde steht nicht für etwas.

Wenn Gemälde der »abstrakten Kunst« zugeschrieben werden, beziehen die Benutzer des Ausdrucks das Wort »abstrakt« vermutlich weniger auf die Werke als darauf, daß sie die darin enthaltenen Formen ungewohnt finden oder nicht verstehen. Der Gegenstand eines Gemäldes kann so stark abstrahiert sein, daß er nicht mehr zu erkennen ist, wenigstens für die Mehrzahl der Betrachter. Es handelt sich dann im-

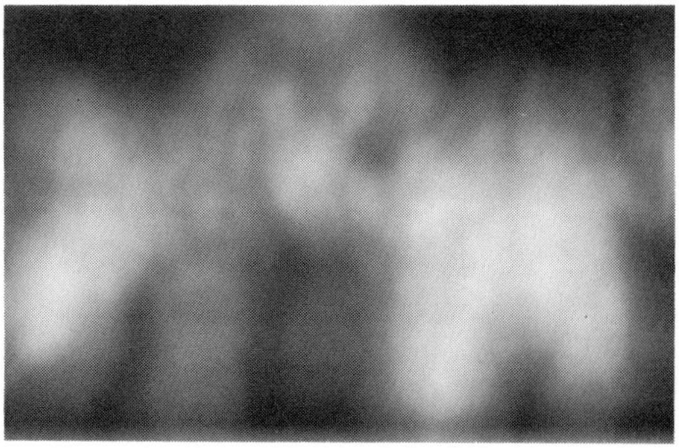

mer noch um ein gegenständliches Gemälde. Wirklich ungegenständlich sind lediglich Gemälde, die vom Nullpunkt her gemalt sind, Gemälde, deren einzigen Gegenstand die Malerei darstellt, Gemälde also einer *»painture absolut«*. Nur läßt sich einem gegenstandslos wirkenden Gemälde nicht ansehen, ob es die bis zur Unkenntlichkeit getriebene Abstraktion eines Gegenstandes darstellt oder ob es vom Nullpunkt her gemalt ist. Einmal mehr: das Ergebnis läßt den Vorgang seiner Entstehung nicht deutlich werden. Wie der Betrachter bei einem für ihn verzerrt wirkenden gemalten Gegenstand nicht wissen kann, ob der Maler es so sieht, also sein Blick entsprechend »verzerrt« ist, oder ob er es lediglich in dieser Weise darstellt. Ganz abgesehen davon, daß verschiedene Betrachter verschieden mutmaßen werden. Für den einen tritt Unkenntlichkeit bereits bei einem viel geringeren Grade der Abstraktion auf als für einen anderen. Wirklich wissen, wovon er ausgegangen ist, kann allenfalls der Maler. Aber wie Dali sagt: »Es ist nicht notwendig, daß das Publikum weiß, ob ich scherze oder ernst bin, genau wie es nicht notwendig ist, daß ich selber das weiß.« Und dann gibt es sicherlich auch wieder Betrachter, die in einem tatsächlich ungegenständlichen Gemälde Gegenstände zu erblicken vermeinen, etwa nach dem Rezept des Gesprächs von Hamlet mit Polonius:

Hamlet: Seht Ihr die Wolke dort, beinahe in Gestalt eines Kamels?

Polonius: Beim Himmel, sie sieht auch wirklich aus wie ein Kamel.

Grade der Abstraktion, demonstriert an Botticelli, Primavera, Uffizien.

Hamlet: Mich dünkt, sie sieht aus wie ein Wiesel.

Polonius: Sie hat einen Rücken wie ein Wiesel.

Hamlet: Oder wie ein Walfisch?

Polonius: Ganz wie ein Walfisch.

Diese Suggestibilität, diese Bereitschaft, etwas zu erkennen, was nicht vorhanden ist, sich zu täuschen oder sich etwas vorzumachen oder sich vormachen zu lassen, bildet die Grundlage aller Kleckssteste à la Rorschach, zugleich bildet sie die Grundlage der Künste. Sie allein befähigt den Menschen dazu, beispielsweise in bunten Farbtupfern auf einer planen Fläche einen Gegenstand zu erkennen, für den diese Farbtupfer stehen sollen. Leon Battista Alberti (1404-1472), genialer Florentiner Architekt, Wissenschaftler und Schriftsteller, hatte das im Grunde schon erfaßt, als er in seiner kunsttheoretischen Abhandlung *De Statua* schrieb:

»Ich glaube, daß die Künste, welche auf die Nachahmung von Schöpfungen der Natur zielen, auf die folgende Weise entstanden sind: An einem Baumstamm, einem Erdklumpen oder einem anderen Ding wurden eines Tages zufällig bestimmte Konturen entdeckt, die lediglich leicht verändert werden mußten, um in verblüffender Weise wie ein natürliches Objekt zu erscheinen. Nachdem sie das gemerkt hatten, versuchten Leute herauszufinden, ob es nicht möglich wäre, durch Ergänzungen oder Wegnahmen das zu vervollständigen, was noch zur restlosen Ähnlichkeit fehlte.«

Der Zustand eines Menschen, seine Weise der Bezogenheit, ist entscheidend für das, was er in dem erkennt, was ein Gemälde zeigt. Jeder Mensch hat es schon erlebt, daß er an einem Tag etwas schön fand und zu einem anderen Zeitpunkt sagte es ihm nichts. Dem Stier ist die Reaktion auf die Farbe rot wohl angeboren. Der Mensch ist variierbar. Er wird von der jeweiligen Kultur für bestimmte Wahrnehmungen sensibilisiert. Grob gesprochen: Wenn ich einem Christen ein Kreuz zeige, dann ruft ihm das eine Fülle von Erregungen wach, es wird zum Auslöser vieler Reaktionen, und zwar keineswegs nur in bezug auf die biblische Geschichte, vielmehr werden zugleich viele Prägungen, viele Empfindungen des Bedrohtseins wachgerufen, unter denen man die Kenntnis der Religion vermittelt hat. »Das Gewissen spricht« wird es meist beschrieben. Zeige ich einem Menschen die Darstellung eines Kreuzes, der keine Ahnung vom Christentum hat, dann sagt ihm das nichts. Zeige ich ihm dann etwas Konkretes, nämlich ein Kreuz aus Holz, sieht er zwei zusammengefügte Hölzer. Das sagt ihm immer noch nichts, und selbst wenn ich nun die Darstellung eines menschlichen Körpers daran hänge, sagt es ihm noch nichts. Derselbe Mann wird vielleicht mit Schrecken reagieren, wenn ich ihm ein Götzenbild zeige, das einem Christen wie eine Fastnachtsmaske erscheint. Der Betrachter oder – genauer gesagt – die Organisation seines Nervensystems, seine Prägung, seine Erziehung spielen eine entscheidende Rolle. Das gewählte Beispiel ist grob. Und es ist jetzt hier nicht der Raum, die subtileren Formen dieser Erscheinungen darzustellen. Jedenfalls: was lebendig erscheint oder nicht, ist stets weitgehend eine Frage der Sinnesorganisation, und damit ist auch »abstrakt« eine Bezeichnung, die mindestens so sehr vom Betrachter abhängt wie von der Darstellung. Und bekanntlich soll man ja nur das sehen, was man ohne Ärger und inneren Konflikt sehen kann. Oder wie die Bibel es in der Bergpredigt sagt: »Wenn dir aber dein rechtes Auge Ärgernis schafft, so reiß es aus und wirf's von dir. Es ist besser, daß eines deiner Glieder verderbe und nicht der ganze Leib in die Hölle geworfen werde.« Eine klare Anweisung zur Reduktion der Wahrnehmung auf das Zulässige.

Wie sehr die Menschen an etwas einmal Herausgegriffenem als fester Gestalt festhalten, können wir an den Sternbildern erkennen. Warum gerade Löwe? Warum gerade Stier? Warum gerade Waage? Tatsächlich haben andere Völker in denselben Konstellationen andere Bilder gesehen. Der einzelne akzeptiert, daß es so und so aussieht, weil alle es sagen, weil es in den Büchern steht, also der gültigen Beschreibung entspricht.

Aber wir sind bei Botticelli. Ist er nun kühn gewesen in der Wahl einiger seiner Sujets oder ist er von seinen Auftraggebern verführt worden? Die Frage bleibt offen. Er soll später ein Anhänger Savonarolas geworden sein. Man denkt vielleicht, daß man so etwas nicht von einem erwartet hätte, der ein Bild wie *Die Geburt der Venus* gemalt hat. Andererseits: Gerade wer sehr kühn vorgestoßen ist, kann sich dessen plötzlich bewußt werden und über das erschrecken, was er getan hat, und im Gefühl der Reue entgegengesetzten Einflüssen erliegen. Das stellt dann quasi eine Rückkehr in den alten Bereich dar, in welchem das Neue plötzlich unverständlich wird. Botticellis Erfolg in der Gegenwart läßt sich jedenfalls nicht aus der Qualität seiner Gemälde erklären. Aber da ist er gewiß kein Einzelfall. Trotz alledem: Man darf getrost für Botticelli schwärmen.

Dann zu Leonardo da Vinci. Als ich sein Geburtshaus in Vinci zum erstenmal sah, dachte ich, ein Mensch, der in einem Haus so mitten im Grün einer überquellenden Natur das Licht der Welt erblickte, der habe ja besondere Fähigkeiten entwickeln müssen. Das Häuschen ist einfach, aber es ertrinkt geradezu im Grün der Bäume und Sträucher. Aber wie viele Menschen werden an herrlichen Plätzen geboren, wachsen dort die ersten Jahre ihres Lebens auf und entwickeln keinerlei besondere Fähigkeiten.

Leonardo war ein uneheliches Kind. Bei Soziologen und Psychologen gibt das eine schlechte Prognose. Aber was hat es bei Leo-

Leonardo da Vinci: Verkündigung, Uffizien.

nardo bewirkt? Erklärt der soziale Status seiner Geburt irgend etwas? Erklärt der Platz seiner Geburt etwas? Warum gerade dieser Mann? Ja: warum? Weil er so begabt war? Aber wie viele große Begabungen gehen unter, vielleicht völlig unbemerkt. »Begabung« ist eine Weise, den Erfolg zu erklären. Die Frage läßt sich nicht beantworten. Auf solche Fragen verzichtet man sehr oft. Man meint, daß sie nichts bringen. Aber man sollte nicht auf eine Frage verzichten, nur weil man keine Antwort findet. Besser keine Antwort als eine irreführende. Leonardo war die Verkörperung des umfassenden Künstlers und Wissenschaftlers schlechthin. Die Verkörperung dessen, was wir uns unter Renaissance-Ideal vorstellen. Er war weit mehr als ein Maler. Das waren andere auch, aber er war es in weit größerem Maße. Die Malerei war für ihn nur Ausgangsbasis. Und Malerei war damals der angemessene Einstieg für einen begabten jungen Mann, der nicht aus vornehmer Familie war.

Von Leonardo sind nur wenige Werke erhalten, vor allem nur wenige, die fertig durchgeführt sind. In den Uffizien finden wir zwei Werke von Leonardo, eines, das fertig ist – *Die Verkündigung* – und eines, das ganz offensichtlich nicht fertig gemalt ist – *Die Anbetung der Könige*. Welches von den beiden ist lebendiger, schöner, anregender? Welches aktiviert den Betrachter, ähnlich wie ihn der Anblick der toskanischen Landschaft aktiviert? *Die Anbetung der Könige* ist voller offener Möglichkeiten und zugleich Ausdruck subtilster Gestaltung. Ein Werk, das nichts verhüllt, nichts verschleiert, keine Illusion erweckt. Hier wird keine Naturähnlichkeit behauptet, es wird Malerei präsentiert, Arbeitsweise und Struktur treten offen zutage. Die Nervigkeit der Skizze ist nicht von der unvermeidlich vergröbernden Farbe

Leonardo da Vinci: Anbetung der Könige, Uffizien

verdeckt. Die *Anbetung* ist das offenste und das menschlichste Gemälde in den Uffizien und vielleicht überhaupt. Kein anderes Gemälde ist letztlich so sehr im Sinne von Leonardos Forderung, daß der Maler die Struktur aller Dinge kennen müsse, die er darstellt. In der *Anbetung* drückt sich die naheliegende Folgerung aus, nämlich daß der Maler die von ihm ergründete Struktur nicht nur zur Darstellung benutzen, sondern für jeden erkennbar offenlegen soll. Ist es nicht im Grunde unsinnig, den Dingen auf den Grund zu gehen, nur um nachher das so Erkannte zu um so vollkommenerer Verschleierung und Illusionierung zu benutzen?

So hat Leonardo es wahrscheinlich nicht gesehen. Dazu war vermutlich sogar er zu sehr in den herrschenden Vorstellungen befangen. Und er hätte auch den Mönchen von S. Donato, die das Gemälde bestellt hatten, nie sagen können: »So ist es nun fertig.« So etwas hätte damals außerhalb des Denkbaren gelegen. Man hätte es ihm als üblen Trick angekreidet, als Versuch, für eine halbfertige Arbeit voll zu kassieren. Was hat Leonardo wirklich gewollt? Denken wir an den Satz von Dali. Das Publikum kann nicht wissen, was der Maler wollte. Und die Kritiker können es auch nicht wissen. Sie alle sehen nur das Ergebnis, das nichts darüber verrät, ob und in welchem Ausmaß es einer Absicht entspricht. Und der Maler selbst? Er hat etwas geschaffen und steht überrascht vor der Fülle und Vielfalt seines Werkes, und wenn er das alles zu beschreiben versucht, dann klingt es, als sei sein Vorgehen beim Malen absichtlich gewesen. Dabei hat er viel mehr vollbracht, als er beabsichtigt hatte, und mit der Vielschichtigkeit des Vorgangs der Entstehung des Werkes hat sein Bericht – er erscheint als Geschichte des Werkes – kaum etwas zu tun. Vielleicht stellt dieser Bericht vor allem eine Abwehr gegen die Fragen dar. Ja, man darf wohl sagen, ein Werk eines Künstlers, das in keiner

Villard de Honnecourt: Skizze (um 1280), Bibliotheque National, Paris.

Weise über seine vielleicht ursprünglich vorhanden gewesene Absicht, seinen verstandesmäßigen Plan, hinausgeht, muß dürftig ausfallen, wird allenfalls Kunsthandwerk, nicht aber Kunst sein.

Wie soll der Besucher der Uffizien etwas von Leonardos *Anbetung* erfassen, wenn ihm ein Führer erzählt, in welchem Jahr das Bild begonnen wurde, warum es nicht vollendet wurde und daß dieses Verhalten für Leonardo typisch gewesen sei. Damit sind ja dann alle Fragen beantwortet, und man kann zum nächsten Stück der Sammlung übergehen. Oder wenn man auch nur zu zweit ist und der Partner fragt: »Warum hat er das bloß nicht fertig gemalt?« Da kommt mir ein Satz von Leonardo in den Sinn: »Nur wer allein ist, ist ungeteilt.« Leonardo war viel allein, nicht immer fühlte er sich glücklich dabei.

Die ganze Spannweite Leonardos dürfte bisher kaum ergründet worden sein. Seine künstlerischen Werke sind bekannt, über sein Wirken als Musiker, Kriegstechniker und Wissen-

Leonardo da Vinci: Skizze (um 1478), British Museum, London

schaftler weiß man vieles, aber seine Aufzeichnungen sind ohne Zweifel nicht voll ausgeschöpft. »Wer kein Mathematiker ist, der lese mich nicht«, hat er geschrieben. Aber wahrscheinlich sind seine Aufzeichnungen bisher weniger von Mathematikern als von Leonardo-Forschern, also meist Kunsthistorikern, gelesen worden, und die lesen sie natürlich im engen Bezugsrahmen ihres Faches.

Immer wieder ist Leonardo von seinen Zeitgenossen zum Vorwurf gemacht worden, daß er künstlerische Aufträge oft gar nicht erst annehme, zu langsam arbeite und begonnene Arbeit nicht fertigstelle. Aber Leonardo war eben nicht einfach ein Maler. Wäre er das gewesen, hätte er gar nicht mehr die Zeit gehabt, um alle seine anderen Aktivitäten zu betreiben. Malen war für Leonardo eine unerhört zeitraubende Tätigkeit. Das war eine Folge der Großartigkeit seiner Visionen, die er aber auch verwirklichen wollte. Das war nicht mit Routine zu bewältigen. Jedes Bild mußte von Grund auf erschaffen werden. Jedes war gewissermaßen das Ergebnis einer Forschungstätigkeit im Hinblick auf die Struktur der Gegenstände und die Möglichkeiten der Darstellung. Sein Anspruch war unerhört hoch. Er fertigte unzählige Skizzen von Details an. Und diese Skizzen haben nicht die Handschrift der Maler des Mittelalters, deren Strich meist fest und eindeutig war. Leonardos Skizzen waren überwiegend suchend, voller Veränderungen. Aus einer Fülle kleiner Striche erstand die Form. Aber darin lag eben der Unterschied zu den handwerklich orientierten Meistern des Mittelalters. Sie arbeiteten nach den »Regeln der Kunst«, nach festen Vorschriften und Mustern, sie bewiesen ihre Meisterschaft in der Leichtigkeit, mit der sie diese Regeln meisterten. Leonardos Arbeit war etwas ganz anderes. Es war die Arbeit eines Mannes, der immer wieder Neues unternahm. Ihm ging es nicht darum, noch ein Bild mehr fertigzustellen. Er wollte Probleme lösen. Nehmen wir das *Letzte Abendmahl*, das er im Kloster Santa Maria delle Grazie in Mailand gemalt hat. Leonardo wollte nicht einfach eine weitere Darstellung der biblischen Begebenheit

Leonardo da Vinci: Das letzte Abendmahl mit dem Refektorium des Klosters Santa Maria delle Grazie, Mailand.

schaffen. Das Bild malte er im Kloster als Wandgemälde auf die Stirnseite des Refektoriums, also des Speisesaals. Es sollte bei den speisenden Mönchen den Eindruck erwecken, daß da noch ein Tisch steht, an dem der Herr speist. Dazu war ein besonderes Maß an Lebendigkeit der dargestellten Menschen notwendig. Leonardo hat bei einzelnen der Jünger Haltungen gewählt, die so schwierig darzustellen waren, daß die Restauratoren sie später nicht einmal nachvollziehen konnten und immer wieder Teile des Gemäldes durch Veränderungen zum Konventionellen hin verdorben haben. Leider war das Gemälde auch nicht haltbar gemalt. Normalerweise muß man für Malerei direkt auf die Wand – *al fresco* – Farben benutzen, die in Wasser gelöst sind. Sie trocknen sehr schnell und ziehen in das Mauerwerk ein. Änderungen sind dann kaum mehr möglich. So wollte Leonardo nicht arbeiten. Er benutzte für das Abendmahl Farben, die Firnis und Öl enthielten, langsam trockneten und Änderungen zuließen. Leider erwiesen sich diese Farben auf der Wand als nicht sehr dauerhaft.

Sehr erstaunlich ist, was Sigmund Freud tadelnd in seiner Abhandlung *Eine Kindheitserinnerung des Leonardo da Vinci* schreibt: »Das peinliche Ringen mit dem Werke, die endliche Flucht vor ihm und die Gleichgültigkeit gegen sein weiteres Schicksal mag bei vielen anderen Künstlern wiederkehren, gewiß aber zeigte Leonardo dieses Benehmen im höchsten Grade.« Und: »Nach den kleinen Anzeichen an Leonardos Persönlichkeit dürfen wir ihn in die Nähe jenes neurotischen Typs stellen, den wir als ›Zwangstypus‹ bezeichnen, sein Forschen mit dem ›Grübelzwang‹ der Neurotiker, seine Hemmungen mit dem sogenannten Abulien (d. h. Willenlosigkeit) derselben vergleichen!«

Diese Äußerungen sagen mehr über ihren Urheber als über Leonardo aus. Freud urteilt, ohne Leonardos Voraussetzungen erkannt zu haben. Dabei zitiert er in der Abhandlung auch einen Ausspruch Leonardos, aus dem ihm dessen Voraussetzungen erkennbar sein mußten: »Wer im Streit der Meinungen sich auf die Autorität beruft, der arbeitet mit seinem Gedächtnis, anstatt mit seinem Verstand.« Ein solcher Mann – und das hätte Freud aus dem Satz durchaus erkennen können – wählt bei Entscheidungen nicht unter den Regeln aus, die er gelernt hat, ein solcher Mann muß jedesmal von Grund auf entscheiden. Und das ist erheblich komplizierter, dafür aber auch fruchtbarer.

Viele Autoren schreiben Leonardo Willensschwäche zu. Das ist eine sehr einfache Lösung. Da weiß man, woran man ist. Man setzt einfach voraus, was man für sich selbst voraussetzt, also daß man ein begonnenes Werk vollenden will, oder sich zwingt es zu wollen. Aber vielleicht wollte Leonardo diese Arbeiten gar nicht vollenden, vielleicht war es ihm lediglich um die Untersuchung oder Lösung eines bestimmten Problems gegangen, das er im Rahmen einer Arbeit angehen konnte. War er dem Problem auf den Grund gegangen oder hatte er es gelöst, dann war seine Absicht erfüllt, und er war nicht länger daran interessiert, das Werk zu vollenden. Ist es nicht viel eher ein Zeichen von Willensstärke, wenn er die Arbeit auch tatsächlich einstellt, statt einfach der üblichen Kontinuität zu folgen, der Routine des Fertigstellens? Warum sollte ihn das weitere Schicksal des Werkes interessieren, das für ihn den Zweck erfüllt hatte? Oder wenn er Aufträge ablehnte, die ihn nicht interessierten, sondern allenfalls Geld eingebracht hätten, zeigt sich darin nicht eine sehr seltene Willensstärke? Und wenn er sich – vielleicht wider alle ökonomische Vernunft – die Zeit nahm, die er benötigte, um ein Werk so zu vollenden, wie er es sich vorstellte, bis in die letzte Nuance von Grund auf gestaltet, ohne sich über unvorhergesehen auftretende Schwierigkeiten hinwegzumogeln, liegt darin nicht durchaus eine Willensstärke, die man nicht gerade oft findet? Leonardo hat sicherlich das große Geheimnis gekannt, daß nämlich Durchführung auf Kosten neuer Erfindung geht, schon aus zeitlichen Gründen. Leonardo wollte seine Zeit nicht mit Durchführungen und Routine verschwenden, ihm ging es um immer neue Entdeckungen. Allen Dingen wollte er auf den Grund gehen. Er hätte ja ohne weiteres Routine entwickeln und ein gutgehendes Maler-Atelier aufbauen können. Das wäre eben, was im Prinzip jeder Mensch macht. Aber Leonardo war viel mehr als einfach ein großer Maler, und alle preisen das an ihm. Daß das, was dieselben Leute an ihm tadeln, die unabdingbaren Begleiterscheinungen dessen waren, was sie preisen, das wollen sie nicht sehen. Im Grunde hätten sie es vielleicht doch lieber, wenn er eben ein braver Maler gewesen wäre und nicht viel mehr.

Und was hat er mit alledem bewirkt? Hat er etwas verändert? Nicht gerade die Welt, aber einen Teil von ihr? Oder wenigstens einige Menschen? Sicherlich hat er als Maler Schüler gehabt und auch sonst Einfluß auf die Malerei ausgeübt. Aber diese Nachfolger haben allenfalls einige seiner Ergebnisse imitiert, seinen Weg fortgesetzt haben sie nicht, sie sind allenfalls tüchtige Maler geworden. Macht hat Leonardo nicht gewonnen. Er hat lediglich Rüstzeug geliefert für die Kämpfe der anderen und Schmuck für ihre Feste. Schließlich hat er seine Lebensumstände kaum verändern können. Vasari schreibt von ihm, daß er »fast nichts besaß und wenig arbeitete«, dabei aber ein gutes Leben liebte und sich Diener und Pferde hielt. Es ist wohl verständlich, daß ein Mann, der in seiner Arbeit auf das kleinste Detail bedacht war, auch aus seinem Leben ein Kunstwerk machen wollte. Was ist geblieben? Eine Reihe von Kunstwerken, meist entweder schlecht erhalten oder unfertig, verständnislose Bewunderung, viele Aufzeichnungen, die in Archiven verstauben, Tadel wegen seiner »Willensschwäche« und Urteile wie von Freud, der zwar ausdrücklich hervorhebt, daß er Leonardo niemals zu den Neurotikern oder »Nervenkranken« gezählt habe, der sich aber berechtigt fühlt, ihn »in die Nähe jenes neurotischen Typs zu stellen, den wir als ›Zwangstypus‹ bezeichnen«.

Allerdings etwas mehr ist doch geblieben: Leonardo hat ein Zeichen gesetzt, er hat vorgelebt, wie man den Dingen auf den Grund gehen kann, unentwegt. Das hatte vor ihm noch niemand in diesem Ausmaß getan.

Es würde naheliegen, von Leonardo zu Michelangelo überzugehen. Zwischen diesen beiden Männern gibt es starke Bezüge; sie waren nicht nur Rivalen, sondern es bestand eine ausgesprochene Abneigung zwischen ihnen. Ich möchte aber die Reihenfolge beibehalten, die sich aus dem Rundgang durch die Uffizien ergibt.

Uffizien: Tribuna

Dem nächsten Halt machen wir in der sogenannten *Tribuna*. Das ist ein merkwürdiger, achteckiger, tempelartiger Raum, farbig dekoriert und von einer mit Perlmutter besetzten Kuppel überwölbt. Er wurde 1588 in das damalige Verwaltungsgebäude eingebaut, um der echten griechischen Venus-Statue der Medici

Pontormo: *Cosimo der Ältere*, Uffizien.

und anderen Plastiken aus dem griechischen Altertum einen würdigen Rahmen zu geben. Diese Tribuna der Venus scheint mir etwas reichlich »weihevoll«, ausgefallen zu sein. Und macht sie nicht im Grunde den Eindruck einer großen Souvenir-Vitrine, nur eben im Fürstenformat? Aber gerade darin kann man den besonderen Reiz der Tribuna erblicken. Was an den Wänden an Gemälden hängt – großenteils Familienbilder – kommt nicht sehr gut zur Geltung, aber es sind auch keine großen Werke. Immerhin sollten wir uns Pontormos Porträt von Cosimo dem Älteren anschauen. Sieht man von der Gewandung ab, wirkt der Fürst auf diesem Bild wie ein Bankier, der nach einer Begründung für die Verweigerung eines Kredits sucht. Und Bankiers sind die Medici ja ursprünglich gewesen. Auf eine andere Weise nachdenklich wirkt Lorenzo der Prächtige auf dem Gemälde von Vasari. Nachdenklichkeit war zweifellos ein hervorstechender Zug der Herrscher aus dem Hause Medici, dem sie ihre Größe verdanken. Attraktiv wirken die Gemälde von Bronzino, besonders das Porträt der Maria Medici. Man denkt unwillkürlich an die Infanten-Bilder von Velazquez, der allerdings bedeutend später lebte und nicht gerade von Bronzino beeinflußt gewesen sein dürfte. Die gemeinsamen Züge wurzeln wohl eher in der höfischen Attitüde Bronzinos und der Infanten-Gemälde von Velazquez.

Die Medici haben nicht ausschließlich Gemälde toskanischer Künstler gesammelt. In den folgenden Räumen hängen Venezianer, Deutsche und Flamen. Wenden wir uns nur kurz einem dieser Meister zu, dem venezianischen Meister Giorgione (1477–1510). Sein Leben war kurz, die Zahl der erhaltenen Werke ist gering. Die Giorgiones, die wir in den Uffizien sehen, lassen seinen großen Ruhm nicht ganz verständlich erscheinen. Ich möchte seinen *Moses bei der Feuerprobe* auch lediglich als einen Hinweis auf ein Bild nehmen, das in der Accademia in Venedig hängt: *Tempesta* (Der Sturm). Präsentiert Giorgione im *Moses* – genau wie in seinem *Urteil des Salomo* – noch einen Vorgang wie auf einer Bühne arrangiert, so setzt er im *Sturm* die Menschen an den Rand, und die Natur wirkt nicht als Kulisse, in der alles stattfindet, sondern ganz unmittelbar. Giorgiones *Tempesta* erscheint wie eine Synthese aller Errungenschaften der florentinischen Maler der Renaissance. Jedesmal wenn ich durch die Uffizien gehe, scheint es mir dort zu fehlen. Und zugleich paßt es nicht dorthin. In ihm drückt sich vielleicht eine neue Stufe der Überwindung der Dunkelheit des Mittelalters aus, aber eine Stufe, auf der die Klarsicht nicht mehr wächst. Und so scheint *Tempesta* doch nicht in die Uffizien zu passen, so sehr die Florentiner

Giorgione: Moses bei der Feuerprobe, Uffizien. Theatralische Darstellung oder dargestelltes Theater?

auch auf die venezianischen Maler gewirkt haben und so sehr das Bild auch in der florentinischen Renaissance-Malerei – beziehungsweise ihren Errungenschaften – zu wurzeln scheint. Und doch – oder gerade darum – sollte man es im Zusammenhang mit den Uffizien behandeln.

Es erscheint vielleicht merkwürdig, daß von den Gemälden in den Uffizien ausgehend immer wieder Bilder und Künstler einbezogen werden, die gar nicht in den Uffizien hängen. Aber das Sichtbare dient immer nur als Hinweis. Der Dom Santa Maria del Fiore zeigt nicht den Vorgang seiner Entstehung, Uccellos *Reiterschlacht* verrät nichts über die Mühen seines Malers und nichts über das, was es bewirkt hat. Alle diese Werke sind nicht nur sichtbar, sie haben auch eine zeitliche Dimension. Diese zeitliche Dimension ist nicht auf die Entstehung des Werkes begrenzt, oder gar nur auf die mit ihr verbundenen Anekdoten. Diese zeitliche Dimension umfaßt auch, was das Bild und die in ihm verkörperten Errungenschaften bewirkt haben und vielleicht weiterhin bewirken. Wobei »bewirken« auch »verhindern« bedeuten kann. Vielleicht hat eine Synthese der Errungenschaften der Maler der toskanischen Renaissance, wie wir sie in Giorgiones *Tempesta* finden, sehr viel dazu beigetragen, daß die Malerei sich völlig unter der Voraussetzung der möglichst großen Naturähnlichkeit entwickelt hat, statt immer mehr aufzudecken von der Mathematik des Sehens.

Letztlich ist jedes Gemälde nur Hinweis. Beschränken wir uns bei unserem Galerie-Rundgang auf das, was wir sehen, dann verhalten wir uns wie ein Mann, der vor einem Hinweisschild steht, das die Aufschrift »Nicht stehenbleiben« trägt und es studiert und studiert. Und mit der Dauer des Studierens begreift er immer weniger, warum das Schild ihm nichts sagt und vergräbt sich immer wütender in Details. Und schließlich erstarrt er oder er wird müde. Das ist letzten Endes immer die Wirkung, wenn man sehr lange vor einem Bild steht und es anstarrt: Man wird müde. Natürlich kann man einwenden, wer vor einem Schild mit der Aufschrift »Nicht stehenbleiben« stehenbleibt, der hat den Hinweis nicht verstanden. Aber verhält es sich bei den Gemälden nicht vielleicht geradeso? Natürlich kann es auch Gemälde geben, die quasi sagen wollen »bleibe vor mir stehen«. Solche Gemälde wirken als Fallen, aber warum sollen Maler nicht auch Fallen stellen? Der Betrachter darf sich nur nicht fangen lassen. Und was kann nicht zur Falle werden? Für Uccello wurde schließlich die Perspektive zur Falle, von der er nicht mehr loskam. Und auch Leonardos Wille, immer mehr zu entdecken, ist ihm in gewissem Sinne zur Falle geworden, wenn auch Leonardo weniger in eine Falle gegangen ist als alle anderen. Die Zielvoraussetzung der größt-

Giorgione: Der Sturm, Venedig, Accademia.

Muß man tatsächlich wissen, was es »bedeutet«, um es besser sehen zu können? Oder, frei nach Dali: Muß das Publikum wissen, was der Maler gemeint hat? Kann es das überhaupt wissen? Und wußte es der Maler?

möglichen Natürlichkeit ist genauso eine Falle, wie die Voraussetzung der Vermeidung von Natürlichkeit zur Falle wird. Das berühmte Sätzchen »Wer A sagt muß auch B sagen« ist eine Falle, und der Satz »Ich sage doch nicht B, nur weil ich A gesagt habe« auch. Und die Befreiung liegt vielleicht darin, daß man überhaupt nicht A sagt, oder gleich B oder schweigt oder … Es gibt immer eine Möglichkeit mehr. Nur wenn es einmal funktioniert hat und man dann eine Regel daraus macht und erwartet, daß es auch künftig funktionieren wird, wird dann nicht auch diese Möglichkeit zur Falle? Zur Falle, die man sich so gern selbst stellt.

Damit erreichen wir die Stirnseite der Uffizien, den kurzen Flügel des Gebäudes, der die beiden Hauptflügel miteinander verbindet. Wir blicken hinaus auf die Herrlichkeit von Florenz, auf den Arno und die Hügel mit dem Belvedere. Und dann drehen wir uns vielleicht um und blicken den langen Gang entlang, aus dem wir gekommen sind. Fast am entgegengesetzten Ende des Ganges erblicken Sie eine Frau mit einem seltsamen großen Strohhut, und indem sie immer näherkommt, wird sie immer größer, bis sie nur noch wenige Meter von Ihnen entfernt ist und Ihnen den Ausblick auf den Gang verdeckt. Sie werden diesen Vorgang leichter erkennen können, wenn Sie einen Bezugspunkt auf dem Gang wählen, vielleicht eine der Statuen an der Wand. Wenn Sie die näherkommende Frau selbst als Bezugspunkt wählen, wird es Ihnen nicht deutlich werden, und auch dann nicht, wenn Sie keinen speziellen Bezugspunkt wählen. Aber vielleicht sehen Sie es auch nicht auf Anhieb, dann werden Sie es bei der nächsten Liebhaber-Reise in die Toskana sehen, oder bei der vierten Reise oder bei der fünften.

Uffizien:

Korridor mit Publikum. Auf dem oberen Bild ist klar, was man sieht. Unten wird durch den auf das Bild gelegten Raster etwas darüber klar, wie man sieht.

Hilfreich könnte es vielleicht sein, eine Klarsichtfolie mit einer Rastereinteilung auf eine Abbildung zu legen oder – der Einfachheit halber – die Abbildung zu betrachten, auf welcher der Raster eingedruckt ist. Da werden die Größenverhältnisse plötzlich viel deutlicher. Und zugleich – bei der Betrachtung des Inhalts einzelner Quadrate wird erkennbar was – oder wie wenig – auf der Fläche des Bildes ist, wie wenig notwendig ist, damit sich beim Betrachter der Anschein der Übereinstimmung zwischen dem Sichtbaren und seiner Darstellung auf der planen Fläche ergibt.

Uffizien:
Blick aus dem Fenster des Querflügels. – Ist es nicht mehr als ein Gemälde?

Im ersten Saal des anderen Flügels der Uffizien finden wir den einzigen Michelangelo der Uffizien. Dieses Gemälde gibt lediglich einen bescheidenen Hinweis auf das enorme Werk des großen Malers und Bildhauers der Päpste, des Giganten der Sixtinischen Kapelle, wie er häufig genannt wird. Er war besessen davon, die Darstellung des Menschen zu meistern. Das zeigt auch sein Werk in den Uffizien. Sicherlich, er meisterte die Darstellung des menschlichen Körpers und seiner Bewegungsmöglichkeiten in einmaliger Weise. Er malte Menschen in Positionen, vor deren Darstellung jeder andere Meister zurückgeschreckt wäre. Er scheute keine Schwierigkeit. Und er hat auch unter schwierigsten Umständen, wie in der Sixtinischen Kapelle – dort mußte er auf einem Gerüst unter der Decke auf dem Rücken liegend malen –, eine unerhörte Gelassenheit der Darstellung des Menschen erreicht, aber wohl niemals die nervige Unmittelbarkeit des Ausdrucks, die Leonardo mitunter gelang, der eben jedes Problem immer wieder von Grund auf anging. Michelangelo hat nicht nur den David überdimensioniert, er hat den Menschen überhaupt überdimensioniert, und das hat – bei aller Eleganz der Darstellung – zur Vergröberung geführt.

Die Großartigkeit der Darstellung verdeckt die wirkliche Größe des Dargestellten. Seine *Heilige Familie* in den Uffizien ist sehr bewegt, raffiniert in der Komposition, geradezu der Inbegriff dessen, wie sich Eltern vielleicht gerne mit ihrem Kleinen sehen, aber sie ist zugleich

Michelangelo: Die Heilige Familie, Uffizien.

voller großer und allzu glatter Flächen und von plakativer Penetranz. Es ist eben das Gemälde eines Bildhauers, für den Flächigkeit ein wichtiger Faktor ist, und auch das Gemälde eines Malers von Kirchendecken, der auf große und damit eher grobe Wirkungen aus ist.

Leonardo hat weitaus weniger solche Routinen entwickelt. Er hat nicht einmal erworbene Mittel – also Techniken – immer wieder verwendet, sondern überwiegend die für die einzelnen Aufgaben angemessenen Wege neu gesucht. Wann wäre Michelangelo jemals eine so von innen kommende Kraft des Dargestellten gelungen, wie es bei Leonardos Maria in der *Anbetung der Könige* der Fall ist oder seiner *Heiligen Anna Selbdritt* (Louvre). In allem wird die enorme Unterschiedlichkeit der beiden Männer deutlich. Sie kamen allenfalls dann einander in die Nähe, wenn es um Aufträge oder Positionen ging, die sowohl für den einen wie für den anderen in Betracht kamen, als Rivalen. Sie konnten sich gegenseitig nicht ausstehen. Beide Männer arbeiteten an jedem ihrer Werke mit großer Intensität, fertigten Skizzen eines jeden Details, betrieben intensive Studien, nur tat es jeder in einer anderen Richtung. Das zeigt sich sogar noch in ihren Skizzen, die bei Michelangelo erheblich glatter und vielleicht »schöner« sind, während sie bei Leonardo das Suchen zeigen. Leonardo wollte den Dingen auf den Grund gehen, sie durchdringen. Michelangelo wollte darstellen, überzeugen, Macht gewinnen durch die Kunst. Er wollte herrschen. Sicherlich wollte auch Leonardo wirken, aber auf eine sehr viel subtilere und von der Struktur des Darstellten ausgehenden Weise. Dabei war Michelangelo religiös. Gut und Böse, Einheit mit Gott und dergleichen galt ihm viel, daran glaubte er, während es für Leonardo leere Begriffe waren, die ihn nicht weiter interessierten. Michelangelo war im Grunde sehr viel weniger ein Renaissance-Mensch als Leonardo. Michelangelo nutzte die Mittel der Renaissance. Sein Ziel – Ausübung geistiger Macht – war eher mittelalterlich. Michelangelo war mehr Sieger, während Leonardo Sucher war. In seinen späteren Jahren fanden sich für Michelangelo keine Aufgaben mehr, die seiner mehr und mehr gewachsenen Kraft entsprachen; das dürfte ihn verbittert und letztlich auch in seiner Arbeit Ausdruck gefunden haben.

Leonardo: Die Heilige Anna Selbdritt, Paris, Louvre

Im Gegensatz zu Leonardo und Michelangelo war Pontormo wohl eher auf der Schattenseite des Lebens angesiedelt. Er findet auch heute weniger Beachtung als er verdient. Sehr viele Besucher der Uffizien nehmen seine Existenz nicht einmal wahr. Betrachten wir seine *Madonna mit Kind und zwei Heiligen*, die in einem der folgenden Säle hängt.

Pontormo: Madonna mit Kind und zwei Heiligen, Uffizien.

Versteckter Protest gegen das Sujet oder malerische Manier?

Das ist sicherlich keine übliche Darstellung einer Madonna. Sie sitzt vor einer Balustrade, also auf einem keineswegs repräsentativen Platz, wie es sich für eine Mutter Gottes ja damals ganz bestimmt gehört hat. Sie verdreht ihre Augen genauso verzückt wie das Kind auf ihrem Schoß, das sich selbst zu feiern scheint. Die beiden Heiligen wirken heruntergekommen und streitsüchtig. Am unteren Rand der Darstellung sehen wir Engel, die sich über das Ganze zu wundern scheinen. Ist das nicht das Werk eines Mannes, der ein Sujet malen muß – egal aus welchen Gründen –, und dem dieses Sujet zum Halse heraushängt, eines Mannes, der – bewußt oder unbewußt – gegen das protestieren will, was sich normalerweise in solchen Bildern ausdrückt? Ist das Bild also nicht einfach gegen das Sujet gemalt?

Kunsthistorisch läßt sich eine solche Darstellung sehr leicht mit einem Begriff abtun. »Manierismus« heißt das Wort in diesem Falle. Aber was sagt das? Nichts. Es klassifiziert das Werk und seinen Schöpfer, es sagt aber überhaupt nichts darüber, was in dem Werk zum Ausdruck kommt. Dabei spielt es, wie Dali so schön gesagt hat, überhaupt keine Rolle, ob der Künstler es weiß oder nicht. Er bringt es zum Ausdruck, darauf allein kommt es an. Oder muß man vielleicht sagen, »der Betrachter gewinnt den Eindruck«? Er kann ihn zumindest gewinnen.

Pontormo arbeitete in einer Zeit, in der man sehr vieles nicht offen aussprechen durfte, was sich in Gedanken bereits aufgedrängt haben dürfte. Es drückte sich dann vielleicht in einer gegen das Sujet gemalten Madonna aus. In seinen späteren Jahren ist Pontormo sehr mißtrauisch geworden, hat sich abgesondert und war sehr unzugänglich. Da urteilt man dann schnell: »Na ja, der war verrückt, an seiner Madonna sieht man es ja auch.« Dabei hatte er doch alle Ursache, Angst zu haben, wenn er im Grunde Dinge zum Ausdruck bringen wollte, die auszudrücken böse Folgen haben konnte. Und gerade wenn er ein offener und mitteilsamer Mensch ist, muß er sich dann in sich zurückziehen. Was könnte vernünftiger sein? Sicherlich hat man Pontormo oft vorgeworfen, daß er nicht des rechten Geistes sei. Und für die, die ihm das vorgeworfen haben, hat er ihn sicherlich auch nicht gehabt. Dann ist man oft schnell dabei, auf den abweichenden Geist das Wort anzuwenden, das man im Körperlichen bei abweichend funktionierenden Organen anwendet: »krank«. Man spricht von einem kranken Geist. Dagegen ist letzten Endes auch nichts zu sagen, genausowenig wie beispielsweise gegen einen Satz wie »Herr Meier ist sauer«, da denkt niemand, daß Herr Meier säuerlich schmecken könnte. Es handelt sich um eine bildliche oder metaphorische Ausdrucksweise. Sie richtet so lange keinen Schaden an, wie es den Leuten gelingt, die Metapher und das durch sie Verbildlichte auseinanderzuhalten. Setzt man aber beides gleich, kommt es zu irriger Identifizierung oder irriger Gleichsetzung. Die Folge: Ein Mann wie Pontormo wird häufig und völlig ungerechtfertigterweise als geistig Erkrankter bezeichnet, betrachtet und behandelt. Dabei hat noch niemand das Organ gesehen, das da angeblich erkrankt sein soll.

Wenige Säle weiter finden wir die Tizians. Tizians Werke beherrschen den ganzen Saal. Er ist kein Florentiner, er ist Venezianer, ein Schüler Giorgiones. Tizian war der große Meister der malerischen Wirkung, der Virtuose. Alle Mittel, die die toskanischen Maler der Renaissance entwickelt hatten, hat er zusammengefaßt und benutzt. Uccello würde vielleicht sagen, er habe sie mißbraucht. Das ist eine Frage. Was zuzutreffen scheint, hängt davon ab, was man als Ziel der Malerei voraussetzt. Aber mit dem, was Tizian wirklich getan hat, muß das alles überhaupt nichts zu tun haben. Es wäre etwa möglich – um nur ein Beispiel zu nennen –, daß Tizian alles von sich aus und für sich neu entwickelt hat.

Tizian: *Venus von Urbino*, *Uffizien*

Sicherlich gibt es auch Toskaner, die zu Äußerungen neigen wie, Tizian habe die von den toskanischen Malern der Renaissance entwikkelten Mittel auf typisch venezianische Weise mißbraucht. Und sicher wird der ganze Unterschied zwischen Venedig und der Toskana deutlich, wenn man Tizians Werke und – sagen wir ruhig – Leonardos *Anbetung* einander gegenüberstellt. Tizian verkleidet und verhüllt äußerst dekorativ, wo die Toskaner enthüllen und dem Urgrund nähergekommen sind. Dem venezianischen Geist entspricht die Komödie mehr als die Wissenschaft. Auch könnte man sagen, mit Tizian seien die Errungenschaften der toskanischen Renaissance-Maler untergegangen. Angemessener wäre allerdings zu sagen, daß sie in Tizians Werk aufgegangen seien, in gewissem Sinne verschwunden.

Tizian hat die große Zeit der Florentiner Malerei überlebt. Er starb fast hundertjährig im Jahre 1576. Zu diesem Zeitpunkt lebte bereits keiner der großen Florentiner mehr. Die große Zeit der Florentiner Malerei war erloschen. Tizians Gemälde – beispielsweise gerade die *Venus von Urbino* oder *Venus und Amor*, die wir in den Uffizien sehen – sind ungeheuer geschlossen. Wenn auf einem Bild ein Ausblick durch ein Fenster zu sehen ist, wirkt die Welt draußen erneut wie ein Bild von Tizian. Tizian und kein Ausweg. Die vollkommene Welt des Tizian. Für

Leonardo da Vinci: Anbetung der Könige, Uffizien

Tizian: Madonna mit Heiligen und Mitgliedern der Familie Pesaro, Venedig, Kirche Maria dei Frari.

den Betrachter bleibt da kein Platz mehr. Solche Gemälde machen nicht lebendig.

Tizian arbeitet bis zu seinem Tod. Und die venezianische Malerei erlischt nicht mit seinem Tod. Tintoretto lebt und arbeitet bis 1594. Bei ihm dominiert mehr und mehr der große Effekt, den er meisterhaft setzt. In einem der nächsten Säle können wir einen Blick auf einige seiner Werke werfen. Wir finden auch noch spätere Venezianer in den Uffizien, Canaletto (1697–1768), Guardi (1712–1793) und Longhi (1702–1785) und schließlich noch Tiepolo (1696–1769), der nach Guardis Genremalerei noch einmal ganz groß auf Effekte ausgeht.

Falls man nach alledem noch genug Energie aufbringt, sollte man einen Blick auf die Rubens werfen, die in dem folgenden großen Saal hängen, sowie auf die Rembrandts im letzten Saal der Galerie. Sie gehören nicht mehr in die Schule des Sehens, als welche man die Uffizien betrachten kann.

Wenn wir Glück haben, können wir uns jetzt einer Führung durch den *Corridore Vasari* anschließen und an den zahlreichen Selbstporträts vorbei – unter ihnen Tizian, Michelangelo, Raffael, Rubens und Rembrandt – zum Palazzo Pitti gelangen. Sicher ist es nicht empfehlenswert, gleich im Anschluß an den Besuch der Uffizien-Galerie auch noch die Gemälde im Palazzo Pitti anzuschauen, die Galleria Palatina. Vielleicht ist es ein guter Augenblick, sich im Boboli-Garten zu ergehen, der hinter dem Pitti liegt und sich bis zum Forte Belvedere hinaufzieht. So ein Spaziergang in dem kunstvoll angelegten Terrassengarten hat seine Reize, und man findet manchen schönen Ausblick auf die Stadt. Vom Boboli gibt es auch einen Ausgang zur Via Romana. Von dort ist man schnell an der Porta Romana, von wo man die Hotels in Richtung Piazzale Galileo leicht zu Fuß erreichen kann, oder sonst ein Taxi findet, entweder um ins Hotel oder zu seinem Auto zurückzugelangen.

Nach einem oder mehreren Besuchen in den Uffizien kann man die übrigen Gemälde-Galerien von Florenz nur noch als Ergänzungen dieser Schule des Sehens betrachten. Unbedingt besuchen sollte man auf jeden Fall noch die Galleria Palatina im Palazzo Pitti. Dort fällt einem zuerst mal auf, wie schlecht die Gemälde gehängt sind. Sehr interessante Gemälde hängen oft hoch oder so, daß kein Licht auf sie fällt. Es ist wie bei Leuten, die massenhaft Gemälde besitzen, denen aber der Platz fehlt, sie einigermaßen angemessen zu hängen. Eine Schule des Sehens ist die Palatina-Galerie jedenfalls nicht. Tatsächlich ist die Hängeweise so belassen, wie sie die Großherzöge der Toskana gestaltet haben, beziehungsweise nicht gestaltet haben. Sie haben diese Sammlung zu ihrem privaten Vergnügen begonnen. Erst seit 1833 ist sie öffentlich zugänglich. Die Fülle interessanter Gemälde ist geradezu erdrückend, unter anderem 14 Tizians, acht Tintorettos, zwölf Rubens (darunter die berühmten »Vier Philosophen«), dann van Dycks, Sustermanns und neben vielem anderen auch elf Raffaels (1483–1520), den ich beim Rundgang durch die Uffizien absichtlich ausgespart habe. Ich möchte lediglich auf einen dieser Raffaels eingehen, die *Madonna della Sedia*, ein Tondo – ein kreisrundes Bild also –, das im sogenannten Saturn-Saal der Galleria Palatina hängt. Raffael gilt ja weithin als der Maler fraulicher Vollkommenheit. Viele Menschen meinen, daß Mütterlichkeit nirgends reiner dargestellt worden ist als in Raffaels Madonnen. Und sicherlich hat er in vielen Köpfen ein Idealbild der Frau entstehen lassen, das auch heute noch wirkt, dabei aber meist gar nicht mehr im Zusammenhang mit seinem Ursprung gesehen wird. Nach Meinung sehr vieler Menschen – unter ihnen auch ernstzunehmende Kunsthistoriker – besitzt nun die *Madonna della Sedia* die berühmten Tugenden Raffaelscher Madonnen in ganz besonderem Maße. Harmonische Fraulichkeit plus beschützende Mütterlichkeit, harmonisch gegliedert und eingefaßt in einen ornamental überladenen Rahmen. Ergibt das nicht das Maß aller Dinge? Gestehen wir dem großen Arrangeur Raffael zu, daß er ein Arrangement von höchster Harmonie geschaffen hat, aber das ist es ja. Harmonie bedeutet, daß alles ineinander paßt, daß eine vollkommene Ordnung herrscht, alles greift ineinander wie in einem großen Uhrwerk, alles ist Teil und Rädchen in einem Ganzen. Im übrigen ist die zur Illustration tendierende recht naturalistische Darstellung der Figuren mit Reizpunkten überladen. Was bleibt dem Betrachter? Kann er etwas anderes tun, als sich dieser Ordnung zu unterwerfen oder ihr den Rücken zu kehren und zu gehen?

Raffael war kein Renaissance-Maler, jedenfalls dann nicht, wenn man unter Renaissance nicht eine Zeitspanne versteht, sondern Aufbruch. Hinzuzufügen, daß er auch kein Toskaner war, wäre ein billiger Gag. Er stammt aus Urbino in der Provinz Umbrien und war ein Schüler von Perugino. Er ist sehr jung nach Florenz gekommen und hat dort sehr schnell Erfolg gehabt. Dabei hat ihm ohne Zweifel auch sein äußerst gewinnendes Wesen geholfen. Er war kein Maler, der den Dingen auf den Grund gehen oder sie von Grund auf aufbauen wollte. Er war ein großer Meister der Raumaufteilung, der Komposition, im übrigen übernahm er weitgehend vorgefundene Formen und Techniken. Alles das erlaubte ihm eine äußerliche Vervollkommnung, die vielfach bezaubernd wirkte oder faszinierte. Und bezaubern wollte er vielleicht. Auf keinen Fall wollte er immer mehr Voraussetzungen aufdecken, wie Uccello und Leonardo. Uccello könnte wieder sagen, Raffael habe die dem Dunkel entrissenen Mittel zur Schaffung neuer Illusion mißbraucht. Aber die Auswirkungen von Raffael waren schlimmer. Er schuf nicht nur Illusionen der Natürlichkeit, er ließ auch unsinnige Erwartungen in den Köpfen von Menschen erstehen, wie Frauen beschaffen sein sollten. Er verstärkte eine völlig unsinnige Vorstellung reiner Mütterlichkeit, an der Frauen nicht nur gemessen wurden und werden, an welcher sie sich auch häufig selbst maßen. Er verstärkte also eine einseitige Prämisse und hat sicherlich wesentlich zum Leiden vieler Menschen beigetragen, die sich in ihrer Vielfalt an dieser Forderung messen und als unvollkommen empfinden oder daran gemessen wurden und der unsinnigen Forderung nach Einseitigkeit nicht genügen konnten. Warum Raffael zu so großem Ruhm gelangen konnte? Kamen da verborgene Sehnsüchte infantiler Männer und Frauen zum Ausdruck? Lassen wir die Frage. Betrachten wir die *Madonna della Sedia* oder drehen wir ihr den Rükken zu und gehen, vielleicht nicht ohne Raffaels Porträt von *Papst Leo* X. kurz zu betrachten und festzustellen, daß er auch besseres konnte als den Anschein von Harmonie und Voraussetzungen zu schaffen, welche die Entfaltungsmöglichkeiten von Menschen einschränkten. Dabei ist natürlich hinzuzufügen, daß Raffael nur einem in den Menschen vorhandenen Trend oder Bedürfnis entsprach. Kein Künstler kann im Publikum etwas auslösen, wozu nicht bereits Neigung besteht. Er vermag die Neigung entweder zu verstärken oder ihr sanft entgegenzuwirken, er kann also die Richtung beeinflussen. Er kann zumindest zweierlei: Bedürfnisse erfüllen oder ihre Wurzeln aufdecken. Raffael war ein Erfüller.

In dem übrigens um die Mitte des 15. Jahrhunderts erbauten und später erweiterten Palazzo Pitti kann man Prunkgemächer besichtigen, die von den Medici und später – während Florenz Hauptstadt von Italien war (1861–71) – von Mitgliedern des italienischen Königshauses bewohnt wurden. Das alles wirkt heute sehr großartig. Wie sich die Bewohner darin gefühlt haben, können wir bei einer Besichtigung nicht nachvollziehen. Vielleicht waren die Räume im Winter nicht besonders warm. Und ein Bad in einem modernen Badezimmer ist wahrscheinlich erheblich angenehmer als eines im zwar prunkvoll eingerichteten, technisch aber primitiven Badezimmer im Pitti. Heute verfügen Durchschnittswohnungen oft über einen Komfort, der vor wenigen hundert Jahren selbst für Fürsten kaum zu verwirklichen war.

Die Besichtigung des Silbermuseums im Palazzo Pitti dürfte allenfalls dann in den Rahmen einer Liebhaber-Reise gehören, wenn jemand eine besondere Vorliebe für schöne Silber- und Goldschmiedearbeiten hat. Schließlich befindet sich im Pitti noch eine Galerie der modernen Kunst vom 19. Jahrhundert an. Ihre Be-

Raffael: Portrait Papst Leo X., Palazzo Pitti, jetzt Uffizien.

Raffael: Madonna della Sedia, Palazzo Pitti.

Alle Spuren des Machens sind getilgt. Das Gemälde erscheint als in sich geschlossenes Objekt. Man kann die Perfektion preisen, man kann aber auch die Unmöglichkeit, etwas hinzuzufügen beklagen.

Leonardo: Anbetung der Könige, Uffizien.

Die Spuren des Machens sind deutlich. Alles ist offen. Nichts ist endgültig.

sichtigung kann dem Liebhaber-Reisenden höchstens das Gefühl einbringen, »jetzt habe ich auch das noch gesehen«. Beim Verlassen des Pitti sollten wir einen Blick auf den *Bacchus* am Eingang zum Boboli-Garten werfen, einfach weil er so lustig ist.

Die Fülle dessen, was in Florenz sehenswert ist, ist noch lange nicht erschöpft, aber die Essenz haben wir erlebt. Alles andere ergänzt oder erweitert, ist aber nicht grundlegend. Eines sollte man unbedingt noch besuchen: das Museum San Marco, vor allem die Mönchszellen des ehemaligen Dominikaner-Klosters, die mit Fresken von Fra Angelico (1387–1455) geschmückt sind. Ich will gar nicht viel dazu sagen. Diese Fresken sind vielleicht auch mehr eine Sache des Herzens als der Kunst der Renaissance. Fra Angelico war kein Renaissance-Mensch. Er kam aus dem Mittelalter und war fröhlich, weil in einer Welt Gottes alles gut bestellt sein mußte. Bei ihm stimmen Absicht und heutige Wirkung zweifellos weitgehend überein. Nicht jeder wird es gleichermaßen rührend finden, um so mehr, als auch Savonarola in diesem Kloster gelebt und gewirkt hat. Seine Zelle kann man besichtigen. Dort hängt ein Porträt des finsteren Eiferers, das Fra Bartolommeo gemalt hat. Fra Angelicos Einfalt und Savonarolas Fanatismus sind räumlich eng beieinander, zeitlich allerdings durchaus getrennt. Der malende Mönch war längst gestorben, als der Eiferer in das Kloster eintrat. Und doch: Liegen Einfalt und Fanatismus nicht oft dicht beieinander? Und haben beide nicht eines gemeinsam: die Unfähigkeit, die eigene Begrenztheit und ihre Wurzeln zu erkennen? In solcher Erkenntnis und der Überschreitung der Grenzen liegt die Aufhebung, sowohl von Fanatismus als auch von Einfalt.

Alle anderen Galerien bringen nichts, was wir in seinem Wesen nicht bereits kennengelernt hätten. In der Accademia finden wir weitere Michelangelos und Botticellis. Bei einem intensiveren Besuch des Bargello lernen wir über die beiden *Davids* hinaus weitere Werke von Donatello und Verrocchio kennen. Und neben einigen Plastiken von Cellini begegnen wir Arbeiten von della Robbia, dem einzigartigen Meister der farbigen Terrakotta. Aber Werke von della Robbia sieht man in vielen Kirchen und an den Fassaden alter Gebäude, dazu muß man nicht in den Bargello gehen. An anderen Plätzen wirken sie lebendiger als in der Gefangenschaft des Museums.

Es entspricht auch nicht dem Wesen einer Liebhaber-Reise in die Toskana, daß man alle Kirchen besichtigt. Gewiß hat jede ihre besonderen Feinheiten, und in jeder befinden sich wenigstens einzelne Gemälde von Rang. Aber das sollte man nur mitnehmen, wenn es sich gerade ergibt auf den Wegen durch die Stadt, auf denen man sich einhüllen läßt von ihrer einmaligen Atmosphäre. Sicherlich kommt man irgendwann einmal bei der Kirche Santa Maria Novella vorbei. Da sollte man sich vor allem im *Chiostro Verde* die von Uccello gemalten Fresken ansehen. In der Kirche selbst findet man unter anderen auch ein Fresko, das Andrea Buonaiuto zugeschrieben wird, und in dem Porträts von Giotto, Cimabue, Petrarca und Boccaccio enthalten sind. Und dann die Kirche Orsanmichele – sie liegt in der Häuserzeile der Via Calzaiolo, der direkten Verbindung zwischen Piazza della Signoria und dem Dom. Da kommt man bestimmt öfter entlang und irgendwann sollte man sich die Zeit nehmen, die Kirche zu betrachten, die aus einem Getreidespeicher entstanden ist. Und Santa Croce mit der Pazzi-Kapelle von Brunelleschi ist nicht weit vom Palazzo Vecchio. Keine andere Kirche in Florenz ist reicher an Kunstwerken als Santa Croce. Aber zu viele einzelne Besichtigungen zerstören den gesamten Eindruck eher als ihn zu verstärken. Das gilt auch für die Palazzi. Sicher gibt es im Palazzo Vecchio eine Fülle prunkvoller Säle und Zimmer, ausgeschmückt mit Werken namhafter Maler, aber über das Innere solcher Gebäude haben wir bei unseren Besuchen im Palazzo Pitti und in den Uffizien beiläufig schon genug erfahren. Wert sollte man vor allem darauf legen, möglichst viel von der Atmosphäre der Stadt einzuatmen, durch die engen Gassen zu gehen oder die Lungarni entlang über die Brücken, auch in der Dunkelheit, wenn sich die Laternen, die den Arno und die Lungarni säumen, im Wasser spiegeln, genau wie die Lichter der Autos, die über die Brücken fahren. Man sollte auch durch die Via San Leonardo zum Belvedere gehen. Und vielleicht einmal in der Dunkelheit zum Piazzale Michelangelo fahren und über die Stadt im Lichterglanz blicken. Oder abends hinausfahren in die Hügel oberhalb von Bagno a Ripoli, in der Trattoria *Gargotta* essen und anschließend durch die Hügel gehen und auf die Stadt blikken, vielleicht beim Mondschein und im Sommer von Leuchtkäferchen umschwirrt. Und an einem Morgen sollte man einmal ganz früh aufstehen, wenn noch alles schläft über die Ponte Vecchio gehen zur Piazza della Signoria, wenn alles unberührt erscheint. Wenn die Jahreszeit entsprechend ist, sollte man dann auch zum Arno gehen und versuchen zu sehen, wie die Lichter verlöschen, wenn der Morgen graut. All das wird unvergeßlich bleiben und sich tiefer einprägen als immer noch eine Kirche.

Einen ganz speziellen Eindruck kann man vielleicht noch in der Casa Buonarroti gewinnen. Das Grundstück hatte Michelangelo schon in ziemlich jungen Jahren erworben. Das Haus, das von Michelangelos Neffen und Erben, Lionardo Buonarroti, auf Grund von Anregungen Michelangelos erbaut wurde, hat Michelangelo nie bewohnt. Lionardo Buonarrotis Sohn, Michelangelo d. Jüngere, ein ziemlich unbedeutender Literat, hat sich wenigstens dadurch einen Namen geschaffen, daß er dieses Haus in eine Kultstätte verwandelte. Der letzte Buonarroti, der 1858 verstarb, hat das Gebäude und die Sammlung der Stadt Florenz hinterlassen.

Im ersten Stock, im Raum 4 finden wir einen ungewöhnlich fein, fast möchte ich sagen: zärtlich modellierten Gekreuzigten. Es ist der äußerst seltene Fall eines Gekreuzigten ohne

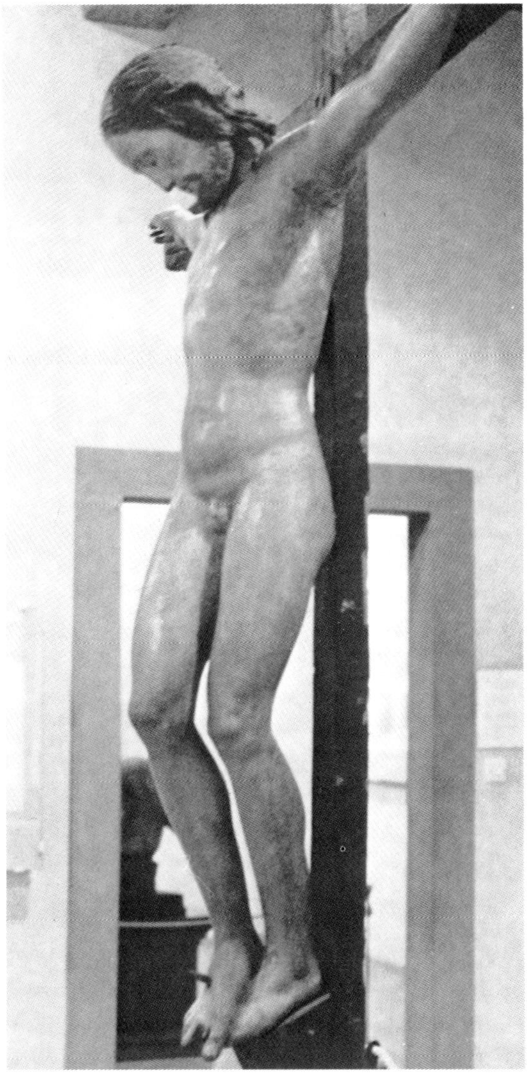

Michelangelo: Kruzifix, Casa Buonarroti.

Lendentuch. Da hängt einfach ein nackter Mann am Kreuz, ein Mensch. Eine solche Darstellung entsprach nicht dem Gewohnten oder der allgemeinen Sitte. Mit großer Wahrscheinlichkeit handelt es sich um jenes von Vasari und anderen Autoren erwähnte Kruzifix, das der neunzehnjährige Michelangelo im Jahre 1494 geschaffen hat. Der Prior von Santo Spirito hatte dem jungen Bildhauer anatomische Studien an Leichen ermöglicht. Wohl als Gegenleistung für diesen damals außerordentlichen Dienst oder aus Dankbarkeit dafür hat Michelangelo diesen Christus für Santo Spirito geschaffen. Jahrhundertelang hatte man das Werk verloren geglaubt. Erst 1963 wurde es unter einer dicken, nachträglich aufgetragenen Farbschicht wieder entdeckt. Drängt sich da nicht die Frage auf, was Menschen veranlaßt hat, gerade dieses Kruzifix unter einer Farbschicht zu verbergen, und zwar mit solcher Heimlichkeit, daß nie etwas über diesen Akt des Verbergens bekannt geworden ist? Allerdings: Wäre es nicht in Heimlichkeit geschehen, wäre das, was man verbergen wollte, ja nicht aus der Welt verschwunden. Doch folgt es nicht vielleicht aus einer allzu naheliegenden Voraussetzung, einem Vorurteil, wenn man dieses Verbergen des Menschlichen des Mannes am Kreuz als Ausdruck des Willens zum Ableugnen oder der Prüderie ansieht? Könnte die Farbschicht nicht aufgetragen worden sein, um das Werk zu schützen, es vor der Vernichtung durch die Schergen des gerade damals zur Macht kommenden puritanischen Savonarola zu bewahren? Auch in dem Fall hätte der Akt des Verbergens mit äußerster Heimlichkeit stattfinden müssen und könnte später in Vergessenheit geraten sein. Der hinter dem Verbergen steckende Wahn wäre allerdings in beiden Fällen von gleicher Art.

Der nackte Mann am Kreuz und seine Vorgeschichte lassen die Annahme zu, daß der junge Michelangelo von außerordentlichem Forschungsdrang erfüllt war und von dem Mut, Dinge zu wagen, die bisher nicht gewagt worden waren. Vielleicht bestanden bei ihm Ansätze zu einer Entwicklung in der Richtung, die der erheblich ältere Leonardo eingeschlagen hatte. Und vielleicht hätte Michelangelo auf diesem Wege neue Bereiche eröffnen und weit über Leonardo hinaus gelangen können. Was hatte den ohne Zweifel sehr sensiblen und noch leicht zu beeinflussenden jungen Michelangelo aus dieser Bahn geworfen? Waren das die Folgen des terroristischen bilderstürmerischen Wahnsinns, der mit Savonarola aufkam? Ist Michelangelo dadurch zu einem Mann geworden, der eben zur Erhaltung des Überkommenen neigte? War es für den jugendlichen Bildhauer nicht vielleicht verwirrend, daß er sich – zumindest in politischer Hinsicht – der geifernden Agitation des Mönchs nicht völlig zu entziehen vermochte? Zumindest heißt es, daß Michelangelo zu den politischen Anhängern des Savonarola gehört habe. Und entsprach es nicht während ein oder zwei Jahren weitgehend dem allgemein herrschenden Gefühl, dem Mönch zu folgen? Genau wie es in unserem Jahrhundert mehr als einmal dem allgemeinen Gefühl entsprochen hat, höchst fragwürdigen Führern zu folgen. Wie konnte Michelangelo sein künstlerisches Wollen mit dem politischen Sog vereinbaren, in den er geraten war? Eine solche in sozialem Druck wurzelnde Verwirrung kann zu »Lösungen« führen, die ein Mensch beibehält, auch wenn der Druck längst verschwunden ist. Und so kann man vielleicht sagen – wenn auch nicht ohne Überspitzung: Der nackte Mann am Kreuz ist das eigentliche Denkmal, das Michelangelo sich selbst gesetzt hat.

Auf den Wegen durch die Stadt wird man sehen, daß manches, was in anderen Städten als Sehenswürdigkeit verzeichnet werden würde, in der Fülle von Florenz nicht besonders beachtet wird; die verschiedenen alten Stadttore, manche herrliche Fassade, manche uralte Gasse. An manchen Fassaden sieht man Markierungen des Wasserstandes bei der großen Flut von 1966. Vielfach stand das Wasser über zwei Meter hoch, und einige Tage lang muß es ausgesehen haben, als wenn Florenz nie wieder das werden könnte, was es zuvor war.

Wenn man Zeit hat, sollte man auch zur Kartause fahren – das läßt sich mit der Abreise verbinden. In der Nähe der Kartause befinden sich sowohl der Anfang der Schnellstraße nach Siena als auch die Einfahrt Firenze Certosa der *strada del sole*. Von der festungsähnlichen Kartause aus hat man vor allem einen herrlichen Blick in die Weite des Tals.

Reizvoll ist auch ein Ausflug nach Vinci, vor allem um Leonardos herrlich gelegenes Geburtshaus (2 km von Vinci entfernt) zu besuchen. Außerdem befindet sich in der aus dem 11. Jahrhundert stammenden Befestigung der Stadt Vinci ein kleines Museum, in dem man vor allem funktionierende technische Modelle sehen kann, die nach Zeichnungen und Entwürfen von Leonardo gebaut worden sind.

Auf dem Rückweg kann man über Prato fahren, die Stadt des skandalösen Mönchs und berühmten Malers Filippo Lippi (1406–1469), der es fertiggebracht hat, aus dem Kloster auszutreten und zu heiraten. Damals war das eine Leistung. Im Duomo kann man Fresken von Lippi sehen. Außerdem gibt es dort auch Fresken von Uccello.

Auf jeden Fall sollte man von Florenz aus nach Fiesole fahren, das läßt sich vielleicht mit einem Essen in der Trattoria *Le Cave di Maiano* verbinden. Schon die Fahrt nach Fiesole hinauf ist wie eine Melodie aus Pinien, Zypressen, Olivenbäumen und Palazzi. Von Fiesole aus, etwa von der Terrasse bei der alten Franziskaner-Abtei, haben wir einen herrlichen Blick auf Florenz, einmal aus einer anderen Perspektive und größerer Entfernung. In Fiesole sollte man das alte römische Theater besuchen, dessen Überreste in den Hügeln liegen. Daneben findet man ein kleines Museum mit Ausgrabungen aus der Etruskerzeit. Der eindrucksvollste Teil des Ausflugs ist die Fahrt von Fiesole nach Settignano. Durch Pinien und Zypressen schlängelt sich die Straße und führt schließlich hinunter nach Settignano. Dort liegt die Villa I *Tatti*, die dem berühmten Kunsthistoriker Bernard Berenson (1865–1959) gehörte, der dort den größten Teil seines langen Lebens gewohnt hat. Heute wird die Villa von der Harvard-University als Studien-Zentrum verwendet. Durch das Vermächtnis an die Universität ist es Berenson gelungen, das am Leben zu erhalten, was er in den langen Jahren seines Lebens mit so viel Liebe aufgebaut hatte: die einzigartige kunsthistorische Bibliothek und die beachtliche eigene Kunstsammlung, die in der herrlichen Villa untergebracht sind.

Wenn irgend möglich sollte man die Villa I *Tatti* besuchen und besichtigen. Nicht nur ihrer Schönheit und einmaligen Lage in einem herrlichen Park wegen und auch nicht allein wegen der Bibliothek und der Gemäldesammlung, sondern weil in ihr sichtbar wird, was ein Mann auch noch im zwanzigsten Jahrhundert aus seinem Leben machen konnte und machen kann, und zwar ohne von Haus aus begütert zu sein.

Bis vor einigen Jahren fanden regelmäßig Führungen durch die Villa statt, zu denen man sich telefonisch anmelden konnte. Aus Sicherheitsgründen – amerikanische Institutionen sind bekanntlich besonders gefährdet – ist dieses Verfahren geändert worden. Heute muß man schriftlich um einen Besichtigungstermin nachsuchen. Es ist empfehlenswert, möglichst schon bei der ersten Planung der Reise einen entsprechenden Brief zu schreiben (Adresse im Anhang unter »Die wichtigsten Galerien und Museen«).

Berenson hat an der Harvard-University Kunstgeschichte studiert. Als junger Mann ist er nach Europa gekommen und hat sich durch sein Buch *The Drawings of the Florentine Painters* einen großen Namen als Kunstexperte gemacht. Tatsächlich war er über fünfzig Jahre lang die allgemein anerkannte Autorität auf dem Gebiet der italienischen Malerei der Renaissance. Weithin populär – wenigstens in entsprechenden Kreisen – wurde er durch seine vier Essays über die italienischen Maler der Renaissance, die nacheinander zwischen 1897 und 1907 erstmalig erschienen. Sie werden heute noch neu aufgelegt. Mit diesen Arbeiten wollte Berenson ein breites Publikum zum Verständnis der Malerei und besonders der italienischen Malerei der Renaissance führen. Dabei entwickelte er eine Kunsttheorie, auf der er seine Kunstbetrachtungen aufbaut. Diese Kunsttheorie gipfelt in der bereits erwähnten Auffassung, daß das ästhetische Vergnügen darin wurzelt, einen Gegenstand in einer künstlerischen Darstellung schneller zu begreifen als in der Wirklichkeit. Dieses Begreifen basiert laut Berenson auf den Berührungswerten, *tactile values* nennt er es, durch welche beim Anblick eines Gemäldes unser Muskeltonus verändert wird. Das ist eine Kunsttheorie, die völlig im Sinne der Zielvoraussetzung der größtmöglichen Natürlichkeit oder Illusion liegt. Und unter dieser Prämisse spricht alles für ihr Zutreffen, da wirkt sie im Grunde selbstverständlich. Berenson siedelt die Entstehung der taktilen Neigungen beziehungsweise Gewohnheiten der Menschen in ihrer frühesten Kindheit an. Er meint, daß das Kind erst durch Berührung lernt und daß dann später Berührungseffekte auch durch optische Reize ausgelöst werden, die das Kind nach und nach mit bestimmten taktilen Reizen in Verbindung zu bringen gelernt hat.

Das Wort »lernen« steht hier nicht für die absichtliche und bewußte Aneignung einer Fähigkeit oder Kenntnis, die handhabbar bleibt, sondern für den unbewußten Vorgang der Bildung eines Bereichs dessen, was man im allgemeinen mit »Gefühl« bezeichnet. Wenn eine solche Abfolge von Reiz, Reaktion und Bestätigung immer wieder funktioniert, dann verstärkt sich diese Tendenz mehr und mehr. Der Mensch reagiert in zunehmendem Maße automatisch und stereotyp, also zuverlässig und gesichert. Der Zugang zu den Wurzeln dieser Gewohnheiten wird immer weniger erreichbar. Sie sinken immer tiefer, also in den Bereich, den wir mit »Gefühl« bezeichnen. Diese Stereotypien scheinen untrennbar zu dem jeweiligen Menschen zu gehören, der sie seinerseits als festen Bestandteil seines als gefestigt angesehenen Charakters betrachtet. Der Mensch verliert immer mehr an Flexibilität. Er abstrahiert oder verdinglicht das Wahrgenommene immer stärker und wird seinerseits von dem immer schneller, beziehungsweise »erfolgreicher« Wahrgenommenen immer mehr verdinglicht. »Die stumme Sprache der Symbole wirkt beredter als langatmige Erklärungen. Sie findet den Zugang in die Tiefen der Person ohne alle Umwege,« schreibt Abt Georg Holzherr 1971 in der Einleitung zu einem Büchlein über das Benediktinerinnenkloster Fahr am Rande der Stadt Zürich. Abt Holzherr sieht das positiv. Aber ist bei dieser direkten, gedankenlosen und entscheidungsfreien Wirkung das eigentlich Menschliche nicht aufgehoben? Alfred North Whitehead, der lange Zeit mit Bertrand Russell zusammengearbeitet hat, schreibt in seinem Buch über Symbolismus: »Die Handlungsauslösung durch das Symbol kann so direkt sein, daß jeder Bezug zu dem, wofür das Symbol steht, abgeschnitten ist.« Er sagt dasselbe wie Abt Holzherr, nur sieht er solche sekundären Reflexhandlungen nicht positiv. Die Sensibilisierung für das unmittelbar in die Tiefe wirkende Symbol beraubt den Menschen der Möglichkeit zu entscheiden, der Freiheit schlechthin. Denken wir an das Kreuz, das man dem christlichen Sünder hinhält, es löst automatisch eine Fülle von Reaktionen in ihm aus. Die Allgegenwart der Symbole schafft eine sekundäre Umwelt, in welcher der Mensch die Verbindung zu den Urgründen des Seins verliert. Und mit »Urgründe des Seins« bezeichne ich nichts anderes als das Sein eines Menschen, bevor er auf irgendeine Darstellung, Bezeichnung oder dergleichen so sensibilisiert ist, daß sie automatisch etwas in ihm auslöst, also bevor er konditioniert ist.

Er kann schließlich gar nicht mehr anders sehen und hält diese Konditioniertheit für natürlich, beziehungsweise für biologisch gegeben. Tatsächlich wird der Vorgang des Sehens abgekürzt, aber wie Leonardo es so treffend ausgedrückt hat: »Abkürzungen fügen der Kenntnis und der Liebe Schaden zu, da die Liebe zu allen Dingen der Ursprung dieser Kenntnis ist ... Es ist wahr, daß die Ungeduld, die Mutter der Beschränktheit, die Kürze lobt.« Wenn im Vorgang des Sehens erst einmal genug Voraussetzungen enthalten sind, dann ist alles, was man sieht, durch diese Voraussetzungen vorgeformt – genau wie man selbst durch sie vorgeformt ist. Alles was diesen Voraussetzungen – also der Ordnung – entspricht, empfindet man dann als natürlich und es bereitet einem ästhetisches Vergnügen. Und alles was ihnen nicht entspricht, empfindet man als unangenehm und lehnt es gefühlsmäßig ab. Und vielleicht empfindet man es geradezu als beleidigend. Ganz unbegreiflich sind solche Reaktionen sicher nicht. Wer an eine bestimmte Form der Darstellung gewöhnt ist, der wird in Verwirrung geraten, wenn er plötzlich mit einem Gemälde konfrontiert wird, das seine Sehweise in Frage stellt. Oder um es auf das Gebiet der Musik zu übertragen: Wer bestimmte typische Formen melodischer Abläufe gewöhnt ist, der wird über eine Komposition entsetzt sein, in der solche melodischen Abläufe – die er ja schön findet – immer wieder abbrechen und seine Erwartungen im Hinblick auf den Verlauf auf diese Weise immer wieder ad absurdum geführt werden. Und besonders groß wird sein Entsetzen sein, wenn die Abbrüche unregelmäßig erfolgen und nicht das zulassen, was er über alle spezifischen Muster hinaus gewöhnt ist: die Bildung neuer Muster nämlich.

Berenson befaßt sich in seiner Theorie klugerweise nur mit als angenehm empfundenen taktilen Werten. was unangenehme taktile Reaktionen auslöst, steht jenseits des Rahmens dessen, was er als wirkliche Kunst betrachtet. Damit sind keineswegs Darstellungen erschreckender Sujets ausgeschlossen. Auch fromme Leute akzeptieren ein Gemälde, das den Teufel darstellt, nur muß die Darstellungsweise ihrer Sehweise entsprechen. Wenn das nicht der Fall ist, wird das Gemälde abgelehnt, oder es wird als Teufelswerk bezeichnet oder als entartete Kunst, die das gesunde Volksempfinden beleidigt. Berenson setzt also die der allgemeinen Erfahrung entsprechende Reaktionsweise der überwiegenden Mehrzahl der Betrachter als Regel voraus. Dieser Prozeß der Automatisierung und Schematisierung der Wahrnehmung ist der Aufdeckung der Mathematik des Sehens entgegengesetzt. Uccello ist ein Stück in die Bereiche des Gefühls eingedrungen, als er die Darstellbarkeit der Perspektive – also der Dreidimensionalität – auf der planen – also zweidimensionalen – Fläche entwickelte. Aber statt in Richtung Offenlegung weiterzugehen, haben die Künstler die neu gewonnene Möglichkeit erst mal in ihre überkommenen Bestrebungen integriert. So diente die Entdeckung nicht als ein Schritt zur Zugänglichmachung immer weiterer Bereiche, sondern der Verstärkung der herkömmlichen Richtung, deren Produkte dank der Anwendung der neuen Technik weitaus »wahrer« wirkten. Die neue Entdeckung diente der Zementierung der alten Strebungen. Diese Integration ist ein Beispiel für die Gummizaun-Technik der Traditionalisten, wie sie in allen Bereichen immer wieder beobachtet werden kann: Beispielsweise als die Todesstrafe im Frankreich des ausgehenden achtzehnten Jahrhunderts als immer unerträglicher empfunden und ihre Abschaffung diskutiert wurde, gelang es durch die Einführung der angeblich menschlicheren Hinrichtungsmethode durch die Guillotine sie erneut auf Jahrhunderte zu integrieren.

Anfang des zwanzigsten Jahrhunderts wurde mit der Verbesserung der Nachrichtentechnik immer deutlicher, daß man die gleichzeitige Existenz zahlreicher menschlicher Systeme anerkennen mußte. Die Behauptung eines einzigen allein seligmachenden Systems ließ sich immer weniger aufrechterhalten. Da gelang die Integrierung durch die allgemeine Anerkennung des durch Einstein in die Physik eingeführten Relativitäts-Prinzips. Es wurde anerkannt, daß es zahlreiche Bezugssysteme gibt, doch blieb die Forderung, daß jeder Mensch eines davon unverrückbar zu wählen habe. Damit war die nicht mehr wegzuleugnende Pluralität in die alten Formen des Dogmatismus integriert. Die Vielfalt der Systeme war mit dem Gültigkeitsanspruch eines jeden einzelnen Systems in Einklang gebracht. Damit wurde gewissermaßen jedes System in alle integriert, ohne das irgendeines seine Grenzen aufgeben mußte. Und das, was durch die Grenzen des Bezugssystems an menschlichen Strebungen nach wie vor ausgeschlossen blieb, wurde durch die Lehren von Sigmund Freud erfolgreich in das System integriert. Man integrierte die ausgeschlossenen Möglichkeiten menschlicher Existenz in Form eines jedem einzelnen zugeschriebenen Unbewußten und verschleierte damit erneut erfolgreich, durch welche Vorgänge die Grenzen des Bewußten gesetzt werden. Besonders umfassend wirkt der mit »Marxismus« firmierte Gummizaun-Trick: Da sollen die in den Systemen auftretenden Gegensätze und vor allem der Gegensatz zwischen Herrschern und Beherrschten durch die vollkommene Kontrolle aller durch alle ersetzt werden. Indem man sie solchermaßen unsichtbar macht, wird die Herrschaft in die Menschen verlegt und so erneut integriert. »Du sollst deines Bruders Hüter sein« in neuer Auflage und mit völlig neuem Vokabular. Im Endeffekt: die totale Vergesellschaftung des Menschen. Es sind immer wieder Versuche, das Störende zum Verschwinden zu bringen. Aber wie kommt es denn dazu, daß es stört?

Der Prozeß der immer größer werdenden Scheuklappen – also der Reduktion der Wahrnehmung – ist immer wieder und auf allen Gebieten menschlicher Existenz zu beobachten. Es handelt sich um einen Prozeß in Richtung auf Erstarrung. Man sieht immer weniger, das wenige aber immer besser. Also mit der Verarmung wächst die Ordnung, wie es scheint. In Wirklichkeit gibt es immer weniger zu ordnen. Viele Menschen halten das für wachsende Klarheit. Dazu gibt es einen sehr schönen Satz von Albert Einstein: »Klarheit und Lebendigkeit der Darstellung sind Antipoden, Eines schließt das Andere aus.« Das, was sich in der Heisenbergschen Unschärfe-Relation manifestiert, »die Unmöglichkeit, gleichzeitig Standort und Geschwindigkeit eines Partikelchen zu messen«, kommt nicht nur in der Mikro-Physik vor, sondern durchzieht alle Bereiche des Lebens. Auch in der Malerei muß man wählen zwischen Eindeutigkeit und Lebendigkeit.

Berensons theoretische Grundlagen waren ihrerseits sicherlich geeignet, positive Berührungswerte auszulösen. Und darauf baute Berenson auf. Da er ein sehr kluger Mann war, gab er zu den einzelnen Malern klare und eindeutige Erklärungen. Er versorgte seine Leser mit einfachen Wahrheiten. Diese waren sicherlich wahr, doch stellten sie in den meisten Fällen lediglich einen kleinen Teil der Wahrheit dar, genau wie bei den theoretischen Grundlagen. Das war auf jeden Fall ein beruhigendes Verfahren und eines, das mitunter auch Menschen zur Beschäftigung mit Kunst veranlassen und zur Entdeckung der eigenen Begrenztheit und zum Überschreiten oder Aufheben der Grenze führen konnte. Öfter führt ein solches Verfahren allerdings dazu, daß die Menschen die Beruhigungen als Wahrheit akzeptieren und einfach glauben. Kommt dann jemand und stellt alles in Frage, bekommen sie Angst und werden sehr ungehalten. Es ist nur ein gradueller Unterschied zum Beispiel zum Glauben an die Auferstehung nach dem Tode. Wenn einer ganz fest daran glaubt und damit seine Angst ausschaltet, und es kommt dann jemand, der diesen Glauben in Frage stellt, dann ist der Gläubige geneigt, diesen Ketzer als Hexe zu verfolgen, und zwar besonders dann, wenn der Ketzer wirklich stichhaltige Argumente vorbringt. Das ist eine durchaus verständliche Folge: Mit der Schärfe des Angriffs wächst die Heftigkeit der Abwehr. Der Glaubende fühlt sich direkt angegriffen, geradezu körperlich angegriffen. Und er reagiert körperlich. Um jeden Preis will er seine Gewißheit wiederherstellen, seinen Glauben aufrechterhalten, alle Zweifel – und damit alle anderen Möglichkeiten – ausschalten. Er hat das Gefühl, den Boden unter den Füßen zu verlieren. Es ist das Gefühl, das man Angst nennt. Seine ganze Energie konzentriert sich darauf, dieses Gefühl wieder auszuschalten, die heile Welt wieder herzustellen. Er will vernichten, was ihn beunruhigt.

Auf dem Gebiet der Kunstwissenschaften richtet man mit Teilwahrheiten wenig Schaden an. Es kommt selten vor, daß ein Leser den Dingen auf den Grund geht und merkt, daß die Behauptungen zwar zutreffen, aber die Angelegenheit so einseitig dargestellt ist, daß eben doch nichts stimmt. Würde es sich um ein praktisches Handbuch handeln, etwa für Navigation oder Seiltanzen, dann könnte man sich das nicht leisten, dann würden die Mängel sehr schnell offenbar werden. Berenson war allerdings keineswegs beschränkt und wußte es durchaus besser als seine Theorien vermuten lassen. Das hat er mit seinem Essay *Seeing and Knowing* bewiesen, der allerdings fünfzig Jahre später als die *Renaissance-Painters* erschien. Doch glaube ich, daß er es auch schon in seinen jüngeren Jahren gewußt hat, hat er doch im Laufe der Jahre immer wieder durch sehr nüchterne Veröffentlichungen über sein Fach seine klare Sicht bewiesen. In *Seeing and Knowing* schreibt er beispielsweise: »Wir nehmen die Absurdität nicht wahr, haben wir doch von unserer frühesten Kindheit an gelernt, unseren Geist mit vorgestellten Umrissen zu füllen, mit denen wir die Objekte bekleiden, seien sie nun belebt oder unbelebt.« Hier beschreibt er genau dasselbe wie bei der Darstellung der Entstehung der *tactile values*, nur eben umfassender. Er wollte mit seinen *Italian Painters* wohl eine Art Lebenshilfe für Kunstbetrachtung geben. Das sagt er ziemlich deutlich im Vorwort zur Neuauflage von 1952. Es fragt sich nur, ob dieses Verfahren wirklich hilfreich ist, ob es nicht besser ist, die Leser dazu zu veranlassen, selbst zu sehen und zu beurteilen, wenn sie es vielleicht auch nicht wollen und sich anfangs sträuben.

Was meist wirklich gemeint ist, wenn Naturtreue gefordert wird, zeigt sich besonders deutlich in einem Vorgang, den E. H. Gombrich in seiner *Weltgeschichte der Kunst* erwähnt: Lange Zeit hatten die Maler galoppierende Pferde mit Beinbewegungen gemalt, deren völlige Irrigkeit durch die Fotografie aufgedeckt wurde. Als dann die Maler anfingen, die neue Erkenntnis zu berücksichtigen, fanden sie keineswegs Lob, sondern hörten überall Klagen, daß die Bilder unnatürlich seien. Die Leute wollten gar nicht die Darstellung der Natur, sie wollten, daß die Natur so dargestellt wird, wie sie sie sich vorstellten, so wie sie sie sahen. Das ist dann für sie naturgetreu. Kann es eine bessere Argumentation gegen die Prämisse der größtmöglichen Naturgetreuheit geben? Und kann es ein besseres Argument dafür geben, daß Kunst immer weiter die Mathematik des Sehens und

Géricault: Pferderennen in Epsom (1820), Paris, Louvre

Fotofinish beim Pferderennen.

Idee und tatsächlicher Vorgang. Der Maler stellte die Bewegung der Pferde so dar, wie sie nur im Geist vorhanden ist, im Kopf. Für die Leute war das »natürlich«. Wenn die Fotografie den Irrtum offenbart, sträubt sich der Geist. Vielen ist die Bestätigung ihrer Vorstellungen – ihres Bildes von der Wirklichkeit – wichtiger als jede Erkenntnis.

Fühlens aufdecken sollte, bis eben nichts mehr so tief im Gefühl verankert ist, daß man bereit ist, Menschen alles anzutun, wenn sie es in Frage stellen?

Berensons Hauptbeschäftigung – wenigstens ökonomisch betrachtet – war allerdings nicht das Schreiben von Kunstbüchern, sondern seine Tätigkeit als Kunstsachverständiger. Viele Jahre arbeitete er mit dem großen und berühmten englischen Kunsthändler Duveen zusammen. Duveen – auf dem Gebiet des Kunsthandels ein großer und einfallsreicher Künstler – gewann in der ersten Hälfte unseres Jahrhunderts die großen amerikanischen Millionäre als Kunden und Sammler für die große Kunst Europas. Duveen und Berenson waren stets auf der Suche nach Werken großer Meister, die sich zum Verkauf an Duveens illustre Kundschaft eigneten. Nicht jeder konnte Duveens Kunde werden. Duveen war kein Gelegenheitshändler in Kunst und kein Händler für Gelegenheitssammler. Er wollte Mittler sein beim Aufbau großer Sammlungen. Er strebte fundierte Vertrauensbeziehungen zu potenten Sammlern an, oder zu Männern, die er dazu gebracht hatte, Sammler zu werden, darunter glanzvolle Namen wie Rockefeller, Frick, Mellon, Kress, Morgan. Mitunter ging das Vertrauensverhältnis zu Duveen so weit, daß er sie auch in Angelegenheiten beriet, die nichts mit Kunst zu tun hatten. Duveens Fernziel war die Gründung einer National-Galerie in Washington, in welche seine größten Kunden ihre Sammlungen einbringen sollten. Auch das hat er erreicht.

Berenson, der große Experte für die italienischen Maler der Renaissance, war für Duveen Gold wert. Wenn Berenson die Echtheit eines Bildes aus »seiner« Epoche bestätigte, dann stand die Echtheit für die Kundschaft fest. Und Berenson blieb stets ein unbestechlicher Experte, mitunter sehr zum Verdruß von Duveen. Und wegen des Streites um ein Bild, das Duveen als Giorgione verkaufen wollte, das Berenson aber als frühen Tizian sah, kam es schließlich zum Bruch zwischen den beiden Männern. Dazu muß vielleicht erwähnt werden, daß sich für einen Giorgione ein erheblich höherer Preis erzielen läßt als für einen Tizian. Tizian wurde uralt und war sehr fleißig, von ihm gibt es sehr viele Bilder. Giorgione starb jung, und die Zahl seiner Gemälde ist gering.

Bernard Berenson – oder B. B., wie er genannt wurde – hat gewissermaßen den italienischen Malern der Renaissance zu einer Wiedergeburt verholfen. Durch die Verkäufe in die USA und durch die Presseberichte über die für damalige Verhältnisse enormen Preise, die Duveen zu erzielen verstand, weitete sich der Ruhm der Künstler der Renaissance aus und begann, Kreisen bekannt zu werden, die sich bisher nicht für Kunst interessiert hatten. Mitunter fallen in diesem Zusammenhang Worte wie »Kommerzialisierung der Kunst«, »Ausverkauf der Alten Welt«. Aber das sind Schlagworte, mit denen Leute eingefangen werden sollen. Kunst wurde immer schon gehandelt. In früheren Jahrhunderten waren eben gekrönte Häupter die Erwerber. Große Künstler – Rubens zum Beispiel – waren oft auch ihre besten Makler.

Es gibt Stimmen, die fordern, daß Kunstwerke den Nationen gehören und zurückgegeben werden sollen, aus denen ihre Schöpfer gekommen sind. Warum sollten die Länder der Entstehung von Kunstwerken einen besonderen Anspruch auf die Werke haben? Regierung, Ämter und Bevölkerung haben oft genug die Künstler zu Lebzeiten verkannt und mißachtet, wollen sich aber dann mit ihrem Ruhm schmücken. Und was Duveen angeht: Die größten der von ihm geförderten Sammlungen in den USA sind inzwischen ohnehin im Museum, allerdings in den USA, in der von Duveen selbst angestrebten National Gallery in Washington.

Merkwürdigerweise werden öffentlich zugängliche Galerien stets als etwas sehr Moralisches betrachtet, dabei sind sie für Bilder das, was für wilde Tiere der Zoo ist: Sie werden dort gepflegt, verlieren aber ihre Lebendigkeit. Mit der Zeit landen immer mehr alte Meister in diesen Zoos, und am Schluß ist alles geordnet und es bleibt weiter nichts zu tun übrig, als sonntags hinzugehen und sie zu betrachten.

Berenson war sicherlich einer der interessantesten »Florentiner« des zwanzigsten Jahrhunderts, ein Mann, der in der toskanischen Landschaft, in der er lebte, nicht Frieden suchte, sondern Kraft fand, jeden Tag aufs neue.

Und so ist der Besuch in der Villa I *Tatti* vielleicht der richtige Abschluß für einen Liebhaber-Aufenthalt in Florenz, ein Hinweis darauf, daß Aufbruch immer wieder möglich ist, auch in diesem Jahrhundert.

Wer Pech hat und nicht zeitgerecht einen Termin bekommt, der sollte wenigstens bei der Villa vorbeifahren, vielleicht versuchen, auf den Hof zu fahren und dort auszusteigen und sich ein wenig umzuschauen. Er wird nur einen unvollkommenen Eindruck gewinnen, aber einen Eindruck.

Aber auch in unserer Zeit sind in der Toskana persönliches Mäzenatentum und persönliche Begeisterung für das Sammeln von Kunstwerken lebendig, allen Tendenzen zur Museumifizierung und Verstaatlichung des Kunstbesitzes zum Trotz. Kunst benötigt vor allem Raum. In einer Stadt wie Florenz ist Raum heute nicht mehr verfügbar bzw. unbezahlbar geworden. So ist es kein Wunder, daß wir den Medici des zwanzigsten Jahrhunderts auf dem Lande finden. Man muß auf der Autobahn A 11 (Firenze – Mare) bis nach Pistoia fahren. Von der Autobahnausfahrt ist es nicht ganz leicht, die Straße in Richtung Santomato di Pistoia zu finden (Wegbeschreibung im Anhang). Und selbst wenn man dann auf der richtigen Straße fährt, die unterhalb der Hügel durch Olivenhaine und

Rebberge führt, verpaßt man das große altertümliche Tor zur Villa Celle allzu leicht. Das Tor findet man in der Regel geschlossen, man muß aussteigen und klingeln, und wenn man angemeldet ist, (Telefonnummer im Anhang) betätigt der Pförtner den Mechanismus, der das imposante Tor sich öffnen läßt. Zu Guiliano Gori kommt man eben als Gast. Vom Tor her muß man eine breite Straße zur Villa hinauffahren, die sich serpentinenreich durch den alten Baumbestand windet. Bei der prächtig angelegten Villa wird man von einer freundlichen Dame begrüßt, die perfekt Englisch spricht. Sie übernimmt die Betreuung und weist dem Besucher die Wege zu der Fülle, die als Ganzes genommen durchaus ein umfassendes Kunstwerk darstellt, wie es nur ein großer Sammler und Anreger entstehen lassen kann.

Das Imponierende am Werk des Guiliano Gori liegt in der Vielfalt und Offenheit nach allen Richtungen. Da kommt kein Vorurteil zum Ausdruck und es gibt keine monomanische Beschränkung auf einen Typ von Objekten. Guiliano Gori beschränkt sich auch nicht auf die Werke anerkannter Meister. Er hat die Räume seiner Villa und die Weite seines Parkes Künstlern aus aller Welt zur Erprobung des Neuen geöffnet. Es ist diese Bereitschaft und Offenheit, die dazu berechtigt, ihn in einem Atemzug mit den Medici zu nennen. Und gehört heute nicht weitaus mehr Mut dazu, als zur Blütezeit der Medici, bei denen die Sammlertätigkeit zur Familientradition geworden war? In eine solche Tradition waren die Entschlüsse des Guiliano Gori nicht eingebunden, er hat sie ganz auf sich gestellt getroffen. Er soll gesagt haben: »Man kann mit Geld sammeln und man kann es ohne Geld tun – aber mit Liebe. Ich tu's mit Liebe.« Und sicherlich, Guiliano Gori sammelt *con amore*, mit ganzem Herzen, aber gewiss nicht ohne Geld. Das beginnt beim Platz. In einer Drei-Zimmer-Neubauwohnung erstickt jedes größere Gemälde. Zu Geld ist der aus dem italienischen Textilzentrum Prato stammende Sammler als Textilkaufmann gekommen. Daß er es zum großen Teil für Kunst ausgibt, ist gewiß alles andere als selbstverständlich.

In dem sich weit in die hügelige Landschaft erstreckenden Park von Celle ist vornehmlich jene Art Kunst zu sehen, die unter der Bezeichnung *environment* art zusammengefaßt wird. Die Künstler zielen darauf ab, die gegebene Natur zu gliedern oder einzuteilen, setzen ordnende Effekte. Dasselbe läßt sich auch von der Parkgestaltung früherer Jahrhunderte sagen, etwa wie wir sie in Florenz in den Boboli-Gärten finden. Die Umwelt-Künstler von damals strebten nach einer vollständigen Durchgestaltung der Fläche, die oft bis zur streng geometrischen Einteilung ging. Nichts sollte dem Zufall überlassen bleiben. Die heutige Environmentkunst drückt das Scheitern der damaligen Bestrebungen aus, die Vergeblichkeit aller Versuche einer restlosen Systematisierung und Orientierung. Eine große geordnete Fläche – wie etwa die Boboli Gärten – verhehlte dem Besucher einst (d.h. als sie noch sorgfältig gepflegt wurde) daß diese Ordnung im Nicht-geordneten angelegt ist. Durch die moderne Environmentkunst soll dem Menschen nichts vorgemacht werden, er wird direkt auf die Unmöglichkeit einer endgültigen Durch-Systematisierung hingewiesen. Man könnte von einer Kunst der Umkehrung sprechen, die alten Bestrebungen werden negiert. Deshalb aber von einer negativen Kunst zu sprechen, hieße das Neue unter den alten Prämissen sehen, und das läuft zwangsläufig auf Ablehnung hinaus. Diese neue Kunst sollte auch nicht im Gegensatz zur alten, gesehen werden, sondern mit ihr zusammen. Derart zusammengenommen ergänzen sich beide zu einer umfassenderen Sicht. Im übrigen bleibt es natürlich jedem unbenommen, in dem einzelnen in die Natur gesetzten Akzent etwas zu sehen, was sich ihm auf-

Florenz: Im Boboli-Garten.

Villa Celle: Mauro Staccioli, Environment-Kunst.

Zwei Wege der Gestaltung des Environments, also der Umwelt. Zwei Formen die Geometrie, also menschliches Maß, in die Natur zu bringen. Im Boboli-Garten erscheint die Ordnung grenzenlos und gesichert. In der Environment-Art des 20. Jahrhunderts wird sie von der Natur überwuchert.

drängt, unabhängig von dem, was der Künstler im Sinn gehabt haben mag, genau wie die einzelnen Environmentkünstler vielleicht keineswegs das gemeint haben mögen, was ich im Bezug auf die moderne Environmentkunst gesagt habe. Aber was tut es? Erinnern wir uns einmal mehr des Satzes von Dali.

Bei einzelnen der Gestaltungen ist der Besucher voll einbezogen, etwa auf dem steilen *Liebespfad* von George Trakas, der für den Besucher leicht zum glitschigen Abenteuerpfad werden kann. Hervorheben möchte ich ein besonders markantes Beispiel dessen, was ich mit »Umkehr-Kunst« bezeichnet habe: Das *Labyrinth* des Amerikaners Robert Morris. Verlaufen kann man sich darin nicht und man muß beim Betreten der verschachtelten Gänge auch nicht à la Ariadne einen Faden hinter sich abspulen, um den Ausgang wieder finden zu können. Morris' Werk weist eher darauf hin, daß der Mensch kein künstliches Labyrinth schaffen kann; was als Labyrinth beabsichtigt ist, bleibt stets übersichtlich, hätte sich ja sonst schon sein Schöpfer darin ausweglos verirren

Villa Celle: Robert Morris, Labyrinth.
Eine Falle? Jedenfalls von Menschen für Menschen erdacht.

können. Verwirrung und Ausweglosigkeit entstehen nur, wenn der Mensch eine alles umfassende und endgültige Ordnung schaffen will. Da wird er zum hilflosen Gefangenen dessen, was er hervorgebracht hat. Der Weg durch den Park ist mehrere Kilometer lang und der Besucher ist gut beraten, kein Schuhwerk mit allzu dünnen Sohlen zu wählen, durch die er jedes Steinchen fühlt, und Stöckelschuhe sind schon garnicht am Platz.

Villa Celle: Dani Karavan, Environment-Kunst.
Die Ohnmacht der Geometrie?

Die schönen großen Räume im Obergeschoß der Villa Celle hat Guiliano Gori einzelnen Künstlern zur totalen künstlerischen Ausgestaltung überlassen, nicht im Sinne von Innenarchitektur, sondern als dreidimensionales Material, so wie man einem Maler eine Leinwand zur zweidimensionalen Ausgestaltung überläßt. Jeder hatte den Auftrag, spontan auf die Gegebenheiten des Raums zu reagieren. Die einzelnen Raumgestaltungen tragen Bezeichnungen und theoretisch könnte man das sichtbare Ergebnis zu beurteilen versuchen, indem man es zu der jeweiligen Bezeichnung in Beziehung setzt. Doch erscheint mir diese Methode hier in besonderem Maße verfehlt. Man kann eher von drei-dimensionalen Rorschachtests sprechen. Es bleibt dem Betrachter überlassen, ob er in den einzelnen Gestaltungen etwas sieht und was er jeweils zu sehen vermeint. Außerdem läßt sich sagen, daß alle Räume – ausgenommen der von de Maria gestaltete – erkennen lassen, wie schwer es ist, einen dreidimensionalen Raum nicht nur zu dekorieren, sondern als künstlerisches Material zu benutzen.

Wer sich weniger für die Erprobung neuer Wege interessiert, wird im Erdgeschoß der Villa reich entschädigt. An den Wänden der Eingangshalle und des großen Saals hängen ausgezeichnete Werke von großen Meistern wie Braque, Picasso, Léger, Chagall, Paul Klee, Dubuffet. Henry Moore ist mit einer Plastik vertreten und Andy Warhol mit einem Portrait des Hausherrn. Ein besonderer Reiz liegt darin, daß diese vornehmlich modernen Meisterwerke in den Räumen mit der ursprünglichen Wand-und Deckenbemalung hängen, daraus ergibt sich ein äußerst anregender Kontrast. Die Villa Celle ist kein Museum, in dem alles auf den ganz speziellen Zweck hin eingerichtet ist, hier leben und wohnen Menschen mit Meisterwerken der Kunst. Aus der Küche dringt gegen Mittag ein angenehmer Duft. In einem der kleineren Säle ist der Mittagstisch für die Familie Gori gedeckt. Allerdings: Der Hausherr soll sich mit dem Gedanken tragen, aus der Villa auszuziehen und sie generell öffentlich zugänglich zu machen. Das wäre zu bedauern. Dann gäbe es wieder einen Ort weniger, an dem man sehen kann, wie Kunst erst dadurch richtig lebendig wird, daß Menschen mit ihr leben. Man sollte den Besuch in der Villa Celle also nicht lange aufschieben.

Besonderer Beachtung möchte ich noch die große Vitrine empfehlen, die im Durchgang zwischen dem großen Saal und dem Speisezimmer steht. Sie enthält eine Fülle kleinerer Kunstwerke, Keramik von Picasso und anderen, kleine Plastiken, unter anderem von Giacometti. Besonders interessant ist die Kleinplastik von Fausto Melotti. An diesem Werk aus Draht und Tüll ist der Verzicht auf Details bzw. die Vereinfachung auf die Spitze getrieben. Mancher wird vielleicht sagen, daß die Darstellung völlig auf die Idee reduziert sei, die gerade dank ihrer Reinheit dem Betrachter das Höchstmaß des ästhetischen Vergnügens erlaubt, das Bernard Berenson darin erblickt, daß die künstlerische Darstellung es dem Betrachter erlaubt, das Dargestellte schneller zu erkennen, als er den Gegenstand in der Wirklichkeit erkennen würde. Nur: eine solche auslösende Symbolwirkung kann sich hier wirklich nur noch dann einstellen, wenn die Fixierung vom Kunstwerk auf den Betrachter verlagert ist. Also wenn der Künstler mit Betrachtern rechnen kann, die durch ihre Erziehung für ihn benutzbar gemacht worden sind. Kunst ist hier in die Nähe jener Institutionen geraten, welche durch Symbole über Menschen Macht ausüben, für die diese Menschen zuvor im Auftrag dieser Institutionen sensibilisiert worden sind. Es ist eine Kunst, die Menschen auf solche besinnungslosen und entscheidungslosen Reaktionen einübt, wie Abt Georg Holzherr sie so hoch schätzt. Für die nicht entsprechend sensibilisierten bzw. nicht gleichgeschalteten Betrachter wirkt ein solches Kunstwerk allenfalls wieder wie ein Rorschach-Test.

Villa Celle: Fausto Melotti, Choral

»Singende Menschen« aus ein wenig Kupferdraht und Tüll. Meisterhafte Anwendung einfachster Mittel. Aber kann es ein Mensch »erkennen«, der noch nie mit Kunst zu tun gehabt hat? Und: Was hätte beispielsweise Leonardo wahrgenommen? Und weiter: Läßt sich ein solches Kunstwerk als Gegenstand beschreiben, ohne den Betrachter und seine Wahrnehmungsweise bzw. seinen Zustand des Geistes sowie den des Künstlers einzubeziehen? Vielleicht wird hier etwas deutlich, egal ob der Künstler es beabsichtigt hat oder nicht: Die Begrenztheit der Möglichkeiten sachlicher und objektiver Beschreibung.

Man könnte auch sagen, daß in der Kunst eine starke Tendenz besteht, zurückzukehren zu jener Unbestimmtheit, aus der sie – wie jedenfalls Leon Battisti Alberti meint – entstanden sei. Anfangs vermeinte man in einem zufälligen Objekt etwas zu sehen und kam dadurch auf die Idee zu versuchen, es »ähnlicher« zu machen, also bestimmter, man wollte seine Wirklichkeit sichern. Heute liegt die »Sicherung« – wenigstens soweit es diese Rorschach-Kunst angeht – im Menschen, im anerzogenen Zustand seines Geistes. Gewissermaßen könnte man sagen »der Kreis hat sich geschlossen«. Eine solche Kunst befreit nicht und vermittelt keine Einsichten in die Vorgänge der Wahrnehmung, sie macht nichts handhabbar. Sie ist zwar fern von jeder Naturähnlichkeit, aber nicht in einer Weise, die es erlauben würde, irgend etwas zu ergründen, statt dessen wird Macht über Menschen ausgeübt. Solche Kunst führt in die Sackgasse, ähnlich den schwarzen Bildern des Ad Reinhardt.

Für die Rückkehr nach Florenz empfiehlt es sich, nach Pistoia zurückzufahren und von dort aus die Autobahn A 11 zu benutzen. Die Rückfahrt über Prato hat sich als recht aufhaltsam erwiesen. Anders ist es, wenn man den Abstecher zur Villa Celle mit einem Besuch in Prato verbinden will, vielleicht auch um in dem sehr guten Restaurant *Il Pirańa* zu essen. Besonders empfehlenswert sind dort Fischgerichte.

Den Besuch der Villa Celle kann man auch sehr gut mit dem Ortswechsel von Florenz nach Siena verbinden. In diesem Fall sollte man nach Pistoia zurück fahren und dann die kurvenreiche, aber landschaftlich sehr schöne Straße über Vinci wählen (Geburtshaus von Leonardo und Leonardo-Museum) weiter dann über Empoli und von dort auf der S.S. 429 über Certaldo (Haus von Boccaccio). Wie man den Weg fortsetzt, hängt ganz davon ab, wo man sein nächstes Standquartier aufschlagen will. Es muß ja nicht unbedingt in der Stadt Siena sein. Im eigentlichen Stadtbereich ist es ohnehin nicht empfehlenswert, schon wegen der fehlenden Abstellmöglichkeiten für das Auto. Und bei den empfehlenswerten Liebhaber-Hotels im Vorstadtbereich sind die Preise während der letzten Jahre massiv gestiegen. Und so kann es sehr viel vorteilhafter sein, in einem Liebhaber-Hotel im Umkreis von dreißig oder vierzig Kilometern um Siena zu wohnen.

Und wenn man dann Florenz hinter sich läßt, neuen Erlebnissen entgegenfährt, kommt einem unterwegs vielleicht in den Sinn, daß man doch Kontakt zur Bevölkerung suchen wollte. Diese Absicht ist in der Fülle der Erlebnisse untergegangen. Gewiß, man hat Florentiner erlebt, als Restaurateure und als Kellner und Kellnerinnen, als Hotelportier, genau wie als Museumsaufseher, oder Verkäufer und Verkäuferinnen in den Läden, man hat sich überwiegend gegenseitig höflich behandelt, hat gelächelt, aber über solche Dienstleistung hinaus hat man weder den Alltag der Florentiner kennengelernt, noch ist man ihnen menschlich näher gekommen. Man hat einige Florentiner in ihren beruflichen Funktionen kennengelernt, mit denen man sie gleichsetzt und einteilt, wenn man von ihnen spricht. Aber eben das ist gemeint mit Leonardos »Details vermindern« und »die Hauptteile dessen zurücklassen, aus denen das Ganze zusammengesetzt ist«. Und dienten Höflichkeit und Lächeln nicht eher als Barrieren denn als Brücken?

Wie viele Menschen gehen mit dem Wunsch auf Reisen, die Menschen im anderen Land kennenzulernen. Manch einer macht sich zu diesem Zweck die Mühe, die fremde Sprache zu erlernen. Aber ist das nicht vielleicht eine illusionäre Hoffnung? Ist es nicht schon im eigenen Land kaum möglich, den Menschen nahe zu kommen? Offenbart einem der Nachbar seinen Kummer? Erzählt er einem von dem, was er als Makel empfindet? Verschließt er sich nicht eher, wenn man ihm nahe kommt? Vielleicht läßt gerade diese Verschlossenheit der Menschen im eigenen Land so viele Touristen auf den engen Kontakt mit den Bewohnern des fremden Landes hoffen. Auf den Wegen durch die Stadt kommt man unweigerlich mit den Erscheinungen ihres Alltags in Berührung. Da ist die Enge der Gassen, die einen mitunter zwingt, in einem Haustor Schutz zu suchen, wenn der städtische Bus heranbraust. Genauso teilt man die ewige Parkplatznot mit den Einheimischen. Man sieht die Müllsäcke vor den Häusern, die vielleicht gerade nicht abgeholt werden, weil die Müllfahrer streiken. Und wenn man wirklich mit Florentinern ins Gespräch kommt, dann erlebt man allenfalls, wie sie auf Fremde reagieren, wie sie meinen, sich und ihre Stadt gegenüber Fremden darstellen zu müssen. Einem

Fremden erzählt man alles mögliche, wie einem ums Herz ist, verrät man ihm nicht so leicht. Man verbirgt es ihm, es geht ihn ganz einfach nichts an. Das ist in Florenz nicht anders als überall auf der Erde. Man kann nur versuchen, Beobachtungen zu machen, und zwar unbemerkt, ohne daß man als Fremder in Erscheinung tritt. Man kann vielleicht den *Mercato Centrale* besuchen, der ohnehin sehenswert ist. Er liegt nur wenige Minuten zu Fuß vom Bahnhof entfernt und ganz in der Nähe der Kirche S. Lorenzo und der *Cappelle Medicee* mit den pompösen Grabmälern, die Michelangelo geschaffen hat. Aber nach vielen Kirchen und Gemäldegalerien ist der Besuch der Zentralmarkthalle vielleicht interessanter, und im Hinblick auf den florentinischen Alltag gewiß aufschlußreicher, als der Besuch von immer noch mehr Kult-und Kulturstätten. In den Straßen um die Markthalle herum stehen Stände mit Textilien, Schuhen, Lederwaren, Souvenirs und allem Möglichen. Wenn man keine großen Ansprüche an Qualität stellt, kann man an diesen Ständen mitunter preisgünstig kaufen. Besonders interessant ist dieser Straßenmarkt nicht. Anders ist es in der Markthalle. Im unteren Stockwerk gibt es Fleisch, Schinken, Wurstwaren, Fisch, Käse, Nudeln, Delikatessen, und in dem geschickt eingebauten modernen Obergeschoß werden an vielen Ständen Obst und Gemüse angeboten. Es ist ein reiches und vielfältiges Warenangebot. Und es ist interessant zu sehen, was die Florentiner kaufen und wie sich das Angebot von dem unterscheidet, was man im eigenen Land gewohnt ist. Und wenn man wirklich Geduld hat, kann man da Hausfrauen aus allen Bevölkerungsschichten beobachten wie sie einkaufen, wie sie mit der Ware umgehen und welche Haltung sie einnehmen, wenn es ans Zahlen geht. Und vielleicht findet man auch dies und das für den eigenen Bedarf. Das geht natürlich nur an Wochentagen. Und Sonntags ist – das sei an dieser Stelle angemerkt – die Stadt ohnehin reduziert, den vollen Eindruck gewinnt man als Tourist immer nur an den Werktagen, wenn sich das Leben in der Stadt voll entfaltet (und nebenbei: Florenz ist auch im August halb tot, da ist alles in den Ferien, viele Restaurants und Geschäfte sind geschlossen).

Ein anderer Ort, an welchem man Florentiner ohne aufzufallen beobachten kann, ist *Procacci* in der via Tornabuoni, eine Kombination aus Delikatessenladen und Imbisstube. Da trifft man sich, wenn man auf einem Einkaufsbummel eine Erfrischung zu sich nehmen will. Und »man« bezieht sich hier auf die Mitglieder der Hautevolee von Florenz, wenigsterns so weit sie auf standesgemäße Gediegenheit Wert legen. *Procacci* mit seiner zurückhaltenden holzgetäfelten Eleganz liegt etwas unscheinbar in der Häuserzeile und fällt den Touristen nicht so ins Auge, daß sie es heimsuchen würden. Dort kann man eines der einfachen, aber delikaten kleinen Brötchen verzehren und die Florentiner Damen und Herren beobachten. Und wenn man sich auch noch für die Schickeria der Stadt interessiert, dann kann man anschließend bis zur nächsten Ecke gehen (in Richtung Arno) und dann an der Ampel die Straße überqueren, da steht man vor der *Bar Giacosa*, die ist schon seit Jahren »in«. Da sie aber keineswegs durch Zurückhaltung wirkt, besteht das Publikum auch zu einem großen Teil aus Touristen. Gleich gegenüber ist die Geschäftsstelle von American Express und ein paar Schritte weiter ist das Geschäft Gucci. Gewiß wird es Liebhaber der Toskana geben, die das ablehnen, die von Kommerzialisierung sprechen. Sie erklären, das habe alles nichts mit der Kultur der Toskana zu tun, man liefere sich dort fremden Einflüssen aus, durch welche die toskanische Kultur bedroht werde. Dabei fragt es sich dann immer, was sie mit »Kultur« bezeichnen. Die Dominanz der an Ort und Scholle gebundenen Kultur, die dem Empfinden des Volkes entspricht, hat spätestens zur Zeit von Giotto und Brunelleschi aufgehört. Die Blüte der Renaissance in der Toskana wurzelt in der Weltoffenheit und den weltweiten Beziehungen ihrer Banker und Kaufleute. Und es ist vielleicht nicht ganz abwegig, daß die Intelligenz, die sich auf den Einsatz eines so abstrakten Mittels wie des Geldes versteht, weitgehend mit der Intelligenz übereinstimmt, die einen Weg zu ersinnen vermag, optische Eindrücke vom drei-dimensionalen Raum auf einer ebenen Fläche in solcher Weise zu interpretieren, daß der Betrachter später in der Lage ist, diese Interpretation wieder auf das zu beziehen, wovon der Künstler/Wissenschaftler ausgegangen ist.

Heute gibt es eine Weltkultur, zu deren Zustandekommen diese Künstler/Wissenschaftler entscheidende Grundlagen gelegt haben. Sie ergibt sich einfach aus dem Umstand, daß mit dem Wachsen der Geschwindigkeit von Nachrichtenübermittlung und Verkehr, der verbundene Bereich sich erdweit ausgedehnt hat. Diese Weltkultur ist umfassender als die lokalen Kulturen, steht aber deshalb keineswegs im Gegensatz zu ihr. Das wird sehr oft vergessen. Beide Formen können durchaus gleichzeitig leben. Aber wir können vielleicht noch einen Schritt weitergehen und uns auf unserer Fahrt, bei der wir uns immer weiter von Florenz entfernen, fragen, was wir denn eigentlich mit »Kultur« bezeichnen. Und vielleicht kommt uns dann in den Sinn, daß das Wort ursprünglich auf den Boden bezogen war und daß »kultivieren« soviel bedeutet hat wie »urbarmachen« und »pflegen« und daß es sich jetzt eben auf die Pflege von Lebensweisen bezieht, dann verliert das, was wir mit »Kultur« bezeichnen seine Rätselhaftigkeit. Dann können wir mit Fragen fortfahren: Warum gerade diese Lebensweise? Und warum wird sie von bestimmten Leuten gepflegt? Und warum bekämpfen andere Leute diese Lebensweise? Und was bewirkt diese Lebensweise und was schließt sie aus? Kultur hört dann auf, etwas Vorhandenes zu sein, etwas was auf einen wirkt, sondern es zeigt sich, daß es von Menschen gemacht ist, und daß die jeweilige Lebensweise nichts Vorhandenes ist, sondern daß die Menschen in sie hineingeboren und in ihr erzogen werden, sie durch ihre Handlungen aufrechterhalten. Aber daß das nicht zwingend und ausausweichlich ist. Zerstörerisch werden Kulturen dadurch, daß ihre Mitglieder recht behalten wollen, daß sie ihre Lebensweise als die einzige und wahre durchsetzen und alles Fremde ausmerzen wollen.

Als Liebhaber der Toskana sollte man sich daran erinnern, daß sie und selbst Florenz und seine Schätze lange Jahre gering geachtet worden sind, beispielsweise Goethe hat auf seiner Reise nach Rom Florenz nur flüchtig besucht. Die Zustände des Geistes wandeln sich und wir sollten aus der langen Zeit menschlicher Wandlungen eines gelernt haben: den Zustand der Wahrheit gibt es nicht. Ohne diese Erkenntnis läßt sich Pico della Mirandolas Vermächtnis nicht durchsetzen:

> Den übrigen Wesen ist ihre Natur durch die von uns vorgeschriebenen Gesetze bestimmt und wird dadurch in Schranken gehalten. Du bist durch keinerlei unüberwindliche Schranken gehemmt, sondern du sollst nach deinem eigenen freien Willen, in dessen Hand ich dein Geschick gelegt habe, sogar jene Natur dir selbst vorherbestimmen.

Man kann sich die Welt auch immer enger machen, bereinigen. Auch das ist die Entscheidung eines jeden Einzelnen. Nur: Was bringt solche »Bereinigung« tatsächlich?

Ausschalten, was stört: Man sieht immer weniger, das wenige aber immer besser. Also mit der Verarmung der Wahrnehmung wächst die Ordnung ... Liegt darin der Weg zu größerer Klarheit und Sicherheit? Siehe auch Seite 140.

Essen und Trinken

In welcher Reihenfolge soll ich die Restaurants nennen?

Bei den Hotels ergab sich die Reihenfolge von selbst aus den Gegebenheiten der Anreise. Bei den Restaurants ergibt sich das nicht mit solcher Selbstverständlichkeit. Das Einfachste wäre eine alphabetische Aufzählung, das ist streng sachlich und ohne jede Parteinahme. Oder sollen wir lieber das Prinzip der Steigerung benutzen, mit den bescheideneren Adressen beginnen und das beste Haus an den Schluß setzen? Oder wäre das umgekehrte Prinzip besser, also mit dem besten Haus beginnen und mit dem bescheidensten enden? In beiden Fällen würde sich Bewertung ergeben. Und wie wäre eine Einteilung nach Preisniveau? Oder soll ich mit den Traditionalisten beginnen und mich langsam zu den Restaurants mit der Tendenz »nouvelle« vorarbeiten? Da wäre natürlich auch persönliche Bewertung drin. Also doch besser alphabetische Aufzählung? Aber was hat das Alphabet mit der Sache zu tun, um die es hier geht. Es hilft lediglich den Menschen rauszuhalten, die Verantwortung wegzuschieben. Es gibt zahllose Möglichkeiten des Ordnens; welche Ordnung man wählt, hängt von dem Zweck ab, den man verfolgt.

Was steht für den Liebhaber-Touristen im Vordergrund? Er geht sicherlich nicht in ein Restaurant, um »sich zu ernähren«, er will speisen, will nicht »food« sondern »cooking«, wie es John Dunkley, der Weinproduzent von Riecine, neulich so gut zum Ausdruck brachte. Aber vielleicht ist ihm auch Denkwürdigkeit wichtiger als Regelmäßigkeit. Eine Mahlzeit soll ein Erlebnis sein. Und hat man nicht von einer wirklich denkwürdigen Mahlzeit mehr, auch wenn sie so viel kostet wie drei durchschnittliche? Begnügt man sich dann nicht lieber an den nächsten beiden Tagen mit einer Pizza, und schafft so nicht nur für den Geldbeutel, sondern auch für das Kalorienkonto Ausgleich? Auf einer Liebhaber-Reise – und vielleicht auf Reisen überhaupt – zählt das besondere Erlebnis und nicht die Ordnung. Das wirkliche Erlebnis steht stets außerhalb der Ordnung und dem Alltag, sonst empfände man es nicht als Erlebnis.

So setze ich ganz getrost die *Enoteca Pinchiorri* an den Anfang. Zu sagen, daß die Enoteca das beste und wichtigste Restaurant in Florenz ist, wäre verfehlt. Und auch wenn man sagt, die Enoteca ist das beste und wichtigste Restaurant in Florenz und weit darüber hinaus, wäre das allenfalls die halbe Wahrheit. Die Enoteca ist ein Restaurant, das unverwechselbar ist. Wie wenige andere ist es eine Reise wert, kann man doch an keinem anderen Ort etwas Vergleichbares kennenlernen. Den Besuch in einem solchen Restaurant mit »wir gehen essen« zu umschreiben, hieße eine Einordnung machen, bei der alles, worauf es ankommt unterschlagen wird. »Wir waren in der Enoteca«, das ist wie »wir waren bei Maxim's«, oder »wir waren bei Haeberlin« oder »wir waren bei Witzigmann«.

Giorgio Pinchiorri verkörpert geradezu den unbändigen Willen, es gut und immer noch besser zu machen. Dabei steht aber nicht der Wunsch nach Anerkennung im Vordergrund, sondern der Wille, Freude zu bereiten, das spürt man vor allem, wenn man sieht, wie Giorgio Pinchiorri sich freuen kann. Er ruht nicht auf dem Erreichten aus. Die Räume des Restaurants waren schon immer festlich. Giorgio Pinchiorri genügte das nicht. Er hat gerade alles umbauen lassen und noch besseres Mobiliar angeschafft. Genauso erweitert er seinen unglaublich reichen Weinkeller immer mehr. Dabei kann man durchaus annehmen, daß es schon heute der wichtigste in Europa (und damit vermutlich überhaupt) ist. In Annie Feolde hat er die ideale Lebens- und Arbeitspartnerin gefunden, wobei Leben und Arbeit hier nicht voneinander zu trennen sind. Giorgio und Annie gemeinsam sind die strahlenden Gastgeber in den stets festlich mit frischen Blumen geschmückten Räumen dieses schönen alten Palazzos. (Im Sommer kann man auch im anmutigen Innenhof speisen). Annie Feolde kommt aus Frankreich, aber sie kocht nicht etwa französisch, und sie kocht auch nicht italienisch, sie kocht großartig, in einem ganz persönlichen kreativen Stil, der über beide Traditionen hinausgeht, ohne sie verwerfen zu wollen. Das Angebot konzentriert sich mehr und mehr auf zwei Menus, das eine aus Rohprodukten, die während der jeweiligen Saison ständig frisch und in Spitzenqualität zu haben sind, ist auf der Speisekarte ausgedruckt, vom anderen heißt es nur *al ritorno dal mercato* (bei der Rückkehr vom Markt). Es geht vom ganz aktuellen Angebot des Tages aus. Beide Menus sind zu empfehlen, das zweite sollte man bevorzugen. Der Wegfall der Auswahl à la carte mag bedauerlich sein, andererseits lassen sich dadurch Einkauf und Küche in einer Weise konzentrieren, die einer weiteren Steigerung der Qualität zu Gute kommt.

Eine solche Konzentration auf ein oder zwei Menus ist für Spitzenrestaurants nicht ungewöhnlich. Fernand Point, einer der wichtigsten Väter der Nouvelle Cuisine in Frankreich, soll von seinen Gästen sogar Pünktlichkeit verlangt haben. Dabei hatte er sicherlich gar nicht so unrecht, denn die Küche kann sich ganz anders auf die Qualität konzentrieren, wenn sie nicht alle Gänge den ganzen Abend über bereit halten muß. Im vollen Bewußtsein der Qualität seiner Arbeit stand Fernand Point in seinem *Restaurant La Pyramide* überhaupt auf dem Standpunkt, daß der Gast am Gelingen der Mahlzeit mitzuwirken habe. Beispielsweise wenn jemand der Unsitte frönte, zwischen zwei Gängen zu rauchen, sah er das als Signal an, daß der Gast die Mahlzeit beendet habe und brachte die Rechnung. Giorgio Pinchiorri dürfte es sich erlauben, in gleicher Weise von seiner und Annie Feoldes Arbeit überzeugt zu sein. Das Angebot an Weinen – italienischen und französischen – ist in der Enoteca praktisch unbegrenzt, aber auch die preiswerteste Flasche ist gut.

Und die Rechnung am Schluß – das Besondere war schon immer etwas teurer.

Ein Restaurant von ganz anderer Art, an das ich mich ebenfalls stets gerne erinnere, ist *Da Noi*. Es ist erstaunlich, wie es Bruno und Sabina Tramontana gelungen ist, aus den kleinen engen Lokalitäten ein ansehnliches Restaurant zu machen, in dem man sich wohlfühlt, und das zu allen Jahreszeiten abends meist auf eine oder mehr Wochen ausgebucht ist. Sabina kommt aus Schweden und spricht außer Italienisch auch perfekt Deutsch und Englisch. Mit ihrer freundlichen und gastlichen Art trägt sie ohne Zweifel genauso entscheidend zum Erfolg des kleinen Unternehmens bei, wie mit den ausgezeichneten Desserts, die sie bereitet. Es gibt keine Speisekarte, dabei werden stets erstaunlich viele Gerichte bereitgehalten. Sabina hat ein hervorragendes Gedächtnis und sagt sie alle jedem Gast an. Und sie erinnert sich auch, ob ein Gast ein Gericht schon mal gegessen hat, selbst wenn es schon ein Jahr oder länger her ist. Der trotz der Hitze in seiner winzigen Küche stets gut gelaunte Bruno Tramontana pflegt eine einfallsreiche und feine kreative Küche auf einer soliden italienischen Basis. Er verwendet nur beste und frische Produkte. Besonders zu empfehlen: *Tagliatelle di olive neri con salsa di coniglio e verdure di stagione* (Nudeln aus schwarzen Oliven mit Kaninchensauce und Gemüsen der Saison), *tagliatelle di zucca con pfimferlin* (Nudeln aus Kürbis mit Pfifferlingen), *ravioli di salmone in salsa di zafferano* (mit Lachs gefüllte Ravioli in Safransauce). Und als Hauptgericht: *Insalata calda di piccione* (warmer Salat von einer Taube), *sal-*

mone al pernod (Lachs in Pernod), ganz ausgezeichnetes Lamm oder *anatra alle albicocce* (Ente mit Aprikosen) und perfekt zubereitete *aragosta* oder *astice* (Hummer). Als Nachtisch vielleicht die herrliche *torta dolce-amaro di limone* (bittersüße Zitronentorte) oder – und das ist besonders gut – Lakritzencreme mit Minzensauce.

Die Auswahl an Weinen ist nicht sehr groß, aber erstklassig. Besonders die Weine aus dem Friaul, unter anderem von der Abbazia Rosazzo sind zu empfehlen, aber auch die Weine von Terre Rosse. Und wenn man die Rechnung bekommt, ist das kein Schock. Ein rundum erfreuliches Erlebnis, an das man stets gerne denken wird.

Auch die Küche von Bruno Tramontana entspricht nicht dem, was viele Menschen meinen, wenn sie »toskanische Küche« sagen. Dabei kocht er in der Toskana und hat großen Erfolg bei den Florentinern. In einer Zeit, in der sich immer mehr Menschen aus der Fixierung auf eine Geschmacksrichtung befreien, sollte das den Bewohnern der Toskana doch wohl nicht verwehrt sein. Eine so eingegrenzte Küche ist ja eher ein Zeichen von Beschränktheit, sei es vom Typ »was der Bauer nicht kennt«, sei es aus wirtschaftlichen Gründen.

Alle die es vor allem oder nur toskanisch wollen, haben in der *Trattoria Cave di Maiano* ihr besonderes Erlebnis, aber alle anderen auch, denn es ist einfach schön, an einem warmen Sommertag oder Abend in all dem Grün im Garten des *Cave* unter den Lindenbäumen zu sitzen und an den steinernen Tischen zu tafeln. Aber die sauberen frisch bereiteten toskanischen Gerichte schmecken auch in dem ländlich einfachen Saal. Das Restaurant liegt einige Kilometer außerhalb der Stadt in den Hügeln. Es gibt ausreichend Parkplatz. Von den Antipasti (den Vorspeisen) sollte man nur die *crostini* wählen, die aber sollte man sich nicht entgehen lassen. Wenn man allerdings Glück hat und es gerade die gute *panzanella* gibt, dann muß man diese probieren. Beim Bestellen sollte man sich unbedingt erkundigen, ob es *pappa al pomodoro* gibt, – als primo – sie ist im *Cave* ganz vorzüglich mit herrlichen durchgekochten Knoblauchzehen darin. Wenn es keine *pappa* gibt, ist das kein Anlaß zur Trübsal, auch die anderen *primi* sind köstlich: *tortelloni verdi* (grüne gefüllte Nudeln), *canelloni* (dicke mit Fleischragout gefüllte Nudeln), *ravioli*, selbstverständlich alles hausgemacht. Wer neugierig ist, kann auch ein *tris* aus allen dreien bestellen. Sehr gut ist auch *riso spazzacamino* (Reis nach Schornsteinfegerart). Und als Hauptgericht die klassische toskanische *anatra all'arancia* (Ente mit Orange), *involtini di vitella con funghi* (Kalbsrouladen mit Pilzen), *pollo al mattone* (Huhn in der Tonform) oder *agnello* (Lamm) und zum Abschluß die gute *torta della nonna* (Torte nach Art der Großmutter) oder das berühmte *zucotto*, das im *Cave* besonders gut ist. Der Wein des Hauses ist durchaus trinkbar. Die Rechnung ist auch toskanisch: von angemessener Mäßigkeit.

Ein gastronomisches Liebhaber-Abenteuer ganz besonderer Art ist ein Abendessen im *Ristorante Guiseppe Alessi*. Es liegt etwas außerhalb von Florenz, in der Ortschaft Montorsoli. Von außen kaum als Restaurant zu erkennen, umfängt einen drinnen eine behagliche Eleganz. Guiseppe Alessi ist Lebenskünstler und Genie. Ursprünglich war er Kunstmaler und Musiker, jetzt ist er Künstler der Küche, jener flüchtigen Kunst des Augenblicks, die sich nicht festhalten läßt, die man sich einverleibt, um sie zu genießen. Zu Alessi muß man Zeit und guten Appetit mitbringen. Serviert werden nur feststehende sehr umfangreiche Speisefolgen, je nach Wahl entweder auf der Basis von Fischgerichten oder auf der Basis von Fleischgerichten. Es sind Guiseppe Alessis große Kompositionen, festliche Menus mit zahlreichen Gängen, eine Vielfalt von Kreationen, die meist aus alten kulinarischen Ideen entwickelt sind, dazu genau abgestimmt, gut ausgesuchte Weine.

Bei jedem Gang erscheint Alessi am Tisch und erklärt so wort- wie geistreich, was da aufgetischt worden ist und auf welchen historischen, kulinarischen Ideen es basiert, auch wenn man Guiseppe Alessis Kommentare wegen mangelnder Italienischkenntnisse nicht versteht: Es schmeckt ganz ausgezeichnet und es macht zugleich Spaß, Gast dieses kultivierten und freundlichen Mannes zu sein, der – unterstützt von seiner Frau – so vielfältig auf dem Instrument »Küche« zu spielen versteht. Bei meinem letzten Besuch meinte Guiseppe Alessi, er sei Etrusker, die Etrusker hätten es verstanden, die Freuden des Lebens zu genießen. Nun, mag es sein, wie es wolle, Guiseppe Alessi arbeitet gewiß hart, um seine Gäste zu erfreuen. Was sie dafür zu zahlen haben, ist nicht viel, ein fester Preis für das Menu einschließlich der Getränke.

Kulinarisch sehr interessant und anregend, aber für viele vielleicht etwas sehr abseits von jeder Hauptstraße gelegen: *Ristorante Lo Strettoio*. In den eleganten Räumlichkeiten – und im Sommer auf der Terrasse mit Blick auf Florenz – dieser mitten in einem Olivenhain gelegenen Villa aus dem siebzehnten Jahrhundert wird eine erfinderische Küche serviert, die in der Familientradition wurzelt. Und da ist es interessant festzustellen, daß sie nicht viel mit der häufig propagierten *cucina casalinga* zu tun hat, die eben gar nicht so typisch toskanisch ist, wie oft leichthin behauptet wird, sondern allenfalls für ein bestimmtes Gebiet der Toskana und eine bestimmte soziale Gruppe. Hier genießt man eine weitaus raffiniertere Küche, der das Prädikat »toskanisch« keineswegs abzusprechen ist. Das Speisenangebot wechselt mit dem Angebot des Marktes. Einige Gerichte, die mir besonders zusagen: *sfoglia al tartufo bianco di Garfagnana* (Blätterteig mit weißen Trüffeln aus Garfagnana), *tagliolini in salsa al vino cotto, barberosse e prezzemolo* (Nudeln in Weinsauce mit Kräutern), *canapé di quaglie tartufata* (Wachtelkanapée getrüffelt), *collo di tacchino farcito ai pistacchi* (gefüllter Puterhals), *gelato di pere cotto alla grappa* (Eis von in Grappa gekochten Birnen). Das Weinangebot ist gut, der Preis hält sich in sehr vernünftigen Grenzen.

In der Stadt, nahe beim historischen Zentrum und unweit des Arno findet man *Cammillo*, eine Trattoria mit regionaler Küche von seit Jahren zuverlässiger Qualität. In diesem beliebten, oft überfüllten Lokal sitzt man etwas gedrängt, aber nicht direkt ungemütlich. Die Speisekarte ist lang. Hier kann man vielleicht mal *trippa alla fiorentina* (Kutteln auf Florentiner Art) probieren, das ist ein typisches Florentiner Gericht, fast so berühmt wie das beliebte *bistecca alla fiorentina* (T-bone-Steak auf Florentiner Art). Gewiß, Kutteln sind nicht jedermanns Sache. Das liegt aber oft an der bloßen Vorstellung, sie müßten abscheulich sein, probiert hat man sie vielleicht nie. In Florenz sollte man dieses Vorurteil mal überprüfen. Auf florentinische Art sind Kutteln sehr schmackhaft, mit Tomaten und Basilikum geschmort und mit Parmesan angerichtet. Sehr gut auch die *tagliolini ai pisellini freschi* (Spaghetti mit frischen Erbsen), sowie die Scampi und als Dessert besonders *zabaione con meringa* (Weinschaumcreme mit Baiser). Der Hauswein ist durchaus trinkbar. Die Rechnung hält sich in einigermaßen erträglichen Grenzen.

Übrigens im Herbst kann man bei *Cammillo* vielleicht auch mal das wundervolle *fonduta piemontese* probieren, (Käsefondue nach der Art von Piemont). Das ist ein Fondue aus Fontina-Käse. Es wird nicht wie das so beliebte Schweizer Käsefondue mit Wein und Kirschwasser bereitet, sondern mit Milch und Ei, und über das Fondue werden feinste Scheiben von *tartufi bianci* (weiße Trüffel) gehobelt. Es ist ein sehr feines Gericht, das man sich nicht entgehen lassen sollte. Dieses Fondue ist für empfindliche

Mägen bekömmlicher als das schweizerische Käsefondue. Durch die Tartufi wird es natürlich recht teuer. Und überhaupt: Manche Restaurants berechnen Beigaben von Tartufi oder Gerichte aus den ebenfalls nicht billigen *funghi porcini* (Steinpilze) nach Gewicht, da sollte man sich nicht scheuen zu fragen, was es kosten wird, sonst kann man Überraschungen erleben.

Schick und »in« ist die *Cantinetta Antinori* im schönen Palazzo Antinori in der Via Tournabuoni, also vielleicht der ideale Ort, um sich nach einem Einkaufsbummel von den Preisschocks zu erholen. In der Cantinetta kann man viele Weine des traditionsreichen Weinhauses Antinori auch glasweise verkosten (die interessantesten sind allerdings mitunter gerade *esaurito* – also ausgegangen). Gekocht wird *casalinga*, nach Hausfrauen-Art (allerdings: welche Hausfrau kann sich heute noch erlauben, so einfallslos zu kochen?). Dabei sind die verwendeten Materialien erstklassig, fast durchwegs Produkte der Antinori-Güter. Mir schmeckten: Die *bruschetta* (Brot mit Olivenöl und Knoblauch geröstet), die hier plötzlich *fett'unta con olio extra vergine d'oliva di fattoria* heißt, aber trotz des hochtrabenden Namens sehr gut ist, *pappa àl pomodoro*, und auch hier sehr gut *trippa alla fiorentina* (Kutteln auf Florentiner Art), und die deftigen *fagioli con salsicce* (Bohnen mit Wurst). Zum Dessert eine *zuppa inglese*, die hier den Namen *zuppa alla Fattoressa* (nach Gutsfrauenart) trägt. Die Namen wechseln, die Sache bleibt. Alles in allem: ein wenig Snobberie nach Hausfrauenart zum entsprechenden Preis. Man kann auch an der Bar sitzen und essen, dann zahlt man für das *coperto* (Gedeck) anstelle von 2000 Lire nur 1000 Lire.

Einfallsreicher ist die Küche im eleganten *Ristorante Il Barone di Porta Romana*, dessen Räume gerade in einem modern nachempfundenen Renaissancestil renoviert worden sind. Im Sommer wird auch im Garten serviert. Empfehlenswert sind alle Gerichte auf der Basis von Fisch, interessant auch einige exotische Gerichte (die Inhaberin ist aus Kolumbien gebürtig). Die Weinauswahl ist mit Verstand getroffen. Mittags wird hier das Experiment gemacht, den Gästen anstelle der üblichen Mahlzeit einen leichten Imbiß aus kleinen Speisen zu servieren, Stichwort »Brunch«. Erträgliche Preise. Parken kann man an der Porta Romana.

Nahe beim Dom das *Ristorante Il Barrino*. In einer eleganten und intimen Atmosphäre wird eine recht einfallsreiche Küche geboten, etwa *ravioli di asparagi* (Ravioli mit Spargel gefüllt), *branzino in foglie di castagno* (Seebarsch in Kastanienblättern) oder sehr gutes Lamm in Brotteig. Gute Weine. Dem Ort angemessene Preise.

Ambitioniert ist die Küche im angenehm schlichten *Ristorante La Vecchia Cucina*. Der Stil der Küche ist gar nicht so »alt«, wie der Name des sehr beliebten Restaurants vermuten läßt. Man speist und trinkt sehr gut und zahlt einen Preis, den man als bescheiden bezeichnen muß.

Oft überfüllt ist die *Trattoria Il Cibreo*. In den schlichten rustikalen Räumen wird eine angenehm verfeinerte und leichter gemachte toskanische Küche serviert, die sich bei den Florentinern großer Beliebtheit erfreut. Besonders empfehlenswert die *antipasti caldi* (warme Vorspeisen), ganz besonders der *ricotta caldo* (ein warmer Weißkäse), dann die gute *minestra di pesce* (Fischsuppe), *fegato di vitella al forno con una salsetta di cipolle e vino rosso* (im Ofen gegarte Kalbsleber mit einer Sauce aus Zwiebeln und Wein), *piccione cotto in casseruola con moscato* (Taube in Muskateller geschmort) und zum Dessert den außerordentlich beliebten *cheese-cake*.

Unbedingt vorbestellen. Und wenn man kommt und trotz Vorbestellung längere Zeit warten muß, darf man sich keinesfalls bei Fabio Picci beschweren, dem Inhaber, der sich auch gern Il Cibreo rufen läßt, sonst schaut er einen den ganzen Abend nicht mehr an. Aber das hat auch sein Gutes, denn Fabio Picci verschmäht es nicht, mit der brennenden Zigarette in der Hand von Tisch zu Tisch zu gehen und Bestellungen aufzunehmen. Man ißt und trinkt also nicht nur gut, sondern erlebt auch, was ein Florentiner Publikum sich bieten läßt, wenn es einer geschickt anstellt. Die Krönung: Es gibt keinen Espresso oder sonstigen Kaffee, aber auch das wird bereitwillig hingenommen. Bedient wurde ich im übrigen sehr zuvorkommend. Die Preise sind höher als man erwartet.

In die *Trattoria Il Tirabusco* wäre ich nie gegangen, wenn nicht einige Flaschen berühmter Weine im Schaufenster gestanden hätten. Ich habe es nicht bereut. In den frisch renovierten, einfachen, freundlichen Räumen dieser erst kürzlich eröffneten Trattoria habe ich anständig und äußerst preiswert gegessen und getrunken. Es gibt beispielsweise *coniglio alla birra* (Kaninchen in Bier), *vitella ai carciofi* (Kalbfleisch mit Artischocken). Ob die Qualität anhält, kann der Liebhaber-Reisende nur selbst herausfinden.

Auch wenn man keinen Ausflug macht, der einen in die Nähe von Prato führt, lohnt sich der Weg dorthin, um in dem modernen und eleganten *Ristorante Piraña* zu essen. Sehenswert ist die vielfältige Auswahl frischer Fische, die dem Gast auf einem großen Tisch präsentiert wird. Besonders empfehlenswert die *antipasti misto al carello* (verschiedene Vorspeisen vom Wagen), *antipasti caldo* (warme Vorspeisen auf der Basis von Fisch und Meeresfrüchten), *risotto all'aragosta* (Risotto mit Langusten) und als Hauptgericht *spiedino di gamberoni* oder *scampi con fagioli toscani* (Scampi mit toskanischen Bohnen) – oder falls es gerade angeboten wird – *spaghetti con aragosta* (eine ganze Languste mit Spaghetti), der Saalchef wies mich darauf hin, daß das *primo* und *secondo* in einem sei, und so ist es dann auch keineswegs teuer. Und zum Dessert eine reiche Auswahl vom Wagen. Auch die Auswahl an Weinen ist beachtlich. Empfehlenswert z. B. Torre di Giano bianco Riserva oder Montecarlo Buonamico bianco. Alles in allem ein Liebhaber-Fest zu einem annehmbaren Preis. Das *Piraña* ist ein hervorragendes Restaurant von einer Art, wie sie in Florenz fehlt.

Etwa 20 Kilometer von Florenz entfernt in Artiminio das *Ristorante da Delfino*, ein äußerst erfreuliches ländliches Restaurant, das kein Liebhaber-Reisender auslassen sollte. Die Küche ist regional, aber alles andere als eintönig. Empfehlenswert unter anderem ganz hervorragende *crostini* von etwas Schinken und einer Kostprobe *panzanella* begleitet, *insalata di tagliatelle* (Nudelsalat), sehr gute Wildgerichte, *baccala in umido con prugne e patate* (Stockfisch geschmort mit Pflaumen und Kartoffeln) und zum Dessert Eis mit verschiedenen Saucen aus frischen Früchten oder *mousse al limone* (Zitronenmousse). Sehr gute lokale Weine. Ein Liebhaber-Essen zu einem erträglichen Preis.

Und schließlich noch die sehr einfache und ländliche *Trattoria La Gargotta* oberhalb von Candeli. Von der Terrasse hat man einen herrlichen Blick auf die ganze Pracht von Florenz. Die Küche ist ländlich, aber schmackhaft. Sehr gute *crostini*, dann eines der guten Nudelgerichte oder um einen Überblick zu gewinnen, ein *tris* dieser sorgfältig bereiteten deftigen Köstlichkeiten. Als Hauptgericht bestellen die Einheimischen hier mit großer Begeisterung das *bistecca alla fiorentina al carbone* (T-bone Steak auf florentinische Art vom Holzkohlengrill), und sie wissen warum. Sehr gut auch das *agnello* (Lamm), die *quaglie all'oliva* (Wachteln mit Oliven) oder *faraona al prosciutto* (Perlhuhn auf Schinken) und zum Dessert ein *zucotto*. Der Wein ist einfach aber trinkbar. Und in einer Sommernacht auf der Terrasse des Hauses mit einem Blick auf die Stadt Florenz und von Glühwürmchen umschwirrt ist das ein Erlebnis.

Die *Enoteca »pane e vino«* ist eine ausgezeichnete Adresse, wenn man an einem Abend mal nur eine gute Flasche Wein trinken möchte. Die Auswahl an Weinen in diesem kleinen Lokal ist ganz hervorragend. Wenn man will, kann man dazu auch eine Kleinigkeit zu essen bestellen, etwa einen interessanten Salat oder *crostini* mit Käse oder – und das ist ganz besonders empfehlenswert – *taleggio con miele amaro di corbezzola* (Taleggio-Käse mit dem bitterlichen Honig von Meerkirschenblüten).

Will man ein ungewöhnlich gutes Eis genießen, sollte man unbedingt zu Vivoli gehen.

Will man gute Delikatessen einkaufen – vielleicht um auch mal auf dem Hotelzimmer in Ruhe und ohne große Kosten einen Happen zu essen – ist *Da Vera* eine sehr gute Adresse (siehe Anhang). Gleich gegenüber von *Da Vera* findet man ein kleines Obst- und Gemüsegeschäft mit besonders gepflegter Ware. In den Hotels zahlt man ja z. B. für einen Orangensaft, den man sich zum Frühstück bestellt, unverhältnismäßig viel. Besser ist es, Orangen oder andere Früchte selbst zu besorgen. Es gibt viele Dinge, die einfach ihren Preis haben, den man zahlen muß, etwa eine ungewöhnlich gute Mahlzeit oder ein Zimmer in einem besonderen Hotel. Es gibt aber auch zahlreiche Dinge, bei denen man ohne Verzicht mit kleiner Mühe ökonomisch verfahren kann.

4. Kapitel

Siena

Bin eine arme alte Frau,
Die gar nichts weiß, ich kann nicht lesen.
Ich seh im Kreuzgang meiner Pfarre
Ein Paradies gemalt mit Lilien und Harfen,
Und eine Höll', wo die Verdammten schmoren.
Eins macht mir Angst,
das andere macht mir Freude …

François Villon (1431–1463)

Die Ankunft

»Wenn dir irgendein Hotel besonders gut gefällt, dann verrate es niemanden,« so oder ähnlich bin ich schon oft gewarnt worden. Und da ist was dran. Wenn ich schreibe, daß mir kein Hotel in und um Siena herum so gut gefällt, wie das *Castello di Spaltenna* in Gaiole in Chianti, dann muß ich fürchten, daß ich nächstens dort kein Zimmer mehr finden werde und daß der Andrang dazu führen wird, daß die Preise steigen. Und dennoch, ich habe Freude daran, anderen Menschen mitzuteilen, was mir gefällt.

Ich liebe es, an dem Kirchlein vorbei durch die Pforte des uralten, einstmals befestigten kleinen Klosters Spaltenna zu gehen und dann den friedlichen Innenhof zu überqueren, um zu meinem Zimmer hinaufzugehen. Und es macht mir auch nichts, mein Gepäck eigenhändig da hinaufzutragen. Es sind nur sieben Zimmer und lohnt gewiß nicht, viel Personal anzustellen. Diese Zimmer sind auf eine unprätentiöse Weise modernisiert und mit allem Komfort versehen, ohne Schnörkel und Künstelei, ohne folkloristisch oder kunsthandwerklich zu werden. Das macht sie so angenehm. Dabei ist die Einrichtung klösterlich einfach und die Fenster sind klein. Es ist ein Ort der Ruhe und bei aller Einfachheit ein echtes Liebhaber-Hotel, oder gerade wegen dieser Einfachheit. Und zugleich ist es ein idealer Ausgangsort, um Siena zu erleben, und das alles zu einem durchaus erträglichen Preis.

Aber wenden wir uns Siena zu. Der Weg dorthin ist nicht weit. Und er ist einfach. Wenigstens von Florenz aus. Man fährt nach Certosa hinaus. Bald nachdem man unterhalb des alten Zisterzienser-Klosters entlang gefahren ist, erreicht man einen Kreisel. Von dort aus gelangt man auf den Raccordo Florenz–Siena. Der Raccordo gilt nicht als Autobahn, obwohl er kreuzungsfrei ist und in jeder Richtung eine Fahrbahn in Autobahnbreite hat. Es fehlt der breite Mittelstreifen. Die beiden Doppelfahrbahnen sind lediglich durch Leitplanken getrennt. Außerdem muß man nichts bezahlen. Man kann den Raccordo auch sehr bequem über die *strada del sole* erreichen. Man muß dann bis zur Ausfahrt Firenze–Certosa fahren. Das für den Fall, daß man von einem Hotel kommt, von dem aus die Autobahnausfahrt Firenze Sud günstiger zu erreichen ist als Certosa. Man kann aber auch den Raccordo vergessen und auf der *strada del sole* bis zur Ausfahrt Valdarno und dann über Montevarchi durch das Chianti nach Siena fahren. Der Weg über den Raccordo ist der kürzeste und schnellste, der durch das Chianti ist reizvoller. Am schönsten ist der Weg über Greve (S.S. 222). Es gibt natürlich noch viel mehr Wege. Alle zu beschreiben, wäre langweilig. Aber ist es nicht genauso langweilig, wenn man immer denselben Weg wählt? Nach einigen Malen denkt man dann, es sei der einzige. Und wenn er eines Tages aus irgendeinem Grunde nicht geht, dann bricht die Welt zusammen. Der gewohnte Weg hat uns alle anderen vergessen lassen. Gibt es aber eigentlich nicht stets zahlreiche Wege?

Siena liegt nicht im Tal. Es grüßt den Ankömmling aus der Höhe. Siena ist erheblich kleiner als Florenz, es zählt nur etwa 62 000 Einwohner. Das sind ca. vierhunderttausend weniger als in Florenz. Natürlich ist auch Siena keine autogerechte Stadt, und man sollte das Auto gar nicht erst mit in das Zentrum hinaufnehmen. Um die Stadt herum – und oft gar nicht weit vom Zentrum – gibt es eine Reihe bewachter und unbewachter Parkplätze, auf denen ich bisher noch immer einen Platz gefunden habe. Die Bewachung ist hier nicht so wichtig. In Siena passiert nicht viel und auf dem Lande schon garnicht. Wenigstens bisher war das so.

Der Weg zu den Hotels ist in Siena gut ausgeschildert. An jeder größeren Straßenkreuzung der Außenbezirke gibt es für jedes wesentliche Hotel einen Wegweiser.

Welches ist das ideale Liebhaber-Hotel in der Stadt Siena? Das hängt ganz von den speziellen Wünschen ab, die der einzelne Liebhaber-Reisende hat. Wenn er ein Haus wünscht, in dem man so richtig in der Landschaft der Toskana aufgehen kann, dann ist für ihn das Hotel *Villa Scacciapensieri* ideal.

Das etwas schwer auszusprechende Wort heißt soviel wie Sorgentöter. Und es ist wirklich eine Umgebung, in der man seine Sorgen vergessen kann. Eine große klassische toskanische Villa in einem weitläufigen Park mit einer herrlichen Aussicht, mit Schwimmbad und Tennisplatz, sehr ruhig gelegen und mit angenehmen Aufenthaltsräumen. Die Zimmer sind neu renoviert und sehr gut ausgestattet. Die Preise sind beträchtlich, aber durchaus angemessen, und für die Suiten (Doppelzimmer, Salon, zwei Bäder) sogar erstaunlich günstig. Das Scacciapensieri gehört als einziges Hotel in der Toskana der Vereinigung »Romantik-Hotels« an.

Der Liebhaber-Reisende, der den Zauber eines verwunschenen Schlosses sucht, findet seine Erfüllung im Hotel *Certosa di Maggiano*. Es befindet sich in einem Kartäuserkloster aus dem vierzehnten Jahrhundert, das mit viel Geschick und Aufwand in ein kleines Hotel umgewandelt worden ist. Es liegt in einem Park in der Weite des Landes, ist sehr ruhig und hat Swimmingpool und Tennisplatz. Verwunschen sind leider auch die Preise. Will man ein Hotel als Ausgangsort, um Stadt und Provinz Siena kennenzulernen, ist es einfach unsinnig, so viel zu bezahlen, selbst wenn man es hat. Ob es ein besonderes Hotel ist, das man aus besonderem Anlaß aufsucht, nicht zuletzt, um es kennenzulernen, bleibt eine offene Frage.

Für den Liebhaber-Reisenden, der einen fürstlichen und repräsentativen Stil vorzieht und bereit ist, auch einen recht repräsentativen und fürstlichen Preis zu zahlen, ist das *Park-Hotel* zu empfehlen. Es befindet sich in einem Schloß mit herrlichem Ausblick, schönem Park und beheiztem Swimmingpool, Tennisplatz und reichlich Parkplätzen. Kommt man aus den im großen Stil gehaltenen Aufenthaltsräumen in sein Zimmer, findet man dies – bei allem Komfort – doch etwas banal.

Hotel *Villa Patricia*: Ein schönes Gebäude, günstig gelegen. Die Zimmer sind geräumig und gut ausgestattet, aber etwas unpersönlich. Die Preise liegen in einem Bereich, der für manchen Liebhaber-Reisenden durchaus diskutabel sein dürfte.

In einer weniger repräsentativen, aber dafür um so anmutigeren Villa aus dem sechzehnten Jahrhundert liegt das Hotel *Garden*. In dem schönen Park befindet sich ein geschickt angelegter Swimmingpool. Die Zimmer haben allen Komfort und sind dabei recht sachlich eingerichtet. Die Preise sind durchaus annehmbar.

Dann das Hotel *Castagneto*: Etwas mehr abseits gelegen, mit herrlichem Blick auf die Stadt. Es ist sehr gepflegt, aber alles in allem vielleicht etwas kühl mit seinen spiegelblanken Marmorböden. Der Preis ist durchaus akzeptabel.

Ganz neu das direkt an der S.S. 222 nach Florenz und an der Einfahrt zur Superstrada Siena–Florenz gelegene Hotel *Anna*. Die Verwendung von viel hell gebeiztem Holz ergibt eine freundliche und moderne rustikale Ambiente. Die Zimmer haben allen Komfort. Es gibt ausreichend Parkplätze auf dem Hotelareal. Die Preise sind günstig. Durchaus eine Möglichkeit für Liebhaber-Reisende.

Angesichts der Verschiedenartigkeit der empfohlenen Häuser wird vielleicht mancher fragen: »Was ist denn nun ein Liebhaber-Hotel genau?« oder: »Wie muß ein Hotel beschaffen sein, um als Liebhaber-Hotel akzeptiert zu werden?« Das läßt sich nicht als Eigenschaft eines Hotels definieren, es handelt sich eher um eine Beziehung, die zwischen einem Hotel und Gästen wahrscheinlich zustandekommen wird. Oder anders gesagt: In einem Liebhaber-Hotel ist man nicht untergebracht – und auch für viel Geld kann man nichts als untergebracht sein – es ist ein Ort an dem man wohnt, wo man zu Hause ist, oder sich sogar als wohl aufgenommener geschätzter Gast fühlt. Und »zu Hause« heißt da nicht, daß man sich so fühlt, wie daheim, sondern daß man sich im Ungewohnten und Neuen nicht fremd fühlt. Das ist weitaus mehr, als eine korrekte Beziehung zwischen Leistung und Bezahlung. Und es ist etwas, was auf Gegenseitigkeit beruht, und es läßt sich auch nicht herstellen. Und dort wo man es mit Absicht bekunden will, wird meist lediglich verdeckt, daß es nicht vorhanden ist.

In der Nähe von Gaiole in Chianti gibt es eine weitere Adresse, das *Cavarchione Toscanum*. Wie diese ungewöhnliche Bezeichnung zu verstehen ist, wird an der Unterbezeichnung deutlich *un paradiso nel cuore del Chianti* (ein Paradies im Herzen des Chianti). Und was Adrian Dabriel – er stammt aus Deutschland – da geschaffen hat, ist nicht einfach ein umgebautes Haus mit einem schönen großen Swimmingpool, das Ganze ist, als sei es aus dieser Landschaft mit den Zypressen, Olivenbäumen und Reben hervorgegangen. Die komfortablen Zimmer sind klein, aber gut und liebevoll – und vielleicht mitunter zu betulich – gestaltet und eingerichtet. Anfangs hat Adrian nur Freunde in sein Haus einladen wollen. Dann kamen sie so zahlreich in dieses Paradies, daß er sich entschlossen hat, es als Hotel zu führen, und zwar nicht nur für Adam, wie es sich ursprünglich ergeben hatte, sondern für Adam und Eva. Für das Gebotene ist es nicht zu teuer. »Sie kommen als Fremder und gehen als Freund!« ist der Wahlspruch des Hauses.

Auf eine andere Weise betulich findet man es im Hotel *Villa Le Barone* in Panzano, unweit der S.S. 222, gerade halbwegs zwischen Florenz und Siena. Ein alter Herrensitz, der zu einem modernen Hotel umgestaltet ist, nicht frei von kunstgewerblichen Zügen, aber doch sehr angenehm, in einem herrlichen Park mit Swimmingpool auf einem Hügel, von dem aus man weit ins Land blickt. Naturgemäß sind auch die Preise »gehoben« und es wird erwartet, daß man Halbpension nimmt, egal ob einem eine solche Zwangsbekochung behagt oder nicht.

Frei von Zwängen ist man im Haus *Salivolpi* in Castellina in Chianti. Ein mit Stilgefühl umgestaltetes altes toskanisches Bauernhaus, rustikal und unprätentiös. Beim Haus befindet sich ein Swimmingpool und ausreichend Parkplatz. Man wohnt durchaus preiswert.

Und nicht weit von Castellina in Chianti, ganz im Grünen, die *Villa Casalecchi*, sehr ruhig, schön eingerichtet, in Park mit Swimmingpool zu in Anbetracht des Gebotenen akzeptablen Preisen.

Man kann auch sehr gut San Gimignano (38 km von Siena) zum Zentrum machen, von dem aus man sich Siena und seine Provinz erschließt. Da ist das Hotel *La Cisterna* zu empfehlen. Es liegt mitten in der alten Stadt an dem Hauptplatz mit der uralten Zisterne, dem Brunnen. Die komfortablen Zimmer haben meist einen schönen Ausblick in das Land oder auf die Stadt mit ihren alten Türmen. Seit das Parken auf der Piazza della Cisterna verboten ist, hat man allerdings Schwierigkeiten mit Anfahrt und Parken. Die Preise sind bescheiden.

Etwa fünf Kilometer außerhalb von San Gimignano, mitten in der Landschaft das Hotel *Pescille* mit Swimmingpool. Ein modernes Haus, dessen rustikaler Stil sich gut in die Gegend fügt. Man wohnt angenehm, sehr ruhig und durchaus preisgünstig.

In Pancole, einem Dörfchen wenige Kilometer von San Gimignano und – wie der Prospekt sagt – *nel verde della campagna* (im Grün des Landes), liegt das Hotel *Le Renaie*, ein modernes Landhotel in schönem Garten mit Swimmingpool. Das Haus ist sehr freundlich und hell. Die

Zimmer, ganz in weiß und rosa gehalten, sind durchaus wohnlich und haben allen Komfort. Man wohnt sehr preiswert.

Streng modern gestaltet ist das Hotel *La Cappuccina* im gleichnamigen Dörfchen bei San Gimignano. Auch hier hat man herrliche Aussicht, Ruhe, Swimmingpool und Park für einen absolut erträglichen Preis.

Wer es vorzieht, in einem uralten Gemäuer zu wohnen, der sollte versuchen, ob er eines der fünf Zimmer bekommen kann, die es in der *Osteria del Vicario* in Certaldo gibt, kaum 100 Meter vom Hause des Boccaccio. Das Gebäude, in dem sich das »Gasthaus des Herrn Vikar« befindet, geht auf das zwölfte Jahrhundert zurück. Man wohnt sehr ruhig, bei ausreichendem Komfort. Die Rechnung ist bescheiden.

Preislich etwas anspruchsvoller, in einer Villa aus dem siebzehnten Jahrhundert, die Zimmer im Stil der Zeit und zugleich komfortabel eingerichtet: Hotel *Villa Belvedere*. Sie liegt im Ortsteil Belvedere von Colle di Val d'Elsa (ca. 18 km von San Gimignano und 25 km von Siena). Frühstück ist im Preis inbegriffen.

Südlich von Siena findet man in der Umgebung der Stadt kein Quartier im Liebhaber-Stil. Überhaupt ist der südliche Teil der Provinz touristisch noch sehr wenig erschlossen, ausgenommen Chianciano Terme mit seinen zahllosen Hotels. Von dort nach Siena ist es aber zu weit (85 Kilometer). Außerdem entspricht die Ambiente dieses beliebten Thermalbades keineswegs dem, was man auf einer Liebhaber-Reise in die Toskana sucht.

Sehr gediegen wohnt man bei Sinalunga in der *Locanda dell'Amorosa*. Es gibt allerdings nur sieben Zimmer. Sie gehören zu dem gleichnamigen Restaurant auf diesem schönen alten und gut erhaltenen Gutshof. Es ist jedenfalls ein besonderes Erlebnis, in einer Sommernacht auf dem Hof von Amorosa zu sitzen und vor dem Schlafengehen noch ein Glas Wein zu trinken oder am Morgen die zum Gutshof gehörende alte Kirche zu besichtigen. Die Zimmer sind mit Sorgfalt und allem Komfort ausgestattet. Swimmingpool oder andere Sportmöglichkeiten gibt es nicht. Als Ausgangspunkt für das Erlebnis von Siena (45 km) ist Amorosa schon etwas sehr weit. Pienza, Montepulciano und Monte Oliveto Maggiore sind in der Nähe. Für so eine Nacht auf dem Gutshof zahlt man einen anständigen Preis.

Ein Stück weiter südlich, am Lago di Chiusi, kann man im Hotel *La Fattoria* ruhig und sehr preisgünstig übernachten, allerdings sind es ebenfalls nur sieben Zimmer und die sind meist besetzt. Das Hotel ist ländlich, die Zimmer sind freundlich und mit dem unerläßlichen Komfort ausgestattet.

Nicht weit von Chiusi entfernt findet man bei Cetona das Hotel *Belverde*, ein neu gebautes Haus mit ordentlich ausgestatteten Zimmern, man kann es durchaus aushalten. Und man zahlt nicht viel.

Übrigens: Bei dem einen oder anderen der erwähnten Hotels gibt es auch Zimmer ohne eigenes Bad und WC. Man sollte also stets ausdrücklich fragen, wenn man eine Reservierung macht. Und überhaupt, bevor man ein Hotelzimmer bezieht, sollte man es sich zeigen lassen. Ich mache das seit geraumer Zeit. Und ich habe immer wieder gute Erfahrungen damit gemacht. Auch in den besten Hotels gibt es Zimmer verschiedener Qualität. Einmal beispielsweise war ich in Venedig, ich hatte vorbestellt in einem sehr schönen Hotel. Als ich ankam, ließ ich mir das Zimmer zeigen. Es blickte nach rückwärts, war eng und sollte das Doppelte von dem kosten, was ich laut *Michelin* angenommen hatte. Ich erklärte, daß es mir nicht gefalle, ich wollte ein Zimmer, das auf die Lagune blickt, geräumiger ist und außerdem den Preis hat, den ich mit Recht erwarten konnte. Ich bekam genau das Gewünschte. Solche Erfahrungen habe ich öfter gemacht. Die Hotels tendieren dazu, die günstigsten Zimmer zuletzt wegzugeben, verständlicherweise. Darum muß man als Gast eben seine Wünsche zur Geltung bringen. Das Hotelpersonal mag das mitunter vielleicht nicht so gern, aber es ist unangebracht, zum eigenen Schaden rücksichtsvoll zu sein. Beim Einkaufen prüft man die Ware auch, bevor man sie erwirbt, warum sollte es beim Hotelzimmer anders sein?

Mit Siena insbesondere hat diese Bemerkung nichts zu tun.

Der Aufenthalt

Im zeitlichen Sinne machen wir die Reise nach rückwärts in eine immer fernere Vergangenheit. Die große Zeit Sienas lag vor der von Florenz, vor allem auf dem Gebiet der Kunst. Florenz ist die Stadt der Renaissance, es hat die Renaissance hervorgebracht. Siena ist eine Stadt des Mittelalters, Ausdruck jener Zeit. Florenz war Aufbruch, Siena war Ausklang. Man kann auch sagen: Siena ist durch den florentinischen Aufbruch zum Ausklang geworden von etwas, was ohne diesen Aufbruch vielleicht weiterbestanden und sich vertieft hätte.

Sienas Architektur entstammt dem Mittelalter, sie ist nicht Frucht kühner Neuerung. Sienas große Zeit der Malerei endet da, wo die von Florenz beginnt. Sienas Maler wollten nicht die Welt erfassen wie die großen florentinischen Meister, sie wollten das Christentum verbreiten. Sienas Maler nutzten überkommene Mittel, vor allem der byzantinischen Kunst, denen die besten unter ihnen persönliche Form gaben. Sie schufen nicht umwälzende neue Mittel, und sie trachteten nicht, den Dingen auf den Grund zu gehen, wie etwa Leonardo es tat. Siena – eine Stadt des Handels und international tätiger Banken – wurde künstlerisch spätestens mit dem Durchbruch des Florentiners Giotto zur Provinz. Die Künstler von Siena haben es nicht verstanden, die neuen Mittel zu übernehmen und in ihrer Weise umzuformen. Und sie waren auch nicht bereit, jedesmal von Grund auf neu zu Werke zu gehen und die Struktur jedes darzustellenden Gegenstandes bis zum Nullpunkt zu verfolgen, um Weisen der Darstellung zu finden, die ihm und nur ihm und zu diesem Zeitpunkt angemessen waren. Vielleicht haben sie es einfach nicht gewollt? Vielleicht war die Florentiner Richtung der ihren entgegengesetzt? Vielleicht zielten sie eher auf eine Verfestigung überkommener Formen ab als auf einen Aufbruch?

Eine Fülle von Fragen, in denen Antworten vorprogrammiert sind, bei deren genauerer Untersuchung man feststellen wird, daß sie das Problem allenfalls auf ein anderes Gebiet verlagern.

Wie kommt es, daß eine künstlerische Entwicklung abbricht oder nicht mehr Schritt hält mit entscheidenderen Entwicklungen? Oder besser gefragt: Wie kommt es, daß die Künstler einer Stadt nicht mitgehen mit den entscheidenden Schritten, die anderen Ortes in ihrer Kunst unternommen werden? Die künstlerische Entwicklung wird von Menschen getragen und hervorgebracht. Abbruch oder Weiterführung einer Entwicklung sind Ausdruck des Verhaltens von Menschen. Es gibt im Grunde nichts, was man mit »künstlerische Entwicklung« bezeichnen kann. Die Bezeichnung stellt eine Abkürzung dar, welche »die Details jener Dinge vermindert, von denen man vorgibt, gründliche Information zu geben«, um Leonardos Worte leicht abgewandelt zu benutzen. Von künstlerischer Entwicklung zu sprechen, erleichtert die Verständigung, aber es verwischt das, wovon man zu sprechen vorgibt, nämlich das, was tatsächlich vorgegangen ist.

Nach Duccio, Simone Martini und den Lorenzettis kam in Siena nichts mehr von wirklichem Belang. Das heißt nach etwa 1350. War es die Saugkraft des aufstrebenden Florenz? War es das Gefühl, daß neben Florenz doch alles vergeblich sein würde? Warum übernimmt Duccio nicht die Errungenschaften Giottos und entwickelt sie in seiner Weise weiter? Wie kommt es, daß es in Siena keine Männer gegeben hat, die von ähnlichem Willen durchdrungen waren wie Uccello oder Leonardo? Vielleicht empfanden die Seneser das, was sich in Florenz entwickelte, als Barbarei? Oder als Ketzertum? Vielleicht reagierten die Sensoren der Seneser mit Abwehr auf die *tactil values* der neuen Meister und empfanden dann eben nichts angesichts der neuen Kunst? Lassen wir die Fragen. Verdeutlichen wir uns lediglich, daß die große Zeit von Siena und die große Zeit von Florenz nicht zeitlich synchron laufen. Den Kunstwerken sieht man das ja nicht unmittelbar an, genausowenig wie man dem Dom Santa Maria del Fiore ansieht, welche Neuerungen notwendig waren, um seine Kuppel zu bauen. Sicher, man kann auf die Jahreszahlen achten. Aber wer tut das, wenn der Reiz von Siena ihn gefangennimmt? Daher sollten wir uns die zeitlichen Relationen grundlegend vor Augen führen, bevor wir uns von Siena bezaubern lassen.

Es hat Leute gegeben, die gesagt haben, Florenz sei die Perle, welche von der Muschel der Piazza del Campo gezeugt worden sei. Aber Florenz hatte seine eigenen mittelalterlichen Meister, und der Florentiner Cimabue übernahm die Errungenschaften seines Zeitgenossen und Landsmanns Giotto ebenfalls nicht. Wir müssen jetzt quasi das umkehren, was wir zuvor im ersten Saal der Uffizien getan haben: Wir müssen mit der *Thronenden Madonna* des Giotto vor unserem geistigen Auge auf die *Thronende* von Duccio blicken, um den Unterschied in der rückläufigen Richtung zu erfassen.

In der Anlage des Stadtkerns erscheint Siena von großer Klarheit, einer weit größeren Klarheit als Florenz. Aber das kann die Folge einer geringeren Vielfalt der Kräfte sein, also eines

Siena: Piazza del Campo.

Wer das »reine« Erlebnis der Architektur will, wird stets enttäuscht. Irgendetwas »stört« immer, und wenn es Touristen sind, die ebenfalls das »reine« Erlebnis suchen.

relativen Mangels. Die Piazza del Campo, der Hauptplatz von Siena, wirkt fast feierlich. Alle Linien sind geschwungen, tendieren zur Rundung, ganz anders als die scharfen Kanten und Ecken der Piazza della Signoria. In Siena läuft alles auf einen Punkt des Platzes zu, konzentriert sich, während die Piazza della Signoria in Florenz den Betrachter durch die Vielfalt ihrer optischen Attraktionen veranlaßt, die Richtung des Blickes immer wieder zu verändern. Auch die Grundlinie des Palazzo Pubblico ist gerundet. Der ganze Platz wirkt weniger verspielt als der Florentiner Platz. Es fehlen der freche Anspruch, die Herausforderung und die Kühnheit. Dafür drückt die Piazza del Campo verhaltene Strenge aus. Und zugleich ergibt das Zusammenspiel zwischen Linien und Licht und Schatten eine zentrierte optische Attraktion. Eine Meisterleistung der Erbauer? Ausdruck ihres Gefühls? Oder Leistung des ordnenden Sinnes des Betrachters? Oder weder das eine noch das andere, sondern beides zusammen?

Natürlich kann man alles auch auf Stil zurückführen und von Gotik reden. Aber ist Stil etwas anderes als Ausdruck von menschlichem Verhalten? Der Stil ist nicht einfach da, sondern er korrespondiert mit etwas in den Menschen, die ihn schaffen und akzeptieren – nennen wir es nun *tactil values* oder Gefühl oder sonst irgendwie – und zugleich drücken sich die Menschen in dem Stil aus, bis sie anfangen, etwas anderes auszudrücken. Stil – und das trifft nicht nur für allgemeinen, sondern auch für den persönlichen Stil eines einzelnen Künstlers zu – ist nicht Absicht, wenigstens nicht bei seiner Entstehung. Eine Form von Ausdruck tritt zuerst einfach auf. Erst wenn sie eine Weile immer wieder vorkommt und jemand das überblickend erkennt, wird sie definiert und bekommt einen Namen, ähnlich wie der Name »Renaissance« von Vasari angewendet in Gebrauch kam, als der Höhepunkt dessen, was er bezeichnet, längst überschritten war. Vor der Benennung liegt die Erfahrung, aber das wird später durch die Erfahrung des Benanntseins verdeckt.

Und wenn jemand von allgemeinen Stilformen sagt, sie seien Konvention, also Übereinkunft, beziehungsweise Ergebnis von Übereinkunft, dann muß man sagen: Selbst wenn das der Fall sein sollte, drückt sich dann nicht etwas aus in dieser Konvention und darin, worauf man sich geeinigt hat? Ist es nicht viel eher so, daß man mit Konvention die Entstehung einer Gemeinsamkeit auf eine erfahrungsgemäße Weise zu erklären versucht, ohne daß diese Erklärung irgend etwas mit den tatsächlichen Vorgängen und ihrer Beobachtung zu tun hat?

Wird ein Stil schließlich bewußt und absichtlich aufrechterhalten – und da ist es wieder egal, ob ein allgemeiner oder ein persönlicher Stil –, dann geht etwas ganz anderes vor als am Anfang bei seiner Entstehung, dann kommt es zu Reproduktion und Imitation. Aber auch darin drückt sich wieder etwas ganz Spezielles aus. Stil von seinen Trägern getrennt zu betrachten, vereinfacht es, von bestimmten Dingen zu sprechen, nur verlieren die Dinge dabei ihre Lebendigkeit. Wieder können wir Leonardo zitieren: »Abkürzungen fügen der Kenntnis und der Liebe Schaden zu …«

Auf der Piazza del Campo findet seit 1656 jedes Jahr das große *Palio delle Contrade* statt, und zwar jeweils am 2. Juli und am 16. August. Das ist ein großes Volksfest, das inzwischen weltberühmt geworden ist. Die Eintrittspreise haben beträchtliche Höhe erreicht.

Das *Palio* ist sicherlich eine herrliche Sache für alle, die farbenfrohe Aufzüge und Fahnenschwenker lieben und außerdem eine gehörigen Portion Sitzfleisch haben. Das eigentliche Pferderennen geht nur über eine Runde und ist enttäuschend kurz. Die Einheimischen von Siena sind auch heute noch mit großer Leidenschaft bei dieser Auseinandersetzung zwischen den *Contraden* der Stadt, also den verschiedenen Bezirken. Viel Energie, Zeit und Geld wird auf die Vorbereitungen verwendet, das ganze Jahr über. Und der Sieg bedeutet den Beteiligten etwas. Welche Funktion hat ein solches Spiel im Leben der Stadt? Ist es nicht vielleicht geschaffen worden, um Energien zu kanalisieren, die weder in noch für die bedeutungsloser werdende Stadt eingesetzt werden konnten? Egal ob eine solche Absicht bewußt gewesen ist oder nicht, die Auswirkungen des *Palio* waren dieser Art und sind es noch heute. So ein Spiel hilft Ordnung schaffen. Man stellt nach bestimmten Grundsätzen Gruppen auf oder – wie es wohl in Siena war – verwendet funktionslos gewordene Einteilungen und weist den Beteiligten ihren Platz darin an. Dann weiß jeder, woran er ist und wie er sich – entsprechend den Regeln seiner Gruppe – zu verhalten hat. Und wer nicht direkt mitmacht, der identifiziert sich mit einer der Gruppen. Auf nationaler Ebene haben wir heute dafür den Fußball. Beim *Palio* sind die Gewänder sehr viel schöner, aber auch nur, solange man nicht in der Sommerhitze darin herumlaufen muß.

Um einen Überblick über die Stadt zu gewinnen, sollte man sich die Mühe machen und auf

Simone Martini: Guido Riccio da Fogliano, Palazzo Pubblico

den Torre del Mangia steigen, den schlanken Turm des Palazzo Pubblico. Man sieht weithin über die Hügel. Am schönsten ist es in der flimmernden Hitze eines heißen Sommertages. Die Stadt, auf die man hinabblickt, hat wenig Grün, keinen Fluß, und sie ist nicht in Hügel eingebettet wie Florenz; sie hat ihre eigene Schönheit, ihr ganz eigenes Gesicht, ganz aus Steinen geprägt. Die Grundzüge dieser Gestalt durchdringen auch das Innere des Palazzo Pubblico. Der Besuch in den weiten Räumen ist ein Vorgriff auf die Besichtigung der Pinacoteca, der Gemäldegalerie. Im Landkartensaal des Palazzo haben wir Simone Martinis großartiges Reiterbild, das den Seneser General Guido Riccio da Fogliano darstellt. Bei aller dekorativen Herrlichkeit erscheint das als ein Bild von ungeheurer Naivität. Allein wie die Rhomben sich im Gewand des Mannes und dem des Pferdes vereinheitlichend und ordnend fortsetzen. Gegenüber dem Reiterbildnis befindet sich Martinis *Maestà*. Und im Friedenssaal sehen wir Ambrogio Lorenzettis Fresken *Das gute und das schlechte Regiment*. Als Dekorationen fügen sich diese Gemälde ausgezeichnet in das Gebäude. Die Werke Lorenzettis und vor allem Simone Martinis entsprechen der Architektur ihrer Stadt und zweifellos auch den Wünschen ihrer Bewohner in der Zeit zwischen 1300 und 1350. Nun wirkt ja die Kunst, mit der sich Menschen umgeben, auf sie zurück und erzieht sie immer mehr zu dem, wozu sie ohnehin schon tendieren. Wollte man sich allerdings auf diese Weise die konservative Haltung der Menschen von Siena – oder einer Bevölkerung überhaupt – erklären, würde man zugleich das Vorkommen durchgreifender Veränderung – wie sie etwa Giotto bewirkt hat – um so rätselhafter erscheinen lassen.

Auch in Siena sollte man durch die Straßen und Gassen bummeln und sie auf sich wirken lassen, und vielleicht zurückdenken an Florenz, um den Unterschied zu spüren. Steht man dann irgendwann vor der Kathedrale, sollte man nicht einfach hineingehen, sondern so weit als möglich von der Fassade weggehen

Siena, Dom.
Wenn Schönheit eine Eigenschaft eines Gegenstandes wäre, müßten da nicht alle Menschen dasselbe als schön empfinden?

und sie dann betrachten. Hier haben wir eine echte – wenn auch verschiedentlich restaurierte – gotische Fassade, größtenteils ein Werk des berühmten Giovanni Pisano. Ist sie wirklich schöner als die Pseudo-Gotik von Santa Maria del Fiore? Aber vielleicht sollte man überhaupt fragen: Gefällt mir diese Kirche? Finde ich sie schön? Ist es nicht eher reizvoll zu sehen, was Menschen eben alles gemacht haben, womit sie ihre Mitmenschen zu erbauen trachteten. Schon allein der durch die Verwendung von zweierlei Marmor erzielte Zebra-Effekt des Turmes mit den sich nach oben von Stockwerk zu Stockwerk vermehrenden Fenstern gibt einen ganz eigenartigen Eindruck.

So vorbereitet sollte man vielleicht am zweiten Tag des Aufenthalts die Pinacoteca besuchen. Mit in die Pincacoteca einbezogen seien die Bilder des Museo dell'Opera Metropolitana (Dom-Museum) sowie jene im Palazzo Pubblico. Das Dom-Museum befindet sich im unvollendeten rechten Flügel der Kathedrale an der Stirnseite des Domplatzes. Es enthält – für den Dom gemalt – Werke Duccios und Lorenzettis, außerdem eine Reihe von Madonnen überwiegend unbekannter Meister, die sehr viel früher entstanden sind. Darstellungen von großer Unbeholfenheit. Jedenfalls scheinen sie so. Aber könnte es nicht auch Ausdruck bewußter Bescheidung sein? Das Dom-Museum stellt eine quantitative Erweiterung dessen dar, was man in der Pinacoteca sieht, künstlerisch fügt es nichts hinzu. Dabei ist die *Maestà* im Dom-Museum vielleicht die Krönung von Duccios Werk, aber auch nur, weil sie eben reicher und großartiger ist als seine übrigen Arbeiten. Neu oder in irgendeiner Weise entscheidend ist sie nicht. Duccio löst sich nicht, befreit sich nicht, macht keinen Schritt über seine Grenzen hinaus. Und er läßt sich auch nicht von seinem Zeitgenossen Giotto beeinflussen, dessen entscheidende Arbeiten zu einem sehr großen Teil vor den wesentlichen Arbeiten Duccios entstanden sind. Duccio läßt sich weder zur Nachahmung Giottos veranlassen, noch dazu, eigene Wege zu suchen. Er bleibt dem alten Stil treu. Oder soll ich lieber sagen: Er hängt am Überkommenen? Oder: Er klammert sich an die Tradition? Wie ich es ausdrücke, hängt davon ab, was ich voraussetze, ob ich seine Treue großartig finde oder seine Sturheit bedauere.

Dabei malen Duccio und Giotto Darstellungen der gleichen Sujets, und sie malen letztlich für dieselben Zeitgenossen. Waren es also die unterschiedlichen Prämissen? Duccios Wille, dem Volk das Christentum näherzubringen und Giottos Wille der Gestaltung, für den die christlichen Sujets weitgehend nur Anlässe waren? Duccio war ein Maler von sehr großem Talent, er besaß große Fähigkeiten in der Konzeption und Komposition. Er hat die überkommenen byzantinischen Formen nicht nur benutzt, er hat sie verfeinert. Hätte er sich lösen und befreien können, wäre er vielleicht über Giotto hinausgewachsen. Die Kunsthistoriker sagen: Er hat eben die überkommenen Mittel der byzantinischen Kunst verwendet. Aber damit kommen sie der Sache nicht näher. Sie haben Ausdrücke und Kategorien geschaffen und beschreiben ihren Gegenstand in diesen Ausdrücken, messen ihn an ihren Kriterien, haben sich also einen Rahmen geschaffen, mit dessen Hilfe sie Lob und Tadel verteilen können. Wenn man sehr hartnäckig weiterfragt, sagen sie, daß es eben sein Stil gewesen sei. Und wenn man dann fragt, warum er sich davon nicht löste, dann sagen sie, es sei eben sein Charakter gewesen. Und so drehen sie sich schließlich im Kreise von Charakter und Stil. Letztlich benutzen sie zwei Ausdrücke, die beide so viel bezeichnen wie »Stereotypie«. »Charakter« bezeichnet Stereotypie im Hinblick auf das Verhalten, »Stil« im Hinblick auf künstlerischen Ausdruck. (Und dieser stellt – wie gesagt – ebenfalls eine Form von Verhalten dar.) Zugleich sind beide auch untereinander austauschbar. Stil ist ein Ausdruck von Stereotypie. Dabei ist es egal, ob man einen Stil anwendet, weil man seine Mittel für die besten hält, so wie man eine Sprache oder eine Schrift anwendet, oder ob der Stil in einer unmittelbaren Weise Ausdruck des Charakters eines Künstlers ist, möglicherweise seiner speziellen Form von Unvermögen, die er kaschiert, indem er sie kultiviert. Stil steht dem Bestreben, jedem Gegenstand auf den Grund zu gehen, im Wege, er drückt ein Streben nach Sicherheit und Erkennbarkeit aus, oder auch den Drang, sich gleichzusetzen, Identität zu erlangen. Dabei setzt man sich quasi mit sich selbst gleich, mit dem Bild, das man von sich hat. Innerhalb einer bestimmten Bandbreite spricht man von Stil. Erscheinen die Formen befremdlich oder störend, redet man von Verzerrung oder Entartung, ähnlich wie man in Hinsicht auf Verhalten von Komplexen spricht, wenn der Charakter den allgemein akzeptierten Rahmen verläßt, beziehungsweise als störend empfunden wird. Geht man den Dingen auf den Grund und stellt jedes in seinem eigenen Recht beziehungsweise auch lediglich die Mathematik von ihm dar, die Sehweise, die es erschafft, dann verschwindet Stil aus der Darstellung oder wird auf ein Minimum reduziert. Aber dafür finden die Kunsthistoriker auch gleich wieder eine Stil-Bezeichnung und verschleiern so seine wahre Funktion. Stil bedeutet – wenn ich es einmal drastisch ausdrücken darf – über jedes Gericht ein und dieselbe Sauce gießen, wie das ja in manchen Restaurants geschieht. Stil heißt nicht, die unausgesprochenen Voraussetzungen vermindern, sondern sie vermehren.

Stil ist nicht weise Selbstbeschränkung. Sonst müßte es auch Werke geben, in denen die Künstler vor Giotto mal nicht »weise« waren und Mittel anwendeten, die nicht nur zu ihrem Stil gehörten, aber das eben vermochten sie nicht oder wollten sie nicht. Wenn es genügt, den richtigen Stil zu haben, dann muß man die Dinge nicht von Grund auf erfassen, wie Leonardo es fordert. Stil ist letztlich auch

Madonnen mit Kind:

(von links nach rechts), Schule des Duccio, Sano di Pietro, Ambrogio Lorenzetti, Guido da Siena, Lippo Memmi, Maestro di Chianciano, Niccolo Tegliacci, Meister von Badia a Isola, Duccio (?), Segna di Bonventura, Lippo Memmi, Ambrogio Lorenzetti.

Ausdruck von Bequemlichkeit. Das mag rigoros klingen, und mancher wird es vielleicht ablehnen. Aber mit unser aller Liebe zu den Errungenschaften der Renaissance bestätigen wir es, auch wenn wir es so direkt ausgesprochen vielleicht gar nicht hören wollen. Letzten Endes sind Aufbruch und Befreiung durch die Meister der Renaissance ja nicht selbstverständlich. Viele Autoritäten stellen es zwar so dar, als liege darin eine unabdingbare Entwicklung. Es hätte aber auch ganz anders kommen können. Wenn wir durch die Pinacoteca von Siena gehen und die vielen Madonnen und Darstellungen von Heiligengeschichten – in Form von *strips*, und zwar nicht *comic strips*, aber von *picture strips* – sehen, dann müssen wir doch wohl sagen, daß wir noch mal Glück gehabt haben. Da weist nichts auf den kommenden Aufbruch hin, auch nicht die beiden Lorenzettis (*Stadt am Meer* und *Schloß am Seeufer*), von denen manche Kunsthistoriker behaupten, es handele sich um die frühesten reinen Landschaftsdarstellungen überhaupt. Tatsächlich dürfte es sich um Ausschnitte aus größeren Bildern handeln, deren Hauptteile aus irgendwelchen Gründen nicht mehr existieren. In beiden Fällen lassen Komposition und Darstellungsweise darauf schließen. Außerdem besitzen beide »Landschaften« Züge eben jener »Szenarien-Malerei«, in die die mittelalterlichen Meister ihre Menschen hineingesetzt haben. Aber selbst wenn es anders gewesen sein sollte, die-

Ambrogio Lorenzetti: Schloß am Seeufer, Pinacoteca.

In sich geschlossenes Gemälde oder Teil eines grösseren Ganzen? Wer sich mit solchen Fragen befaßt, für den werden sie vertraut und weltbewegend.

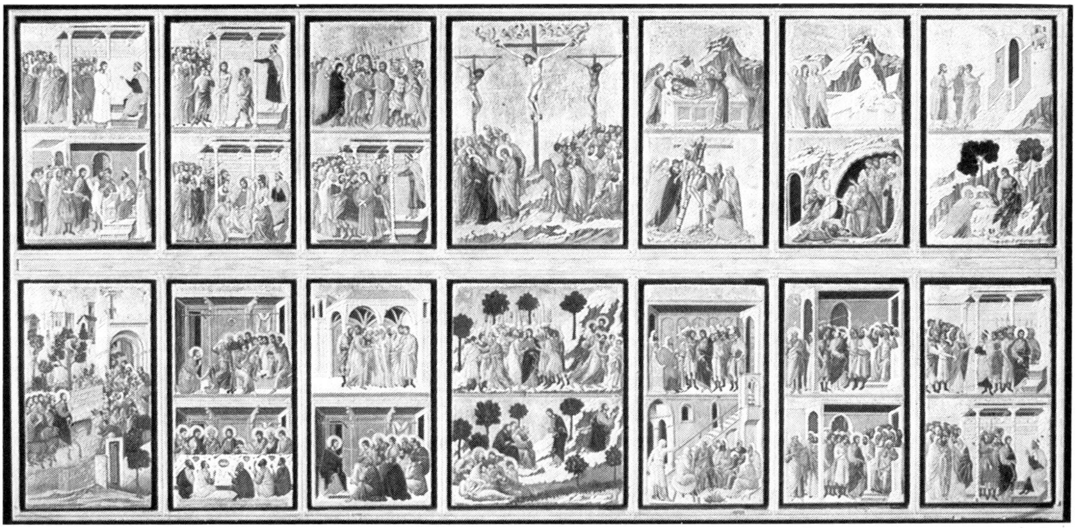

Duccio di Buoninsegna: Geschichten aus dem Leben Christi, Dom-Museum
Picture strip – »den des Lesens Unkundigen die Taten darstellen, die im Namen und durch die Kraft des heiligen Glaubens vollbracht werden.«

se beiden Bilder haben nichts bewirkt, sie waren kein erster Schritt zu etwas Neuem. Sie stehen für sich allein. So kann man es sagen. Aber ist ein solcher erster Schritt wirklich nichtig, nur weil er keine Resonanz gefunden hat?

Wie sehr wir Glück gehabt haben, läßt uns ein Blick auf die ganz frühen Madonnen im Dom-Museum erkennen. Wenn wir uns angesichts dieser Darstellungen die Zeugnisse der bereits so viel gelösteren griechischen Malerei in Erinnerung rufen, dann können wir nur fragen: Wie ist ein solcher Rückschritt möglich

Seneser Meister des 13. Jahrhunderts: Madonna mit Kind und Engeln, Dom-Museum.
Unbeholfenheit der Darstellung? Oder demütige Scheu des Malers?

gewesen? Was ist geschehen, daß die Nacht des Mittelalters hereinbrach? Und zwar mit einer brutalen, bilderstürmerischen Vehemenz und konsequenten Ausrottung wissenschaftlicher Ansätze, die jede Entwicklung auf Jahrhunderte erstickt hat. Da schreckten die frommen Christen nicht davor zurück, Wissenschaftlern in Alexandrien mit Muschelscherben das Fleisch bei lebendigem Leibe von den Knochen zu schaben. Alle Bilder-und Maschinenstürmereien und alle Bücherverbrennungen von Savonarola bis zu Stalin, Hitler und Khomeini sind, verglichen mit diesen Ausbrüchen angstgetriebener fanatisierter Massen, sanft gewesen, sollten uns aber immer wieder daran erinnern, daß der Aufbruch der Männer der florentinischen Renaissance immer aufs neue gefährdet ist. Künstlerische Darstellung diente keineswegs zu allen Zeiten der Befreiung und dem Ausdruck des Menschlichen. Aber was heißt »künstlerische Darstellung«? Was wir da heute als große alte Kunst klassifizieren, indem wir es ins Museum hängen oder zu enormen Preisen handeln, das sind meist Darstellungen, die für ganz bestimmte Zwecke erstellt wurden, überwiegend rituelle Zwecke. Sujets und ihr Arrangement waren in weiten Bereichen festgelegt. Neben Madonnen gab es Verkündigungen, Kreuzigungen, Anbetungen etc. Klassifiziert man die Werke einmal nach den Sujets statt nach den Künstlern, ergibt sich ein ganz anderes Bild. Das Persönliche hat dann nur noch wenig Raum. Die Übereinstimmungen sind gravierender als die Unterschiede. Da war dann der Maler oder Bildhauer weitgehend damit befaßt, den Regeln und Konventionen zu entsprechen. Und wer auf Befolgung der Regeln konzentriert ist, der hat vermutlich große Schwierigkeiten, wenn er gelegentlich einen Porträt-Auftrag bekommt. Die in den Regeln der Kunst zugelassenen Ausdrucksmittel erlauben vielleicht das nicht, was notwendig wäre, um in diesem Falle Ähnlichkeit zu erzeugen, beziehungsweise ein Bild so zu malen, daß der Betrachter es so sieht, daß es ihm die Züge des Dargestellten wiederzugeben scheint. Ist es da verwunderlich, daß Maler im Mittelalter weitgehend unfähig waren, Porträts zu malen, und wenn es doch sein mußte, eine menschliche Figur mit den Insignien des Ranges und Standes des »Porträtierten« mit einem Standardgesicht versahen. Man sah Menschen damals mehr als Funktionäre. Wichtig waren Rang und Stand. Das Eigene war eher eine ungehörige Beigabe, etwas, was jeder hatte und das daher nicht erwähnenswert erschien, was nicht als wichtig angesehen wurde, dessen man sich eher schämte. Die Bedeutung der Unterschiede gerade in diesen Zügen ist erst viel später erkannt worden. Man strebte nach Gleichförmigkeit, trachtete danach, das eigentlich Menschliche auszuschalten.

Das stellt eine schwer belegbare Behauptung dar. Porträts aus dem Mittelalter sind sehr selten. Zum anderen: Die Ähnlichkeit oder Unähnlichkeit der Darstellung mit dem Dargestellten läßt sich heute nicht mehr nachweisen. Der Vergleich mit anderen Darstellungen derselben Person sagt nichts. Und zudem: Die probate Antwort des Malers auf mangelnde Porträtähnlichkeit heißt auch heute noch: Das Porträt ähnelt dem Dargestellten mehr als er selbst. Bei einer solchen Darstellung der Essenz im platonischen Sinne kann der Maler sogar noch argumentieren, er habe alles Zufällige – sowohl des Augenblicks als auch das, was den Dargestellten in einer bestimmten Weise verzerrt hat – weggelassen und damit seine Intimsphäre gewahrt. Anders gesagt: Der Maler kann für sich in Anspruch nehmen, seine Achtung für die Persönlichkeit des Dargestellten gerade dadurch zu dokumentieren, daß er das Besondere – und damit vielleicht eigentliche Geheimnis – dieser Persönlichkeit nicht zu ergründen und darzustellen versucht. Selbst malerische Unbeholfenheit kann da noch als Ausdruck

Verkündigungen:

Fra Angelico, Florenz, Museo San Marco
Lorenzo di Credi, Florenz, Uffizien
Botticelli, Florenz, Uffizien
Leonardo, Florenz, Uffizien
Ghirlandaio, San Gimignano, Dom

Jeder kennt die dargestellte Geschichte. Das Bild bringt keine Information, weist auf nichts, was neu wäre. Es dient als Symbol für etwas Bekanntes, als Erinnerung. Das Übereinstimmende dominiert in allen »Verkündigungen«. Das Besondere und Kreative der einzelnen Darstellung erklären wir uns heute mit den Lebensumständen und dem »Charakter« des einzelnen Malers.

von Scheu beschrieben werden. Die höchste Perfektion in dieser Hinsicht haben wohl die alten Ägypter etwa zweieinhalbtausend Jahre vor Christus erreicht. Ihren Künstlern – oder sagen wir besser Handwerkern – war es gelungen, die Darstellung menschlicher Figuren so weit zu standardisieren, daß die obere Hälfte von einem solchen Handwerker gemacht wurde und die untere von einem anderen, der mitunter mehrere Tagereisen entfernt lebte. Die »Kunst« war so formalisiert, daß die beiden Hälften stets völlig zueinander paßten. Diese Menschen lebten in einer perfekten Verbundenheit, in vollkommener Kommunikation, eingebunden in die Gemeinschaft. Nur war die Kommunikation auf das begrenzt, was festgelegt war. Was darüber hinausging oder vom Festgesetzten abwich, das war überhaupt nicht mitteilbar, es wurde in dieser Welt automatisch als Verstoß angesehen, den zu begehen man fürchtete. Da war perfekte Arbeitsteilung möglich. Heute beklagen viele, daß Menschen durch Maschinen versklavt würden. Damals sind sie zu Maschinen versklavt worden, damals waren die Menschen die Präzisionsapparate. Solche »Kunst« hatte nichts mit dem Drang zu tun, den Dingen auf den Grund zu gehen. Ganz im Gegenteil, jeder Versuch in dieser Richtung wäre eine Infragestellung der Konventionen gewesen – der offenen genau wie jener, die so selbstverständlich sind, daß sie längst als zur Natur des Menschen gehörig betrachtet werden – und damit der Ordnung. Für

Ägyptische Statue, ca. 2500 vor Christus: Aufseher bei Hofe.

Tiefverwurzelte Konvention erlaubte perfekte Kooperation zwischen dem Meister, der den oberen Teil gestaltete und einem anderen, vielleicht weit entfernt lebenden, der für den unteren Teil verantwortlich war. Vor allem mußte es »passen«. Individuelle Besonderheit hätte alles kaputt gemacht. Kreativität hätte nur störend gewirkt. Die Teilung der Aufgabe führte zur Ohnmacht des Einzelnen. Nur dem, der sich der Beschränkung unterwarf, sie willig akzeptierte, wurde der Titel »Meister« zugebilligt.

den, der so einen Versuch unternahm, wäre das in der Tat äußerst erregend gewesen; jeder Nerv seines Leibes hätte vor den Folgen der Abweichung von dem gezittert, worauf er durch Erziehung konditioniert und programmiert war. Da war man dann lieber bereit, jede Abweichung, die zu einer Neuerung hätte führen können, als Fehler zu bekennen und zu reparieren.

Waren die senesischen Maler so weit davon entfernt? Hätte es nicht nur sehr weniger Schritte bedurft, zumindest die Madonnen-Malerei in Siena vollständig zu standardisieren? Und muß es nicht ein wahrhaft erregendes Ereignis gewesen sein, als nach einer langen Reihe von Madonnen mit dem Kind auf dem linken Arm Simone Martini erstmals eine Madonna malte, die das Kind auf dem rechten Arm hielt? Erregend zu allererst für den Künstler, der die Reaktion der Menschen erwartet. Aber vielleicht hatte diese Abweichung lediglich aus kompositorischen Gründen stattgefunden, vielleicht war diese Madonna Teil eines aus mehreren Tafeln bestehenden Gesamtwerkes, in welchem die Lösung aus Gründen der Komposition akzeptabel war. Wir werden es nie mit Sicherheit sagen können. Dieses abweichende Bild scheint überdies nicht besonders hoch geschätzt worden zu sein, ist es doch später übermalt und erst 1957 von der Übermalung befreit worden. Nach diesem ersten »Einbruch« kamen dann öfter »irreguläre« Madonnen vor.

Von Siena ausgehend hätte die Entwicklung im 14. Jahrhundert sehr leicht in die Richtung auf Standardisierung ausschlagen können. Gerade im Anschluß an eine leichte Auflockerung kommt ja oft eine plötzliche Umkehr, eine Flucht zurück in die Erstarrung. Savonarola war der Exponent des Ansatzes zu einer solchen Umkehr. Geht man erst mal weit genug in Richtung Erstarrung, gibt es wohl nicht mal jemanden, der diese Lage erkennen könnte, wenigstens nicht, ohne als Ketzer, Sünder, Abtrünniger, Konterrevolutionär, Verräter oder wie die Ausdrücke immer heißen, qualifiziert und verfolgt zu werden. Das Bewußtsein wäre so klar und fest umrissen, daß keine Zweifel aufkommen könnten. Darin liegt ja das Erschreckende eines jeden Überblicks über die menschliche Vergangenheit. Und darin liegt auch das Problem des Erwachens. Erwachen verwirrt. Die Erwachenden werden von der auf sie eindrängenden Fülle irritiert, das neue Licht schmerzt. Die Erkenntnis erschreckt, daß die Ordnung ein Wahn war. Man will zurück, hält die Begleitumstände des Erwachens für das eigentliche Übel. Und so haben wir Glück gehabt, daß die Künstler der Renaissance in Florenz den Weg in Richtung auf Befreiung einschlugen, daß sie die

Simone Martini: Madonna mit Kind, Pinacoteca

Kraft fanden durchzuhalten, eine Kraft, die ihnen vielleicht die toskanische Landschaft gegeben hat, aus der sie erwachsen sind. Und wenn die Neuerungen der Renaissance auch weitgehend in Ansätzen steckenblieben oder wieder in eine illusionistische Malerei eingebracht wurden, der Durchbruch war gelungen.

Der große Aufbruch in der Toskana – die Renaissance – ist ein Schritt, wie er nie zuvor in der bekannten Geschichte der Menschen stattgefunden hat. Es war ein erster Schritt in die Freiheit, in welcher der Mensch sich nicht länger selbstgeschaffenen Regeln zu unterwerfen trachtet, um die Fülle seiner Möglichkeiten auf eine einzige zu reduzieren und zu tierhafter Eindeutigkeit herabzusinken. Es war ein Schritt, endlich jene wahre Würde des Menschen zu finden, von der Pico della Mirandola spricht: »Den übrigen Wesen ist die Natur durch die von uns vorgeschriebenen Gesetze bestimmt und wird dadurch in Schranken gehalten. Du bist durch keinerlei unüberwindliche Schranken gehemmt, sondern du sollst nach deinem eigenen freien Willen, in dessen Hand ich dein Geschick gelegt habe, sogar jene Natur dir selbst vorherbestimmen.« Seither haben die Menschen langsam mehr von den sich eröffnenden Möglichkeiten in Besitz genommen. In vielen Ländern der Erde ist es den Menschen heute nicht versagt, nach der Erkenntnis und Struktur aller Dinge zu streben und auch den herrschenden Regeln auf den Grund zu gehen. Gleichzeitig gibt es auch bei uns Menschen, die die Möglichkeiten des Menschen wieder eingrenzen möchten. Und es gibt Länder, die von den Errungenschaften der Renaissance noch nicht berührt sind, oder in denen versucht wird, sie wieder einzuschränken oder abzuschaffen und die Menschen daran zu hindern, den Dingen auf den Grund zu gehen. Immer noch oder wieder wird dann behauptet, daß es nur eine einzige Möglichkeit gibt, aufgrund angeblich ewiger göttlicher oder historischer Entwicklungsgesetze. Diese Behauptungen werden dann durch die Anwendung menschengemachter Gesetze dem Anschein nach bewiesen, indem jeder Schritt in eine andere Richtung bestraft wird. Die Anwendung dieser Gesetze ist legal, aber was ist im Laufe auch nur der letzten fünfhundert Jahre nicht schon alles legal gewesen. Und was ist nicht alles verfolgt und bestraft worden, im Namen Gottes, des Königs oder Kaisers und des Volkes. Im Namen des Souveräns sind ohne Zweifel mehr unschuldige Menschen geschlachtet worden als durch Mörderhand. Eine Untersuchung darüber würde gewiß erschütternde Tatsachen aufdecken. Trotzdem tritt immer der Drang nach jener Eindeutigkeit auf, wie sie bei den alten Ägyptern bestand, wo die gegenseitige Verständigung vollkommen erschienen sein mag. Aber diese von manchen Menschen ersehnte Eindeutigkeit ist nicht wirklich herstellbar, wenigstens nicht auf Dauer. Eben daß der Mensch ein und dasselbe auf viele verschiedene Weisen sehen kann, macht ihn zum Menschen. Das Tier nimmt eindeutig wahr. Der Mensch ist vielfältiger Sehweisen fähig. Er vermag ein und dasselbe auf verschiedene Arten zusammenzusetzen und zu sehen. Und eben das macht Kunst überhaupt erst möglich. Für eine Katze ist ein Stück mit Ölfarbe bemalter Leinwand überhaupt kein Objekt, es sei denn, man knüllt es zusammen zu einem Ball, so daß die Katze damit spielen kann. Bei den Menschen mag so ein Stück Leinwand für den einen – etwa einen Mitteleuropäer – einen unerhörten Wert darstellen und für den anderen – vielleicht für einen Eingeborenen aus den Wäldern Brasiliens – ist es nichts als ein Stück verschmutzter Stoff. Er sieht nicht, was wir in den Formen und Farben sehen. Auch er kennt Darstellungen und hält sie vielleicht sogar für naturgetreu, aber eben nur seine Form der Darstellung, und er ist nicht in der Lage, eine andere Form der Darstellung zu erkennen. Die Primitiven haben die ausgeprägtesten Regeln und die unausweichlichsten Formen ihrer Durchsetzung. Und die Entwicklung des Menschen geht von der Eindeutigkeit zu wachsender Differenziertheit. Leben ist Unterschied. Da wo alle Unterschiede aufgehoben sind, gibt es kein Leben mehr. Da wo alles festgelegt und perfekt geordnet ist, gibt es keine Möglichkeiten mehr, keine Bewegung, nichts. Man denkt vielfach, daß »nichts« das Ende aller Dinge bedeutet; es bedeutet aber tatsächlich das Aufhören jeden Unterschiedes und jeder Bewegung, die totale Verdinglichung.

Ein Mensch sieht in einem zufälligen Farbfleck eine Welt, und ein anderer Mensch sieht gar nichts darin. Eine Anzahl von Punkten scheint gar nichts zu bedeuten; verdoppeln wir diese Punkte mehrmals, wie auf den folgenden Seiten, dann wird vielleicht eine Form daraus, die uns als Hinweis auf etwas dienen kann, was wir kennen. Der entscheidende Unterschied liegt aber nicht allein in der Anzahl der Reizpunkte, sondern im Bezug dieser Anzahl zu der Weise unseres Sehens. Es gibt zahllose Weisen des Sehens. Und wenn wir ganz tief eindringen in die Mathematik des Sehens, werden uns immer mehr dieser Weisen zugänglich werden als Möglichkeiten, die wir anwenden können, wenn wir es wollen. Unmenschlichkeit und Destruktivität treten immer nur dann auf, wenn Menschen behaupten, es gäbe nur eine Art des Sehens, und alles andere sei krankhaft, verbrecherisch oder gottlos. Im Drang nach Eindeutigkeit liegt der Keim zur Destruktivität, zur Zerstörung des Menschlichen und der Lebendigkeit, ja des Lebens. Die Paradoxie liegt darin, daß dieser Drang aus Angst geboren ist, aus Angst vor der Vielfalt. Das Unheil liegt in den Regeln. Wer sie befolgt, gerät mehr und mehr in eine Welt reiner Vorstellungen. Eine dieser Vorstellungen ist die Verletzung der Regeln, mit denen die Vorstellungen stehen und fallen. Wer nur in Vorstellungen lebt – in etwas, was ihm einzig als Gewißheit erscheint –, der lebt jenseits von tatsächlicher Wahrnehmung. Vorgestellte Ereignisse sind schlimmer, als es das Eintreten des Ereignisses je sein könnte. Denn in der Vorstellung werden nicht die Möglichkeiten erfahren, die sich mit dem Zusammenbruch einer Vorstellungswelt offenbaren. Die Vorstellung vom völligen Zusammenbruch einer Vorstellungswelt – das, was die Italiener *finimondo* nennen – entspricht der Vorstellung des Aufhörens von allem. Darum wird um Vorstellungswelten mit solcher Erbitterung gekämpft, darum sind die Menschen viel eher bereit, für ihre Vorstellungen zu sterben als für Tatsächlichkeiten.

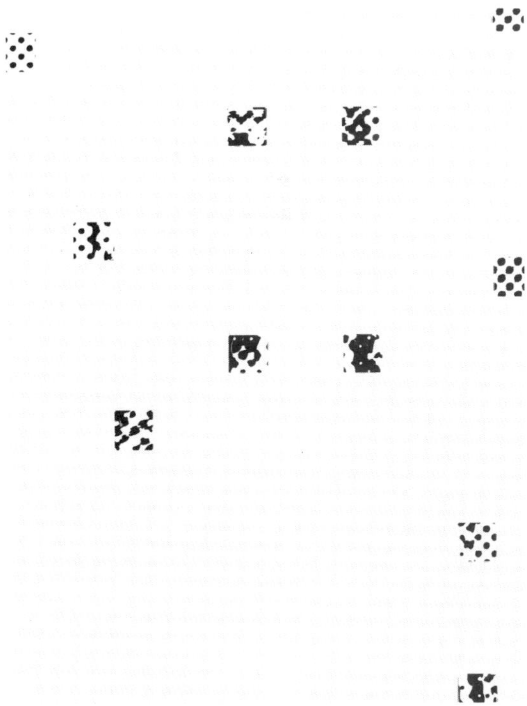

Was ist auf dem Papier? Etwas von dem, was man erkennt, wenn man weiter blättert?

Die Vielfältigkeit der Vorstellungswelten ist Hinweis darauf, daß keine die wahre, einzige oder richtige sein kann. Erst wenn genügend Menschen das begriffen haben, werden Grausamkeit, Destruktivität und Unmenschlichkeit enden.

Solange der Mensch aufrechterhalten will, anstatt auf den Grund der Dinge zu gehen, solange besteht die Gefahr, daß wieder Dunkel über die Welt hereinbricht. Erst wenn die Menschen Gebrauch machen von der besonderen Gabe, die sie zu Menschen macht und jeder die Möglichkeiten nutzt, seine eigene Form zu bestimmen, wie Pico della Mirandola sagt, wird die Renaissance vollendet und die Zeit des Menschen gekommen sein. Wären perfekte Ordnung und Gleichgewicht der Zustand des Menschlichen, dann stünden wir immer noch am Anfang. Und es hätte keine Veränderung gegeben.

Nichts von dem, was ich hier durch die Seneser Madonnen provoziert gesagt habe, scheint in diesen Gemälden enthalten. Das wofür sie den Ausgangspunkt bildeten, ist nicht in ihnen dargestellt. Wenigstens dann nicht, wenn wir die Madonnen zur Sache erklären und uns auf sie begrenzen. Aber ist es nicht auch mit der aufgehenden Sonne so? Was wir sehen, zeigt uns nicht den Vorgang der sich drehenden Erde, die um die Sonne kreist. Die Sonne scheint um die Erde zu kreisen. Aber wenn man dem Vorgang auf den Grund geht, stellt sich etwas anderes heraus. Das angeblich Konkrete verdeckt die Tatsächlichkeiten, denen wir auf den Grund gehen müssen. Dahinter ist eine neue Ebene verborgen, die wir erhellen müssen. Es gibt nichts, was endgültig wäre. Wer Endlösungen sucht, der sucht den Tod.

Wenn wir am Abend aus Siena zurückkehren in unser Quartier inmitten der Olivenbäume oder im Grün der Hügel, dann verheißt diese Landschaft Ruhe, um neue Kraft zu finden für einen neuen Tag des Suchens. Sie verheißt eine gute Nacht, aber ewige Beruhigung verheißt sie nicht.

Und was immer ich sage, ich habe versprochen, Fragen aufzuwerfen und nicht Antworten zu geben, Fragen, auf die man keine Antwort geben kann, jedenfalls nicht auf Dauer. Die Renaissance war ein Erwachen der Neugier und des Fragens. Wiedergeburt heißt Fragen stellen. Die Fragen sind wichtiger als die Antworten. Gefahr kommt von den Antworten, an die man glaubt. Von den Fragen kommt keine Gefahr. Wer fragt, bleibt wach und jung. Er sieht immer wieder neue Möglichkeiten, Möglichkeiten sich neu zu formen im Sinne von Pico della Mirandola. Er verfällt nicht in einen langen dunklen Schlaf wie die Menschen des Mittelalters. Er behält immer einen Funken Renaissance im Herzen. Und diesen Funken anzufachen, ist es nicht der Sinn einer Liebhaber-Reise in die Toskana?

Der Liebhaber-Reisende, der genügend Zeit hat, sollte seine Besichtigungen vielleicht mal für einen oder zwei Tage unterbrechen. Und vielleicht ist gerade jetzt im Anschluß an die Pinakothek von Siena der richtige Augenblick dafür. Zwei Tage, in denen er sich der Landschaft überläßt, vielleicht in Ruhe im Park des Hotels bleibt oder einfach in das Land fährt, ins Chianti vielleicht, irgendwo eine einfache toskanische Mahlzeit einnimmt, spazieren geht und am Abend zurückkehrt in sein Hotel, das in die toskanische Landschaft eingebettet liegt, die jetzt langsam von der Dunkelheit eingehüllt wird. Er sollte nach dem Essen noch eine Flasche Wein trinken und hinausblicken in das Land, wo jetzt verstreut Lichter brennen und über dem Stille liegt. Nur dann und wann bellt ein Hund. Und dann sollte er dem Land Gelegenheit geben, einzulösen was es verspricht: eine ruhige Nacht und tiefen Schlaf bis zu einem neuen Morgen mit neuen Fragen.

Nach ein oder zwei solchen Tagen sollte man Monteriggioni besuchen und dann die Traumstadt San Gimignano, und schließlich vielleicht noch einmal nach Siena zurückfahren. Noch einmal den goldenen Glanz der Gemälde an den Wänden betrachten. Fragen und Bilder werden dann eine neue Beziehung zueinander gewonnen haben.

Das Erlebnis einer Landschaft läßt sich nicht durch Worte vermitteln, es sei denn in der Art von Schatzgräber-Anweisungen: »Fahre wenn die Sonne am höchsten steht auf der Straße so-und-so bis zum Kilometerstein fünf. Lasse den Wagen stehen und gehe den kleinen Weg tausendfünfhundert Schritte weit und bleibe dann stehen ...« Und da steht man dann nicht an dem Punkt, an dem man graben muß, sondern von dem aus man in das Land schauen muß. Die Toskana ist voller solcher Schatzgräber-Punkte. Wer durch das Land fährt, der findet immer wieder neue. Er kann gar nicht immer halt machen, denn sonst würde er nie das Ziel erreichen. Aber eben darin liegt vielleicht die Kunst, sich manchmal kein Ziel zu setzen. Irgendwohin gelangt man auch dann. Das ist stets unausweichlich.

Auf unserer Fahrt durch das Chianti gelangen wir vielleicht nach Castellina. Es ist ein Landstädtchen, ohne besondere Attraktionen. Aber das sind die Ortschaften im Chianti so ziemlich durchwegs. Es ist kein Land der Künste und nicht Schauplatz besonderer geschichtlicher Ereignisse, sondern ein Gebiet der Landwirtschaft, vor allem des Weinbaus.

Wenn man Castellina auf der SS 222 in Richtung Norden verläßt, kommt man ausgangs des Ortes an einem Etruskergrab vorbei, das man besichtigen kann. Es gibt aber sicher weitaus interessantere Etruskergräber. Man kann dann weiterhin der SS 222 folgen, die zwischen Castellina und Greve auch *Via Chiantigiana* genannt wird und wirklich eine Weinstraße ist. Am Rand der durch reizvolles Gebiet führenden Straße sieht man häufig Hinweisschilder »*Vendita diretta*«, die den Touristen auffordern, auf in der Nähe gelegenen Weingütern direkt einzukaufen. Aber das Angebot eines preisgünstigen Direktkaufs ist noch keine Qualitätsgarantie. Und von einem Erzeuger zum anderen zu fahren, um erst mal gründliche Weinproben vorzunehmen, kostet Zeit und bringt für den motorisierten Touristen Probleme hinsichtlich der Fahrtauglichkeit. Man bleibt also auf Empfehlungen angewiesen oder auf die Kenntnis, die man sich vielleicht beim Weingenuß in einem Restaurant erworben hat. Wenn einem beim Essen ein Wein auffällt, nach dem Erzeuger zu fragen, ist eine brauchbare Methode, an einen guten Tropfen zu gelangen. Aber vielleicht biegt man lieber hinter Castellina in Richtung Gaiole ab und fährt über Radda in die Hügel und Täler des *Chianti classico*. Die mit Reben bestandenen Hügel machen einen guten Teil der Schönheit der Gegend aus. Und fährt man

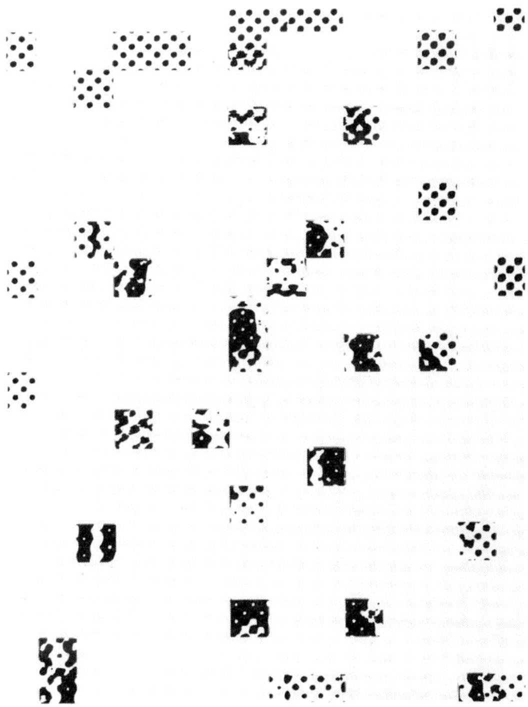

hinein in die Weinberge und macht irgendwo halt, wo immer man hält in dieser Schönheit, man glaubt, in ihrem Zentrum zu sein. Und so sollte man vielleicht die Gelegenheit benutzen, eine *fattoria* – ein Weingut – zu besuchen, vielleicht eines jener kleineren Güter, die ihren Sitz in einem der alten Herrschaftshäuser haben und die sich nicht durch Hinweisschilder aufzudrängen versuchen. In Gaiole findet man zahlreiche Wegweiser zu solchen Winzereien, wie z. B. Riecine, einem kleinen Weingut, auf dem ein besonders gepflegter Wein hergestellt wird, ein Spitzenerzeugnis, von dem alljährlich nur eine sehr begrenzte Menge anfällt. Der Fahrweg zu diesen Winzereien ist mitunter etwas abenteuerlich, aber wenn man langsam und aufmerksam fährt, schafft man es immer. Und wenn man dann inmitten dieser herrlichen Landschaft vor einem solchen Haus sitzt und den guten Wein probiert, dann weiß man, wovon man in Zukunft immer wieder träumen wird. Die Weingutsbesitzer – man sollte sich allerdings telefonisch anmelden (Telefonnummern im Anhang) – sind sicherlich bereit, den Besuchern die Kellereien zu zeigen. Und das ist dann auch eine gute Gelegenheit, ein oder zwei Kartons Wein zu kaufen. Roten oder Weißen. Beide sind oft ausgezeichnet in dieser Gegend. Der Rote ist berühmter, und nur er darf als *Chianti classico* bezeichnet werden und – die Erfüllung bestimmter Kriterien vorausgesetzt – die Banderole mit dem schwarzen Hahn, dem berühmten *Gallo Nero* tragen. Nach drei Jahren Lagerung darf dann auch noch ein verheißungsvolles *Riserva* auf dem Etikett stehen. Der Weiße ist herb und frisch, häufig ein ausgezeichneter Tischwein. Vielleicht sollte man nicht gleich die ganze geplante Menge an Wein einkaufen, sondern auch noch etwas Platz lassen für den *Vernacchia di San Gimignano*, der auf den Hügeln von San Gimignano wächst. Und nach San Gimignano werden wir genauso noch kommen wie nach Montecarlo – nicht dem Fürstentum am Meer, sondern dem kleinen Ort in der Nähe von Lucca, der sich auf einem von Reben bestandenen Hügel erhebt. In Montecarlo gibt es sehr guten Roten und einen guten Weißen.

Der Weiße wird, wie das bei Weißwein meist der Fall ist, zu Fischgerichten und Krustentieren empfohlen. Es gibt ja eben diese Regeln, welchen Wein man wozu trinken soll. Worauf diese Regeln beruhen und warum sie gelten sollen, erscheint oft nicht einleuchtend. Am besten man trinkt jeweils das, was einem schmeckt und gut bekommt. In guten Restaurants kann man sich zwar mitunter den abschätzigen Blick eines Oberkellners einhandeln, wenn man darauf besteht, beispielsweise Weißwein zu dunklem Fleisch zu trinken, aber warum sollte man sich davon einschüchtern lassen? Notfalls kann man ja immer sagen, es sei aus gesundheitlichen Gründen notwendig.

Der beim Erzeuger gekaufte Wein wird natürlich preisgünstig sein, aber auch dort steigen die Preise. Der Weiße sollte übrigens nicht älter als ein oder zwei Jahre sein. Italienische Weißweine werden meistens nicht besser durch lange Lagerung. Bei der Einfuhr ins Heimatland muß man den Wein dann noch verzollen bzw. Umsatzausgleichssteuer bezahlen. Das ist nicht sehr teuer. Die Bestimmungen für die Bundesrepublik finden Sie im Anhang. Übrigens sollte man sich beim Kauf größerer Mengen Wein eine Rechnung ausstellen lassen, auf der auch die gezahlte IVA (italienische Mehrwertsteuer) ausgewiesen ist, sicherheitshalber. Mitunter – bei Ausländern fast nie – gibt es diesbezügliche Kontrollen.

Leider bewahrt einen auch die Schönheit der Landschaft nicht vor Gesprächen über weniger erfreuliche Dinge. Aber bei einer Weinprobe vor einem toskanischen Herrschaftshaus inmitten der Weinberge des Chianti lassen sich solche Gespräche leichter ertragen. Weitere Tips für den Einkauf von Wein (die Winzer bieten übrigens meist auch ein hervorragendes Olivenöl eigener Produktion und manchmal Honig an): Fattoria di Monte Vertine in der Nähe von Radda. Dort wird ein hervorragender Rotwein produziert, dessen Flaschen nicht vom schwarzen Hahn geziert sind. Sergio Manetti meint, der *Gallo Nero* habe ausgedient, heute würden mehr als 700 Winzer ihre Flaschen mit diesem Siegel schmücken (für das pro Flasche eine Gebühr zu zahlen ist), dadurch sei es weitgehend entwertet. Auf einem anderen Weingut – S. Polo in Rosso – kann man nicht nur Wein und Olivenöl kaufen, sondern auch eine alte Kirche besichtigen, die zu den Gebäuden des Gutes gehört. Und zur Tenuta di Coltibuono – einem Erzeuger erheblich größerer Weinmengen – gehört sogar ein altes Kloster. Einen Abstecher dorthin kann man mit einem Besuch in dem dazugehörigen empfehlenswerten Restaurant verbinden.

Oder eine Landschaft ganz anderer Art: Wir fahren nach Colle di Val d'Elsa und von dort weiter auf der S.S. 68 in Richtung Volterra. Da sehen wir linker Hand eine unberührt wirkende Landschaft von großer Lieblichkeit. Man kann es ruhig wagen, auf einen der Fahrwege abzubiegen und hineinzufahren in die Landschaft, von der man meint, Gott habe sie erschaffen, um selbst darin zu leben. Manchmal fragt man sich auf dieser Fahrt, ob man je wieder aus diesem Tal herauskommen werde, aber keine Sorge, es geht alles glatt. Nur muß man langsam fahren.

Irgendwann sollte man das Auto stehenlassen und ein Stück zu Fuß gehen. Es ist, als ob man das Paradies gefunden hätte. In der Ferne sanfte Hügel, die sich im Dunst verlieren. Das Gold des Ginsters in seinem hellen Grün vor dem Dunkel bizarr aufgereihter Zypressen. Ab und zu eine Schafherde, vielleicht einmal ein Gehöft mit einem bellenden Hund. Es ist eine Landschaft, in der man sich verlieren kann.

Wer sich lieber ein Ziel setzt, kann beispielsweise über Siena hinaus etwa 30 km nach Süden auf der S.S. 73 zu den Ruinen der Abbazia di S. Galgano fahren, einem ehemaligen Zisterzienser-Kloster, das auf einen edlen Ritter aus dem 11. Jahrhundert zurückgeht, der die schöne Polissena unglücklich liebte und sie entführen wollte. Aber es erschien ihm ein Engel und wandelte sein Herz. Er begann als Einsiedler am Monte Siepi zu leben, wo heute noch die Kapelle an die Einsiedelei erinnert. Nicht weit davon findet man die Ruinen des später gegründeten Klosters. Sie stammen aus dem 13. Jahrhundert. Übrig sind die mächtigen Mauern und Säulen, eine sehr eindrucksvolle Kirche ohne Dach.

Oder man macht die schöne Fahrt auf der S.S. 438 bis nach Asciano und nimmt von dort die S.S. 451 bis zur Abtei Monte Oliveto Maggiore (etwa 40 km von Siena), einem Benedikti-

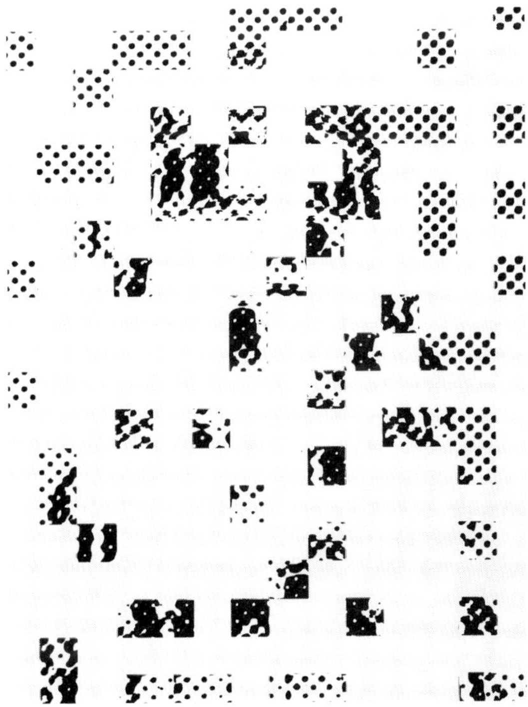

nerkloster, das 1313 gegründet wurde. In dem imposanten Bau leben nach wie vor Mönche. Die Olivetaner sind Benediktiner, die ein besonders asketisches Leben unter ungewöhnlich strenger Auslegung der vom Heiligen Benedikt gegebenen Klosterregeln führen, deren oberstes Gebot »bete und arbeite« heißt. Eingang und Ausgang des Klosters sind mit Terrakottareliefs von della Robbia geschmückt. Berühmt sind die Fresken im großen Kreuzgang des Klosters. In ihnen sind Begebenheiten aus dem Leben des Heiligen Benedikt dargestellt. Neun dieser Freskogemälde stammen von Luca Signorelli (1445/50–1523) dem bedeutendsten Schüler von Piero della Francesca, die übrigen sind von Sodoma gemalt (1477–1549). Beachtenswert sind auch die Intarsien von Fra' Giovanni da Verona im Chorgestühl der Kirche der Abbazia. Auf dem Rückweg kann man über Buonconvento fahren und von dort auf der S.S. 2 in Richtung Siena.

Was man unbedingt besuchen sollte: Monteriggioni. Man sieht es auf seinem Hügel liegen, wenn man den Raccordo Firenze-Siena fährt. Es sieht aus wie eine alte Burg oder ein befestigtes Schloß. Ich möchte einmal wissen, wie viele Toskana-Reisende schon daran vorbeigefahren sind, sich gefragt haben, was das wohl sein mag, aber ihrer Neugier nicht nachgegeben haben.

Vom Raccordo gibt es eine Abfahrt »Monteriggioni«. Von ihr gelangt man auf die S.S. 2, in die man einbiegt. Bis zur Abzweigung nach Monteriggioni ist es nicht sehr weit. Ziemlich steil führt die Straße hinauf zu dem Tor, durch das man hineinfahren kann in die mauerumwehrte Ortschaft.

> …denn ganz wie seine Mauern in der Runde
> Monteriggioni sich bekrönt mit Türmen, so
> war hier dieses Brunnens Steinrotunde
> umtürmt auch von der halben Leibeslänge
> der gräßlichen Gigantenschar …

hat schon Dante (1265 bis 1321) in seinem »Inferno« geschrieben (*canto* XXXI). Es ist ein wahrhaft altes Gemäuer, das uns jetzt umgibt. Die Ortschaft ist befestigt worden, als die Florentiner wiederholt versucht hatten, Siena zu erobern, das damals eine selbständige und blühende Handelsstadt war.

Gleich hinter dem Tor befindet sich ein großer Platz mit einem uralten Brunnen, aus dem sich die Bevölkerung in früheren Jahrhunderten – und vielleicht auch noch lange im zwanzigsten Jahrhundert – mit Wasser versorgte. Wenn man aus dem Auto steigt, nimmt einen der einzigartige Zauber des Ortes gefangen. Es gibt nichts Besonderes, keine berühmten Kunstwerke – nicht einmal welche, die nicht berühmt sind –, alles ist alt, und das meiste nicht besonders gepflegt – schließlich ist es die Alltagswelt der Bewohner –, aber es ist einmalig. An der Stirnseite des Platzes ein sauber renoviertes Gebäude, das Restaurant *Il Pozzo*. Aber bevor man dieses ausgezeichnete Restaurant aufsucht, sollte man einen Rundgang durch den Ort machen, bis hin zu dem zweiten Tor, bei dem es ganz steil hinuntergeht (aber keine Angst, das ist nicht die Ausfahrt, man verläßt den Ort durch das Tor, durch welches man gekommen ist). Man kann nicht viel sagen über Monteriggioni, man muß es einfach sehen. Leben möchte man dort natürlich nicht. Alles was innerhalb der alten Mauer liegt, wirkt eher arm. Viel Gewerbe gibt es nicht. Fremde kommen erst zahlreicher nach Monteriggioni, seit das Restaurant bekannter geworden ist. Inzwischen ist ein zweites Restaurant hinzugekommen, außerdem eine Pizzeria und ein Andenkengeschäft, sowie eine Verkaufsstelle der örtlichen Winzergenossenschaft. Junge Menschen, die an so einem Ort aufwachsen, müssen wohl woanders hingehen, wenn sie verdienen wollen. Monteriggioni bietet kaum Möglichkeiten. Von den wenigen Einheimischen, die man sieht, sind die meisten alt. Ob sie es verstehen, wenn man vom Zauber spricht, den

Monteriggioni besitzt? Wenn man sie auf ihren primitiven Stühlen vor der sehr bescheidenen Bar an der Piazza sitzen sieht, dann meint man, daß das eher nicht der Fall sein dürfte. Ich habe überlegt, ob ich sie nach Leonardo da Vinci fragen soll. Ich habe es gelassen. Was soll ihnen Leonardo sein? Vielleicht eine langsam verblassende Anekdote oder Lehrstoff, der an der Schule gelehrt wird. Vielleicht kennt der eine oder andere den Vers, den der große Dante über den Ort gemacht hat, bringt ihn mühsam zusammen und ist stolz darauf. Und es gibt eben nichts sonst, worauf er stolz sein kann.

Aber vielleicht sollte ich nur vom Zauber schreiben, nur vom Glanz, nur von dem, was man sehen möchte. Aber dann muß man auf den Zauber starren, bis man in ihm erstarrt, oder sich einspinnt in ihm wie der weise Merlin in der Sage vom König Artus, der, seiner großen Taten müde geworden, den Glanz des Hofes von Camelot verließ, um sich von der geliebten Zauberin Nynianne einspinnen zu lassen in einen Zauber, der ihm die Kraft nahm und ihn mehr und mehr erstarren ließ. Der Zauber trennte ihn vom lebendigen Leben. Eine Liebhaber-Reise in die Toskana soll genau das Gegenteil bewirken, sie soll den Funken der Renaissance in den Herzen der Reisenden verstärkt anfachen und immer noch lebendiger und wacher machen.

Und wie ist es mit einem Abstecher nach Arezzo? Es liegt eher jenseits der Grenze der Toskana des Herzens. Und das nicht nur, weil es etwas weiter ist als die bisher angeregten Ausflüge. Aber gibt es irgendeinen Grund, ausgerechnet diese Grenze nicht zu überschreiten? Von Siena aus sind es rund 70 Kilometer. Auf den gut ausgebauten Straßen, zuerst fährt man die S.S. 326 und dann die S.S. 73, benötigt man kaum eine Stunde. Nicht so angenehm ist die Fahrt durch die allzu oft verstopften Straßen vom Stadtrand zum historischen Zentrum von Arezzo.

Reizvoll ist der Hauptplatz der Stadt, die Piazza Grande, darin unterscheidet sich Arezzo nicht von den anderen Städten der Toskana. Und auch in Arezzo hat die Piazza ihre spezielle Eigenart. Das allein würde den Weg nicht rechtfertigen. Und auch die Kirchen muß man nicht gesehen haben. Ungewöhnlich sind lediglich die von Piero della Francesca gemalten Fresken in der Chiesa San Francesco. Piero (geboren zwischen 1410 und 1420 in Sansepolcro, gestorben 1492) soll über zehn Jahre an diesem Freskenzyklus in der Hauptchorkapelle der Kirche gearbeitet haben. Den Beinamen »della Francesca« verdankt er dieser Arbeit, die ihn berühmt gemacht hat. Dargestellt ist die Geschichte vom Kreuz Christi.

Piero war Maler und Mathematiker zugleich. Er hat sich intensiv mit dem Studium der perspektivischen Darstellung befaßt. Aber bei ihm

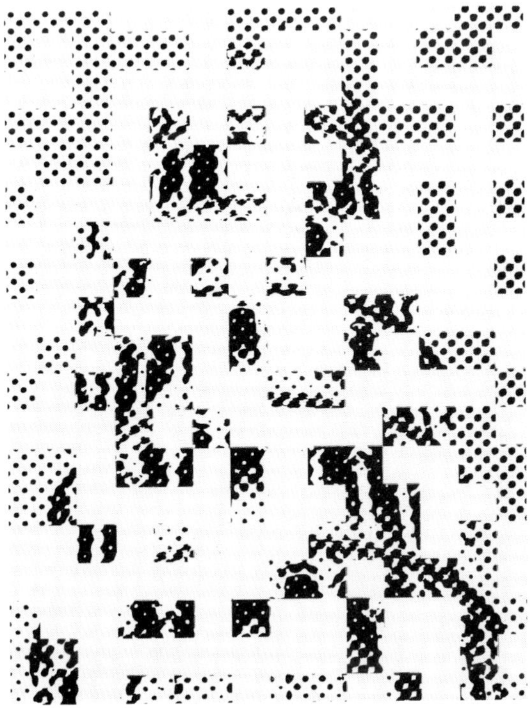

war das kein Schritt zur Ergründung der Bedingheiten des Sehens, kein Ansatz zur Befreiung. Er hat das Erarbeitete als Ordnungsprinzip in seine Bilder eingebracht, zur Inszenierung des Dargestellten. Diese »Inszenierung« leitet den Blick des Betrachters, konzentriert ihn auf das, was dem Maler wesentlich erscheint. Uccello breitet ein breites Panorama vor dem Betrachter aus, er erlaubt dem Blick des Betrachters zu schweifen. In seinen besten Bildern spielt Uccello mit den Mitteln der Perspektive, läßt in die Bildtiefe gerichtete Bewegung in der Ferne – quasi mit dem Blick – schwinden. Das beste Beispiel ist hier »*Die Jagd*« (Oxford, Ashmolean Museum). Er meistert das neue Mittel und gibt dem Betrachter Freiheit. Pieros Werke dagegen sind trocken, freudlos, statisch und gestellt, er zwingt den Betrachter zum Fokussieren, zur Einengung des Blicks und der Wahrnehmung. Selbst Pieros meisterhafte Technik beim Einsatz des Lichts bringt keine Lebendigkeit in seine Werke. Manche rühmen all das als Pieros Sachlichkeit. Aber was meinen sie mit »Sachlichkeit«? Soviel wie »aus seinen Zusammenhängen herausgelöst«, bzw »von aller Zufälligkeit befreit«? Berenson schreibt, Pieros Malerei sei unpersönlich, und mit diesem Ausdruck kommt er der Angelegenheit vielleicht näher. Berenson meint, Piero

Piero della Francesca: Die Geisselung Christi, Urbino, Palazzo Ducale.

Was hat der Maler beabsichtigt? Selbst wenn er eine ausdrückliche Erklärung abgegeben haben würde, könnte man nicht sicher sein.

habe seine Gefühle aus der Darstellung herausgehalten. Aber ist es das, was dazu geführt hat, daß auch seine Figuren meist unbeteiligt wirken? Bei Piero ist die Funktion der Perspektive eine völlig andere als bei Uccello. Dabei könnte man vielleicht sagen, wer scharfe Umrisse will, eine Klarheit, die auf Kosten der Lebendigkeit geht, wird die Bilder Pieros vorziehen. Sie entsprechen der heute herrschenden Neigung, Fotos überwiegend dann als gut anzusehen, wenn sie gestochen scharf und brillant sind. Interessiert sich aber jemand mehr für Übergänge und für das Ineinanderfliessen der Dinge, dann wird er Bilder mit weicheren Konturen vorziehen. Solche Vorlieben werden viel zu wenig beachtet, sie sagen sehr viel über den Zustand des Geistes bei einem Menschen oder einer Zeit. Und was jemand vorzieht, hängt weitgehend von solchem Zustand des Geistes ab. Und wenn im Rahmen einer Gruppe hinsichtlich dieses Zustands stabile Übereinstimmung herrscht, dann heißt es bei diesen Leuten klar und eindeutig »das ist ein gutes Bild« und »jenes ist ein schlechtes Bild«.

Pieros Vater war ein Tuchhändler. Piero lebte überwiegend in Sansepolcro, einer Kleinstadt. seinem Geburtsort. Dort ist er auch gestorben. In Sansepolcro hat er im Stadtrat gesessen. Seine Auftraggeber waren Kaufleute, denen Messen und eindeutiges Maß sehr wichtig waren. Für sie hat er auch ein Rechenbuch geschrieben. Kann man mit solchen Argumenten den Stil seiner Malerei erklären? Mit der Gebundenheit an die Sehgewohnheiten seines Publikums? Andere Maler – etwa Leonardo, Uccello, Pontormo – haben sich nicht von ihren Auftraggebern und vom Publikum derart binden lassen. Eine solche Gebundenheit ist nicht zwangsläufig, wer durch sie etwas zu erklären versucht, verlagert die Argumentation vom Gebiet der Malerei auf die Frage nach dem Charakter des Künstlers.

Wer sich wirklich für die Kunst Piero della Francescas interessiert, der sollte sich vielleicht nicht scheuen, auch noch die knapp vierzig Kilometer von Arezzo nach Sansepolcro zurückzulegen, dort findet er im *Museo civico* im *palazzo communale* eine Reihe wichtiger Werke von Piero, vor allem seine *Auferstehung Christi* und seine *Schutzmantelmadonna*. Die Fahrt auf der S.S. 73 führt durch landschaftlich reizvolles Gebiet. Wer es zeitlich einrichten kann (die Öffnungszeiten des Museo civico beachten!), der sollte unterwegs vielleicht auch noch den kleinen Abstecher nach Monterchi machen (bei Le Ville auf die Straße 221 abbiegen, es sind nur wenige Kilometer). In der Friedhofskapelle von Monterchi findet er Piero della Francescas berühmte *Madonna del Parto*, auf der die Madonna in hochschwangerem Zustand dargestellt ist. Das dürfte ein Sujet gewesen sein, zu dessen Darstellung Mut gehörte, ähnlich wie zu Michelangelos unbekleidetem Christus am Kreuz.

Und wenn man zurück zur S.S. 73 fährt, sollte man sich vielleicht mal vor Augen führen, welche Stationen und Zustände der biblischen Gestalten in Mittelalter und Renaissance allgemein dargestellt werden durften und welche von der Darstellung ausgenommen waren. Die alten Griechen hatten ihre Götter und Göttinen als nackte Menschen abgebildet, im aufkommenden Christentum wurden derartige Darstellungen der neuen göttlichen Menschen undenkbar.

Nach dem Besuch des *Museo civico* hat man das berühmteste Werk von Piero immer noch nicht gesehen, die *Geißelung Christi*. Sie hängt im siebzig Kilometer entfernten Urbino im *Palazzo Ducale*, den am gleichen Tag zu besuchen wegen der beschränkten Öffnungszeiten in Urbino kaum möglich sein dürfte. Wer also von dem kleinen Städchen Sansepolcro am Oberlauf des Tiber den Weg über die nahe Grenze der Toskana antreten will, um auf serpentinenreicher Straße über imposante Höhenzüge des Appenin nach Urbino zu fahren, der sollte diesen Ausflug gleich auf zwei Tage berechnet haben.

Das Imponierende an Pieros *Geißelung Christi* ist, wie es ihm gelingt, den Blick des Betrachters am aufdringlichen Vordergrund vorbei auf den Vorgang im Hintergrund zu lenken; das ist zwar nicht im Sinne einer Malerei, die den Menschen hilft, etwas über die Bedingtheiten ihres Sehens zu erkennen, aber bemerkenswert ist es doch. Wieder erscheinen die Figuren trotz aller mit Akribie gemalten Naturähnlichkeit unbeteiligt und statuarisch. Diese Geißelung ist eines der Gemälde, über welche die Kunsthistoriker viele Theorien entwickelt und in Büchern niedergelegt haben. Wann ist es entstanden? In wessen Auftrag? Entspricht sein Aufbau einer üblichen Konzeption und hat Piero diese Konzeption gekannt? Sind es nicht müßige Fragen, deren Beantwortung, falls sie überhaupt möglich sein sollte, nichts bringt? Und ist die Beschäftigung mit solchen Fragen nicht eher dazu geeignet, das wirklich Interessante zu verdecken?

Über Urbino will ich jetzt nichts weiter schreiben, obwohl es ein Ort ist, über den ich viel sagen könnte, vor allem über den einzigartigen *Palazzo Ducale*. Aber wenn ich schon dem Reisenden keine Grenze setze, muß ich doch mir eine Grenze setzen. Und das hier ist ein Buch über die Toskana, zu der Urbino nicht gehört. Urbino ist eine Reise wert. Aber es gibt immer wieder einen weiteren Ort, der eine Reise wert ist. Und wenn man sich keine Grenze setzt, kann man fortfahren, bis man die ganze Erde beschrieben hat.

Wenn man auf dem Weg nach oder von Urbino eine Mahlzeit einnehmen will, dann empfiehlt sich dafür ein sehr anheimelndes Restaurant in Borgo Pace: *Da Rodolfo-la Diligenza*. Der Name läßt darauf schließen, daß da früher die Postkutschen die Pferde gewechselt haben. Die ausgezeichnete Küche ist traditionell. Man wird sehr freundlich und zuvorkommend bedient. Besonders empfehlenswert sind die vielen verschiedenen warmen und kalten Vorgerichte, die im Rahmen eines sehr reichlichen Menus serviert werden. Im übrigen sind die Wild- und Pilzgerichte ganz hervorragend.

Die Preise sind für heutige Verhältnisse durchaus zivil. Wenn man übernachten will, gibt es auch ordentlich eingerichtete Zimmer mit Bad oder Dusche und WC. Es sind allerdings nur acht an der Zahl und man sollte rechtzeitig bestellen. Für alle Fälle gibt es noch ein weiteres Hotel, »La Rupa«, das hat über dreissig Zimmer.

Aber vergessen wir nicht die Rückkehr in die Stadt Siena. Die Piazza del Campo ist immer wieder anders und immer wieder reizvoll. Und man sollte sich treiben lassen im Alltagsgetriebe der Stadt. Das macht stets auf Neue Freude, auch wenn es immer wieder dieselben Gassen zwischen Piazza und Duomo sind, sowie die

Via di Citta mit den beeindruckenden Palazzi, und die *Via Banchi di Sopra* und die *Via Banchi di Sotto*, die drei Straßen also, die auf dem Grat der Hügel verlaufen, auf denen die Stadt erbaut ist und die zusammengenommen der Form eines großen Y gleichen. Für Siena gilt genau wie für Florenz: An den Wochentagen ist die Stadt attraktiver. An Sonn- und Feiertagen sind die Möglichkeiten stark reduziert.

Manch ein Besucher von Siena wird vielleicht auf den Spuren der Heiligen Katharina von Siena wandeln wollen. Sie ist 1347 als Tochter eines Wollfärbers in Siena zur Welt gekommen, etwa ein Jahr bevor die Pest zwei Drittel der Bevölkerung der Stadt dahingerafft hat. Caterina Benincasa, eines von sehr zahlreichen Kindern der Familie, soll schon im kindlichen Alter von sieben Jahren das Gelübde der Jungfräulichkeit abgelegt haben. Sie verweigerte sich allen Plänen, die die Eltern mit ihr hatten und setzte schließlich durch, daß die Eltern ihr den Eintritt ins Kloster erlaubten. Sie lebte mit äußerster asketischer Strenge, widmete sich mit großer Hingabe der Pflege von Kranken und entwickelte überdies eine seherische Begabung. Viele Legenden ranken sich um diese zweifellos ausserordentliche Frau. Selbst der Papst suchte ihren Rat und es gelang ihr, bemerkenswerte politische Aktivitäten zu entwikkeln. Gestorben ist sie in Rom. Man kann das Geburtshaus der Heiligen Katharina besuchen. Aber wer denkt, daß er dort sehen könne, unter welchen Umständen diese berühmteste Tochter der Stadt Siena aufgewachsen ist, der wird enttäuscht sein. Haus und der väterliche Färberladen sind in eine Gedenkstätte verwandelt worden mit Gemälden, auf denen Szenen aus dem Leben der Heiligen dargestellt sind. Unweit dieses Heiligtums befindet sich die Kirche S. Domenico, deren Grundstein bereits 1226 gelegt worden ist. Dort hat Caterina Benincasa sicherlich als Kind oft gebetet. Auch gibt es einen Pfeiler, an welchem sie in Ohnmacht gefallen sein soll. Das Innere dieses sehr großen Gotteshauses ist eher kahl. Eine Seitenkapelle ist der Heiligen gewidmet, dort ist die Ohnmacht – und die Ekstase – der jungen Frau auf Fresken von Sodoma dargestellt. Außerdem gibt es einen Schrein mit dem einbalsamierten Kopf der Heiligen, die an und für sich in Rom bestattet wurde. Alles was in ihrer Geburtsstadt an die große Frau erinnert, ist eher repräsentativ als lebendig, gesehen haben muß man es nicht.

Die wirkliche Traumstadt der Toskana ist San Gimignano mit ihren sinnlosen Türmen oder besser gesagt, den Türmen, deren einziger Sinn darin bestand, sozialen Anspruch und Herausforderung der Besitzer zum Ausdruck zu bringen. In der Blütezeit der Stadt sollen es 72 Türme gewesen sein. Sie müssen den Himmel verdunkelt haben. 72 Türme auf dem

Areal, das nicht größer war als das, auf dem heute noch dreizehn stehen. Der Reichtum, der den Bürgern diese Bauten erlaubt hat, entstammte einer blühenden Handelstätigkeit. Besonders erfolgreich soll der Handel mit Safran und den daraus gewonnenen Farben gewesen sein. Auch – so heißt es – haben die Kaufleute von San Gimignano gefälschten Safran verkauft. Aber wer will heute ergründen, ob das tatsächlich so war oder ob es sich um Behauptungen von bösartigen Neidern handelt? Noch lukrativer als der Handel soll das Geldverleiher-Geschäft gewesen sein, das einige Familien der Stadt in großem Stil betrieben. Zwanzig Prozent Zinsen waren vom Rat der Stadt genehmigt, in Wirklichkeit sollen oft noch erheblich höhere Zinsen bezahlt worden sein. Bei derartigen Zinssätzen fielen die verpfändeten Sicherheiten häufig an die Verleiher. Der Reichtum in San Gimignano war so groß, daß die Gemeinde es für notwendig hielt, besondere Gesetze zu erlassen, durch welche der Schmuck- und Putzsucht der Damen Grenzen gesetzt wurden.

Sicherlich gab es zur gleichen Zeit in Florenz und Siena sehr erfolgreiche Bankiers und Kaufleute, doch der Erfolg und der Reichtum der Bürger von San Gimignano überstieg alles andere. Und man muß sich fragen, wie es kommt, daß eine Gemeinde eines Landes alle anderen in bestimmter Hinsicht so überragt. Wieder eine jener Fragen, die man stellen soll, ohne eine der möglichen Antworten zu akzeptieren. Auf jeden Fall lebten hier Menschen, die zwar keine Künstler, auf ihrem Gebiet aber vom wahren Renaissancegeist erfüllt waren.

Die Hochblüte von San Gimignano endete 1352, als die Stadt völlig unter die Hoheit von Florenz kam. Danach erreichten Vitalität und Unternehmergeist nicht mehr das alte Maß. Die Florentiner förderten die Stadt wegen ihrer strategischen Bedeutung als Bollwerk gegen Siena. Erst als Siena 1557 zum Großherzogtum Toskana kam, verlor San Gimignano seine Bedeutung, da begann die Stadt in einen Schlaf zu versinken, aus dem sie nie wieder erwacht ist. Das weithin sichtbare Zeichen des beginnenden Verfalls: die Reduktion der Zahl der Türme auf dreizehn. Ein Zeichen allerdings, das nur der erkennt, der die Stadt gekannt hat, bevor die Zahl der Türme reduziert worden war. Ihre heutige Gegenwart weist durch nichts auf die Vorgänge hin, die zu dem geführt haben, was uns als Wirklichkeit erscheint.

Wir erreichen San Gimignano entweder über den Raccordo Firenze-Siena, verlassen die Schnellstraße bei der Ausfahrt Poggibonsi und haben dann noch etwa 11 Kilometer zu fahren. Oder wir fahren über Colle di Val d'Elsa in Richtung Volterra und biegen von der S.S. 68 kurz hinter Colle nach rechts ab. Landschaftlich schöner noch ist es, etwa acht Kilometer weiter in Richtung Volterra zu fahren durch die paradiesische Landschaft und dann erst nach rechts abzubiegen. Auch mit dreizehn Türmen bietet San Gimignano schon von weitem einen einzigartigen Anblick, rätselhaft und Neugier erweckend.

Für den Besuch von San Gimignano sollte man möglichst einen gewöhnlichen Wochentag wählen. An den Wochenenden oder an Feiertagen ist der Andrang oft recht groß. San Gimignano ist auch für italienische Touristen und Ausflügler ein Anziehungspunkt.

Die alte Stadt ist völlig umgeben von der alten Stadtmauer, durch welche fünf Tore führen. Die Straßen innerhalb der Mauer sind sehr eng, und die Möglichkeiten, auf einem der größeren Plätze zu parken, sind im Laufe der Jahre drastisch eingeschränkt worden. Man kann hineinfahren und versuchen, ob man einen Parkplatz findet, besonders neben dem Dom besteht die Möglichkeit. Für den Fall, daß man nichts findet, muß man den Wagen auf einem der Parkplätze vor der Mauer zurücklassen. Man findet dort auch bewachte Parkplätze, falls man das vorzieht.

Sicherlich ist es etwas mühseliger, wenn man vom Tor her zu Fuß zur Piazza della Cisterna hinaufgehen muß. Aber Dante ist auch nicht mit dem Auto angereist, allerdings ist er vermutlich geritten. Es fragt sich nur, ob der Ritt vom Stadttor zur Piazza hinauf so angenehm wäre. Die Piazza liegt sehr viel höher als die Tore, und das altertümliche Straßenpflaster erscheint mir für Pferde nicht so günstig.

Wenn man vom Haupttor – Porta San Giovanni – aus die einzige große Straße – die Via San Giovanni – hinauffährt oder hinaufgeht, passiert man ziemlich in der Mitte des Ortes nochmals eine Art Tor, dann befindet man sich auf der Piazza mit dem uralten Brunnen, aus dem die Bevölkerung wohl noch bis in unsere Zeit hinein Wasser bezog. Der Brunnen soll 1237 angelegt worden sein. Man muß sich mal vorstellen, daß ein solcher Brunnen nicht nur das lebensnotwendige Wasser spendete, sondern durch die Notwendigkeit des Wassers zu einem allgemeinen Kontaktpunkt wurde, zu einer Quelle von Geschwätz, Gerüchten und Klatsch, der in der Enge der damaligen Lebensverhältnisse sicherlich oft sehr boshafte Formen angenommen hat. Goethe hat im *Faust* so eine kleine exemplarische Brunnenszene dargestellt. So ein gefallenes Mädchen starb nicht etwa an seiner Schwangerschaft. Daran stirbt man nicht. Unheil und vielleicht Selbstmord waren die Folge der sozialen Reaktion, sie stellte jene Wirklichkeit oder Wirksamkeit dar, die Verzweiflung erzeugte. In einer kleinen Stadt, in der der Reichtum im Mittelalter solche Formen angenommen hat, daß es eine Gasse gab – der Name Vicolo dell'Oro erinnert heute noch daran –, in der sich Juwelierladen an Juwelierladen reihte, damit die Damen ihre Wünsche befriedigen konnten, muß es besonders vielfältige Formen von sozialem Druck gegeben haben. Das Leben in San Gimignano dürfte damals sehr eigentümlich gewesen sein. Als besonderer Faktor fiel dabei ohne Zweifel ins Gewicht, daß in jener Zeit Reichtum keineswegs Mobilität im Gefolge hatte. Reisen bedeutet ja heute für uns in sehr starkem Maße – dessen ist man sich viel zu wenig eingedenk –, daß man sich wenigstens vorübergehend dem konstanten sozialen Druck des Heimatortes entziehen kann. Vor allem dieser Umstand bewirkt doch das, was man mit »zu sich selbst kommen« beschreibt. Im Mittelalter und auch noch lange danach war beispielsweise schon Shopping in der fünfzig Kilometer entfernten Großstadt ein schwieriges Unternehmen. Da konnte man nicht mal schnell nach Siena fahren oder nach Florenz und eine goldene Spange kaufen. Daher schlugen ja die Juweliere ihre Läden da auf, wo die reichen Leute waren. Bei allem Reichtum hatte man damals nicht allzu viele Möglichkeiten. Man schmückte sich, baute Türme, ließ sich bedienen, und im übrigen ernährte man sich im wesentlichen von den Produkten des Landes. In solcher Enge dürfte jene noch heute grassierende Tendenz wurzeln, jede Lebensäußerung auf das Soziale zu beziehen. Heute treffen wir uns zwar nicht mehr am Stadtbrunnen, dafür haben sich in den letzten sechshundert Jahren versteckte Formen der Ausübung sozialen Drucks herausgebildet mit der gerade heute wachsenden Tendenz, den Menschen wieder zum Rädchen im Uhrwerk der großen Gemeinschaft werden zu lassen, diesmal unter der so verheißungsvoll klingenden Überschrift »Soziale Sicherung«. Mobilität und Reisen helfen zur Erkenntnis dessen – vielleicht ganz besonders eine Liebhaberreise an die Quellen jener Kraft, die das Erwachen der Menschen aus dem Dunkel des Mittelalters gespeist haben: die Landschaft der Toskana.

Die Piazza della Cisterna geht direkt in die Piazza Duomo über. Eine schöne Treppe führt hinauf zum Portal der Kirche bzw. zu den beiden Portalen. Nach den überladenen gotischen Fassaden von Santa Maria del Fiore in Florenz und des Doms in Siena kann man die

Fassade des Doms als angenehm einfach empfinden oder auch als allzu simpel. Für sich allein betrachtet erscheint sie mir jedenfalls schön. Auffallend die beiden betont separiert liegenden Türen. Im Mittelalter soll die Vorschrift bestanden haben, daß die Männer nur die linke Tür benutzen durften, während die rechte Tür den Frauen vorbehalten war. Die Gemeindegesetzgebung hat sich da wirklich in alles hineingemischt.

Das Innere der Kirche entspricht ganz und gar dem Willen der Seneser Maler, dem Volk die Heilige Schrift und die Heiligenlegenden nahezubringen. Die Kirche ist geradezu überladen mit Darstellungen von Geschichten aus dem Alten und dem Neuen Testament der Bibel, genau wie mit Illustrationen zu Heiligengeschichten und der Darstellung von Schrecken, welche den Sünder erwarten. Da ist kaum etwas ausgelassen. Und – künstlerisch besonders Wesentliches ist nicht anzumerken – man kann mal unbeschwert im Dargestellten schwelgen. Mitunter ist das leider etwas beschwerlich, denn gerade die interessantesten Fresken sind so plaziert, daß man sie nur mit ziemlichen Verrenkungen des Halses und auch dann nicht besonders gut betrachten kann. Ich meine die Darstellungen der Sieben Todsünden beziehungsweise der Strafen, die einen in der Hölle dafür erwarten, von Taddeo Bartolo. Wenn man sich diese Fresken näher betrachten will, sollte man sich besser die Ansichtskarten kaufen, die in jedem Kiosk und Tabakladen der Stadt zu haben sind. Es sind Darstellungen von einmaliger Naivität. Daß man jedes verfügbare Fleckchen mit Darstellungen füllte und dekorierte, ist zweifellos Ausdruck des Bilderhungers jener Zeit. Wo fanden die einfacheren Leute denn Bilder, doch vor allem in der Kirche. Da wurde ihnen dann zur optischen Wirklichkeit, was sie sonst nur aufgrund von Worten kannten. Oft dürfte die Wirkung auch recht fragwürdig gewesen sein, denn was die Leute da sahen und vermutlich weitgehend als naturgetreue Darstellungen angesehen haben, muß oft recht merkwürdige Vorstellungen in ihnen erweckt und Aberglauben und Vorurteile verstärkt haben. Schon Goethe hat angedeutet, daß der Unsinn, den man vor sich sieht, viel stärker wirkt als der, über den man nur hört. Was die Bilder angeht, hat er sicher recht, wenigstens soweit sich die Leute die Bilder unter der Prämisse der größtmöglichen Naturtreue ansehen statt unter der Prämisse, unter welcher sie gemalt waren, nämlich christliche Überzeugung zu verbreiten. Hätten sie die wirkliche Prämisse erfassen können, wäre die Wirkung wohl anders gewesen. Hier zeigt sich einmal deutlich, wie ausschlaggebend die Kenntnis der Voraussetzungen für Verständnis und Auswirkung sein kann. Hätten sich die Betrachter gedacht: »die wollen uns nur schrecken mit den fürchterlichen Darstellungen der Hölle«, dann wäre die Wirkung weitgehend aufgehoben gewesen. Was allerdings die angeblich geringere Wirkung von Worten angeht, so erscheint mir Goethe etwas zu zuversichtlich. Worte wirken oft mindestens so fatal wie Bilder.

Was immer ich über die Funktionen von Gemälden gesagt habe, es ist kein Grund, nicht in Bildern zu schwelgen. Wenn sie einem gefallen, soll man in ihnen schwelgen, genau wie in Worten, die einem gefallen, oder worin immer sonst, wenn es einem nur gefällt. Dabei spielt es auch keine Rolle, ob es sich um Bilder handelt, zu denen etwas anzumerken ist oder nicht. Im Grunde ist immer etwas anzumerken. Und gerade da, wo man angemerkt hat, kann man gefahrlos schwelgen, nur soll man die Anmerkung nicht vergessen. Dürfte einem nur gefallen, was ausschließlich begrüßenswerte Wir-

Taddeo di Bartolo: Freßsucht, Fresco, San Gimignano, Dom.

Wer es glaubt, wird vor lauter Angst selig.

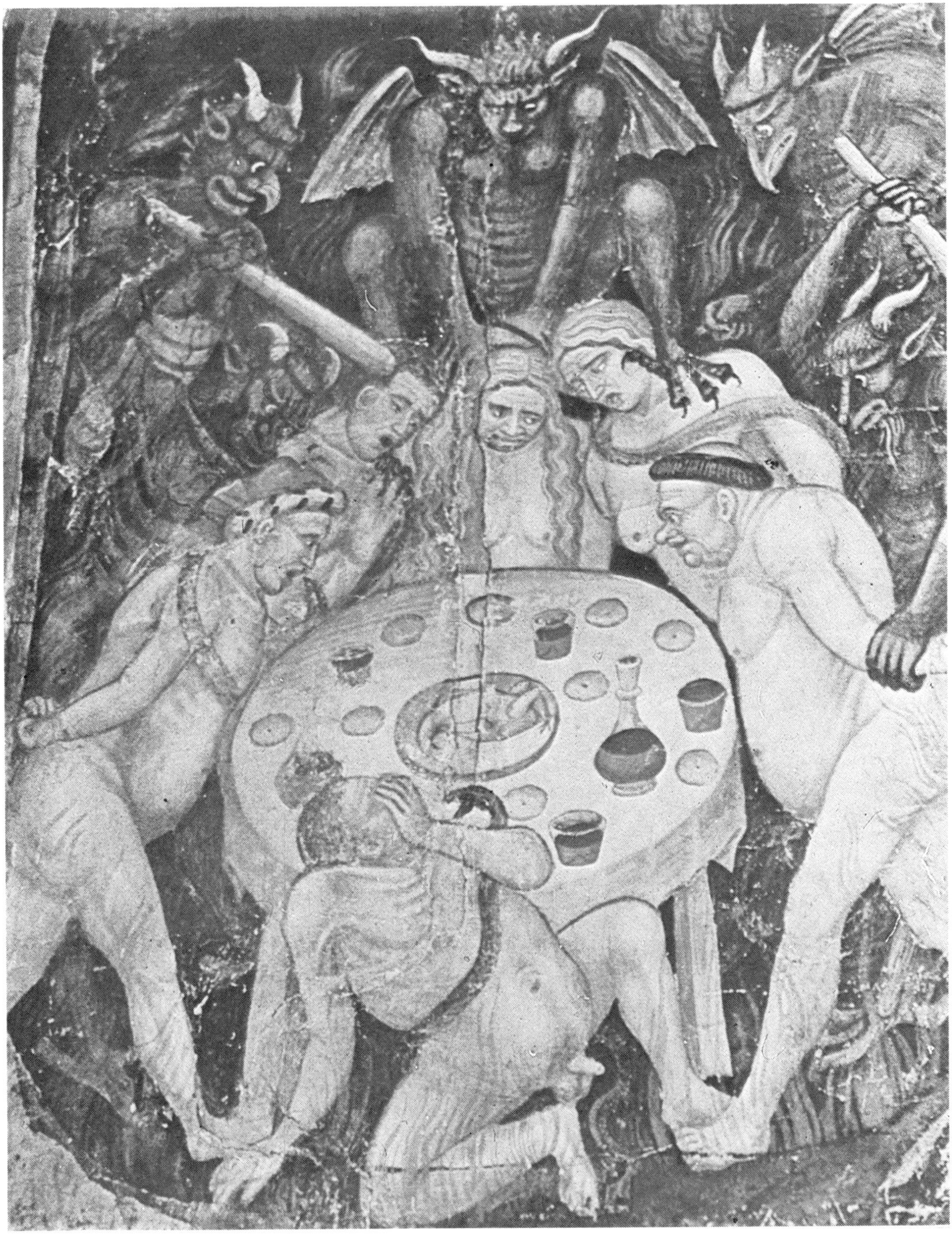

San Gimignano, Dom: Die Hölle, Freskenzyklus von Taddeo di Bartolo

Das Elend mit den Fresken: Sie sind dem Blick des Betrachters oft nur sehr beschränkt zugänglich. Jedes Fleckchen Wand sollte ausgemalt sein, der Gläubige wurde ganz eingehüllt in die Vorstellungswelt seines Glaubens.

kungen hat, was dürfte einem da denn überhaupt gefallen? Uns gefällt ja auch ein Tiger im Zoo, obwohl wir wissen, daß Tiger mitunter Menschen fressen. Wir schwelgen im Wein und wissen zugleich, daß sein Genuß zur Trunksucht führen kann. Nichts hat nur eine Funktion oder lediglich gute Funktionen. Eine Mauer beispielsweise schützt und sperrt auch ein. Wie sie gerade wirkt, hängt davon ab, ob wir Schutz suchen oder Freiheit. Gegensätzliche Möglichkeiten stellen keine Widersprüche dar, sie sind stets vorhanden, gleichzeitig. Und sie können sich auch gleichzeitig in Ereignisse umsetzen. In einem Gemäuer können zwei Menschen gleichzeitig eingeschlossen sein, der eine sucht Freiheit, der andere Schutz, der eine ist gefangen, der andere geborgen. Das ist eine Form der Gleichzeitigkeit oder Simultanität zweier sich gegenseitig anscheinend ausschließender Ereignisse. Für einen unmittelbar Beteiligten scheint es nur immer eine Möglichkeit zu geben. Aber worauf es ankommt ist, daß man erkennt, es gilt nicht »entweder oder«, sondern »sowohl als auch«. Das Verhängnis liegt allein darin, wenn man nur noch eine Möglichkeit will und die anderen verleugnet, sich blind macht für sie.

Also soll man auch schwelgen.

Von besonderem Charme im Dom von San Gimignano ist die Kapelle der heiligen Fina, der Schutzpatronin der Stadt, einer sehr kindlichen Schutzpatronin, mit fünfzehn Jahren ist sie gestorben. Aber gerade ihre Kindlichkeit läßt sie sicherlich eine besonders gute Fürbitterin bei der Heiligen Jungfrau sein. Die heilige Fina hat in San Gimignano gelebt. 1238 ist sie zur Welt gekommen. Von ihr wird berichtet, daß sie als kleines Mädchen von zehn Jahren erkrankt sei und fortan auf einem harten Eichenbrett liegen mußte, eine Qual, die sie geduldig ertragen hat, bis sie nach fünf Jahren starb, oder – besser gesagt – bis Gott sie heimrief, um ihre Geduld zu belohnen. An jenem Tage sollen alle Kirchenglocken von San Gimignano von allein zu läuten begonnen haben und – obwohl es erst März war – erblühten Tausende von gelben Blümchen auf der Stadtmauer, die Veilchen der heiligen Fina. In der ihr gewidmeten kleinen Seitenkapelle des Doms steht ein kunstvoller Altar vor dem Hintergrund eines Sternenhimmels, an den Wänden sind Fresken mit Szenen aus dem Leben der Heiligen, immerhin von dem Florentiner Maler Domenico Ghirlandaio

(1449–1494). Von allen Heiligengeschichten ist die der Santa Fina sicherlich die rührendste, und es spricht nicht nur für sie, sondern auch für die Menschen von San Gimignano und die Kirche, daß sie zur Heiligen erhoben wurde. Genügt doch ein heiligmäßiges Leben nicht, um heilig gesprochen zu werden, sondern erst ein solches Leben im Zusammenhang mit seiner Aufnahme durch die Mitmenschen und die Kirche.

Der Dom von San Gimignano ist sicherlich nicht unter »noch eine Kirche« einzureihen. Er hat zwar weder künstlerische Errungenschaften noch architektonische Neuheiten gebracht, aber er besitzt – zusammen mit der Loggia der Taufkapelle und ihrer *Verkündigung* (Fresko von Ghirlandaio) und dem Kreuzgang der Misericordia – seltene Unmittelbarkeit und Eigenständigkeit.

Da der Ort San Gimignano heißt, erwartet man wohl, daß der heilige Gimignano sein Schutzpatron sei. Der aber ist der Schutzpatron von Modena in der Emilia Romagna, fast dreihundert Kilometer von San Gimignano entfernt. San Gimignano war Bischof in Modena und starb im Jahre 397. Und da wird nun eine wundersame Legende erzählt: Ein Chorknabe aus Colle di Val d'Elsa war zu dem Begräbnis des Bischofs nach Modena gekommen. Ihm gefiel ein Ring an der Hand des aufgebahrten Bischofs. Der Chorknabe stahl heimlich den Ring, dabei brach der Finger des Toten ab. Voller Entsetzen floh der Chorknabe aus der Bischofsstadt Modena und suchte im Dom des jetzigen San Gimignano Zuflucht und Vergebung. Als er die Kirche wieder verlassen wollte, merkte er, daß er plötzlich erblindet war. Zugleich fand er die Türen des Doms verschlossen. Voller Verzweiflung wandte sich der Junge an einen Priester, beichtete und gab den gestohlenen Ring heraus. Danach konnte er augenblicklich wieder sehen, die Tür der Kirche öffnen und hinausgehen. Zur Erinnerung an dieses Wunder hatte man die Stadt fortan San Gimignano genannt.

Eine sehr attraktive Geschichte, wie einer blind wird durch sein Schuldgefühl. Heute haben wir für solche Fälle den Psychotherapeuten und der tut sich meist bedeutend schwerer als der Priester in der Legende.

Dann sollten wir noch den Palazzo del Popolo besuchen, das alte Rathaus mit seinem schönen mittelalterlichen Hof und dem Turm des Podestà. In diesem Gebäude befindet sich auch das Stadtmuseum mit einer kleinen Gemäldegalerie. Am eindrucksvollsten sind die naiven Ritterfresken im Dante-Saal, dem großen Saal, in welchem Dante in politischer Mission im Auftrag der Stadt Florenz im Jahre 1300 eine lange Rede gehalten hat. Noch mehr als alles andere kann schließlich das Zimmer des Podestà – des Bürgermeisters oder Gemeindevorstehers – zu Herzen gehen. Es ist ein nicht allzu großer Raum, durch die ganze Tiefe des Hauses. Er hat ein Fenster zur Piazza Duomo und eines zum Hof des Rathauses. So konnte der Podestà von seinem Zimmer aus seine ganze Stadt überblicken. An den Wänden sieht man naiv gemalte Fresken, Stationen aus dem Leben eines Liebes- und späteren Ehepaares, so Mann und Frau gemeinsam im Badezuber und eine Szene, wo die Frau schon im Bett liegt und schläft, während der Mann sich gerade zu ihr legt. Vor einigen Jahren waren diese Fresken schon sehr verblichen, inzwischen hat man sie restauriert, leider ein wenig sehr grob, sie sind jetzt zwar farbkräftig, aber ihren Schmelz haben sie weitgehend verloren.

Den etwas beschwerlichen Aufstieg auf den Turm des Podestà kann man sich vielleicht sparen und dafür den Weg zu dem kleinen Turm der Festung La Rocca machen. Von dort blikken wir noch einmal über die Hügel und das Val d'Elsa, auf diese Kette der Hügel, deren Konturen so glasklar sein können und so zart zugleich. Nur hier und da ein Baum, der Schatten spendet, so wie das Glück auch immer nur Augenblicke des Lebens erfüllt. Scharfe Bergkanten von ein paar aufragenden Bäumen unterbrochen. Die bizarre Linie der Horizonte, oder die Handschrift Gottes. Ganz wie man es darstellen will. Dann ein Haus inmitten von Olivenbäumen, eine Heimstatt, wo man verweilen darf, verweilen für eine Zeit, nicht bleiben. Jeder Zufall der Natur wirkt wie ein Kunstwerk. Alles eine große Melodie, in der man mitschwingen kann.

Und das ist vielleicht für diesmal der letzte Blick auf die Landschaft der Toskana des Herzens.

Pisa und Lucca stellen mehr eine Randbemerkung zur Toskana des Herzens dar. Ganz gehören sie nicht mehr dazu. Aber gerade Randbemerkungen können wichtig sein und allem eine neue Perspektive geben.

San Gimignano ist der äußerste Punkt unserer Reise aus der Gegenwart immer weiter in die Vergangenheit. Warum wir sie im rückwärtigen Sinne gemacht haben? Es ist notwendig, die Geschichte nach und nach abzutragen, die außen genau wie die in einem selbst. Man kann nicht gleich auf den Grund kommen, wenigstens nicht ohne gewalttätige Verzerrung. Genau wie ein Mensch, der seine Verspannungen lösen will, mit den obersten Verspannungen beginnen und immer weiter in die Tiefe gehen muß. Er kann sich nicht einfach fallen lassen, dann bleiben alle feineren Verspannungen erhalten, und es gibt eher Gleichgültigkeit als Befreiung.

Trägt man die Schichten nach und nach ab, vermeidet man auch Mißverständnisse hinsichtlich angeblicher Entwicklungen und den Anschein von Folgerichtigkeiten. Von San Gimignano führt keine Entwicklungslinie über Siena zur Renaissance. Die Renaissance ist nicht das Ergebnis dessen, was zuvor vorgegangen ist, und sie baut nicht auf dem Mittelalter auf. Wenn es auch äußerlich den Anschein haben mag.

Jetzt könnten wir, ohne in Irrtümer zu verfallen, die Reise von San Gimignano ausgehend nochmals im Sinne der voranschreitenden Zeit machen. Und dem einzelnen Liebhaber-Reisenden sei das anempfohlen. Es nochmals zu beschreiben, ist überflüssig. Jeder, der sie einmal gemacht hat, besitzt fortan die Freiheit, sie jederzeit in beiden Richtungen aufs neue zu unternehmen. Und es wird jedesmal eine ganz neue Erfahrung sein.

Wir werden jetzt zu unserer Randbemerkung aufbrechen.

Essen und Trinken

Die Nummer Eins der Restaurants in der Provinz Siena liegt von der Stadt Siena ca. 80 Kilometer entfernt, ganz im Süden der Provinz. Wenn man konzentriert fährt, kann man den Weg von Siena nach Cetona in einer Stunde bewältigen: Man nimmt die sehr gut ausgebaute S.S. 326, erreicht kurz hinter Sinalunga die Autobahn A 1, fährt rund 25 Kilometer auf der Autobahn bis zur nächsten Ausfahrt (Chiusi / Chianciano Terme), dann hat man noch ein dutzend Kilometer Landstraße bis zum *Ristorante La Frateria di Padre Eligio*. Es befindet sich im *Convento di San Francesco fuori Umbra*, dem ersten Kloster, das der Heilige Franz von Assisi außerhalb von Umbrien gegründet haben soll, eine Ortsangabe, die nicht viel zu besagen scheint, ist doch die Grenze von Umbrien ganz in der Nähe und die Landschaft ist hüben wie drüben von gleicher Art. Auf jeden Fall sieht man einmal mehr, wie gut der Heilige Franz es verstanden hat, die landschaftlich schönsten Punkte für seine Klöster auszusuchen. Schon allein das Kloster ist sehenswert, nicht nur weil es alt ist (die Gründung hat 1212 stattgefunden), sondern weil es hier gelungen ist, das aus der

Vergangenheit Stammende in unaufdringlicher Weise in das Heute einzubeziehen. Da gibt es einerseits einen wohl aus dem 13. Jahrhundert stammenden, ungewöhnlich menschlichen, in der Form geradezu modern wirkenden *Christus am Kreuz* eines unbekannten lombardischen Künstlers und auf der anderen Seite einen Helikopterflugplatz für Pater Eligio. Im Baulichen finden diese Pole eine Synthese. Man hat nicht versucht, das Alte wiederherzustellen oder zu erneuern, sondern geschickt eine klare Form der Vereinigung alter und moderner Elemente gefunden. In alle dem zeigt sich der Geist von Padre Eligio, einem Mann, der wohl begriffen hat, daß Franziskanertum heute nicht mehr darin bestehen kann, daß man den heiligen Franz nachahmt. Wie sollte denn ein Franziskaner in der Welt von heute nachhaltig wirken können, wenn er in Jesuslatschen durch die Welt schlurft. Padre Eligio hat Mondo X ins Leben gerufen, eine Institution, durch die jungen Menschen geholfen werden soll, die mit der Gesellschaft in Konflikt gekommen sind, sei es durch strafbare Handlungen, sei es durch den selbstzerstörerischen Gebrauch von Rauschgift. Sie sollen nicht einfach wieder eingegliedert werden, sondern sollen ihre Situation verstehen lernen.

Um die weit auseinander liegenden Stationen seiner Mondo X zusammenzuhalten und allen seinen Aufgaben gerecht zu werden, muß sich Padre Eligio mit dem Helikopter bewegen. Solche jungen Menschen sind es, die das Kloster umbauen und renovieren, solche jungen Menschen arbeiten auf den ländlichen Gütern von Mondo X, genau wie sie alle Funktionen der Frateria erfüllen, dem Restaurant, das als ideale Nahtstelle zur »anderen« Welt dient.

Und auch dieses Restaurant ist richtungsweisend. Bevor der Besucher an seinen Tisch geleitet wird, wird ihm in einem Foyer an einer kleinen Bar zur Begrüßung ein feiner perlender Spumante kredenzt, dazu wird ihm eine sehr fein gewürzte und aufbereitete Paste aus *polpa di olive nere* angeboten (aus dem Fruchtfleisch schwarzer Oliven), die er sich auf frisch geröstetes Brot streichen kann. Darin liegt nicht nur eine angemessene Einstimmung des Gastes auf das Kommende, hier haben der in vielen Spitzenrestaurants servierte Begrüßungstrunk und der unter der Bezeichnung »*amuse gueule*« servierte – vom Gast längst als etwas zu Beanspruchendes angesehene – Begrüßungshappen eine Funktion bekommen. Aber dieser kleine Vorgang steht am Rande des einmaligen Erlebnisses einer Mahlzeit in der Frateria. Serviert wird ausschließlich ein *menu degustazione* mit neun Gängen, bei dem allerdings leichte Variationen möglich sind. Diese Konzentration auf ein Menu nimmt dem Gast zwar die Wahlmöglichkeit, aber vielleicht würde er à la carte gerade die Gerichte meiden, auf die es besonders ankommt. Wer bestellt schon etwas so Ungewohntes wie *sorbetto di basilico* (Basilikumsorbet). Aber gerade diese feine bitterliche Frische, fernab jeder Zuckrigkeit, ist ein kreativer Höhepunkt aus einfachsten und ausschließlich einheimischen Produkten. Oder der *budino di sedano e salsa di peroni* (Sellerieflan in Peperonisauce), ein Vorgericht, das dem Basilikumsorbet hinsichtlich Einfallsreichtum keineswegs nachsteht, wiederum aus einfachsten heimischen Produkten. Hervorragend auch die *gelatina di pollo* (Hühnchen in Aspik), die *gnocchetti al pomodoro*, genau wie das anschließende Pilzrisotto. Nicht weniger fein bereitet waren die beiden Fleischgerichte. Und zum Dessert *bônet*, eine ungewöhnliche feine Kombination, und *budino di panna cotta*, dazu *petit fours*, wie ich sie nie besser gegessen habe. Alle Gerichte werden mit großer Akkuratesse und phantasievollem Blumenschmuck auf dem Tablett serviert. Überhaupt ist dem Service hier ein ganz besonderes Lob zu sagen. Eine sehr gute Auswahl an Weinen rundet das Bild. Der Preis ist in Anbetracht des Gebotenen mehr als gerechtfertigt. Alles in allem: Nicht nur eine Mahlzeit, ein Fest und eine Küche, die demonstriert, daß die Beschränkung auf heimische Produkte und der Verzicht auf kostspielige Produkte wie Aragosta, Gänsestopfleber und Trüffel, und das Streben nach Einfachheit nichts mit Einfallslosigkeit zu tun haben müssen; eine Küche, die man durchaus mit »toskanisch« bezeichnen kann. Aber das ist eine Frage der Klassifikation, bzw. es hängt davon ab, wo oder auf Grund welcher Kriterien der einzelne den Rahmen setzt oder die Klasse eingrenzt, innerhalb welcher das Attribut »toskanisch« für eine Küche und ihre Ergebnisse angemessen erscheint. Es ist ein Maß, das man meist gedankenlos übernimmt, dabei kann jeder für sich darüber entscheiden.

Die Küche des *Ristorante Fattoria La Chiusa* in Montefollonico (60 km südlich von Siena) wurzelt in dem Gutshof von Umberto und Dania Lucherini, oder genauer gesagt in den Produkten ihrer *Fattoria La Chiusa*. Eine solche Verwurzelung in den Produkten reicht sehr viel tiefer als die Verwurzelung in die Tradition einer Küche. Denn die Produkte sind ursprünglicher als die Art ihrer Verwendung, die sich eingebürgert hat. Wer von den Produkten ausgeht, hat mehr Freiheit und Möglichkeiten als der, welcher von festen Konzepten der Verwendung oder Rezepten ausgeht.

Die enge Verbundenheit mit dem Gutshof wird schon beim Betreten des Restaurants spürbar. Mit einigen wenigen, geschickt und ungezwungen arrangierten, schönen alten Möbelstücken gelingt es, den Duft des Gutsherrenhauses zu beschwören, ohne auf die nostalgischen Tränendrüsen zu drücken. Dabei wirkt vielleicht weniger das, wodurch die Ambiance geschaffen ist, als die Zurückhaltung mit der diese Mittel eingesetzt werden. Was der Gast beim Betreten des Restaurants nicht erkennt, ist, daß es sich um einen umgebauten Getreidespeicher handelt, ebenfalls kann er nicht sehen, daß im Geschoß darunter die Ölmühle steht, mit der während der Erntezeit ein ganz besonders gutes *olio extra vergine di oliva* (Olivenöl erster Pressung) gepreßt wird. Und so liegt es nahe, hier die Mahlzeit mit einer *bruschetta* zu beginnen, diesem kleinen Gericht, bei dem es so sehr auf den Augenblick ankommt, sowohl bei der Bereitung als auch beim Verzehr. Aber die *bruschetta* ist nur ein erster Klang zum Einstimmen auf Dania Lucherinis vieltönende Küche, die weitgehend im Zeichen kreativer Verwendung eigener Produkte steht. Wie es Dania beispielsweise gelingt, einem durch lieblose Verwendung so abgenutzten und geschmacklich penetrant gewordenen Produkt wie Rote Bete völlig neue Geschmacksnoten abzugewinnen, ist hinreißend und gehört durchaus in die Nähe dessen was Marchesi etwa mit *fegato alla venetiana* gemacht hat. Einzigartig die geschmackliche Zartheit ihrer vielfältigen Nudelgerichte und Risotti, ganz besonders: *penne al pecorino* (Nudeln mit Schafskäse). Und das ist vielleicht die richtige Gelegenheit, den Gast zu äußerster Vorsicht beim Gebrauch von Parmesan zu raten. Man muß bei jedem Nudelgericht erst probieren, ob es durch Parmesan wirklich verbessert wird oder ob die Feinheit des Geschmacks durch den Käse nicht zerstört wird. Auch Danias Vorsuppen sollte man nicht mißachten, wohlgemerkt, die berühmte »Aufgewärmte«, die *ri-bollita*, steht nicht auf der Karte. Beim Hauptgericht sollte man sich nicht ans gegrillte Fleisch halten, auch wenn Umberto das gerne empfiehlt und die Gerichte vorziehen, bei denen Danias Kochkunst voll zum Ausdruck kommt, beispielsweise *agnellino al tegamaccio* (geschmortes Lämmchen) oder *caprettino all'arrabbiata* (Ziegenböckchen in Soße aus roten Pfefferschoten) oder *baccalà in guazetta* (Stockfischragout). Sie stehen zwar auf der Karte, aber sind in der Küche nicht vorbereitet. Dabei sei eingeräumt, daß Umberto Lucherini es versteht, ein durch lieblose Zubereitung und Darreichung so abgenutztes Gericht wie *bistecca* wieder voll zum Erblühen zu bringen, nicht allein durch die Auswahl hervorragenden Fleisches von Val-di-Chiana-Rindern, sondern vor allem durch die Art wie er es schneidet, die Scheiben mit feingeschnittenem Knoblauch belegt und mit seinem hervorragenden Olivenöl beträufelt. Einen guten Überblick über Danias Küche vermittelt das *menu degustazione*. Aber wie gesagt, von den angebotenen Hauptgerichten sollte man nicht das gegrillte Fleisch wählen. Die passenden Weine sind im Preis des Menus eingeschlossen, auch darüber hinaus bietet Umberto Lucherini eine sehr gute Auswahl an Weinen mit dem Schwerpunkt Toskana. Und – ganz und gar nicht zu vergessen – Danias Desserts sind wunderbar.

Mit den großen Leistungen ihrer Küche hat Dania Lucherini ihr kreatives Potential ohne Zweifel noch lange nicht ausgeschöpft. Sie braucht noch mehr etwas von dem, was Marchesi mit »den Kopf frei wie ein Vögelchen« angedeutet hat. Aber das heißt auch Mut-Haben, und die Ermutigung muß nicht zuletzt von den Gästen kommen. Die Preise sind angemessen. Diesem echten Liebhaber-Restaurant ist ein Geschäft angeschlossen, in dem man Produkte der Fattoria kaufen kann, Öl, Marmeladen, Honig, Wurst, Schinken, sowie auch die Hausweine.

Die *Locanda dell'Amorosa* gehört zu dem gleichnamigen schönen alten Gutskomplex in der Nähe von Sinalunga (etwa 45 Kilometer von Siena). Die Räumlichkeiten des sehr gepflegten Restaurants sind von rustikaler Eleganz. Giuseppe Vaccarini – er war lange Zeit Sommelier bei Marchesi in Milano – ist mit Eifer bemüht, es den Gästen an nichts fehlen zu lassen. All das erweckt eine Erwartung, die durch die Leistungen der Küche nicht recht befriedigt wird. Geboten wird eine traditionell toskanische Küche, sehr korrekt, durchaus auf einem gehobeneren Niveau und aus frischen Produkten, doch fehlt die Inspiriertheit. Die wenigen kreativeren Ansätze sind schon vor längerer Zeit gemacht worden (damals soll Gualtiero Marchesi als Berater fungiert haben) und sie sind ohne Entwicklung geblieben. Das ist schade. Empfehlenswert: *zuppa di farro* (Dinkelsuppe), *fracosta con'salsa vinsanto* (Rindfleisch in einer Weinsauce). Wer *manzo di Chiana a* »L'*Amorosa Chianti*« (Rindfleisch aus dem Chianatal in Weinsauce aus Amorosa-Chianti) bestellt erhält einen Teller *del Buon Ricordo* als Andenken. Zum Dessert *uova alla neve, crema di vaniglia* (Schnee-Eier, Vanillecreme). Der Chianti dell'Amorosa ist ein sehr empfehlenswerter Wein. Wer aus dem reichen Weinangebot des Hauses eine speziellere Wahl treffen möchte, findet in Guiseppe Vaccerini einen kundigen Berater. Die Preise entsprechen der Ambiance. Man kann Öl, Honig und Marmelade kaufen.

In einem geschickt umgebauten Bauernhof umgeben von einem großen Park in der Nähe von Chianciano Terme befindet sich das elegante *Ristorante La Casanova* (etwa 90 Kilometer von Siena). Die Küche benutzt die regionale Tradition als Ausgangsbasis für vielversprechende kreative Ansätze. Es werden zwei sehr interessante Menus angeboten. Beide sind empfehlenswert. Welches man wählt, hängt davon ab, worauf man gerade mehr Appetit hat, aufs deftig Traditionelle oder auf etwas Leichteres und Kreativeres. A la carte sind besonders zu empfehlen: *Collo d'anatra ripieno con salsa di peperoni* (gefüllter Entenhals in Peperonisauce), *ravioli all burro e salvia ortica* (Ravioli mit Brennessel- und Käsecreme gefüllt in Butter und Salbei), *piccione al vino bianco con ceci stufati ed uva* (Taube in Weißwein mit geschmorten Kichererbsen und Weinbeeren), *anatra alle olive* (Ente mit Oliven) und zum Dessert: *budino di riso con salsa di frutta* (Reispudding mit Sauce aus Früchten). Sehr gute Weinauswahl. Die Preise sind in Anbetracht des Gebotenen durchaus annehmbar. Im Untergeschoß befindet sich eine sehr gut sortierte Enoteca (Weinhandlung). Neben sehr guten Weinen der Region findet man eine beachtliche Auswahl hochkarätiger italienischer Weine zu annehmbaren Preisen, darunter auch Raritäten wie den Picolit der Abbazia di Rosazzo. Außerdem kann man Honig, Käse, Schinken, Marmelade und andere Produkte kaufen.

Nachdem wir immer noch südlich von Siena sind, ist es vielleicht angebracht, auch gleich noch zwei weitere Restaurant-Empfehlungen für den südlichen Teil der Provinz Siena zu geben und anschließend die weiteren Empfehlungen zonenweise zusammenzufassen.

Nicht anspruchsvoll, aber sehr reizend ist das *Ristorante La Cucina di Edgardo* in Montalcino. In einer modernen und sehr freundlichen rustikalen Ambiente erlebt man eine Küche, die von der lokalen Tradition ausgehend mitunter zu überraschenden Kreationen gelangt. Sehr gute Weinauswahl, vor allem die besten Brunello di Montalcino. Sehr annehmbare Preise.

Eine preiswerte, solide, regionale Küche findet man in der sehr freundlichen, ländlichen Atmosphäre des Restaurants *La Fattoria* am Lago di Chiusi (80 Kilometer von Siena). Besonders zu empfehlen: *Pici*, hausgemachte Spaghetti in verschiedenen Zubereitungsformen, sehr zarte Lammgerichte, *capretto alla brace* (Ziegenböckchen vom Holzkohlengrill), *capitone alla griglia* (gegrillter Aal).

In und um San Gimignano gibt es einige empfehlenswerte Restaurants: Am interessantesten davon ist das rustikale *Ristorante Fattoria Ponte a Rondolino*, etwas außerhalb der schönen alten Stadt im Ortsteil Monteoliveto direkt an der Straße von Poggibonsi nach San Gimignano. Die Besitzerin, Carmen Puthod war früher Primaballerina und hat sich nun mit der gleichen Leidenschaft, mit der sie früher tanzte, der Kochkunst verschrieben. Die Liebe und der Einfallsreichtum mit der sie Küche und Restaurant führt, lassen eine große Zukunft voraussehen, aber auch schon in der kurzen Zeit des bisherigen Bestehens sind die Ergebnisse beachtlich. Besonders empfehlenswert: *Terrina di tartufi e porcini* (Trüffelterrine mit Steinpilzen), *pâté di porri* (Lauchpastete), *medaglioni di semola al tartufo* (Griesklößchen mit Trüffel), *sella di porcellino al cartoccio* (Jungschweinrücken in der Folie), sehr interessante Wildgerichte. Sehr gute Weine eigener Produktion und gute Auswahl anderer italienischer Weine. Angemessene Preise.

Am Hauptplatz von San Gimignano das *Ristorante Le Terrazze*. Es gehört zum Hotel *La Cisterna*, ist aber weitaus mehr als ein Hotelrestaurant. Man sollte unbedingt sehen, daß man einen Tisch in dem schönen alten Saal aus dem 13. Jahrhundert bekommt, möglichst am Fenster mit dem Blick auf das Val d'Elsa. Dieses gepflegte klassische Restaurant ist der richtige Platz, die klassische toskanische Küche kennenzulernen. Besonders zu empfehlen: *Pappardelle con lepre* (Nudeln mit Hasenragout), *agnello arrosto alle erbe* (gebratenes Lamm mit feinen Kräutern), *osso bucco alla toscana* (Kalbshaxe auf toskanische Art). Dazu den Wein von den Hügeln der Gegend, den *Vernaccia di San Gimignano*.

Nicht allzuweit von San Gimignano (12 Kilometer) aber schon in der Provinz Florenz, im historischen Teil von Certaldo die *Osteria del Vicario* in einem uralten Gebäude mit einer schönen Terrasse. Ohne besondere Ansprüche zu erheben, hat die Küche dieses sympatischen Restaurants ihr eigenes Gesicht. Empfehlenswert beispielsweise *sedano al formaggio con olive nere* (Stangensellerie mit Käse und schwarzen Oliven), *Crema di zucca al ginger* (Kürbissuppe mit Ingwer), *pennette al sugo di carciofi* (Nudeln mit Artischockensauce) *cinghiale alla maremma* (Wildschwein nach Art der Maremma), und als Dessert *sorbetto di limone con vodka* (Zitronensorbet mit Wodka). Ordentliche Weinauswahl. Preiswerte offene Weine. Die Rechnung bleibt in vernünftigen Grenzen.

Wer in der Stadt Siena fragt, wo man gut essen könne, bekommt mitunter zu hören, daß er da schon nach Monterrigione fahren müsse. Tatsächlich ist das *Ristorante Il Pozzo* in seiner Art durchaus einmalig und ein echtes Liebhaber-Restaurant. Geboten wird in diesem rustikalen, keineswegs uneleganten und stets gut besuchten Restaurant eine sehr schmackhafte und recht deftige senesische Küche. Als Antipasti sollte man wählen *crostini alla campagna*. Als Primo die herzhaft mundenden *panzerotti al Pozzo* (große gefüllte Nudeln) oder die bodenständige *zuppa di fagioli* (Bohnensuppe). Als Hauptgericht *piccione ripieno*, die wundervoll gefüllte Taube oder eines der Wildgerichte und zum Dessert *zucotto*, hier besonders sorgfältig bereitet. Der Hauswein ist durchaus trinkbar. Die Preise sind nicht unmäßig.

Die Stadt Siena gilt unter Eingeweihten als kulinarisches Notstandsgebiet. »Die Seneser können nicht kochen«, ist eine verbreitete Meinung. Aber das kann sich ändern. Noch vor fünf Jahren konnte man über den südlichen Teil der Provinz Siena ähnliche Urteile hören, heute gibt es dort eine ganze Reihe Liebhaber-Restaurants und zwei davon gehören sogar zur italienischen Spitzenklasse. Für einen Ansatz zur Änderung der kulinarischen Lage in der Stadt Siena sorgt Ettore Silvestri in seiner *Antica Trattoria Bottega Nuova*. Das Restaurant liegt am Rande der Stadt. Zum Unterschied von den Restaurants in der Stadt kann man bis vor die Tür fahren und findet auch Parkplatz. Die Küche dieses freundlichen und gepflegten kleinen Restaurants geht über das in Siena übliche Angebot hinaus. Besonders zu empfehlen sind die *gnocchi al gorgonzola* (Klößchen in Gorgonzola), *spaghetti al limone* (Spaghetti in Zitronensauce), und als Hauptgericht *gamberoni al cognac* oder sonst eines der guten Fischgerichte und zum Dessert *focaccio della nonna* (Hefefladen nach Art der Oma). Ein gutes Angebot an Weinen. Bei der Auswahl wird man von Ettore Silvestri kundig beraten. Die Rechnung hält sich in vernünftigen Grenzen. Zum Restaurant gehört eine Weinhandlung mit einem interessanten Angebot meist toskanischer Weine.

Wer lieber im Stadtzentrum von Siena essen will, der kann auch das zu einem Liebhaber-Erlebnis gestalten, wenn er seine kulinarischen Erwartungen nicht zu hoch schraubt und im Rahmen dessen bleibt, was die herkömmliche toskanische Küche bietet, ohne nun mehr als eine ordentliche Zubereitung frischer Produkte zu erwarten. In der typischen Ambiente senesischer Restaurants mit ihren altertümlichen gemauerten Gewölben und oftmals auch alten Fahnen, kann das durchaus Spaß machen.

Dieser allerdings »die Details vermindernder« Beschreibung entspricht in etwa das *Ristorante Da Guido*. Es liegt etwas abseits von der überlaufenen Piazza del Campo, deren Restaurants weniger empfehlenswert sind. Bei Guido wird man gut und freundlich bedient. Aus dem Rahmen des üblichen fällt vielleicht das schmackhafte *paillard alla Guido*, ein Filet mit geschmolzenem Käse und Pilzen.

Im gegebenen Rahmen empfehlenswert ist auch das *Ristorante Tullio ai tre Christi*.

Das *Ristorante Al Marsili* überschreitet den oben umrissenen Rahmen ein wenig, einmal wegen seiner besonders eleganten Räume in einem alten Palazzo, zum anderen dadurch, daß die Küche mehr senesisch orientiert ist als toskanisch und daher etwas mehr Abwechslung bietet, etwa *riso ai petti di quaglie* (Reis mit Wachtelbrüstchen), *faraona alla vecchia maniera* (Perlhuhn auf alte Art). Zum Dessert sollte man in einem solchen Restaurant mal das berühmte *panforte di Siena* probieren. Jedes dieser Restaurants bietet eine ordentliche Auswahl toskanischer Weine. Preislich liegen alle drei etwa gleich, ohne ausgesprochen billig zu sein.

Neue Ansätze verspricht das *Ristorante L'Angolo*, das sich in den renovierten und modernisierten Räumen des früheren *Ristorante Serafino* befindet. Aber es ist zu früh, etwas darüber zu sagen, ob es dem neuen Besitzer gelingt, seine Absichten zu verwirklichen. Der eine oder andere Liebhaber-Tourist wird vielleicht Lust haben, dieses Haus auf eigene Faust zu testen.

Knapp zehn Kilometer südlich von Siena findet man im Dörfchen San Rocco a Pilli etwas, was man in den senesischen Hügeln nicht erwartet: Ein ausgesprochenes Fischrestaurant, das *Castello*. Es ist keine kulinarische Offenbarung, kann aber eine durchaus erfreuliche Abwechslung bieten, besonders wenn man längere Zeit in der Gegend ist. Sehr gute Vorspeisen, Nudelgerichte und Risotti auf der Basis von Fisch, korrekt zubereitete, vornehmlich gegrillte Fische als Hauptgericht. Eine kleine aber ordentliche Weinauswahl. Die Preise sind recht günstig.

In der kleinen Ortschaft Vagliagi (etwa 14 Kilometer nördlich von Siena) kann man in der freundlichen *Taverna del Chianti* eine sehr anständige toskanische Mahlzeit bekommen, beispielsweise *bruschetta, penne all'arrabbiata* (Nudeln mit scharfer Soße), *agnello allo scottadito* (Lamm), *cantuccini* (Kleingebäck), einen guten Chianti aus der ansprechenden kleinen Auswahl des Hauses. So eine gemütliche und ungezwungene Mahlzeit in ländlicher Atmosphäre kann durchaus ein Liebhaber-Erlebnis sein, und obendrein sehr preisgünstig.

Bleibt die Gegend nördlich von Siena. Im stilvollen, einfachen Refektorium des schönen alten Klösterchens *Castello di Spaltenna* befindet sich das gleichnamige Restaurant, von der jungen Engländerin Ann Crisp, die früher einmal bei Marchesi in Mailand gearbeitet hat, mit Sorgfalt geleitet. Ich habe an diesen stets schön gedeckten Tischen schon sehr gut gegessen, etwa eine *ribollita*, die eben nicht aufgewärmt war, die Gemüse waren noch nicht verkocht und hatten ihren Eigengeschmack. Und so sollte eine Ribollita meiner Ansicht nach heute sein, auch wenn es der Bezeichnung widerspricht. Daß die klassische Ribollita in früheren Zeiten immer wieder aufgewärmt wurde, hat doch wohl eher mit den ärmlichen und primitiven Verhältnissen der bäuerlichen Bevölkerung zu tun. Das heute zu kultivieren heißt, auf eine recht merkwürdige Weise eine Not zur Tugend zu machen. Nach dieser guten Suppe vielleicht *quaglie arrosto all'aglio, salvia e rosmarino* (Wachteln gebraten mit Knoblauch, Salbei und Rosmarin) oder besser noch die ausgezeichnete *piccione in salsa d'olive* (Taube in Sauce aus Oliven) und zum Dessert *uova di neve* (Schnee-Eier). Und ich habe dann auch erlebt, daß das Täubchen ohne Sauce und etwas armselig auf den Tisch kam und für die *uova di neve*, die ja nicht schwer zu bereiten sind, angeblich die Eier fehlten. Inzwischen hat sich alles vielleicht zum Guten stabilisiert. Ich kann dem Liebhaber-Reisenden nur empfehlen hinzugehen und es selbst herauszufinden, die schöne Ambiente lohnt es. Die Auswahl an Weinen ist mit Verstand getroffen. Die Preise sind nicht unangemessen.

Einige Kilometer abseits von Gaiole, neben einer ehemaligen Abtei, befindet sich das *Ristorante Badia a Coltibuono*. In diesem gemütlichen Forsthaus wird eine deftige regionale Küche serviert. Man sollte die *Spaghetti con salsiccia* (Spaghetti mit Wurst) probieren oder die *tortelli della zia Carla* (gefüllte Nudeln nach Art von Tante Carla), *piccione ripieno* (gefüllte Taube) oder eines der Wildgerichte. Dazu einen der guten Weine der Fattoria Badia a Coltibuono. Und das alles zu durchaus vernünftigen Preisen. Das Restaurant gehört ja genau wie die Abtei zu dem Weingut. Und es liegt natürlich nahe, die Mahlzeit mit einem Besuch auf dem Gut und mit dem Einkauf von Wein zu verbinden. Sehr empfehlenswert sind das *olio extra vergine di oliva* (Olivenöl erster Pressung) des Gutshofs und der Kastanienblütenhonig mit seinem leicht bitteren Nachgeschmack, sowie das selbstgefertigte Konfekt.

Ein durchaus reizvolles Erlebnis kann auch eine Mahlzeit auf einer Terrasse mit dem Blick auf den Marktplatz eines typischen Städtchens des Chianti sein. Diese Gelegenheit bietet sich in Greve (Provinz Florenz) im Restaurant *Albergo Locanda Giovanni da Varrazzano*. In dem einfachen Restaurant werden ordentlich bereitete Gerichte der herkömmlichen toskanischen Küche serviert, dazu eine große Auswahl an guten Weinen aus dem Chianti Classico. Die Rechnung bleibt erträglich.

Abschließend möchte ich darauf hinweisen, daß von den Restaurants in Stadt und Provinz Siena die meisten ihren wöchentlichen Ruhetag am Montag haben. Es ist also wichtig, daß man dementsprechend vorausplant.

5. Kapitel

Pisa

Vielleicht kann man etwas überspitzt sagen, daß am Ziel der Reise nicht mehr Leben und nicht mehr Welt zu finden ist, wohl aber Verständnis und Klarheit im Hinblick auf die Ideen, nach denen die Welt konstruiert ist.

(Werner Heisenberg, *Gedanken zur Reise der Kunst ins Innere*)

Natürlich gibt es von Siena her viele Wege, die in die Gegend von Pisa führen. Der schnellste, aber nicht der kürzeste Weg geht über den Raccordo, dann bei Firenze–Certosa auf die *strada del sole* bis zur Abzweigung der A 11, der Autobahn Firenze–Mare. Auf einer Liebhaberreise geht es aber nicht um schnelles Ankommen und kurze Fahrzeiten. Und wenn man von der Freude am schnellen Fahren absieht, kann man sicherlich auf jeder anderen Route mehr erleben als auf der Autobahn. Der kürzeste Weg führt über Poggibonsi, Certaldo, Ponte d'Elsa. Da kann man sich dann entscheiden – je nachdem welches Hotel man gewählt hat –, entweder über Pontedera nach Pisa zu fahren, oder über Altopascio in die Gegend von Lucca. Man kann auch über Volterra nach Pontedera fahren und wer Vasen oder Souvenirs aus feinstem Alabaster kaufen will, der sollte in Volterra haltmachen. Die Stadt ist berühmt für Alabasterprodukte. Besonders bemerkenswert an Volterra: In dieser Stadt kann man auf engem Raum zusammengedrängt Zeugen zeitlich aufeinander folgender Lebensweisen – Etrusker, Römer, Mittelalter, Renaissance – gleichzeitig sehen. Dieses Nebeneinander – und damit die Unterschiede – richtig in den Blick zu bekommen, ist allerdings schwierig, da man stets dazu neigt, die einzelnen Zeugen der Vergangenheit abgegrenzt und in feststehende Vorstellungen eingeordnet zu betrachten.

Auffallend sind bei Volterra die Balzen, so werden die als Folge von Bodenerosion hier auftretenden grandiosen Erdabbrüche bezeichnet. Etwas außerhalb der Stadt, nahe bei einem derartigen Abbruch, steht die 1628 begonnene Kirche S. Giusto als Ersatz für eine bei Erdabbrüchen vernichtete Kirche. Wenn man in einigem Abstand vor diesem streng symmetrischen Gebäude steht, kann man sich da des Eindrucks der völligen Abstrusität dieser beziehungslos in die Landschaft gesetzten Ordnung erwehren?

Die Kirche S. Giusto bei Volterra.
Ordnung beziehungslos in die Landschaft gesetzt.

Wer mehr Zeit zur Verfügung hat, sollte eine der weiterausholenden Routen wählen, schon des Kontrastes wegen. Selbst wenn es nur der Weg über Colle und auf der S.S. 68 in Richtung Cecina auf die S.S. 1 (Aurelia) ist. Man gewinnt einen ganz anderen Eindruck, es ist eine ganz andere Toskana und man spürt erst richtig, wie besonders die Toskana des Herzens ist, daß sie nichts zu tun hat mit der Zufälligkeit politischer und verwaltungsmäßiger Grenzen. Vielfältiger wird der Eindruck, wenn man noch weiter ausholt und die Maremma einbezieht und damit eine Zäsur legt zwischen das Erlebnis der Toskana des Herzens und der veränderten Perspektive von Pisa und Lucca aus. Ich will keine Route vorzeichnen, jeder muß eben so weit ausholen, wie es ihm gefällt oder wie es seine Zeit erlaubt. In diesen Umweg lassen sich die Ausflugsziele – vor allem Monte Oliveto – und guten Restaurants des südlichen Teils der Provinz Siena miteinbeziehen.

Vom Kloster Monte Oliveto ist es nicht weit nach Montalcino, einem gemütlichen uralten Städtchen auf einem Berg. Es wirkt merkwürdig naiv mit seinem allzu trutzigen Kastell und dem Palazzo del Priori, der wie eine Karikatur der in der Toskana üblichen alten Rathäuser aussieht. Berühmt ist der Wein aus der Gegend, der Brunello di Montalcino. In der Fortezza befindet sich eine Enoteca, wo man ihn probieren und auch kaufen kann. Gute Jahrgänge haben aber selbst vor Ort einen stolzen Preis.

Etwa 10 Kilometer südlich von Montalcino – bei Castelnuovo dell'Abate – liegt das im 9. Jahrhundert gegründete Kloster S. Antimo. Die aus dem 12. Jahrhundert stammende Kirche der Abtei ist wegen der schlichten Gestaltung ihres Innenraums sehenswert.

Etwa 25 Kilometer östlich von Montalcino liegt die »ideale Stadt« der Renaissance: Pienza. Die ideale Stadt wurde in der Renaissance vielfach diskutiert und mitunter auch entworfen. Die Verwirklichung solcher Pläne scheiterte stets an den bereits existierenden Städten, die man nicht abreißen konnte. Die einzige Ausnahme ist Pienza, das auf Anregung des Papstes Pius II. an der Stelle erbaut wurde, an der man zuvor das Dorf Corsignano abgerissen hat. Die Piazza, um die sich die Bauten dieser »idealen Stadt« erheben, mißt lediglich 20 mal 30 Meter. Ist diese geringe Dimension der Grund, daß viele Besucher – und zwar gerade jene, die die Vorgeschichte kennen – voller Erwartung in Pienza ankommen und dann ent-

Piero della Francesca (?): Die ideale Stadt, Urbino, Palazzo Ducale.

Die ideale Stadt ist menschenfrei: Unbewohnt oder ausgestorben. Wie könnte die Idee sonst »rein« bleiben, frei von Zufälligkeit? Nur so kann sich niemand gegen sie vergehen. Duldbar wären vielleicht noch voll programmierte Puppen. Aber: Wer programmiert? Und wer duldet? Ohne Menschen läuft nichts. Da endet auch die Zeit, genau wie alle Ideen. Es gibt nichts mehr, um das herum Umwelt ist, auf die es unausweichlich einwirken muß.

täuscht sind. Oder liegt das an der oft so gerühmten Einheitlichkeit und Stilreinheit der Anlagen? Zeigt sich nicht vielleicht, daß die weitgehende Ausschaltung des Zufälligen und der Gegensätze gleichbedeutend ist mit der Ausschaltung des Lebendigen? Kann die »ideale Stadt« da besser sein als beispielsweise »der ideale Mensch«, als einer der völlig durchgeplant und damit berechenbar ist, stets so handelt wie es den idealen Regeln entspricht?

Rund dreizehn Kilometer Fahrt durch hinreißende Landschaft führt von Pienza nach Montepulciano. Berühmt ist das Renaissancestädtchen wegen seiner schönen Lage auf einer Tuffsteinkuppe und wegen des *Vino Nobile de Montepulciano*, seines Rotweins. Die Bezeichnung »Nobile« soll damit in Zusammenhang stehen, daß die Kelterung von Wein in Montepulciano lange Zeit den adligen Familien vorbehalten war. Darin liegt ein Zeichen für die große Resistenz gegen Veränderung und Innovation, die in dieser Gegend dominiert.

Weitläufig ist die schöne Piazza Grande von Montepulciano mit dem beeindruckenden Dom und dem schönen Palazzo Communale, wie man in Montepulciano das nennt, was in Florenz mit »Palazzo Vecchio« bezeichnet wird, baulich dem Vorbild in Florenz stark nach empfunden, allerdings mit in die Mitte gerücktem Turm und Eingang, wohl der guten Symmetrie und Ordnung halber. Eine Korrektur, die dem bewahrenden Geist dieses Städtchens zu entsprechen scheint. Und dann der wunderschöne Brunnen! Man kann das alles Stück für Stück bewundern, und obendrein noch in Teile zerlegen, die man dann ebenfalls wieder Stück für Stück bewundert, zu denen man Daten studiert und darüber die größeren Zusammenhänge unbeachtet läßt, in denen das Ganze steht. Manch einer wird aber auch sagen: »Noch eine Piazza und noch ein Brunnen, noch ein Stadtpalast und noch ein Dom und noch mehr Palazzi.« Und damit gewiß manchem besonderen Detail Unrecht tun. Es hängt ganz davon ab, in welchem Kontext man es sieht. Wer Montepulciano als erste Stadt in der Toskana besucht und vielleicht gar als einzige – wird es anders beschreiben als einer, der bereits ein Dutzend anderer Städte der Toskana zuvor besucht hat. Nach den komplexen Eindrücken und Überblicken, die man in Florenz, Siena und S. Gimignano gewonnen haben mag, wirken die anderen Städte der Toskana ohnehin eng und wenig erhellend. Und es fragt sich, wovon der, welcher sich verpflichtet fühlt, jedem Werk an jedem Ort die gleiche Reverenz zu erweisen, eigentlich wirklich bewegt wird und ob er mit offenen Sinnen reist oder beispielsweise nur Bestätigungen sucht für das, was er bereits weiß. Am besten ist es wohl, durch diese Orte einfach zu schlendern, ohne Ziel und zu sehen, ob einen etwas anspricht und ob man etwas findet. »Wenn man nicht weiß, wo man hin will, so kommt man am weitesten«, läßt Shakespeare den Narren in »Was ihr wollt« singen. Und heißt er nicht vielleicht nur darum »Narr« weil er Dinge sagt, die zu sagen unerwünscht ist? Hier scheint ein Gegensatz zu Leonardos Forderung zum Ausdruck zu kommen, daß man die Details der Dinge nicht vermindern dürfe. Aber wer sich völlig auf einzelne Gegenstände oder sogar nur Details von ihnen begrenzt, sie zur Sache macht, der unterdrückt noch viel mehr, nämlich alle anderen Details, sowie auch die Zusammenhänge.

Sicher: Man kann nicht sagen, daß die eine Betrachtungsweise richtig und die andere falsch ist. Sie sind lediglich verschieden, jede ist anders. Und jede mag in bestimmten Augenblicken ihre Vorteile haben. Nur: Das was man auf die eine Weise sieht, ist eben nicht wahrer als das, was man auf eine andere Weise sieht. Man muß jedes Ergebnis im Zusammenhang mit den Bedingungen seines Zustandekommens beschreiben. Dann kann man zwar nicht sagen »das-und-das ist so-und-so«, aber man gerät auch nicht in eine Falle. Worauf es ankommt ist vielleicht die Fähigkeit, jederzeit auf verschiedene Weisen sehen zu können und die eine Sicht durch andere zu ergänzen. Fällt es jemandem schwer – egal was immer seine Antriebe dabei sein mögen – irgend etwas auszulassen, so wird er vielleicht von Montepulciano auch noch die schöne Fahrt nach Cortona machen. Auch Cortona ist eine schön gelegene Stadt mit eigenem Touch. Außer einem besonders berühmten Brunnen fehlt wieder nichts in der üblichen Reihe der Sehenswürdigkeiten, der Palazzo Communale hier mit einer machtvollen Treppe. Dabei sei angemerkt, daß die Kirchen und Rathäuser oft nicht gerade Ausdruck des Kunst- und Gestaltungswillens der Bürger oder der von den Bürgern letztlich bestimmten und abhängigen Architekten waren, sondern daß man danach strebte, das was im bedeutenden Florenz berühmt geworden war, nachzuahmen. Den Großen wollte man es gleichtun und die Kleineren übertrumpfen. Diese Bauten waren oft also Ausdruck von kommunalem Prestigestreben, man kann sie auch als Statussymbole bezeichnen. Wen es nicht nach Cortona treibt, der kann von Montepulciano über Chianciano Terme nach Chiusi fahren. In Chiusi sollte man den Dom besuchen, nicht wegen irgendwelcher uralter Heiligtümer, sondern wegen der raffinierten optischen Täuschungen, die ein Seneser Maler im 19. Jahrhundert geschaffen hat, den vorgetäuschten Mosaiken an den Wänden. Im übrigen ist das einstige Etrusker-Zentrum Chiusi vor allem für Etrusker-Liebhaber interessant. Das in einem klassizistischen Tempelbau untergebrachte *Museo Nazionale Etrusco* gibt allerhand interessante Einblicke in das Leben dieses immer noch recht rätselhaften Volkes. Wer die bei Chiusi gelegenen Etrusker-Gräber besuchen will, muß im Museum um einen Führer bitten, der ihm die Gräber aufschließt. Besonderes interessant ist die *Tomba della Cimmia* (Das Grab des Affen). Den Besuch in Chiusi kann man sehr gut mit einer Mahlzeit in der großartigen *Frateria di Padre Eligio* verbinden. Es ist aber auch nicht weit zum einzigartigen *Ristorante Il Vissani* am Lago di Corbara. In beiden Restaurants muß man unbedingt rechtzeitig vorbestellen.

Und wo beginnt nun die Maremma? Das ist schwer zu sagen, es gibt keine eindeutige Grenze. Die Bezeichnung »Maremma« kommt von »Marittima«, einer wohl aus dem Adjektiv »marittimo« (gleichbedeutend mit »meeres…« meist in zusammengesetzten Worten) entstandenen Bezeichnung, die ursprünglich für das Küstengebiet südlich von Cecina bis in die Gegend von Tarquinia benutzt wurde, heute aber auch für das weit dahinter liegende Hügelland bis hinein in die Provinz Siena, häufig dann als »alta Maremma« bezeichnet. Das rührt aber vielleicht auch daher, daß die Menschen aus dem Küstenstrich vor der Malaria (von »mala aria« gleichbedeutend mit »schlechte Luft«), dem tückischen Sumpffieber, das in der *Maremma amara*, der »bitteren Maremma« an der Küste, spätestens seit dem Mittelalter herrschte, in die Hügel geflohen sind und sich dort weiterhin als Bewohner der Maremma bezeichnet haben. Im Volkslied heißt es

›Alle nennen sie die bittere Maremma,
der Vogel, der dort hinfliegt,
verliert sein Gefieder…‹

Selbst weit über dem versumpften Küstengebiet sind die Menschen noch der Malaria zum Opfer gefallen. Massa Marittima, 380 Meter über dem Meeresspiegel und etwa 20 Kilometer von der Küste entfernt, soll im Mittelalter etwa 10 000 Einwohner gehabt haben. Im 16. Jahrhundert sollen es als Folge der Malaria nur noch etwa 500 gewesen sein. Das hat wohl entscheidend dazu beigetragen, daß Massa Marittima (heute hat es wieder um die zehntausend Bewohner) seine mittelalterliche Form unzerstört beibehalten hat. In der fast menschenverlassenen Stadt bestand kein Anlaß, etwas zu verändern. Das zeigt, daß die Veränderungen durch die Menschen, durch ihre Lebendigkeit bewirkt werden. Ausgestorbene Städte bleiben weitgehend unverändert.

Erst im 19. Jahrhundert beginnt man, sich im größeren Umfang um Trockenlegung der Sümpfe zu bemühen. Der entscheidende Durchbruch ist aber erst nach Abschluß des Zweiten Weltkrieges gekommen. Dank des Fortschritts der amerikanischen Chemie gelang es, vermittels von DDT die Malariamücken und damit die Malaria auszurotten.

Heute verliert der Vogel, der in die Maremma fliegt, sein Gefieder nicht mehr. Heute ist dieser Küstenstrich ein sehr fruchtbares Land. Aber egal auf welchem Wege man in dieses Gebiet kommt, man merkt sehr bald, daß es eine andere Toskana ist. Mit der Toskana des Herzens und der aus ihr hervorgegangenen Renaissance hat es nichts zu tun. Allerdings: mancher Nicht-Italiener, der als Tourist nur oder vornehmlich in die Küstengegend gekommen ist, verbindet mit der Bezeichnung »Toskana« sicherlich ganz andere Vorstellungen, als jene die damit die Vorstellung »Florenz« und »Renaissance« verbinden. Aber ich will jetzt hier nicht »meine Toskana – deine Toskana« spielen. »Toskana« ist nichts als ein Wort, was einzelne Menschen damit bezeichnen, mag verschieden sein. Aber was tut das? Immerhin: Ohne die große Renaissance und die mit ihr einsetzende Befreiung des menschlichen Denkens wären vielleicht nie die Mittel geschaffen worden, dank welcher es gelungen ist, die Malaria in der Maremma zu besiegen.

Die Maremma der Küste ist nicht nur fruchtbar, sie ist auch ein schönes Land. Dem Liebhaber der Toskana des Herzens und der Renaissance bietet sie die Ruhe, in der er die Fülle der Eindrücke, die er im Land seiner Liebe gewonnen hat, zusammenwachsen lassen kann. Dazu bieten ihm die Strände Gelegenheit, die oftmals schöner sind, als die Strände der Riviera. Und vor allem ist es in der Maremma ruhiger und erholsamer. Und es müssen ja nicht die großen kostspieligen Hotels sein, wie das *Il Pellicano* in der Nähe von Porto Ercole. Es ist ein zauberhaftes Hotel, sehr ruhig, mit eigenem Strand und geheiztem Swimmingpool mitten im Grünen, aber es ist eben auch vom sicherlich gerechtfertigten Preis her ein ganz besonderes Hotel. Und vielleicht ist es der Augenblick ein Hotel zu wählen, wo man völlig ungezwungen sein kann, ohne Verpflichtung zu irgend etwas, ohne Repräsentation. Da ist man dann im Hotel *Capo d'Uomo* in Talamone gut aufgehoben, ein Haus am äußersten Ende einer Landzunge, sehr ruhig mit direktem Zugang zum Meer und zu durchaus erträglichen Preisen. Ein Platz, wo man völlig ungezwungen sein kann und in seiner Art durchaus ein Liebhaber-Hotel.

Und Entspannen muß ja nicht Selbstzweck sein. Es muß nicht zu Erschlaffung und Verdöstheit führen. Es kann Voraussetzung dafür sein, daß man Vorstellungen und Bilder abbaut und dann mehr und mehr in Frage zu stellen vermag, wo zuvor nur gesicherte Gegebenheiten zu bestehen schienen. Und vielleicht beginnt man zu spüren, daß viele dieser »Gegebenheiten« nur dadurch »entstanden« sind, daß man sie akzeptiert und auf Fragen verzichtet hatte, daß man in sich Grenzen aufgebaut hatte. Und dann beginnt man vielleicht sogar einen Bezug zwischen dem Strand und Florenz zu sehen, sieht die Renaissance nicht mehr als etwas Abgegrenztes, sieht Meer und Strand nicht mehr als etwas ganz anderes, was überhaupt nichts mit der Renaissance zu tun hat. Vielleicht sieht man Florenz und Talamone in einem Zeit-Raum liegen und beginnt Fragen zu stellen wie »Was war hier am Strand, als in Florenz Brunelleschi die Kuppel von Santa Maria del Fiore erbaute und als Uccello anfing, in die Mathematik des Sehens einzudringen?«. Am

Strand hat man die Zeit für solche Fragen, die Zeit, die einem das Leben nicht läßt. Wenigstens kann man diese Zeit haben, wenn man sie nicht fürchtet und lieber ins Dösen verfällt oder sich mit der Lektüre einer Zeitung beschäftigt, also davon abhält, etwas tiefer in Zusammenhänge einzudringen, oder mit seinem Partner mal wieder die alten Themen anschlägt, vielleicht vom Typ »wie kann Tante Hanne nur...« und »wenn deine Mutter endlich wieder zur Vernunft kommen würde...«. Ist Uccello jemals ins Meer hinausgeschwommen? Hat Leonardo jemals am Strand im Sand gelegen und einen der großen schwarzen Käfer beobachtet? Ihm vielleicht auf die Beine geholfen? Und Michelangelo, der so sehr an der Darstellung des menschlichen Körpers interessiert war, hat er jemals gespürt, wie herrlich es ist, völlig nackt im Meer zu schwimmen? Und wenn einem klar wird, wie »unmöglich« solche Fragen sind und daß der Strand im fünfzehnten Jahrhundert unberührt und von Menschen eher gemieden war, dann beginnt man vielleicht zu ahnen, daß die Männer der Renaissance erste Schritte aus einem großen Dunkel heraus in Richtung auf eine Befreiung getan haben, die es uns heute erlaubt, Möglichkeiten wahrzunehmen, die damals nicht einmal denkbar gewesen sind.

Der heutige Besucher von Florenz erlebt eine »bereinigte« Renaissance. Eine Renaissance ohne den Gestank ungewaschener Menschen, die kaum Möglichkeiten besaßen, sich gegen übelriechendes Faulen ihrer Zähne zu wehren. Der Tourist erlebt eine idealisierte, von ihren Zeiterscheinungen befreite Renaissance, die erst die Ansätze dafür hervorbrachte, die Pest zu besiegen und die Malaria, genau wie Fragen zu stellen, in Frage zu stellen und sich von den Fesseln eines Ichs zu befreien, das durch die soziale Umwelt aufgezwungen war.

Wer es lieber doch etwas repräsentativer hat, ohne gleich Spitzenpreise zu zahlen, dem kann ich das Hotel *Corte dei Butteri* empfehlen. Zufahrt direkt von der S.S. 1 (Aurelia), aber dennoch abseits der Straße, in einem großen Park mit einem romantischen Binnensee. Das helle moderne Hotel hat einen wundervollen eigenen Sandstrand und außerdem einen großen Swimmingpool. Die Zimmer sind geräumig, ansprechend modern ausgestattet und haben allen Komfort. Die Preise sind in Anbetracht des Gebotenen durchaus akzeptabel. Das Haus wurde vor einiger Zeit von der schweizerischen Reiseorganisation Hotelplan erworben. Es bleibt abzuwarten, ob das mit der Zeit zu Veränderungen führt.

Talamone liegt direkt am *Parco Naturale della Maremma*, einem großen geschlossenen Naturschutzgebiet, das nur von Talamone oder dem am anderen Ende liegenden Albarese aus betreten werden kann, das aber ausschließlich in geführten Gruppen und unter Beachtung strenger disziplinarischer Regeln (Besichtigungszeiten im Anhang). Hier soll der Mensch als das eigentlich störende Element, als eigentlicher Schädling von der Natur ausgeschlossen werden. Wer denkt da nicht an Massa Marittima, wo die Abwanderung und damit Ausschaltung der Menschen zur besonders guten Erhaltung des mittelalterlichen Stadtbildes führte. Bewahrt werden soll eine Natur jenseits aller Urbarmachung und Kultivierung. Aber liegt nicht gerade in dieser Form der Bewahrung ein Eingriff? Man glaubt, den Plan entdeckt zu haben und hat doch nur einen vergangenen Zustand entdeckt, bzw. die eigene Vorstellung davon. Und warum soll es gerade dieser Zustand sein? Gefährlich wird es, wenn viele dasselbe entdeckt zu haben vermeinen und sich gegenseitig darin bestätigen bis vergessen ist, was sie ursprünglich getan haben, um es hervorzubringen und es nun als Gegebenheit sehen, als reale Erscheinung.

Recht betroffen hat mich neulich die Bemerkung eines Mannes in Albarese gemacht: »Was heißt Tierarten vor dem Aussterben bewahren? Wenn nicht stets Arten ausgestorben wären, dann wäre die Erde heute noch voller Saurier.« Er fuhr dann fort, daß die Natur und das Naturgeschehen eben keineswegs so gütig seien, wie es mitunter hingestellt wird. Haben wir es nicht in diesem Winter 1985 in der Toskana erleben müssen, als der Frost ohne jedes menschliche Zutun hunderttausende von Olivenbäumen vernichtet hat? Und waren die Malariamücken ein Zeichen für das liebevolle Walten der Mutter Natur? Muß man jetzt in der Maremma vielleicht Buße tun, weil man sie ausgerottet hat und deshalb beträchtliche Teile des Landes den Menschen entziehen? Der Park ist ohne Zweifel sehenswert. Davon darf man sich immerhin auch dann überzeugen, wenn man sich nicht zu einer geführten Wanderung organisieren lassen will. Bei Spergolaia in der Nähe von Albarese darf man ein Stück durch den Park fahren. Beiderseits der Straße werden schöne weiße Rinder und Pferde in abgezäunten Gehegen gehalten. Man kann anhalten und die Tiere beobachten. Das ist durchaus eindrucksvoll. Bei Marina di Albarese ist ein großer Parkplatz. Von dort aus kann man dann den naturbelassenen aber oft allzusehr bevölkerten Strand aufsuchen. Aber man hat den Menschen hier nicht viel Strand gelassen. Etwa 15 Kilometer sind durch den Naturschutzpark unzugänglich gemacht worden.

Schöne und weniger bevölkerte Strände findet man etwa sechzig Kilometer weiter nördlich zwischen Populonia und San Vincenzo. Um dorthin zu gelangen, muß man von Albarese erst mal zurück auf die S.S. 1, der man bis Grosseto folgt, dann muß man sich entscheiden: Entweder auf der S.S. 1 weiterzufahren, die bis in die Nähe von Follonica durch das Innere des Hügellandes führt, oder die S.S. 322 zu wählen, die größtenteils in Meeresnähe verläuft. Beide Strecken sind etwa gleich lang. Die S.S. 322 ist landschaftlich schöner, die S.S. 1 ist besser ausgebaut, dafür aber auch stärker befahren.

Grosseto zu besuchen, kann man sich sparen, die Stadt ist freundlich, ihre Anfänge reichen weit zurück. Die Stadtmauer ist aus dem 16. Jahrhundert, das Innere des Doms ist weitaus älter. Aber zum Sehenswerten oder gar Aufschlußreichen haben die Bewohner diese Ansätze nicht entwickeln können. Eine mitten im Malariagebiet liegende Stadt war nicht der Ort dafür. 1861 bei der ersten Volkszählung wurden knapp viertausend Einwohner in Grosseto gezählt, heute sind es über sechzigtausend. Das was sich als Charakter der Stadt zeigt, ist zu einem guten Teil von der Bedrohtheit durch die Malaria bestimmt. Aber die durch sie unausgenutzt gebliebenen Möglichkeiten werden nicht sichtbar. Sie werden durch das Vorhandene verdeckt. Und so könnte man mit einiger Überspitzung sagen: In Grosseto sieht der Tourist vor allem die unsichtbaren »Spuren« einer leidvollen Vergangenheit.

Wer sich für deutlich sichtbare Spuren von Etruskern und Römern interessiert, sollte den Abstecher nach Roselle machen (etwa 6 Kilometer von Grosseto entfernt). In Roselle sind die Ausgrabungen ohne zeitliche Einschränkung und ohne Führer zugänglich. Und so ist das vielleicht der Ort, um sich Zeit zu lassen, und, statt einfach die Erscheinung der Dinge zu registrieren bzw. sie unter »gesehen« zu klassifizieren, sich ins Gras zu setzen, zu verweilen und den Duft der Kräuter einzuatmen, die ringsum wachsen. Auf diese Weise gewinnt das Erlebnis umfassendere Dimensionen.

Beeindruckende Zeugnisse der Etruskerzeit findet man auch in und um Vetulonia (über die S.S. 1 und dann bei Grilli abbiegen). Und will man einen Eindruck von Massa Marittima gewinnen, ist das auf dem Weg nach Norden kein großer Umweg. Man muß in der Nähe von Follonica abbiegen; wenn man über die S.S. 1 fährt, kann man auch schon bei Scalino Scalo auf die Nebenstraße fahren. Will man einige Tage in San Vincenzo bleiben, sollte man sich diese

Abstecher vielleicht aufheben für den Fall, daß man nicht die ganze Zeit am Strand liegen möchte.

Warum gerade San Vincenzo? Warum nicht Castiglione della Pescaia oder Punta Ala? Nun, San Vincenzo stellt keine Ansprüche an den Besucher, man ist völlig ungezwungen. Ein Ort wie geschaffen für jene wahre Entspannung, die zum Fragen führt. Es liegt etwas abseits von der S.S. 1. Ein kleines Städtchen am Meer, das auch außerhalb der Badesaison nicht tot ist. Während der Hauptsaison ist es – wie alle Orte am Meer – überlaufen, von einem überwiegend kleinbürgerlichen Publikum. Aber was kümmert es einen, wenn man im Hotel *Sabbia d'Oro* etwas außerhalb und direkt am Meer wohnt? Da kann man den Ort ignorieren, oder man kann in den Ort fahren und sich unter die Flaneure mischen und in den ansprechenden Läden an der Hauptstraße (während der Saison sind sie bis 22 Uhr geöffnet) einkaufen. Das Hotel *Sabbia d'Oro* ist ein moderner Bau, die Zimmer sind gut ausgestattet und haben allen Komfort, den man benötigt, meist auch Balkon. Zum Hotel gehört ein schöner Sandstrand, der für die Hotelgäste reserviert und nie überfüllt ist. Ohne die Straße zu überqueren, ist man am Strand. Man ist in jeder Weise ungeniert und kann sich entspannen. Die Preise sind bescheiden.

Wer sich nicht an einer gewissen Reglementierung und Überorganisiertheit stört, die in einem großen und modernen Feriendorf vielleicht unerläßlich sein mag, der ist auch im *Villagio Riva degli Etruschi* sicherlich gut aufgehoben. Dort kann man außer Hotelzimmern auch kleine Bungalows mieten, mitten im Grünen des weitläufigen Areals und dicht am zum Feriendorf gehörenden Strand. Die Preise sind angemessen.

Wer nur kurz in San Vincenzo bleiben will, vielleicht nur um in Fulvio Pierangelinis wunderbarem Restaurant zu Abend zu essen und anschließend zu übernachten, dem empfehle ich das freundliche Hotel *La Vela*, das dem *Ristorante Gambero Rosso* fast gegenüber liegt. Es ist ziemlich neu gebaut, von einer sportlichen Modernität. Wer dann am nächsten Morgen doch länger in San Vincenzo bleiben möchte, der kann sich erkundigen, ob in der dem gleichen Besitzer gehörenden *Residenza La Vela* eines der hell und modern eingerichteten Appartments frei ist. Die *Residenza* liegt am Strand, man kann in der Badehose vom Appartment zum Meer gehen. Aber auch wenn in der Residenza nichts Passendes frei ist und man im Hotel wohnen bleiben muß, auf den Strand muß man nicht verzichten. Allerdings sollte man die allgemein zugänglichen Strände – egal ob frei oder gegen Eintrittszahlung – im Bereich der Ortschaft meiden, sondern hinaus fahren in Richtung Piombino. Parallel zur Straße San Vincenzo–Piombino liegt herrlicher Sandstrand. Der Zugang zu diesem Strand ist erschwert. Von der Straße aus sieht man nur Wald, eingezäunten Wald, der Zaun ist in gewissen Abständen durch Eingangstüren unterbrochen. An diesen Eingängen gibt es keine Hinweise auf Strand und Bademöglichkeiten, sondern nur große Schilder, auf denen steht, was alles verboten ist. Und wenn es sich auch um Selbstverständlichkeiten handelt, wie daß man im Wald kein Feuer machen und keine Abfälle wegwerfen soll, könnte es doch etwas menschenfreundlicher abgefaßt sein, mit einem »ihr seid willkommen, aber bitte...«. Parkplätze gibt es nicht, man kann den Wagen nur längs der Straße parken und dann auf der Straße zum nächsten Eingang laufen. Und da in der Nähe der Eingänge meist alle Plätze besetzt sind, können das schon ein paar hundert Meter sein. Auf dem Waldweg ist es dann gemütlicher, nach ein paar hundert Metern erreicht man den Strand, und da sind selbst in der Saison und an den Wochenenden nicht zu viele Menschen. An solchen Stränden kann man jene Entspannung finden, die zum Fragen führen kann.

Man kann fragen, ob die Unberührtheit dieses Strandes nicht eine Folge der Erschwerung des Zugangs ist. Man kann aber auch fragen, ob nicht vielleicht System darin liegt, Menschen den Zugang zu Orten zu erschweren, an denen sie unberührt sein und wirkliche Entspannung finden können. Fährt man weiter bis der Wald aufhört und biegt schließlich bei dem entsprechenden Wegweiser nach links ab, kommt man an den Golf von Barratti, eine kleine Bucht, umsäumt von grünen Hügeln. Ich frage mich, ob es an der ganzen toskanischen Küste eine Stelle gibt, die reizvoller ist. Der ohne Eintritt zugängliche Sandstrand ist allerdings oft allzu gut besucht. Und da wo das Wasser anfängt, beginnt der Boden von Steinen bedeckt zu sein, das ist nicht sonderlich angenehm, wenn man ins Wasser gehen will. Es ist weniger ein Strand zum Verweilen. Etwas vom Strand weg, auf der anderen Seite der Hauptstraße, liegen Etruskergräber, die man in geführten Gruppen besichtigen kann. Besondere Beachtung verdient die Nekropole von San Cerbone. Auf jeden Fall sollte man nach Populonia hinauffahren. Das Städtchen – ursprünglich eine Etruskerfestung – liegt auf einem 180 Meter hohen Vorgebirge, das steil ins Meer abfällt. Es ist seltsam düster und abweisend. Von dem kleinen Turm *La rocca* hat man einen weiten Ausblick über Bucht, Land und Meer.

Nördlich von San Vincenzo sollte man unbedingt die kleine Ortschaft Bolgheri besuchen, vor allem wegen der Anfahrt von der Aurelia aus, auf der beiderseits von Zypressen gesäumten, kilometerlang schnurgerade verlaufenden Straße. Der in Italien berühmte patriotische Dichter Giosuè Carducci (Nobelpreis für Literatur 1906) hat diese Zypressen in einem seiner Gedichte besungen. Er liebte diese Gegend, in der er auch lebte.

Von Bolgheri aus empfiehlt sich eine Rundfahrt über kleine, aber landschaftlich sehr reizvolle Straßen: Zuerst nach Castagneto Carducci und von dort über Sassetta nach Suvereto und dann zurück auf die Aurelia, vielleicht noch mit dem kleinen Schlenker über das reizvolle alte Campiglia Marittima. Von dort sind es nur zehn Kilometer bis man wieder in San Vincenzo ist.

Von Castagneto aus kann man – sofern man sehr schlechte Wegverhältnisse nicht scheut – einen Abstecher zum Weingut Grattamacco machen (Anfahrt im Anhang), um etwas Wein zu kaufen.

Wer sehr ruhig und fernab jeder Ortschaft wohnen möchte, ist im Hotel *La Torre* (etwa sechs Kilometer von Castagneto) gut aufgehoben. Es ist ein ländliches Hotel mitten im Grünen, ganz in der Nähe eines uralten legendenumwobenen und von Carducci besungenen Turms der Grafen von Donoratico. Die Zimmer sind sehr ordentlich eingerichtet und haben allen notwendigen Komfort. Ein Ort, an dem man angenehm wohnen kann. Zu den schönen Stränden südlich von San Vincenzo ist es nicht weit. Bedenken sollte man allerdings, daß die Aurelia an den Wochenenden (besonders in der Saison) oft sehr befahren ist. Man kann sich aber seine Fahrten meist so einteilen, daß man den schlimmsten Verkehr (und eventuelle Staus) vermeidet. Die Verkehrssituation wird sich entscheidend bessern, sobald die im Bau befindliche und abschnittsweise bereits fertige Schnellstraße Livorno–Grosseto durchgehend befahrbar ist.

Wenig empfehlenswert sind die Badeorte und Strände zwischen San Vinzenco und Livorno. Die Orte südlich von Cecina sind auf einen recht primitiven Massentourismus abgestellt. Bei Cecina ist der Sand des Strandes unerfreulich grau und wirkt schmuddelig. Nördlich von Cecina ist die Küste großenteils felsig. Von San Vincenzo fährt man in einer guten Stunde nach Pisa und etwas länger nach Lucca. Man kann also die Randbemerkung, den Besuch dieser beiden Städte, mit dem Aufenthalt in San Vincenzo verbinden. Damit wären wir unversehens bereits angekommen. Und man kann sagen: Weg und Ankunft lassen sich hier nicht eindeutig trennen. Letztlich bestimmt jeder für sich, wo der Weg endet und die Ankunft beginnt.

Die Ankunft

Livorno ist eine sehr geschäftige und lebhafte Stadt. Zur Toskana des Herzens gehört es nicht. Man umfährt es, es sei denn man möchte einen Hafen besuchen. Man sollte aber vielleicht die kleine Schleife über Tirrenia, Marina di Pisa und die Bocca d'Arno (Arnomündung) machen und auch noch die Basilica Piero a Grado einbeziehen, die dort steht, wo einst der Hafen gewesen ist, in welchem der Apostel Petrus an Land gegangen sein soll.

Tirrenia ist ein moderner Ferienort am Meer mit wunderschönem flachem Sandstrand. Er ist erst während der letzten Jahrzehnte entstanden, und so mußte bei seiner Anlage nicht Rücksicht auf alte Baudenkmäler oder mittelalterliche Gassen genommen werden. Das hat natürlich seine Vorteile. Tirrenia liegt ganz im Grünen, die Pinien ziehen sich fast bis ans Meer. Die Gegend ist völlig eben und flach. In Tirrenia wohnen viele amerikanische Armeeangehörige mit ihren Familien, eine Folge des nahen amerikanischen Stützpunktes Camp Darby. Toskanisch im Sinne der Toskana des Herzens wirkt Tirrenia nicht.

Wenige Kilometer weiter: Marina di Pisa. Der Strand ist hier nicht so schön. Der Ort ist alt, und die Reihe flacher Häuser am Meer macht einen Eindruck ganz eigener Art, besonders abends, wenn die Kette der Straßenlaternen den leicht geschwungenen Lauf der Uferstraße markiert. Ein Bild, das besonders vom Strand von Tirrenia aus sehr eindrucksvoll wirkt.

Die Arnomündung schließlich: weitgestreckt mit flachen Ufern und einigen ins Wasser gebauten skurril wirkenden Gerüsten mit Reusen, in denen Aale gefangen werden. Über der Mündung des Arno liegt oft eine Stimmung, als wolle er noch einmal seine ganze Schönheit zeigen, bevor er im Meer verschwindet.

Und warum bleiben wir nicht in Tirrenia? Von Pisa liegt es 15 Kilometer entfernt. Nach Lucca sind es 50 Kilometer, aber über die Autobahn schafft man das in dreißig Minuten. Tirrenia ist also ein sehr praktischer Ort für die Randbemerkung zur Toskana des Herzens, die sich auch hier mit Strandleben verbinden läßt.

Als Liebhaber-Hotel sehr zu empfehlen ist das *Grandhotel Golf*. Es ist keine alte toskanische Villa, sondern ein moderner Bau, neun Stockwerke hoch. Es hat einen sehr sauberen Stil, den Touristen in 500 Jahren vielleicht als »erstklassiges 20. Jahrhundert« bewundern werden. Das Hotel liegt sehr ruhig, mitten im Grünen, etwa 500 Meter vom Meer (weit genug, damit das Meer auch bei starkem Wellengang die Nachtruhe nicht beeinträchtigt). Es hat einen schönen Park mit Swimmingpool und Tennisplatz, sowie einen sehr schönen eigenen Strand, der auch in der Hochsaison nie überlaufen ist (während der Saison gibt es ein kleines Zubringerfahrzeug zum Strand). Und es heißt nicht nur »Golf«, es liegt auch unmittelbar neben dem sehr schönen Golfplatz. Die Zimmer sind geräumig und haben so große Fenster und Balkons, daß man fast in der Landschaft zu wohnen glaubt. Man sollte sich ein Zimmer mit Blick aufs Meer geben lassen, möglichst weit oben. Das Hotel hat eine sehr freundliche und unaufdringliche Ambiance. In der Hochsaison (Juli und August) ist es sehr ausgebucht. Man sollte rechtzeitig vorbestellen. Die Preise sind angemessen. Im Hotel Golf befindet sich auch ein Centre Messegué (ein Fitness-Center des berühmten französischen Naturheilkundlers), Interessenten wenden sich direkt an die Hotelleitung.

Etwa zwölf Kilometer von Lucca entfernt liegt ein kleines Paradies, das Hotel *Villa Casanova*, auf halber Höhe eines bewaldeten Hügels und umgeben von kräftig grünen Wiesen. Außer sehr ordentlich ausgestatteten und mit allem notwendigen Komfort versehenen Zimmern im umgebauten Landhaus aus dem 17. Jahrhundert gibt es ein kleines Feriendorf mit ansprechenden Bungalows und Ferienwohnungen. Schöner Park, Swimmingpool und Tennisplatz. Die Preise sind bescheiden. Durchaus auch ein Ort für einen längeren Aufenthalt.

Zu den ganz besonderen Liebhaber-Hotels kann man wohl die *Villa La Principessa* bei Massa Pisano (von Lucca 4 Kilometer) zählen. Es befindet sich in einer sehr eleganten toskanischen Villa aus dem 18. Jahrhundert. Seinen letzten Schliff hat das Gebäude am Anfang des 19. Jahrhunderts unter dem Einfluß der Schwester Napoleon Bonapartes erhalten, die 1805 Herzogin von Lucca wurde. So sind vor allem im Inneren der Villa und in der Anlage des herrlichen Parks Elemente des französischen Empire unübersehbar. Das Hotel ist luxuriös eingerichtet, mit heizbarem Swimmingpool im Park, alles mitten in einer von kräftigem Grün bestimmten Hügellandschaft.

Das ist keine sehr große Auswahl an Liebhaber-Hotels, aber auch darin kommt vielleicht der Unterschied zur Toskana des Herzens zum Ausdruck. Pisa und Lucca sind nicht so sehr Städte zum Verweilen, man besucht sie meist nur kurz, oft ohne Übernachtung vom Urlaubsort am Meer aus.

Der Aufenthalt

Gehen wir zuerst nach Lucca. Gerade weil dort der Unterschied zur Toskana des Herzens unmittelbar spürbar wird. Lucca ist heute eine Stadt von etwa 92 000 Einwohnern. Es ist die

Lucca: S. Michele in Foro.
Große Pracht, muß immer etwas dahinter sein?

Hauptstadt der Provinz Lucca, ein sehr lebendiges Zentrum, eine Kaufmannsstadt, und sicherlich eine sehenswerte Stadt, wenn man sie nicht gerade an Florenz, Siena und San Gimignano mißt. Von den Vorgängen, die zur Renaissance geführt haben, von entscheidenden Schritten der künstlerischen und technischen Entwicklung hat sich in Lucca nichts niedergeschlagen. Und es ist wohl auch kaum etwas von dieser Stadt ausgegangen, jedenfalls nichts Entscheidendes. Natürlich gibt es Kirchen, aber es sind Kirchen, die in die Rubrik »noch eine Kirche« gehören. Sicherlich geht der Dom großenteils auf das 13. Jahrhundert zurück, und dort befindet sich der berühmte Sarkophag der Ilaria del Carretto, ein Werk von Jacopo della Quercia (einem Meister aus Siena) aus dem Jahre 1408. Außerdem gibt es dort das legendenumwobene *Volto Santo* – das »Heilige Kreuz« –, das auf wunderbare Weise vom Libanon nach Lucca gelangt sein soll. Aber in welchem Dom gibt es nicht ein beachtliches Kunstwerk und eine Reliquie, an der eine Legende hängt? Dann gibt es noch die zweifellos schöne Kirche San Michele mit der Fassade, die den eigentlichen Bau beträchtlich überragt und den Eindruck macht, hier habe die Absicht bestanden, etwas vorzutäuschen. Tatsächlich war geplant, das Kirchenschiff der Kirche zu erhöhen. Es wurde auch damit begonnen, doch wurden die Arbeiten abgebrochen und nie wieder aufgenommen. Die Fassade war aber bereits auf Zuwachs gebaut. Übrig blieb der irrige Eindruck, daß hier mit Dekorationen geprunkt werden sollte, hinter denen nichts steht.

Deutlich erkennbar ist die ursprüngliche Gesamtanlage der Stadt. Überblickt man die Stadt von einem der Türme aus, so wird die starke Funktion deutlich, welche die unerhört massive Stadtmauer dabei ausübt. Sie hält die Stadt in Form, schafft deutlich »innen« und »außen«. Sie ist über 4 Kilometer lang und soll in der Basis eine Breite von 30 Metern haben. Heute befinden sich Parkanlagen auf den Mauern, die den Grundriß der Stadt nach wie vor prägen. Wo eine solche Grundform vorhanden ist, kann nicht viel Neues wachsen oder gestaltet werden. Diese Mauern wirken sich bis ins soziale Gefüge der Bevölkerung hinein aus. Bis vor kurzem jedenfalls bestand ein soziales Gefälle zwischen den Bürgern von Lucca, die *dentro*, also innerhalb der Mauern, und jenen, die *fuori*, also außerhalb der Mauern wohnten. Aber letzten Endes ist das wohl ein sozialer Unterschied, der in anderen Städten mit »West« und »Ost« beschrieben wird. Es gibt immer einen Stadtteil, der besser ist als andere. Streng genommen wirkten die Mauern nicht auf den sozialen Status; wer es vermochte, konnte ja wohl in die bessere Region umziehen. Die Mauern lieferten lediglich die besonderen Bezeichnungen für die Unterscheidung.

Während sich in Florenz das moderne Leben in der alten Architektur abspielt, die dabei durchaus zur Geltung kommt, überspült in Lucca das Heutige die Zeugen der Vergangenheit. In vieler Hinsicht wirkt der französische Einfluß stärker nach als Mittelalter oder Renaissance. Die kleine Republik Lucca wurde 1799 von napoleonischen Truppen besetzt. Napoleon machte Lucca zum Fürstentum und übergab es seiner Schwester Elisa. Nach dem Sturz Napoleons wurde Lucca Hauptstadt eines kleinen Herzogtums, das von der Familie Bourbon-Parma regiert wurde. Erst 1847 wurde Lucca dem Großherzogtum Toskana eingegliedert und einige Jahre später Teil des Königreichs Italien. Der französische Einfluß kommt in vielen Zügen zum Ausdruck, in zahlreichen Namensgebungen – der größte Platz heißt Piazza Napoleone – genau wie in den berühmten Villen in Luccas Umgebung, die ihre entscheidende Prägung – wie bei der *Villa La Principessa* – in der französischen Zeit erhalten haben und deren Parks in jener Zeit dem französischen Geschmack entsprechend umgestaltet worden sind.

In einer solchen Beschreibung gehen natürlich sehr viele reizvolle Züge unter, die ihr nicht entsprechen. Und ich mache mich in gewissem Maße dessen schuldig, was Leonardo anprangert, wenn er schreibt: »Von welchem Nutzen ist dann der, der die Details jener Dinge vermindert, von denen er vorgibt, gründliche Information zu geben, während er doch die Hauptteile zurückläßt, aus denen das Ganze zusammengesetzt ist.« Doch können alle Details zusammen Lucca nicht zu einem Bestandteil der Toskana des Herzens werden lassen. Man kann natürlich die Frage stellen, warum ich die Unterschiede hervorhebe und nicht das Gemeinsame. Gemeinsames läßt sich immer finden. Und gerade wenn es gering ist, ist die Meisterschaft groß, es überzeugend und verbindend zur Geltung zu bringen. Aber das heißt in viel stärkerem Maße, Details zu unterdrücken und die Kenntnis von den Dingen zu zerstören. Es führt zur Uniformierung. Zur Verallgemeinerung. Wenn ich hunderttausend Menschen in übereinstimmende Uniformen stecke und dazu bringe, nur noch das zu äußern, was allen gemeinsam ist, dann werde ich am Schluß überhaupt keinen mehr erkennen können, obwohl jeder einzelne sehr prägnante Konturen zu haben scheint. Aber unter dieser Oberfläche ist das Lebendige verborgen, das angesichts der erdrückenden Gemeinsamkeit dem einzelnen immer mehr entgleitet, würde seine Äußerung doch zu immer stärker bedrohter Abweichung führen.

Das Herausarbeiten des Gemeinsamen – der eigentliche Akt der Abstraktion – ist es, der »der Kenntnis und der Liebe Schaden zufügt«. Ja, er fügt ihr nicht nur Schaden zu, er macht beide in wachsendem Maße unmöglich, bis schließlich alle Liebe auf ein vages Mitleid reduziert ist, mit dem sich die Menschen gegenseitig über einen unerklärlichen Schmerz trösten, der aus unkenntlich gewordenen Quellen strömt. In dem Maße, in welchem ich das Gemeinsame herausarbeite, werden Eigenart und Struktur der Dinge unkenntlich. Ein solches Verfahren wäre der Toskana des Herzens und dem Geist der Männer der Renaissance entgegengesetzt. Und was für Menschen gilt, gilt auch für die von ihnen geschaffenen Dinge.

Ansehen sollte man sich in Lucca auf jeden Fall die Piazza dell'Anfiteatro. Das diesen Platz umgebende Häuseroval folgt dem Grundriß des alten römischen Amphitheaters, das einmal an dieser Stelle gestanden hat. Dann sollte man einen Blick auf den Palazzo Guinigi werfen, vor allem auf dessen baumbestandenen Turm. Und wenn man Zeit hat, sollte man auch noch die eine oder andere Villa in der Umgebung besuchen. Vor allem vielleicht die *Villa Mansi*, bei der man nicht nur den Garten (wie bei der *Villa Reale*), sondern auch das Innere besichtigen kann. Gerade dadurch, daß Lucca anders ist, unterstreicht der Besuch die Eigenart der Toskana des Herzens, man erlebt sie quasi in einer neuen Dimension.

Wenn man Zeit hat, sollte man auch den Abstecher nach Montecarlo machen (über die Autobahn A 11 in Richtung Florenz bis zur Ausfahrt Altopascio, dann den Schildern folgen). Der Ort liegt auf einem reben- und olivenbaumbestandenen Hügel. Das ist kein Ort mit großen Denkmälern. Außer der schönen Aussicht und Lage ist nichts im einzelnen erwähnenswert. Man muß den Ort einfach in seiner ganzen Ursprünglichkeit erleben. Darauf kommt es an. Außerdem kann man dort gut essen und Wein einkaufen.

Interessant und reizvoll ist es, nach Carrara zu fahren, um die in der Nähe gelegenen Marmorbrüche zu besuchen. Das führt zwar noch weiter weg von der Toskana des Herzens, deren Grenzen wir bereits überschritten haben. Aber wozu sind Grenzen da? Doch wohl um sie zu überschreiten und hinter sich zu lassen.

Carrara erreichen wir über die Autobahn A 12. Von Pisa sind es etwa 55 Kilometer. Um in das Gebiet der Marmorbrüche zu gelangen, muß man die Stadt durchqueren. Bereits die römischen Kaiser haben dort Marmor brechen lassen. Michelangelo war verschiedentlich in Carrara, um Material für seine Bildhauerarbeiten auszusuchen. Damals war die Marmorgewinnung ein schwieriges und äußerst gefährliches Unterfangen. Dank moderner Technik ist es heute erheblich einfacher. Der Abbau des Gesteins hat tiefe Wunden in die Erde geschlagen. Aber so imposant diese Abbaustellen sind, die Berge der apuanischen Alpen (bis mehr als 1800 Meter über dem Meeresspiegel) thronen unberührt darüber. Die Brüche in Richtung Collonata sollen die ältesten sein, die von Fantiscritti sind durch ihre Brücken und Tunnelkonstruktionen besonders eindrucksvoll. An den Straßen, die zu den Marmorbrüchen führen, finden sich viele Andenkenläden. Angeboten werden natürlich Gegenstände aus Marmor. Da gibt es allerhand Scheußlichkeiten, das kommt nicht zuletzt daher, daß die Touristen diese Sachen bevorzugt kaufen. Wenn man sucht, findet man aber auch sauber gearbeitete geometrische Figuren sowie Vasen und Gefäße mit klaren Linien.

Der Abstecher nach Carrara läßt sich mit einem Besuch der Seebäder der Versilia verbinden. Das berühmteste, Viareggio, besitzt einen schönen breiten Sandstrand, im übrigen ist es aber eine Stadt. Mit der Toskana des Herzens hat es nichts zu tun und auch für Liebhaber-Ferien ist es kaum geeignet. Bemerkenswert sind die vielen eleganten Geschäfte an dem langen Corso, der nur durch eine niedrige Häuserreihe vom Strand getrennt ist. Da kann man nach Herzenslust Schaufenster ansehen und natürlich auch einkaufen. Und das kann auch Spaß machen.

Freundlicher, aber auch nicht zur Toskana des Herzens gehörend und für Liebhaber-Ferien meist viel zu turbulent, ist Forte dei Marmi.

Mir erscheint es am besten, den Besuch in Carrara mit einer Mahlzeit in Paracucchis einzigartiger Locanda dell'Angelo zu verbinden. Das liegt zwar bereits in Ligurien, von Carrara sind es aber nur wenige Kilometer.

Genau wie von Lucca geht auch von Pisa nicht diese Herausforderung aus, wie sie Florenz, Siena und San Gimignano – jede Stadt in ihrer eigenen Art – schon in der Architektur zum Ausdruck bringen.

Pisa jedenfalls wirkt zerrissen. Es liegt in einer weiten Ebene, die in der Ferne von einem faszinierend kahlen Vorgebirge und auf der anderen Seite vom Meer begrenzt wird. Dabei erscheint die Gesamtanlage des Domplatzes als ein großer Wurf, als ein Hinweis auf eine große Idee. Doch ist diese Idee nie durchgeführt worden. Im Hinblick auf die Gesamtheit der Stadt wirkt der Domplatz verloren und isoliert, ohne wirklichen Zusammenhang mit der um den Lauf des Arno gruppierten Stadt.

Ist Pisa an den Lungarni nicht schöner als auf der Piazza dei Miracoli? Dort und auf der Piazza dei Cavalieri? Aber sind das nicht lediglich Anklänge? Diese Züge dominieren nicht. Sie sind reizvoll, aber nicht herausfordernd. Pisa besitzt zahlreiche reizvolle Einzelheiten, beispielsweise die kleine Kirche della Spina am Lungarno oder die Kapelle der heiligen Agatha hinter der Kirche San Paolo, oder die Zitadelle, aber viele reizende Züge machen noch keine Schönheit. Die große Attraktion von Pisa ist die Piazza dei Miracoli, der Domplatz (Platz der Wunder). »Sie kommen, weil der Turm so schief ist«, ist der stehende Witz, den die Fremdenführer mit unterschwelliger Aggression gegen das Publikum in ihre immer wieder gleichen Ausführungen einflechten. Warum sie tatsächlich kommen? Eine Frage, die mit »warum« beginnt, läßt sich dem Anschein nach immer eindeutig beantworten. Nur verdeckt die Antwort die anderen Möglichkeiten, für die man keine Zeit hat. Die Ungeduld zwingt zur Kürze, man beschränkt sich lieber auf das, was einem wesentlich erscheint. Also versuchen wir keine Antwort, weder eine eindeutige, die notwendig weitgehend unzutreffend ist, noch die ganze Fülle der Möglichkeiten, die am Schluß doch nichts besagen würde.

Der Liebhaber-Reisende sollte die Piazza dei Miracoli vielleicht als ein Gesamtereignis be-

Pisa, Piazza della Miracoli: Baptisterium.
Manche sagen: Zuckerbäckerstil. Andere stehen ergriffen davor.

Anonymus (Cimabue?): Thronender Christus umgeben von Maria und Johannes dem Evangelisten, Mosaik der Apsis des Doms.

trachten, als ein großes Fest, eine immerwährende, gigantische Kirchweih. Wenn man sich nicht vom Dom fesseln und nicht von den Andenkenbuden, Fremdenführern und Autobussen abstoßen läßt, sondern jedes als Teil eines großen Ereignisses ansieht, dessen Energiestrom eben die Menschenmassen sind, dann wird der Besuch auf diesem Platz der Wunder neue Dimensionen gewinnen und unerwartete Aufschlüsse bringen. Das Theater findet bekanntlich nicht allein auf der Bühne statt. Die Bühne ist lediglich der Bezugspunkt, auf den man den Blick richten soll. So gehört es sich, und wer sich anders verhält, mag manchem ungehörig erscheinen. Aber wer bestimmt, wohin man zu blicken hat? Tatsächlich bestimmt es keiner. Man folgt einer Regel – oder dem Anschein einer Regel –, die nirgends geschrieben steht, die niemand aufgestellt hat, die so selbstverständlich erscheint, daß niemand sie in Frage stellt. Es wirkt allenfalls störend, wenn einer ihr nicht folgt – dadurch tritt sie in Erscheinung. Und da man nicht stören möchte, verhält man sich lieber normal oder »natürlich«, wie immer man es nennen will. Unser Leben steckt voller solcher »Natürlichkeiten«. Aber lag die Größe von Männern wie Uccello und Leonardo nicht darin, daß sie solchen »Natürlichkeiten« auf die Spur kommen wollten, sie aufdecken wollten? Und liegt nicht ein großes und tragisches Mißverständnis darin, daß man ihre Errungenschaften dazu benutzt, den Anschein der Natürlichkeit zu verstärken, die Illusion zu verfeinern? Hätte man nicht um 1500 eine neue Richtung einschlagen und immer mehr Regeln oder Mechanismen enthüllen sollen, statt aus den wenigen Entdeckungen neue Regeln abzuleiten, die die Illusion immer mehr verstärken und die Aufdeckung erschweren? Diese Fragen haben sehr viel mit einem Mann zu tun, auf den wir gleich kommen werden: Galileo Galilei.

Betrachten wir die ganze Piazza als ein großes Spektakulum, dann treten Fragen in den Hintergrund, die sonst dominieren: etwa, ob der Dom schön ist. Manche sprechen von Pisaner Zuckerbäckerei, andere preisen die Vollendung der Durchführung, einige sind von der Regelmäßigkeit der Bögen fasziniert, der großen Ordnung, andere stört das, was sie mit »sture Stereotypie« bezeichnen. Manch einer vergleicht den Dom von Pisa mit einer Fuge von Bach, die seine Sehnsucht nach Ordnung zum Ausdruck bringt, andere fühlen sich durch diese Züge eingeengt. All diese Fragen verlieren an Bedeutung, wenn wir ein Kind beobachten, das auf der Piazza steht und sich nicht entscheiden kann, bei welchem Eisverkäufer es sein bißchen Taschengeld am besten anlegt; oder einen Ehemann, der die Heiligkeit des Ortes ausnutzt, um den ewig strömenden Redefluß seiner Gattin zu stoppen. Und wenn wir zwei ganz junge Liebende sehen, die etwas eingeschüchtert auf das dominierende Mosaik des Thronenden Christus an der Decke des Doms blicken, und sowohl er als auch sie es lediglich darum betrachten, weil jeder der beiden meint, der jeweils andere wolle es, dann verliert die Frage ihr Gewicht, ob dieser Christus barbarisch ist oder nicht.

Wenn man eine Weile angesichts des Christus stehenbleibt und auf die Worte der Besucher lauscht, kann man interessante Äußerungen vernehmen. Das reicht von der Bewunderung und Sehnsucht nach einem starken Mann an der Spitze des Staates bis zum Ausdruck von Abscheu angesichts der Penetranz der Darstellung. »Da ist der ganze Geist ausgedrückt, der Galilei vernichten wollte«, hörte ich einmal einen gepflegten Herrn sagen. Und eine alte Frau: »Wenn so einer einem sagt, was man tun soll, dann weiß man, was richtig ist.«

Sicherlich sind die Reliefs und Plastiken der Pisanos – der berühmten Pisaner Bildhauer- und Architekten-Familie [von Niccolo Pisano (1225–ca. 1278) stammt die Kanzel des Baptisteriums in Pisa, von Giovanni Pisano (1250–nach 1314) stammt in Pisa die Kanzel des Doms, am berühmtesten ist Andrea Pisano (1295–1348 oder 1349), den ich bereits als Schöpfer des Südportals des Baptisteriums in Florenz erwähnte habe] – Ausdruck großer Meisterschaft und hohen Könnens, aber sie dienen eben der Dekoration der Kirche und der Absicht, dem Volk Bibel und Heilige näherzubringen. Ausdruck entscheidender Schritte zum Erfassen tieferliegender Faktoren, wie etwa die Arbeiten von Uccello, stellen sie nicht dar. Und sicherlich wirkt der Campo Santo – der Friedhof – ergreifend und bewunderungswürdig, wenn man voraussetzt, daß Kunst den Menschen ergreifen soll. Anders ist die Wirkung, wenn jemand meint, daß Kunst befreien und Möglichkeiten eröffnen soll. Und ist nicht die Untersuchung der Art und Weise, in der hier Menschen eingefangen werden, weitaus interessanter als die Wirkung selbst? Die Fresken des Campo Santo gipfeln in einer Darstellung des Triumphs des Todes, das ist Ausdruck des Mittelalters.

Vielleicht könnte man einwenden: »Aber Galilei!« Hat er seine Leistungen nicht eher gegen den Geist von Pisa erbracht als in ihm? Gut, er mag die Gegebenheiten von Pisa benutzt haben oder nicht, den Schiefen Turm, der sich für Experimente des freien Falls anbietet (den er aber wohl nicht benutzt hat), und vielleicht auch den Leuchter, den er aber ganz bestimmt nicht nötig hatte, sich hinsichtlich der Pendelbewegungen inspirieren zu lassen. »Er hat Pisa und seinen Fremdenführern ein paar Anekdoten geliefert, das ist alles, im übrigen war er Florentiner und ist nur zufällig in Pisa zur Welt gekommen«, hat mir neulich jemand gesagt. Ein Florentiner natürlich. Aber er hat recht, Galilei war im Grunde Florentiner.

Typischer Ausdruck des Geistes, der an der Universität Pisa damals herrschte, war doch wohl eher jener erlauchte Professor, von dem Galilei berichtet, er habe das Angebot, einen Blick durch Galileis Fernrohr auf die Monde des Jupiter zu werfen, mit dem Hinweis abgelehnt: »... es würde mich höchstens verwirren«. Zweifel, die Kenntnis zweier oder einer noch größeren Zahl von Wirklichkeiten – oder auch nur Möglichkeiten – empfanden die Menschen als verwirrend. Dieser Professor blickte vielleicht lieber auf das Mosaik des Thronenden Christus, dann wußte er, was er zu tun hatte.

Galilei hat das Fernrohr nicht erfunden, aber er ist wohl der erste Mensch gewesen, der es verstanden hat durchzublicken, der es als Erweiterung seines Nervensystems – und damit seiner Wahrnehmung – zu verwenden verstand, oder der den Mut hatte zu sagen, was er sah, der sich nicht irre machen ließ durch den sozialen Druck. Es ist verdammt schwer, als erster Mensch etwas zu sehen und es auch den anderen mitzuteilen, die es gar nicht wissen wollen. Aber was hilft das Wissen, wenn man es verschweigt, wie manche Leute fordern, die vielleicht sagen »Seien Sie froh, daß Sie es erkannt haben, aber behelligen Sie nicht andere damit!«

Galilei war – soweit überliefert – der erste Mensch, der den freien Fall untersuchte. Das heißt, er beobachtete ganz einfache Dinge, die zuvor keiner beobachtet hatte. Tausende von Jahren hatten Menschen gelebt und diese Phänomene hingenommen, ohne sie zu untersuchen, ohne ihnen auf den Grund zu gehen. Wie konnte das passieren? Damit sind wir wieder bei einer Frage jener Art, wie sie uns schon am Anfang des Buches begegnet sind. Und vielleicht weist uns diese Liebhaber-Reise durch die Toskana auch auf eine ganz andere Frage hin: Welche Phänomene werden heute als so natürlich betrachtet, daß niemand sie untersucht? Was bringt uns zu dem stolzen Glauben, daß jetzt die meisten Fragen geklärt seien? Die meisten Fragen sind bis jetzt vermutlich noch nicht einmal gestellt worden.

Oft führen Beobachtungen sehr einfacher Dinge zu entscheidenden Ergebnissen. Diese Ergebnisse sind häufig wiederum so einfach und einleuchtend, daß – wenn sie erst mal vorhanden sind – niemand mehr glauben kann, daß es eine Zeit gegeben hat, in der man es noch nicht erkannt hatte. Dabei heißt Beobachten meist nur, daß man es auf eine andere Weise sieht als bisher. Häufig genügt es, zwei bereits vorhandene Beobachtungen erstmals zueinander in Beziehung zu setzen, um zu einer ganz neuen Erkenntnis zu gelangen. Die normale oder »natürliche« Wahrnehmung verdeckt sehr oft die tatsächlichen Vorgänge. Die Schönheit des Sonnenuntergangs verdeckt die tatsächliche Beziehung zwischen Erde und Sonne. Die Gleichzeitigkeit der Wahrnehmung zweier entfernter Lichtsignale kann die Ungleichzeitigkeit der Ereignisse verdecken, durch die sie hervorgerufen werden. Was uns als Wahrnehmung des Konkreten erscheint, führt uns häufig zu irrigen Schlüssen. Aber was schadet es, wenn der Bauer auf Grund der Erfahrungen mit seinen Feldern zum Schluß kommt, daß die Erde eine flache Scheibe sein müsse? Erst wenn er beispielsweise zu einer Segelreise über den Ozean ansetzen würde, würde sein Fehlschluß für ihn unangenehme Folgen bringen. Aber nicht in allen Bereichen wirken sich irrige Schlüsse so harmlos aus. Das führt uns zurück zu der Frage der größtmöglichen Natürlichkeit in der Malerei. Die Prämisse der größtmöglichen Natürlichkeit führt – unter Einbeziehung immer neuer Errungenschaften – zu immer perfekterer Illusion, einer Illusion, die ganz allein im Auge des Betrachters liegt. Die

Zeichen auf der Fläche des Bildes haben mit dem Dargestellten überhaupt nichts zu tun. Hätte eine wirklich in dem großen florentinischen Aufbruch des Menschen verwurzelte Kunst nicht immer mehr der Voraussetzungen dessen aufdecken beziehungsweise erkennbar machen müssen, auf dem das basiert, was wir als natürliches Sehen betrachten? Oder anders gesagt: Hätte eine solche Kunst nicht dazu führen müssen, daß wir nicht länger vom Vorhandenen ableiten – von den Voraus-Setzungen also –, sondern daß wir das Vorhandene auflösen und – indem wir an seine Wurzeln gelangen – es zugänglich und handhabbar machen, es also auflösen und es zugleich als jederzeit anwendbare Möglichkeit behalten? Auch in der Wissenschaft gibt es den Weg der Illusion. Die, welche aus den Erkenntnissen des Galilei eine neue Lehre gemacht haben, sind ihn genauso gegangen wie Newton und seine Nachfolger und wie Einstein und seine Nachfolger. In der Lehre verkörpert sich die wissenschaftliche Form der Illusion. Wieder wird der Glaube unterstützt, daß es eine Endlösung geben kann, eine endgültige Antwort auf alle Fragen. Wieder beginnt man abzuleiten und malt in den Wissenschaften auf wissenschaftliche Weise »natürliche« Bilder. Denn man *weiß* ja nun. Und man ist stolz auf dieses Wissen. Und dieser Stolz wirkt tödlich, verhindert Infragestellung, blockiert den Zugang zu neuen Möglichkeiten. Aber zeigt uns die Geschichte der Wissenschaften nicht, daß jede Erkenntnis schließlich durch eine neue Erkenntnis aufgehoben worden ist. Warum also sollte eine bestimmte Erkenntnis plötzlich endgültig sein? Daß das nie der Fall sein kann, sollte es nicht schon durch Galilei hinreichend zum Ausdruck gekommen sein? Später hat Isaac Newton (1643–1727) die Erkenntnisse (von Galilei, Kopernikus, Kepler und anderen) in eine Ordnung gebracht, durch welche sie allgemein nutzbar und anwendbar wurden. Inzwischen hat Einstein die Begrenztheit dieses Systems allgemein deutlich gemacht. Er hat die Unhaltbarkeit von Newtons absoluter Zeit und Newtons absolutem Raum nachgewiesen und ist zu einer Raumzeit gelangt, in welcher keiner der beiden Faktoren ohne den anderen auftreten kann und in der es keinen absoluten Bezugspunkt mehr gibt, sondern zahlreiche Bezugspunkte. Und von jedem Bezugspunkt läßt sich ein System ableiten, das Anspruch auf Ehrerbietung erhebt, eine Sicht, die inzwischen auch bereits überholt ist. Wann wird man begreifen, daß jede Erkenntnis lediglich die Voraussetzung zum nächsten Schritt an die Wurzeln darstellt und nicht etwas, was wahr ist und wovon man künftig ableiten kann?

Die Schwierigkeit des Erkennens liegt ja darin, daß man sich weigert, das vorhandene Abgeleitete aufzugeben. Wer sehr weit in Richtung auf ein absolutes Bezugssystem vorangegangen ist, der ist an dem Ausgangspunkt vorbei, wo er die Relativität aller Bezugspunkte leicht erkennen konnte. Schwer verständlich wird die Relativitätstheorie, wenn man sie jenseits dieses Punktes angeht, sie also quasi auf der Absolutheit aufbauen will: dann ist das ursprünglich direkt Zugängliche allenfalls noch auf äußerst komplizierten Umwegen erfaßbar. Oder anders: Wenn ich eine stramme Haltung einnehme, dann ist es sehr schwierig, mich zu beugen, ohne zuvor die Muskelspannungen der strammen Haltung aufzuheben. Oder: Wenn ich erschrocken zurückweichen will, dann ist es schwer anzugreifen, ohne zuvor in die neutrale Stellung der Muskulatur zurückgelangt zu sein. Es gibt eben auch muskuläre Voraussetzungen, die man abbauen muß, wenn man neue Wege gehen will. Die neue Haltung läßt sich nicht auf die alte Haltung aufpfropfen.

Verlangte Galilei nicht im Grunde, daß die Leute das aufgaben, was ihnen natürlich erschien? Und stand wirklich das Volk auf seiner Seite, wie gewisse Kreise uns glauben machen wollen, die heute die Sache des Volkes auf ihr

Banner geschrieben zu haben behaupten und Galilei dem Volk gegenüber als Argument gegen die Kirche benutzen? Für den Bauern auf dem Felde war es doch damals – und ist es heute – die Hauptsache, daß die Sonne überhaupt aufgeht. Was dabei vorgeht, kümmerte ihn genausowenig, wie bei der Vermessung seines Feldes die Erdkrümmung eine Rolle spielt, die aber bei der Überquerung der Ozeane für die Navigation sehr wichtig ist. Also stand die Kirche nicht im Grunde auf seiten des einfachen Mannes, wenn sie die Verbreitung der neuen Erkenntnisse verhindern wollte? Sie wollte dem einfachen Mann das erhalten, was sie ihm vielleicht als Bedürfnis überhaupt erst richtig anerzogen hatte, den Seelenfrieden, die innere Gewißheit, die heile Welt, das Nest, in dem er sich geborgen fühlt. Was hatte das Volk von den neuen Erkenntnissen? Diese Gruppen, die heute Galilei als Symbol des Fortschritts feiern, würden sich nicht weniger heftig zur Wehr setzen, wenn ihre Lehren in Frage gestellt werden. Sie sind durchaus bereit, für die Erhaltung ihrer Lehre Menschen zu opfern, nur diesmal nicht im Namen Gottes, des Allmächtigen, sondern im Namen des Volkes, dem die neue Allmacht zugeschrieben wird. Eine Allmacht, die von den Politikern gemacht wird. Nicht einmal die Bezeichnungen sind ganz neu. Auch Savonarola sprach schon vom Volk. Verfeinert sind allerdings die Methoden der Ausübung des sozialen Drucks.

Hätte Galilei – wie vielfach fälschlich angenommen wird – einfach die sinnliche Wahrnehmung in die Naturwissenschaften eingeführt, dann wäre er nicht in den Konflikt mit der Kirche gekommen, dann stünde die Erde heute noch fest im Mittelpunkt des Universums. Die Kirche stand damals durchaus auf dem Standpunkt dessen, was man gerne mit »gesunder Menschenverstand« bezeichnet oder auch mit »gesundes Volksempfinden«. Nichts auf der Erde weist darauf hin, daß wir uns mit großer Geschwindigkeit durch den Weltraum bewegen. Und nichts weist direkt auf die Schwerkraft hin. Die Dinge »sind« einfach so, wie man sie erfährt. Das ist »natürlich«. Die Frage nach den Zusammenhängen scheint dem gesunden Menschenverstand erst einmal zu widersprechen. Der gesunde Menschenverstand leitet von dem ab, was dem Anschein nach zu sein scheint, und das hat er letztlich selbst bestimmt. Und mit dem, was dem Träger eines gesunden Menschenverstandes als das Gesünderwerden dieses Verstandes erscheint – mit dem Wachsen der Eindeutigkeit nämlich –, wird die Verständigung mit allen immer schwerer, die nicht denselben – also von den gleichen Voraussetzungen abgeleiteten – Menschenverstand haben. Es ist als ob zwei Männer, die auf zwei Berggipfeln stehen, zueinander wollen. Sie können nicht zueinander kommen, wenn sie nicht in das Tal hinabsteigen, in dem die beiden Berge gründen. Aber das will meist keiner. Jeder meint, der andere solle hinabsteigen und dann zu ihm hinaufkommen.

Entweder die Lehre, oder den Dingen auf den Grund gehen, das ist die Lage im Bereich der Wissenschaft. Entweder die größtmögliche Übereinstimmung mit der Natur, oder den Dingen auf den Grund gehen, umreißt die Situation in der Kunst. Antworten oder Fragen. In der Toskana und in der Renaissance wurzeln die ersten Schritte in Richtung auf die Fragen. Und in der Toskana werden wir die Kraft finden, diese Richtung fortzusetzen. Eine Umkehr ist nicht möglich. Sie käme einer Selbstverstümmelung gleich. Es gibt heute Menschen, die den alten Zustand wiederherstellen möchten. Sie wissen zwar nicht recht welchen, aber meinen wohl den, bevor die ersten Schritte in Richtung auf die Fragen unternommen wurden. Sie möchten das wiederherstellen, was sie als Gleichgewicht der Natur ansehen. Was verstehen sie darunter? Wäre die Natur je in einem solchen Gleichgewicht gewesen, was hat sie dann aus diesem Gleichgewicht gebracht? Viele Leute meinen, es sei der Mensch gewesen. Aber der Mensch ist ja die Folge einer Fülle von zeitlich aufeinander folgenden und gleichzeitigen Veränderungen der Natur. Gleichgewicht und Veränderungen schließen aber einander aus. Wo Gleichgewicht herrscht, kann es keine Veränderung geben. Wäre die Natur also jemals in dem viel behaupteten Gleichgewicht gewesen, dann gäbe es heute überhaupt keine Menschen. Gleichgewicht stellt einen Endzustand dar, den Zustand, in welchem alles an seinem Platz ist und sich eben nichts mehr verändert. Und wenn diese Leute jetzt anfangen wollen, etwas zu tun, was sie mit »die Natur erhalten« bezeichnen, stellt eben dieses Erhalten einen Eingriff in die Natur dar. Wenn sie beispielsweise alle bestehenden Tierarten erhalten wollen, vergessen sie, daß immer Arten ausgestorben sind. Wer die Natur anhalten und sich in ihr verkriechen will, der will ausweichen, sich blind machen für die Fülle seiner Möglichkeiten.

Es scheint immer wieder schwer zu sein, einen neuen Schritt in die Richtung Leonardos zu tun. Der Mensch zeigt sich bisher als ein Wesen, dem angesichts seiner Möglichkeiten bange wird. Ich denke an Albert Einstein. Er mußte zwar Deutschland verlassen, aber er konnte in den USA leben und seine Arbeit fortsetzen, niemand zwang ihn, abzuschwören. Und doch hat er in seinen späteren Jahren keine neuen Schritte mehr gewollt. Er lehnte die Forschungsergebnisse, die nach ihm kamen, ab. Er sagte und schrieb immer wieder Sätze wie »Gott würfelt nicht«. Das wissen wir aus vielen Berichten von Physikern wie Heisenberg, Bohr und Born. Er hat sich in etwas zurückgezogen, was wie eine Art selbstgewählter Beschränkung erscheint. Er wollte keinen Schritt mehr weitergehen, um am Schluß vielleicht zu erleben wie der Mensch sich selbst gegenübersteht, als der, der die Grenzen gezogen hat, die er so lange nicht zu überschreiten vermochte. Schopenhauer hat es vorausgesehen, als er schrieb, daß »die Zweckmäßigkeit erst vom Verstande in die Natur gebracht wird, der demnach ein Wunder anstaunt, das er selbst geschaffen hat«. Aber erst dann, wenn die Menschen das begreifen – jeder für sich –, werden sie ihre Würde erlangt haben und jeder selbst die Form bestimmen, in der er zu leben wünscht, wie Pico della Mirandola es geschrieben hat. Was sollte an dieser Entdeckung des Menschen erschreckend sein? In vielen Büchern kann man lesen, daß Galilei und Kopernikus die Menschen verletzt hätten, indem ihnen der Platz im Mittelpunkt des Universums genommen wurde, den sie nie innehatten, den sie sich lediglich vorgestellt hatten, so wie sehr kleine Kinder sich ihre Eltern auf Grund ihrer beschränkten Erfahrung oft als allmächtig vorstellen.

Newton hat die neuen Erkenntnisse seiner Vorgänger zu einer absoluten Wirklichkeit zusammengefaßt. Dieser Absolutheit der Dinge hat Einstein einen Stoß versetzt, der ihn wohl selbst erschüttert hat. Der letzte Schritt liegt in der Entdeckung, daß wir bisher Wunder angestaunt haben, die wir selbst erschaffen haben, wie Schopenhauer es ausgedrückt hat. Erst damit tritt der Mensch in die Wirklichkeit des Rechtes ein, das mit jedem einzelnen geboren wird. Damit erkennt der Mensch seine Macht und Möglichkeiten. Er tritt aus der Kindschaft heraus und wird überhaupt erst Mensch. Mittelpunkt war er, wie ein Baby Mittelpunkt ist. Nach der Entdeckung des Menschen kann er erstmals volle Unabhängigkeit und Gestaltungsfreiheit erlangen.

Hier rundet sich der Bericht in einer Weise, daß es mir schwerfällt, noch etwas hinzuzufügen. Aber warum soll ich mich dieser Rundung beugen, die ich selbst produziert habe? Warum soll eine Form Details ausschließen, nur weil sie geglückt erscheint? Die Herrschaft der Form, schon wie wir sie in der Sprache haben, erlaubt es mitunter nicht, Dinge in angemessener Weise darzustellen, ohne die Regeln zu verletzen. Die korrekte Anwendung der sprachlichen Form macht es erforderlich, den Anschein zu erwecken, daß Ursache und Wirkung linear aufeinanderfolgen, daß jede Wirkung auf eine klare Ursache zurückzuführen sei. Die Anwendung dieser Regeln verzerrt die Darstellung mehr als der Leser glaubt. Aber wenn ich mich schon der sprachlichen Form beuge, so muß ich mich nicht der Form beugen, die ich allein produziert habe.

Bei alledem dürfen wir nicht vergessen: Wir sind immer noch in Pisa. Von Galilei haben wir gesprochen und vom Schiefen Turm. Und wir sind darüber hinausgelangt zu Dingen, die von Galilei ausgegangen sind, wenigstens zu einem guten Teil. Wir haben Galilei und den Schiefen Turm nicht als Sache genommen, sondern als Hinweis und sind bis zu Einstein gelangt. Wir haben von Einstein gesprochen, ohne zu wissen, ob er jemals in Pisa gewesen ist. Aber besteht nicht zwischen Galileis Pisa und Einstein ein stärkerer Zusammenhang als zwischen Pisa und Millionen von denen, die es besucht haben?

Es gibt noch vieles, wovon ich im Zusammenhang mit Pisa hätte sprechen können. Nichts gesagt habe ich über Lord Byron (1788–1824), den großen englischen Dichter, den man eigenwillig nennen könnte, wenn das Wort nicht bei vielen Menschen eine so negative Bedeutung hätte. Byron jedenfalls war ein Mann, der einen eigenen Willen hatte, im besten Sinne des Wortes. Er hat in Pisa in der Casa Lanfranchi am Lungarno Medici sein Vers-Epos *Don Juan* geschrieben, das heißt er hat es geschrieben, während er dort bei einer Dame lebte, die er liebte. Unerwähnt blieb auch Byrons Freund, der englische Dichter Percy Bysshe Shelley (1792–1822), der in der Toskana lebte, nachdem er wegen seiner Schrift *Die Notwendigkeit des Atheismus* von der Universität Oxford verwiesen worden war. Shelley starb bei einer Segeltour in einem plötzlich aufgekommenen Unwetter vor der toskanischen Küste bei Viareggio. Und im Zusammenhang mit Lucca hätte ich von Heinrich Heine (1797–1856) sprechen sollen. Aber was haben diese Besucher hinzugefügt außer der Tatsache ihres Besuchs?

Von einem möchte ich noch sprechen. Er hat geschrieben:

> Unter weißem Gewölk, cielo di Pisa,
> aus so viel Schönheit muß etwas hervorgehen.

Und das in einer Lage, in der er aus Erfahrung schreiben konnte:

> Wer 30 Tage in den Todeszellen lebte
> kann nichts mehr von der Todesstrafe halten
> Keiner der 30 Tage in den Todeszellen lebte
> hält was von Käfigen für Tiere.

Er hat mit seinen *Pisaner Gesängen* etwas hinzugefügt. Ezra Pound war sein Name.

Der Vorgang, von dem ich hier schreibe, hat keine sichtbaren Spuren hinterlassen in der Landschaft bei Pisa, wo er stattgefunden hat. Niemand spricht davon, kein Fremdenführer erwähnt es.

Ich habe versucht, den Käfig zu finden, in dem man den über sechzigjährigen Mann bei Sonnenglut und schlechtem Wetter im Freien gefangengehalten hat oder wenigstens Überreste dieses Käfigs. Vergebens. Ezra Pound war von Mai bis November 1945 Insasse des Straflagers für Angehörige der amerikanischen Armee, das die Armee in der Nähe von Pisa errichtet hatte. Pounds Käfig hatte die Lagerleitung verstärken lassen. Ihn hielt man für besonders gefährlich.

> Ich bitte dich, tritt dein Leben an.
> Ich bitte dich, lerne »ich« sagen

Wenn ich dir Fragen stelle;
Denn du bist kein Glied, sondern ein Ganzes,
Kein Bestandteil, sondern ein Wesen.
(Aus dem Gedicht »Ortus« ca. 1914)

Das klingt modern im Jahre 1985. Pound schrieb diese Verse Anfang dieses Jahrhunderts, als junger Mann von noch nicht dreißig Jahren. Diese Verse klingen modern, und zugleich könnten sie von Pico della Mirandola sein. Später, als der erwartete Erfolg ausblieb – nicht zuletzt auch der wirtschaftliche Erfolg –, hat Pound sich in starkem Maße auf ökonomische Ideen fixiert. Er schrieb ein ABC *der Wirtschaft* (ca. 1930). Seine von Silvio Gesells (Wirtschaftstheoretiker, Finanzminister der Münchner Räterepublik 1919) Freiwirtschaftslehre und von den Theorien von Clifford Hugh Douglas (1879–1952) beeinflußten wirtschaftlichen Ideen ziehen sich von da an wie ein roter Faden durch seine Dichtungen. Kern dieser Ideen war die Forderung nach Abschaffung des Zinses. Davon versprach er sich Förderung von Geldfluß und Warenumsatz und damit Vollbeschäftigung. In seinen berühmten *Cantos*, einem sehr umfangreichen und vielfältigen poetischen Werk, schrieb er (etwa 1937):

Duccio kam nicht durch Wucher,
noch Pier della Francesca,
Zuan Bellin' nicht durch Wucher,
auch wurde »La Calunnia« nicht
durch Wucher gemalt.
Und kam nicht durch Wucher Angelico.

Pound schrieb in seinen Versen oft über Wucher. Und wenn er Wucher schrieb, dann meinte er damit Zins überhaupt. Er eiferte gegen Zinsen und Banken und gegen die, in deren Händen er die Banken zu sehen vermeinte. Dabei übersah er völlig, daß dem Aufstieg der Malerei in Siena und in Florenz die Entwicklung von Banken und internationalem Geschäft in diesen Städten vorausgegangen war. Zins und Wucher hatten durchaus etwas mit Duccios Kommen zu tun. Nicht zuletzt durch die enormen Zinssätze, die damals üblich waren, ist der Reichtum in der Toskana entstanden, durch welchen die Künste zur Blüte kommen konnten. Dabei ist es ohne Belang, ob die Banker und Handelsherren als Mäzene auftraten oder ob Kirchgemeinden und Klöster Aufträge gaben, die sie aus Geldern finanzierten, welche sie von den Geschäftsherren erhielten, damit die Kirche die Zinserhebung duldete, die ja nach christlichem Gesetz unzulässig war. Die Toskaner beherrschten lange Zeit den internationalen Finanzmarkt. »Toskaner« war im dreizehnten und vierzehnten Jahrhundert in vielen Ländern die Bezeichnung für Geldwechsler und -verleiher.

Oft in der Geschichte der Menschen waren es Handel und Geschäft, deren Entwicklung zur Öffnung weitgehend geschlossener Gesellschaftssysteme geführt haben und zur Befreiung der Menschen aus der Enge ihres Herkommens und ihrer dogmatischen Tradition. Streng betrachtet liegt ja in der Entwicklung von internationalem Handel und Geschäft bereits die Öffnung der Gesellschaft. Schöpferischer Durchbruch (und sowohl Geschäft als auch Malerei können Ausdruck von ihm sein – genau wie vieles andere) und Kultur stellen Gegensätze dar: Der schöpferische Durchbruch sprengt die Grenzen dessen, was bis dahin als Kultur angesehen wurde. Hätte die neue Tendenz der Entwicklung sich frei entfalten können, hätte es nach dem Florenz des 15. und 16. Jahrhunderts nie wieder Eingrenzungen jener Art geben dürfen, wie sie gemeinhin mit »Kultur« bezeichnet werden. Dem werden gewiß einige widersprechen. Doch erscheint ihnen ihr Widerspruch nur darum sinnvoll, weil sie das unbewußt voraussetzen, was sie mit »Kultur« bezeichnen. Mit anderen Worten: Sie bestätigen lediglich, was sie längst vorausgesetzt haben, ohne es zu untersuchen. Heute besteht eine große Verwirrung hinsichtlich der Beziehung zwischen Kultur und dem Schöpferischen (heute oft mit »Kreativität« bezeichnet). Da werden Rituale und kulturelle Mechanismen und Stereotypien nur allzugern als fortschrittlicher Ausdruck lebendiger schöpferischer Kräfte gepriesen. Tatsächlich aber werden die schöpferischen Kräfte durch Rituale und Mechanismen ausgeschaltet. »Fortschritt« ist ein beliebtes Wort, von dem man sich so gern täuschen läßt. Man darf eben nicht einfach auf Worte hören. Man muß beobachten, was die Leute tatsächlich tun und in welchem Verhältnis ihre Worte zu ihren Taten stehen.

Pound schrieb in den *Pisaner Cantos*:

> Geld, das besagt geleistete Arbeit innerhalb
> eines Systems nach Maß und Bedarf
> (*Canto* LXXIV, 1944).

Und er meinte, daß Geld für greifbare Werte stehen müsse und nicht aus dem Nichts geschaffen sein dürfe. Er sah nicht, daß letztlich jeder Wert davon abhängt, daß Menschen ihn anerkennen und daß auch der Wert der Arbeit von der Verwertbarkeit des erarbeiteten Produkts abhängig ist und davon, daß Menschen bereit und in der Lage sind, es zu verwerten. Nicht nur mit dem Geld, auch mit anderen sehr umfassenden symbolischen Funktionen hatte Pound Schwierigkeiten. Darauf einzugehen würde zu weit führen. In seiner zweiten Lebenshälfte war Pound jedenfalls ein Mann, der Gewißheit wollte, Gewißheit um so ziemlich jeden Preis. Das hat ihn zum Anhänger Mussolinis werden lassen.

Pounds simplizistische und vordergründige wirtschaftliche Ideen waren naturgemäß eng mit politischen Vorstellungen verknüpft, die bei Pound ausgesprochen unduldsame und gegen ohnehin schon verfolgte Bevölkerungsgruppen gerichtete Tendenzen annahmen. Dabei verallgemeinerte Pound in einer äußerst bedenklichen Weise, die aber vielleicht bezeichnend war für einen Mann, der sich als Dichter und den Dichter wiederum als »Antenne der Rasse« sah.

Nun war aber Pound nicht lediglich ein Dichter. Er hat wie kein zweiter die angelsächsische Literatur seiner Zeit beeinflußt und zahlreiche Dichter und Schriftsteller gefördert und zu seinen Freunden gezählt, unter ihnen Ernest Hemingway, T. S. Eliot und James Joyce. Und es gilt heute noch weithin als eine Empfehlung, wenn die Kritik einen Autor als von Pound beeinflußt bezeichnet.

Pound war Bürger der USA, lebte aber die meiste Zeit seines Lebens in Europa, lange Zeit in Paris. Er war ein Mann, der nicht nur die Mittel seiner Kultur, sondern auch die Mittel anderer Kulturen zu nutzen verstand, vor allem Mittel der chinesischen und der griechischen Kultur bezog er in seine Verse ein. Das erschwerte natürlich das Verständnis, weil nur wenige Menschen so dezidierte kulturelle Multis sind, wie Pound es war. Ich will hier nicht viel mehr über ihn sagen. Vor allem will ich nicht untersuchen, ob und wie weit und bis zu welchem Zeitpunkt seines Lebens seine Arbeit auf Fragen zielte. Er wäre sicherlich nicht der erste begabte Neuerer, der von den Traditionalisten seiner Zeit in die Ecke gedrängt, zum fanatischen Fundamentalisten wird. Andere meinen, daß er von Anfang an zum Fundamentalismus tendierte und von Anfang an auf der Suche nach einer endgültigen und absoluten Wirklichkeit gewesen ist. Egal was der Fall sein mag. Hier kommt es allein auf das an, was ihm zugestoßen ist.

Pound ist bei Eintritt der USA in den Zweiten Weltkrieg in Italien geblieben. Dort hat er mit einer gewissen Regelmäßigkeit im Rundfunk gesprochen, und zwar für die englisch sprechende Welt. Dabei hat er im Grunde dieselben Ideen verfochten, die er bereits in den *Cantos* dargelegt hatte, nur hat er sie im Rahmen der Rundfunkansprachen vielfach aufs äußerste vulgarisiert und dabei auch primitivste Mittel nicht verschmäht. In den USA hat man ihn wegen der Rundfunksendungen des Hochverrats angeklagt. Pound hatte das wohl nicht einmal als Möglichkeit realisiert. Nachdem die Amerikaner Italien besetzt hatten, bemühte er sich sofort um Kontakt zu höheren Stellen der US-Army, da er meinte, als Berater für die amerikanische Regierung unentbehrlich zu sein. Die Amerikaner haben ihn verhaftet und in das Lager gesperrt, das sie bei dem Dörfchen Metano nahe Pisa angelegt hatten. Dort hat er lange Zeit unter elenden Umständen leben müssen, teils in jenem Käfig unter freiem Himmel, später – als sein Gesundheitszustand stark gelitten hatte – in einem Zelt. Dort hat er die *Pisan Cantos* geschrieben. Später ist er in die USA verbracht und vor Gericht gestellt worden. Es wurde ihm aber keine Möglichkeit gegeben, zu den Anschuldigungen Stellung zu nehmen. Statt dessen wurde er verhandlungsunfähig erklärt und in eine Irrenanstalt eingewiesen. Nach zwölfjährigen Bemühungen einflußreicher Persönlichkeiten gelang es 1958, seine Freilassung aus dem St. Elizabeth's Hospital für the Criminally Insane (St. Elisabeth-Hospital für kriminelle Geisteskranke) zu erwirken. Er wurde als unheilbar geistesgestört, aber nicht gemeingefährlich entlassen. Er hat dann noch viele Jahre in Italien gelebt, bis er 1972 gestorben ist.

Ich vermag nicht zu entscheiden, ob Pound die Gesetze der USA verletzt hatte, subjektiv ist er sich offensichtlich keiner Schuld bewußt gewesen. Jedenfalls: Um die leidige Sache vom Hals zu bekommen, hatte man ihn kurzerhand für geistesgestört erklärt und diese Lösung vielleicht als durchaus elegant empfunden. Damit war es vom Schreibtisch, erledigt und in eine Schublade eingeordnet, alles war »geklärt«. Die Ungeduld, von der Leonardo sagt, sie sei die Mutter der Beschränktheit, wird allzu leicht auch zur Mutter der Gedankenlosigkeit. Man muß sich das genau vor Augen halten: Ein Mann, der gar keine Möglichkeit hatte, sich gegen die Anschuldigungen des Gerichts zu verteidigen, wurde einfach zum kriminellen Irren abgestempelt, nicht etwa lediglich als unzurechnungsfähig!

Egal ob Pound Gesetze verletzt hat oder nicht, die Behandlung, die man ihm und seinen Lagerkameraden im Militärstraflager angedeihen ließ, sollte keinem Menschen angetan werden. All das war sicherlich gesetzlich, aber Gesetze sind bekanntlich schnell gemacht. Und ist im Namen von Gesetzen nicht tatsächlich mehr unschuldiges Blut vergossen worden als durch Mörderhand? Wer die Gesetze durchführt, tut seine Pflicht. Er fühlt sich nicht veranlaßt, dem auf den Grund zu gehen, was »Pflicht« in seinem Fall bezeichnet. Er untersucht nicht die Voraussetzungen der Gesetze, er erfüllt sie, schon um Schwierigkeiten und Konflikte zu vermeiden. Aber trifft nicht vielleicht doch zu, was ein Freund neulich zu mir sagte: »Sie erfüllen ihre Pflicht, aber was sie tun, das wissen sie nicht. Und das wollen sie auch nicht wissen.« Vermutlich haben weder die zuständigen Behörden noch Pound verstanden, was eigentlich vorging. Pound hätte sich sonst nicht freiwillig bei den Besatzungsbehörden gemeldet, er wollte seinem Vaterland einen Dienst erweisen. Aber das Vaterland betrachtete ihn als Hochverräter. Im Grunde war wohl jede der beiden Parteien auf dem besonderen Berg ihres jeweiligen Menschenverstandes, und keine wollte herunterkommen und der Sache auf den Grund gehen.

Die Menschenkäfige angesichts der Hügel von Pisa. Der Dichter im Käfig bei der Arbeit. Vielleicht der Schiefe Turm in Sichtweite. Pico della Mirandola schreibt über den Menschen: »Den übrigen Wesen ist ihre Natur durch die von uns vorgeschriebenen Gesetze bestimmt und wird dadurch in Schranken gehalten. Du bist durch keinerlei unüberwindliche Schranken gehemmt, sondern du sollst nach deinem eigenen freien Willen, in dessen Hand ich dein Geschick gelegt habe, sogar jene Natur dir selbst vorherbestimmen.«

1944 *in der Ebene bei Pisa: Einfahrt zum Straflager der US-Army bei Metano in der Nähe von Pisa, angesichts der pisanischen Hügel.*

Die eisernen Käfige im Straflager, in einigen sind die Umrisse von Insassen sichtbar.

Menschen fangen sich in dem, das Menschen errichtet haben, in Objekten, Einrichtungen und Ideen, die sie gemacht haben. Wir haben vergessen, »was wir (oder Vorfahren von uns) ursprünglich getan haben, um sie hervorzubringen«. Wir akzeptieren es als Gegebenheiten, als etwas was nun mal da ist und stellen keine Fragen. Aber liegt nicht gerade darin das Nicht-Verstehen der Welt, das jeder für sich hervorbringt?

Was sich da in der Ebene von Pisa abgespielt hat, ist nicht aus der Toskana erwachsen, es sind Bilder, die unauslöschlich sind. Vielleicht so unauslöschlich, daß keiner von ihnen hören will. Soll man sie darum tatsächlich verschweigen? Soll man diesen Akt kollektiver Verdrängung fördern? Oder soll man die Dinge ins Auge fassen und versuchen, ihnen auf den Grund zu gehen?

Wenn diese Ereignisse auch nicht aus der Toskana erwachsen sind, im Grunde haben sie durchaus mit jener Landschaft zu tun, aus der die ersten Schritte hervorgegangen sind, die dazu führen können, daß solche tödlichen Mißverständnisse eines Tages nicht mehr vorkommen. Tödlich nenne ich sie, weil diese Mißverständnisse Lebendigkeit mindern und Möglichkeiten des Lebens zerstören. Und sie kommen nicht nur da vor, wo sie weithin sichtbar sind, sondern Tag für Tag, alltäglich, im Kleinen und fast unbemerkt. Sichtbar werden erst die Folgen, deren Fatalität erst recht verhindert, daß man den Ursprüngen auf den Grund geht. Leonardo hat gesagt, daß der Künstler umfassend sein und alle Dinge kennen müsse, die er in seine Malerei einbeziehen wolle. Soll das nur für die Künstler gelten? Und nur für die Malerei? Sollte es nicht erst recht für den Menschen gelten und für sein Leben überhaupt?

Vielleicht ist es nicht einfach, sich aufgrund des Gesagten ein Bild von Ezra Pound zu machen. Nicht weil es zu wenig Information enthält, im Gegenteil, es ist zu facettenreich und scheint nicht frei von Widersprüchen. Es ist also nicht eindeutig. Wenn jemand schreibt »Ezra Pound war ein Verbrecher« oder »Ezra Pound war ein Heiliger« (wie Hemingway ihn sah, wenigstens hat er das in seinem Buch »Paris, ein Fest fürs Leben« geschrieben), dann ist das sehr einfach und eindeutig, und sowohl das eine wie das andere läßt sich hinreichend begründen. Es kommt nur darauf an, daß man alles wegläßt, was nicht in das gewünschte Bild paßt. Das, was gesagt wird, verdeckt, was ungesagt bleibt. Um der Eindeutigkeit willen wird die Tatsächlichkeit geopfert. Dabei ist es doch unsinnig, sagen zu wollen, was Ezra Pound war. Ohne Zweifel ist er – genau wie jeder andere Mensch – sehr viel mehr gewesen, als ein Wort zu sagen vermag, und auch mehr, als tausend oder zehntausend Worte zu sagen vermögen. Er und jeder andere Mensch ist in verschiedenen Augenblicken seines Lebens verschieden gewesen. Worauf kommt es denn an? Auf die Darstellung der Vorgänge. Und sie sind niemals eindeutig. Eindeutigkeit des Dargestellten mag für den Leser eingängig sein, sie weist aber keineswegs auf die Präzision des Schriftstellers hin. Mit dem Maß der Eindeutigkeit nimmt die Präzision der Darstellung ab. Es ist ähnlich wie mit der mittelalterlichen Skizze von Villard de Honnecourt und der Skizze von Leonardo. Oder um das Wort von Einstein abzuwandeln: »Eindeutigkeit und Wahrhaftigkeit der Darstellung sind Antipoden, das eine schließt das andere aus.«

In Italien gibt es den Satz: »Non e vero, ma ci credo« (»es ist nicht wahr, aber ich glaube es«.) Man glaubt eben der Einfachheit halber, und zwar sogar dann, wenn man weiß, daß der Glaube der Grundlage entbehrt. Dabei sollte man im Jahre 1985, nachdem sich die Fragwürdigkeit jeder Eindeutigkeit seit Jahrtausenden immer wieder gezeigt hat, auch dann nicht mehr glauben, wenn man überzeugt ist. Tatsächlich sollte Überzeugtheit ein Alarmsignal sein.

Das Problem des Schriftstellers gleicht dem des Malers. Mit dem Wachsen der Eindeutigkeit der Darstellung vermindert er ihre Präzision, obgleich das Gegenteil der Fall zu sein scheint. Aber das täuscht, wie der Sonnenaufgang täuscht. Und wenn einer dann die Sprache immer mehr verdichtet, in jedem einzelnen Wort immer mehr Bedeutung voraussetzt, um mit immer weniger Worten immer mehr zu sagen, dann ist er in wachsendem Maße darauf angewiesen, daß seine Leser schon vorher wissen, was er meint. Und um so zweifelhafter wird es, daß ihn einer versteht, auch wenn er das gleiche Idiom spricht.

Mit dem Maß der Abstraktion wächst der Abstand vom lebendigen Menschen. Heute hört man ständig die Forderung nach menschlicher Unmittelbarkeit. Das ist kein Wunder in einer Zeit, in welcher der Ruf nach Sachlichkeit nicht weniger laut ertönt. Man kann nicht Sachlichkeit und menschliche Unmittelbarkeit zugleich haben. Und wer am Morgen nach Sachlichkeit ruft und sie am Tage bekommt, der wird sich am Abend umsonst nach menschlicher Unmittelbarkeit sehnen und wird auch selbst nicht unmittelbar sein können. Man kann nicht immer mehr im voraus festlegen wollen, durch immer mehr Bestimmungen und Definitionen, und zugleich nach menschlicher Unmittelbarkeit und Spontaneität rufen, nach Durchbrüchen schöpferischer Lebendigkeit. Daß mit der Ordnung der Ruf nach Unmittelbarkeit wächst, ist kein Wunder. Mit der Flut steigt der Wunsch nach Rettung. Wer immer mehr zum Träger von etwas wird, was ihm fremd bleiben muß, solange er dessen Entstehung nicht auf den Grund gehen und es dadurch für sich handhabbar machen kann, der wird eines Tages mit Gewalttätigkeit aus den Grenzen auszubrechen trachten, die er sich damit gesetzt hat, daß er den Menschen als feste Größe fixiert hat. In der Forderung nach mehr Ordnung und der Forderung nach Unmittelbarkeit liegt ein Widerspruch, an dem der Mensch sich aufreibt.

Ich möchte ausdrücklich hinzufügen: Die Erwähnung des Falles Pound ist in keiner Weise gegen die USA gerichtet. Es gibt wenige Nationen und Staaten, in denen solche Vorfälle seltener vorkommen als in den USA. Die meisten anderen am Zweiten Weltkrieg beteiligten Staaten hätten einen Bürger wie Pound zum Tode verurteilt und das Urteil vollstreckt. Erst dann, wenn derartige Unmenschlichkeit in einem Staat nicht typisch ist, läßt die Schilderung die ganze Grausamkeit erkennen. Grausamkeit, die an der Tagesordnung ist, die tut man leicht ab, »das ist eben so!«. Erst als relative Ausnahme wird die Grausamkeit und Unsinnigkeit deutlich. Für den Betroffenen macht es dabei wenig Unterschied, ob er als typischer Fall oder als Ausnahme leidet. Es ist sein Leben. Und er hat nur dies eine.

Die Gedenkstätte für die Gefallenen von Kindu. Hierher kommt kaum ein Tourist. Vielleicht ist die Anlage nicht attraktiv genug. Oder ist sie zu abgelegen? Aber würde man von abgelegen sprechen, wenn alle kämen?

Und – wir sind immer noch in Pisa – eines noch: Dicht beim Flughafen befindet sich das »Sanctuario dei Caduti di Kindu«, das Ehrenmal zur Erinnerung an die Gefallenen von Kindu. Das ist eine schön und großzügig angelegte moderne Kapelle, die in ihren Bauelementen an die Elemente von Flugzeugen erinnert. Sie ist errichtet worden zum Gedenken an 17 italienische Luftwaffen-Angehörige, die bei einem Friedenseinsatz der UNO im Jahre 1959 ums Leben gekommen sind. Sicherlich ist hier keine neue Technik entwickelt und den Dingen nicht weiter auf den Grund gegangen worden. Aber ein neuer Gedanke hat Ausdruck gefunden. Man hat Männern ein Ehrenmal errichtet, die in Friedensmission gefallen sind und nicht im Krieg. Sie sind für das Leben gefallen. Aber die Menschen strömen auf den Platz der Wunder und zum Triumph des Todes. Und so verdeckt einmal mehr das Alte das Vorhandensein des Neuen. Vom Schiefen Turm wissen sie und von dem Sanctuarium haben sie noch nie gehört. Das Wissen verhindert das Kennenlernen. Ist das wirklich so unausweichlich, wie der Satz es darstellt?

Vielleicht sehnen Sie sich jetzt zurück in die Toskana des Herzens, vielleicht aber tragen Sie sie schon so in Ihrem Herzen, daß niemand sie Ihnen mehr nehmen kann.

Essen und Trinken

Fulvio Pierangelini ist der unabhängigste, der wahrhaft autonome unter den bedeutendsten italienischen Köchen und Restaurateuren. Er hat sein Studium als Politologe abgeschlossen. Um sein Studium zu verdienen, hat er häufig in

Restaurants gearbeitet, dabei hat er seine Leidenschaft als Koch entwickelt. Fulvio ist in Rom geboren und aufgewachsen, aber sein *Ristorante Gambero Rosso* hat er in dem neutralen kleinen Badeort San Vincenzo eröffnet, das fernab jeder Großstadt, in einer kulinarischen Wüste liegt. Heute ist es leicht zu sagen, daß er nur auf diese ungewöhnliche Weise werden konnte, was er heute ist: Der kreativste Koch Italiens, und nicht nur Italiens. Er hat alle Handicaps in Vorteile verwandelt. Unverbildet durch die Zwänge einer langen Fachausbildung, unbelastet durch kulinarische Traditionen einer berühmten Landschaft, ohne die Ansprüche einer von einseitigen Gewohnheiten geprägten Hautevolee und auch frei von den Einflüssen, unter die manch einer durch die Arbeit bei den Meistern in Frankreich geraten ist, konnte er seinen Weg gehen. Für ihn gibt es nur die Rohstoffe. Da er in Italien lebt, sind es vornehmlich italienische Rohstoffe, und da er am Meer lebt, stehen Fische im Vordergrund. Damit sind die Voraussetzungen aber auch schon umrissen, von denen ausgehend er seine Küche entwickelt hat und immer aufs neue entwickelt. Dazu macht er sich auch noch die langen Winterabende zunutze, an welchen seine Gäste den Weg durch das im Nebel liegende Land scheuen. An solchen Abenden steht Fulvio in seiner winzigen Wunderküche und erfindet seine Küche aufs neue.

Und ganz allein auf diese Küche ist das *Gambero Rosso* abgestellt. Da zieht kein berühmter Palazzo die Gäste an, und obwohl das Restaurant an einem Hafen liegt, macht Fulvio nicht auf Hafenkneipe oder Fischerrestaurant. Auch der Stil seines Restaurants ist allein von ihm geprägt: freundlich, elegant, aber ohne irgendwelche Prätentionen. Mag der eine mit »göttlich« bezeichnet werden und der andere als Zauberer, für Fulvio ist kein Beiwort erforderlich, »Fulvio Pierangelini« ist der Name des zeitgemäßesten Kochs, der mit klarem Kopf – und der verständnisvollen Assistenz seiner bezaubernden Gattin Emanuela – immer wieder aufs neue flüchtige Kunstwerke schafft. Und man darf fragen: Wann werden Meister wie Guerard, Bocuse und Haeberlin ihren Stolz überwinden und nach San Vincenzo pilgern, um Anregungen zu empfangen?

Da die Speisekarte immer wieder wechselt, ist es schwer, langfristige Empfehlungen zu geben. Wer einen Überblick über Fulvio Pierangelinis große Küche gewinnen will, ist mit dem *menu degustazione* stets gut beraten. Ich möchte gern einige besondere Highlights nennen, aber was können Worte wie *insalata di fegato grasso d'anatra con gamberi* (Salat von Entenstopfleber mit Krebsschwänzen), *sauté di frutti di mare* (sautierte Meeresfrüchte), *spaghettini all'aragosta* (dünne Spaghetti mit Languste), *filetto di orate in guazetto di vino con flan di verdure* (in Wein geschmortes Goldbrassenfilet mit Gemüseflan) oder *rosetta di agnello all aglio* (Lammrosette mit Knoblauch) und *semifreddo al torrocino con salsa cioccolata* (Nougathalbgefrorenes mit Schokoladensauce) über Kreativität der Zubereitung und den Wohlgeschmack wirklich vermitteln?

Das reichhaltige Angebot an Weinen entspricht der Qualität der Küche, doch ist der preiswerte Grattamacco aus Castagneto Carducci durchaus empfehlenswert. Die Preise sind in Anbetracht des Gebotenen bescheiden.

Auf keinen Fall entgehen lassen sollte sich der Liebhaber-Reisende die *Trattoria La Mora* in Ponte a Moriano etwa 10 Kilometer von Lucca. Dieses sehr gepflegte klassische Landgasthaus befindet sich seit über hundert Jahren im Besitz der Familie Brunicardi. In Anbetracht der umsichtigen Gastlichkeit von Sauro Brunicardi ist es kein Wunder, daß das Restaurant stets sehr gut besucht ist (also unbedingt vorbestellen), und die Leute wissen, warum sie kommen. Die Küche ist regional, paßt diese Tradition aber mit einem Schuß von Raffinesse und Erfindergeist den heutigen Erfordernissen an. Das reichhaltige vom Marktangebot der Jahreszeit bestimmte *menu degustazione* (hier einschließlich der passenden Weine) vermittelt einen guten Eindruck von den Leistungen des Hauses. Von der Karte empfehle ich besonders: die hier speziell gute *panzanella* (nur im Sommer auf der Karte), *bresaola con funghi* (Dörrfleisch mit Pilzen), *gran farro* (Graupensuppe) – hierfür gibt es den Teller *del Buon Ricordo* –, *pappardelle sul coniglio* (Nudeln mit Kaninchenragout), *agnello della Garfagnana* (Lamm nach Art der Garfagnana), *agnello in umido con olive* (geschmortes Lamm mit Oliven) und als Dessert *torta della nonna* (Torte nach Großmutterart). Sehr gute Auswahl von Weinen. Die Preise sind durchaus angemessen. Zum Restaurant gehört eine sehr gut sortierte Enoteca, in der man außer Wein auch hervorragendes Olivenöl, sowie landwirtschaftliche Produkte der Gegend kaufen kann.

Die Nummer drei dieses Kapitels befindet sich ebenfalls in der Nähe von Lucca: Das sehr gediegene rustikale *Ristorante Solferino* in San Macario in Piano. Die Brüder Gemignani, – Gianpietro leitet die Küche, Sauro den Service, – sind erfolgreich um eine moderne Präsentation der traditionellen lucchesischen Küche bemüht. Besonders empfehlenswert: *mousse di gorgonzola, tortelli della nonna* (nach Art der Großmutter gefüllte Nudeln), und als Hauptgericht *rombo all'isolana* (Steinbutt mit Kartoffelscheiben gedünstet) oder *la tagliata di manzo* (in dünne Scheiben geschnittenes Rindfleisch) und zum Dessert ein Sahneeis mit heißer Sauce aus Früchten. Sehr gute Weinauswahl. Durchaus angemessene Preise.

In der Stadt Lucca: Das rustikale, mit Sorgfalt geführte *Ristorante La Buca di Sant'Antonio*. Wohl nirgends sonst bekommt man ein so gutes *capretto* (Zicklein), schon das allein lohnt den Besuch in der Buca. Sehr erfreulich auch: *pasticcio di fagiano in crosta* (Fasanenpastete im Teigmantel), *risotto con funghi* (Pilzrisotto), sowie Wildgerichte. Ansprechende Auswahl vor allem toskanischer Weine.

Und gleich noch die übrigen Empfehlungen für die Provinz Lucca, beide im schönen Montecarlo, etwa 17 Kilometer von der Stadt Lucca entfernt: Unmittelbar bei der kleinen Ortschaft das *Ristorante Forassiepi*, ländlich mit großer Terrasse, von der man einen weiten Blick ins Land hat. Es macht Freude, an einem Sommerabend dort zu sitzen und angesichts der schönen Landschaft zu tafeln. Sehr empfehlenswert ist das *soufflé di funghi* (Pilzsouffle) und die Wildgerichte, besonders *fagiano ripieno* (gefüllter Fasan). Dazu die guten Weine aus Montecarlo. Die Rechnung ist sicherlich nicht zu hoch.

Etwas außerhalb von Montecarlo das *Ristorante La Nina*, ländlich mit einer gewissen Eleganz. Auf der schönen Terrasse sind auch die heißesten Sommerabende lieblich. Im *La Nina* fühlt man sich stets besonders herzlich willkommen. Die Küche ist toskanisch, aber nicht ohne kreativen Touch. Empfehlenswert: *Crostini, penne sulla lepre* (Nudeln mit Hasenragout), *pollo al mattone* (Huhn in der Tonform), Wildgerichte, gute hausgemachte Desserts. Der *La Tinaia*, ein Montecarlo eigener Produktion, ist durchaus empfehlenswert, darüber hinaus ein gutes Angebot anderer toskanischer Weine. Die Rechnung hält sich in akzeptablen Grenzen.

Auffallend sind die Unterschiede im gastronischen Klima von Provinz zu Provinz oder von Provinzhauptstadt zu Provinzhauptstadt. Besonders auffällig wird das, wenn man Lucca und Umgebung mit Pisa und Umgebung vergleicht. Es kann doch nicht vornehmlich am einzelnen Gastronomen liegen, wenn in den empfehlenswerten Restaurants von Lucca eine generöse und freundliche Gastlichkeit vorherrscht, während man in der Stadt Pisa vergebens ähnliche Herzlichkeit erwartet. Muß das nicht mehr als mit dem einzelnen Restaurateur mit dem Publikum zu tun haben, auf das jeder reagiert? Am besten arrangiert sich mit dieser Lage in Pisa Gabriele Cionini mit seinem *Al Ristoro dei Vecchi Macelli*. Der Schwung und der Ehrgeiz, mit dem dieses elegante und intime Restaurant vor einigen Jahren eröffnet wurde, erscheinen ungebrochen. Das ehrgeizige und kreative Konzept der Küche wird durchgehalten, obwohl – nach dem Besuch zu schließen – das Publikum eher zurückhaltend zu reagieren scheint. Die vom Angebot des Marktes bestimmte Speisekarte wechselt naturgemäß in starkem Maße. Sehr empfehlenswert sind die einfallsreichen *antipasti* (Vorspeisen), und zwar sowohl *di mare* (auf der Basis von Meeresprodukten) als auch *di terra* auf der Basis von landwirtschaftlichen Produkten. Überhaupt fährt man hier zweigleisig und legt gleiches Gewicht auf Fisch- wie auf Fleischgerichte. Sehr gut *passato di pesce al profumo di aneto* (pürierter Fisch mit Anis), *ravioli di anatra* (mit Entenfleisch gefüllte Ravioli), und als Hauptgericht *rombo stufato* (geschmorter Steinbutt) oder ausgezeichnetes Lamm. Originelle Desserts und eine sorgfältige Weinauswahl runden das Bild ab. In Anbetracht des Gebotenen sind die Preise nicht zu hoch.

An der besten Ecke der Stadt, unmittelbar an der Ponte di Mezzo, der Hauptbrücke über den Arno, liegt das *Ristorante Enoteca Sergio*. Hier wird es leider oft spürbar, daß die Küche nicht die Anerkennung findet, die die Inhaber erwarten. Das ist schade, es beeinträchtigt nicht nur die Atmosphäre, sondern oft genug auch die Leistung der Küche. Kommt man aber an einem glücklichen Tag, kann man sehr gut essen. Es muß ja nicht das ehrgeizige *menu degustazione* sein. Die Stärke dieses recht eleganten Restaurants liegt eher bei Gerichten pisansisch-toskanischer Tradition. Hier kann man getrost mal *ceé* probieren, neugeborene Aale, *alla pisana* mit Öl, Knoblauch und Salbei bereitet. Das schmeckt ausgezeichnet. Wer einen Teller *del Buon Ricordo* mit nach Hause nehmen will, der muß *trippa alla pisana* (Kutteln nach Art von Pisa) bestellen. Sehr gut auch die vielfältigen *antipasti*, genau wie die verschiedenen Gerichte mit stets absolut frischem Fisch. Reiche Auswahl an italienischen Weinen. Die Preise entsprechen dem Ehrgeiz des Hauses. Zum Restaurant gehört eine Enoteca mit vielfältiger Auswahl, auch an Grappa.

Nicht sehr glücklich mit seinem Publikum scheint auch Carlo Silvestrini mit seinem sympathischen, kleinen *Ristorante Schiaccianoci* zu sein. Würde er sonst den wenige Minuten nach der für den Küchenschluß festgesetzten Zeit kommenden Gast abweisen lassen, obwohl er kaum Rücksicht auf Personal zu nehmen hat? Er braucht Ermutigung, und die hat er mit den Leistungen seiner Küche durchaus verdient. Bei ihm ist »täglich wechselnde Speisekarte entsprechend dem Angebot des Marktes« keine leere Behauptung, sondern Tatsache, das sieht man schon daran, wie die Namen der wenigen Gerichte auf der Karte eilig hingekritzelt sind. Um so besser ist seine sehr persönliche und kreative Handschrift in der Küche. Besonders empfehlenswert sind die Fischgerichte, etwa das *risotto al nero di seppie* (Tintenfischrisotto), *passato di pesce* (pürierter Fisch), *pesce al cartoccio* (Fische in der Folie), *sogliola alla grappa alle erbe* (Seezunge in Kräutergrappa), oder auch Fisch mit Steinpilzen oder hervorragend zubereitete *astice* (Hummer). Aber auch die Fleischgerichte sind gut, beispielsweise *stinco al forno* (Kalbshaxe). Und zum Dessert Sahneeis mit Feigensauce. Dazu eine ausgezeichnete Auswahl italienischer Weine und Grappas. Die Preise sind eher bescheiden.

In Marina di Pisa (etwa 15 Kilometer außerhalb der Stadt) ist das Publikum sicherlich anders zusammengesetzt. Jedenfalls im *Ristorante L'Arsella* scheint niemand unter den Reaktionen der Gäste zu leiden, dort wird man stets mit gelassener Herzlichkeit begrüßt. Es ist ein Fischrestaurant, in keiner Weise aufwendig, aber unprätentiös, ohne den Versuch, dem Gast etwas vorzumachen. Es ist nicht gerade ein Fischerlokal, aber von der Art, wie man sich ein Fischer-Restaurant vielleicht vorstellt, eben küsten-rustikal. Es liegt an der Straße, die sich am Ufer des Meeres entlangzieht und ist auf Pfählen ins Meer gebaut. Man hat also einen wunderbaren Blick über das Meer. Gekocht wird familiär-regional, aber ohne Scheu vor kleinen Neuerungen. Die Produkte sind stets frisch und kommen kurz zubereitet auf den Tisch. Wenn man eintritt, geht man direkt auf eine mit frischen Fischen gefüllte Vitrine zu, aus der man seine Wahl treffen kann, wenn man es nicht vorzieht, sich eine Auswahl an den Tisch bringen zu lassen. Besonders zu empfehlen: *Issimo di mare* (Zusammenstellung warmer und kalter Vorspeisen aus dem Meer), *zuppa capricciosa ai frutti di mare* (Suppe aus Meeresfrüchten), *tagliolini al salmone* (Nudeln mit Lachs), *risotto alla pirata* (Risotto mit Meeresfrüchten), darauf muß man eine halbe Stunde warten, dafür wird es aber frisch bereitet. Als Hauptgericht *gamberetti fritti* oder nach Wunsch zubereitete frische Fische oder Krustentiere, am besten natürlich *aragosta* (Langusten), besonders *alla livornese* (in einer Sauce aus Tomaten, Zwiebeln, Knoblauch und Öl). Bei dieser Gelegenheit: Wann immer Sie *aragosta* oder *astice* (Hummer) bestellen, lassen Sie sie sich zeigen und achten Sie darauf, daß sie noch leben. Man sieht es beispielsweise daran, daß sie mit dem Schwanz schlagen, wenn sie hoch gehalten werden. Nur wenn sie lebend ins kochende Wasser geworfen werden, haben sie den herrlichen Geschmack. Es mag grausam klingen, aber es ist sicherlich die schmerzloseste und schnellste Art, *aragosta* und ähnliche Tiere zu töten. Wer Fleisch vorzieht, wird ebenfalls nicht enttäuscht sein, besonders wenn er *scaloppina di vitella ai pizzaiola* (Kalbsschnitzel an einer herzhaften Sauce aus Tomaten und Artischokken) bestellt, auch wenn es vielleicht nicht auf der Karte steht. Den offenen Wein möchte ich nicht empfehlen, es steht aber immer eine Anzahl ordentlicher Flaschenweine bereit, aus der man seine Wahl treffen kann, vielleicht einen Pinot grigio oder einen Galestro. Die Preise sind angemessen. Wählt man Edelfisch, hängt die Höhe der Rechnung vom Gewicht der ausgewählten Fische ab. Auch *aragosta* wird nach Gewicht berechnet (pro Person sollte man etwa 300–400 Gramm rechnen) und liegt im Preis naturgemäß höher.

Die Stadt Livorno ist nicht weit von Pisa entfernt. Das Publikum dort ist wohl wieder völlig anders. Was empfehlenswerte Restaurants angeht, muß ich sagen »Fehlanzeige«. Vielleicht sind die Bewohner von Livorno zu anspruchslos. Ihre berühmte cacciucco (Fischsuppe) läßt es mich vermuten, sie ist weit von der französischen Bouillabaisse entfernt, meist reichlich derb und eher etwas für Leute mit besonders gutem Magen. Das einst gepriesene *Ristorante Oscar* ist vielleicht gar nicht schlechter geworden, die Ansprüche sind aber gewachsen, auch in Livorno. Wirklich »in« ist heute das *Ristorante La Banditella – da Cappa* im Vorort Ardenza. Nur wird dort auch nicht gerade kreativ gekocht. Wenn man Fisch will, wird man gefragt »gegrillt oder gekocht?« und wenn man dann sagt »weder noch, ich will ihn mit Liebe zubereitet«, dann wird der Chef nachdenklich und das Ergebnis ist, daß man den Fisch *alla livornese* serviert bekommt. Immerhin: es wird nur absolut frischer Fisch zubereitet. Und als die Fischer neulich wegen stürmischer See nicht hinausfahren konnten, gab es überhaupt keinen Fisch. Das ist anerkennenswert. Dennoch: Wenn ich schon in Ardenza bin, kann ich auch noch die 50 Kilometer nach San Vincenzo zurücklegen und in Fulvio Pierangelinis *Gambero Rosso* essen. Da muß ich nicht einmal mehr bezahlen als bei *da Cappa*.

Und die Provinz Grosseto? Sie ist kulinarisch wenig erschlossen. Ein Lichtblick findet sich in

Istia d'Ombrone (7 Kilometer von der Stadt Grosseto, 5 Kilometer von Roselle), einem altertümlichen Dorf, in dem auffallend viele Katzen rumlaufen: *Ristorante Il Terzio Cerchio*. Der Name spielt auf Dantes »Dritten Kreis der Hölle« an, es ist aber ein neu renoviertes freundliches und gepflegtes Restaurant, mit einer durch gute Einfälle aufgelockerten regionalen Küche. Empfehlenswert ist vor allem das aus zahlreichen Gängen bestehende Menu. Es wird zu einem überraschend geringen Preis serviert. Kleine, aber ordentliche Auswahl von Weinen.

Am Ende dieses Streifzuges durch die besten Restaurants der Toskana können wir sagen, daß wir eine große Vielfalt gefunden haben, selbst im Rahmen dessen, was traditionellerweise mit »toskanische Küche« bezeichnet wird. Es ist weit mehr als die Ribollita- oder Aufwärmküche, auf die zur Bequemlichkeit neigende Restaurateure es gerne reduziert hätten. Zugleich haben wir immer wieder von einer Bedingung gesprochen, die allen diesen Restaurants gemeinsam ist, so daß sie zu »natürlich« erscheint, um überhaupt wahrnehmbar zu sein: Es wird Wein serviert, bzw. alkoholische Getränke überhaupt. Das erschien so selbstverständlich, daß es nicht als etwas erkennbar wurde, was wir selbst vorausgesetzt haben, dabei sind es von Pisa allenfalls zwei Flugstunden in Länder, in denen der Genuß und die Beschäftigung mit Wein und anderen alkoholischen Getränken bestraft wird, und zwar in einer Weise, die uns abscheulich erscheint. »Natürlich!« werden Sie jetzt vielleicht sagen, »aber das ist doch eine andere Kultur und hat nichts mit dem Thema zu tun«. Bleiben wir also beim Thema, beschränken wir uns auf das Thema und damit ist alles gut. Beschränkung gibt Sicherheit! Beschäftigen wir uns mit den inneren Details und vergessen darüber die Details der Zusammenhänge, in denen das steht, wovon die Rede ist. Aber ist nicht die ganze Zeit über von Kultur die Rede gewesen? Und gehören die Zusammenhänge, in denen eine Kultur steht, nicht ebenfalls zu den Details, von denen Leonardo in dem Satz spricht, welcher dem Buch vorangestellt ist? Nun, man kann einwerfen, daß doch alles so klar gewesen sei, warum jetzt die Klarheit in Frage stellen? Hauptsache der Wein ist gut! Oder ist gerade der Zustand in dem alles klar erscheint, der Moment, in dem man unruhig werden und sich fragen sollte, was los ist?

Epilog

Noch einmal: Toskana und kein Ende

Der Aufschub des Urteils ist Ausdruck unendlicher Hoffnung.
(Scott F. Fitzgerald, *The Great Gatsby*)

Ernest Hemingway hat in seinem Stierkampf-Guide *Tod am Nachmittag* geschrieben, es gebe zwei Arten von Guide-Books, solche, die man vorher lesen und solche, die man nachher lesen müsse. Dieser Führer in die Toskana läßt sich nicht derart einordnen. Gewiß, man sollte ihn vorher lesen. Doch wer ihn nach einer Reise in die Toskana liest, wird vielleicht feststellen, daß ihm manches entgangen ist. Und spätestens dann steht er wohl erneut vor einer Reise in die Toskana.

Die Toskana ist kein Museum. Und sie ist kein Erholungspark. Die Toskana wirkt immer weiter, bis in unsere Zeit und weit darüber hinaus. Das, was in der Toskana vor einigen Jahrhunderten aufgebrochen ist, kann nie mehr ganz ausgelöscht werden. Wir werden immer wieder neu aufbrechen, aus dem Herzen der Toskana, jenes Landes, das die Kraft dazu gibt, mehr als jedes andere sonst. Und letztlich ist es jedesmal ein Aufbruch des eigenen Herzens. Immer wieder aufs neue. Und damit wohl auch immer wieder ein Abenteuer. Jeder Aufbruch ist ein Abenteuer. Das Neue steht immer im Konflikt mit dem Vorhandenen, es wird immer aus Zweifel geboren. Es bedarf der Kraft und behutsamen Hand eines Leonardo. Dort wo etwas mit Pauken und Trompeten auftritt und alle behaupten, daß es neu ist, da zieht meist die Nacht herauf, die Gewißheit von vorgestern. Vom Herkömmlichen und gesichert Vorhandenen aus betrachtet, wirkt das Neue immer falsch. das dürfen wir nie vergessen. Das wirklich Neue läßt sich nicht vom Vorhandenen ableiten. Aber was heißt »Das Neue«? Das, was heute neu ist, wird morgen alt sein, erstarren und zerstörerisch wirken. Lebendig ist mehr als neu. Mein Urteil von heute ist mein Vorurteil von morgen. Das, dessen wir gewiß sind, ist ja eben das, was zum Vorurteil wird, zu dem Urteil, von welchem wir alles andere ableiten. Das Wort »Vorurteil« könnte auch eine andere Bedeutung bekommen. Es könnte sich auf das Urteil beziehen, das man gefällt hat, bevor man wieder ein Urteil fällt. In diesem Sinne würde sich jedes Urteil sehr schnell in ein Vorurteil verwandeln, in ein vorangegangenes Urteil nämlich, das nicht mehr gilt. Dabei muß es ja nicht jedesmal ein neues Ergebnis haben.

Aber ich habe wohl genug gesagt. Und hoffentlich habe ich nicht zuviel gesagt, denn das ist wohl das Unverzeihlichste. Aber Worte sind wie Bilder, sie weisen lediglich auf etwas hin. Was man ablehnt oder was einen empört, sollte man untersuchen. Und was man akzeptiert und zu glauben bereit ist, sollte man erst recht untersuchen. Untersuchen ist stets mehr als wissen.

Nur eines noch: Das Schlimme an jeder vollkommenen Täuschung ist, daß man sie nicht als Täuschung wahrnimmt, nicht erkennt. Es ist wie mit völligem Vergessen: Man weiß nicht, daß man vergessen hat. Allenfalls ist absolute Gewißheit ein Zeichen dafür, daß man in die Falle einer Täuschung gegangen ist. Solange man offen ist und die ganze Fülle der Möglichkeiten wahrnimmt, kann sich niemals Gewißheit einstellen. Nur in der Täuschung kann man etwas erleben, was einem als vollkommene Eindeutigkeit erscheint. Und daran kann uns vielleicht gerade die Toskana immer wieder erinnern. Dort haben Männer wie Leonardo, Uccello, Galilei entscheidende Schritte gemacht, die uns geholfen haben, dem trügerischen Licht der Täuschung zu entrinnen.

Darum: Auf Wiedersehen in der Toskana!

Anhang

Inhaltsverzeichnis

Geschichtlicher und kunstgeschichtlicher Überblick 243

Liste der erwähnten Liebhaber-Hotels und Liebhaber-Restaurants 253
- A) Auf dem Wege in die Toskana 254
- B) In und um Florenz 258
- C) In und um Siena 263
- D) Maremma, Pisa, Lucca, Livorno und Umgebung 267

Ferienwohnungen 271

Wein und Weingüter 271

Einkaufstips 273

Die wichtigsten Galerien, Museen, Palazzi und Kirchen 275

Naturschutzparks 277

Reisetips 277
- Planung und Vorbereitung 277
  - Wahl des Reisetermins 277
  - Reservierungen 278
  - Einreisepapiere 278
  - Benzingutscheine 278
  - Devisen 278
  - Kleidung 279
  - Verkehrsverhältnisse und Straßenzustand 279
  - Auskünfte 279
- Anreise 279
  - Entfernungen 279
  - Die wichtigsten Anreisestrecken 279
  - Grenzübergänge 280
  - Pannenhilfe in Italien 280
  - Anreise mit Bahn oder Flugzeug 280
- Aufenthalt 280
  - Autowerkstätten 280
  - Banken und Geldwechsel 280
  - Feiertage 280
  - Fundbüros 281
  - Geld 281
  - Geschwindigkeitsbegrenzungen 281
  - Konsulate 281
  - Läden 281
  - Parken 281
  - Post 282
  - Sicherheit 282
  - Streiks 282
  - Tabakwaren 283
  - Tanken 283
  - Telefon 283
  - Trinkgelder 283
  - Versicherung 284
  - Wandern 284
  - Zeitungen 284
  - Zoll 284

Erwähnte und empfehlenswerte Literatur 285

Kartenmaterial 289

Ortsregister 290

Personen- und Sachregister 293

Geschichtlicher und kunstgeschichtlicher Überblick

Größere Aussagekraft als die Aufzählung von Ereignissen mit den dazugehörigen Jahreszahlen hat die Gegenüberstellung der Ereignisse in der Toskana mit gleichzeitigen Ereignissen in der übrigen Welt. Dabei bleibt diese Gegenüberstellung auf die für das Buch besonders relevante Zeit begrenzt, also die Blütezeit der Toskana ca. 1250-1650. Die Zeit davor und die Zeit danach werden kurz zusammengefaßt dargestellt.

Im Altertum wurde die Toskana vorwiegend von den Etruskern bewohnt. Ihre Hochblüte hatten sie zwischen 800 und 600 v. Chr. Später geriet das Gebiet mehr und mehr unter römische Oberhoheit, bis es um 280 v. Chr. völlig von den Römern beherrscht wurde. Florenz ist eine Gründung Caesars (59 v. Chr.). Nach dem Zerfall des Römischen Reiches geriet das Land unter wechselnde Herrschaften, bis die Toskana 774 von Karl dem Großen zu einer fränkischen Provinz gemacht wird, die unter der Verwaltung von Markgrafen steht. Nach einer verhältnismäßig ruhigen Zeit zerfällt die Macht der Markgrafen der Toskana mit dem Tode der Markgräfin Mathilde von Tuszien (1115). Danach gerät die Toskana in den langwierigen Streit zwischen den Päpsten und den deutschen Kaisern.

Innerhalb der Toskana grenzen sich einige städtische Zentren (Florenz, Siena, Pisa, Lucca etc.) immer mehr gegen die ländliche Umwelt ab. Diese Stadtstaaten bekriegen sich unter stets wechselnden Koalitionen und Vorherrschaften ständig und heftig.

Florenz gewinnt dabei schließlich die größte Macht.

Jahr	Toskana	Weltgeschehen
1077		Kaiser Heinrich IV. geht nach Canossa, um vor dem Papst Buße zu tun.
1080	Kaiser Heinrich IV. gewährt der Stadt Lucca eine autonome Verfassung, die später zum Vorbild für die Verfassungen anderer Städte der Toskana wird.	
1200	Großwebereien in Florenz.	
1229		Kaiser Friedrich II. unternimmt Kreuzzüge ins Heilige Land und läßt sich zum König von Jerusalem ausrufen. Er läßt Kirchengegner und Ketzer töten.
1250	Verfassung von Florenz.	
1265-1273		Thomas von Aquin (1225-1274) schreibt sein Hauptwerk *Summa theologica*. Er erneuert und festigt die auf Aristoteles gegründete Scholastik und damit die christlich-mittelalterliche Glaubens- und Denkordnung.
1265	Dante Alighieri wird in Florenz geboren.	
1266	Giotto di Bondone, der später berühmte Maler und Architekt, in Vespignano bei Florenz geboren.	
1267		Der englische Naturforscher und Theologe Roger Bacon (1219-1294) vollendet sein Hauptwerk *Opus manius*. Er führt erstmals in Europa die Experimental-Wissenschaft ein.
1271		Der italienische Kaufmann Marco Polo reist in den Nahen Osten und von dort nach China.
1280	Baubeginn des Doms von Siena.	
1280 ca.	Cimabue malt die *Thronende Madonna mit Kind und Engeln* (Uffizien)	
1284	Seeschlacht bei Meloria: Die große Seemacht der Republik Pisa wird durch Genua entscheidend geschlagen. Ihr Niedergang beginnt.	
1293	Bürgerregierung in Florenz.	
1296	Baubeginn des Doms von Florenz.	

Jahr	Toskana	Weltgeschehen
1299		Die Kanarischen Inseln werden durch Seefahrer aus Genua entdeckt.
1302	Im Zuge der politischen Ereignisse wird Dante aus Florenz verbannt.	
1310 ca.	Giotto vollendet *Thronende Madonna mit Kind und Engeln* (Uffizien).	
1311	Dante beginnt im Exil die Arbeit an seinem großen Epos *Die göttliche Komödie*. Er schreibt nicht, wie bis dahin üblich, in Latein, sondern in der italienische Alltagssprache.	
1311	Duccio malt seine *Thronende Madonna* (*Maestà*) für den Dom von Siena (Dommuseum).	
1322		Der Arbeiteraufstand in Flandern unterliegt der vereinten Macht von Kirche und Adel.
1324		Wilhelm von Occam (um 1285-1347 / 49), englischer Theologe und Philosoph, Begründer des Nominalismus und Förderer der wissenschaftlichen Logik, wird der Irrlehre angeklagt und exkommuniziert, kann aber entfliehen.
1326		Entstehung der Manessischen Handschrift, einer Sammlung deutscher Minnelieder.
1328	Herzog Karl von Kalabrien Herrscher von Florenz.	
1330		Am französischen Hof beginnt sich die Gabel als Eßgerät durchzusetzen.
1337	Florenz kauft Arezzo.	
1338	Simone Martini malt seine *Verkündigung* (Uffizien).	
1342	Gualtieri di Brienne, Herzog von Athen, herrscht in Florenz.	
1344	Schuldner – vor allem der König von England – verweigern Rückzahlungen und verursachen Bankzusammenbrüche in Florenz.	

Jahr	Toskana	Weltgeschehen
1347		Bund der deutschen Hanse verstärkt seinen Einfluß zur Sicherung von Handelsvorteilen.
1347		Cola di Rienzi versucht ein geeintes Italien zu schaffen.
1348	Die Pest in Florenz. Die Bevölkerungszahl sinkt von 120.000 auf 40.000.	
1350	»Schiefer Turm« in Pisa vollendet.	
1353	Der Toskanische Dichter Boccaccio (1313-1375) vollendet sein *Decamerone*, eine Sammlung sinnenfroher Novellen. Mit diesem Werk gibt er der modernen Novellistik entscheidende Impulse. Auch Boccaccio schreibt italienisch und nicht wie bislang üblich in Latein.	
1354	San Gimignano kommt unter die Herrschaft von Florenz.	
1355		Karl IV. wird zum Deutschen Kaiser gekrönt. Er gibt die Herrschaft in Italien auf.
1375	Die Bank der Medici wird mehr und mehr zu einer der führenden Banken in Florenz.	
1377		Baubeginn des Ulmer Münsters.
1378	Gewerkschaft in Florenz.	Kirchenschisma: Zwei Päpste, der eine in Rom, der andere in Avignon.
1382	Auflösung der Gewerkschaft in Florenz.	
1389		Die Türken dringen bis nach Serbien vor.
1390		Chaucer schreibt seine *Canterbury Tales*. Er schreibt englisch und nicht das bis dahin übliche Latein.
1400		Aufstieg Nürnbergs zur führenden deutschen Handelsstadt.
1402		Gründung der ersten deutschen Bank in Frankfurt am Main.
1406	Eroberung Pisas durch Florenz.	
1410	Brunelleschi entdeckt die Konstruierbarkeit der Perspektive.	

Jahr	Toskana	Weltgeschehen
1415		Der böhmische Reformator Jan Hus wird als Ketzer verbrannt.
1419		Ausbruch der als Hussitenkriege bekannten Glaubenskriege.
1421	Giovanni di Bicci de' Medici begündet die Vormachtstellung des Hauses Medici in Florenz.	
1429	Cosimo der Alte wird Führer der florentinischen Volkspartei.	Jeanne d'Arc (die Heilige Johanna) verhilft Karl VII. von Frankreich zum Sieg über die Engländer und zur Krönung.
1431		Die später von der Kirche heiliggesprochene Jeanne d'Arc wird als Ketzerin und Zauberin auf dem Scheiterhaufen verbrannt.
1433	Cosimo der Alte wird aus Florenz verbannt.	
1434	Cosimo der Alte kehrt nach Florenz zurück und wird Herr der Stadt.	Nikolaus von Kues, deutscher Theologe und Philosoph, spricht von der Kugelgestalt des Planeten Erde.
1436	Brunelleschi vollendet die technisch bahnbrechende Kuppel des Doms von Florenz.	
1436	Leon Battista Alberti (1404-1472), bahnbrechender Architekt, umfassender Wissenschaftler und Schriftsteller, verfaßt sein *Della pittura*, die erste Theorie der Malerei.	
1450	Paolo Uccello malt *Die Schlacht von S. Romano*	
1455 ca.		Druck der 42zeiligen Gutenberg-Bibel.
1469	Lorenzo der Prächtige wird Herr von Florenz. Unter diesem Medici erreicht Florenz den Gipfelpunkt seiner geistigen Blüte.	Die Hanse führt Seekrieg gegen England
1470	Mehr und mehr setzt sich die Sprache der Toskana als Schriftsprache in ganz Italien durch.	

Jahr	Toskana	Weltgeschehen
1478		Der flämische Maler Hugo van der Goes (ca. 1435 bis 1482) vollendet seine *Anbetung*, den sog. *Portinari-Altar* (Uffizien).
1479	Leonardo da Vinci malt *Die Anbetung der Könige* (Uffizien).	
1483		Isabella von Kastilien, die Königin von Spanien, fördert in religiöser Unduldsamkeit die Heilige Inquisition und damit die Verfolgung und Tötung von Ketzern und Juden.
1484		Papst Innozenz VIII. löst mit seiner Bulle gegen Zauberei und Hexerei weithin Hexenverfolgungen aus.
1486	Pico della Mirandola lädt die gelehrte Welt zur Diskussion seiner Thesen nach Florenz ein.	
1487		Bei der Einweihung eines Tempels der Azteken (der mexikanischen Urbevölkerung) werden in Tenochtítlan 62.000 Menschen blutig geopfert.
1489	Der Dominikanermönch Girolamo Savonarola tritt als Bußprediger gegen die glanzvolle wissenschaftliche, künstlerische und materielle Entwicklung in Florenz auf.	
1492	Lorenzo der Prächtige stirbt. Der Einfluß Savonarolas wächst mehr und mehr. Die Platonische Akademie in Florenz wird aufgelöst.	Der Genuese Christoph Kolumbus entdeckt in spanischen Diensten Amerika.
1494	Vertreibung der Medici aus Florenz. Savonarola übernimmt die Herrschaft, er will die strenge christliche Ordnung mit allen Mitteln wieder einführen. Junge fanatisierte Garden führen Verfolgungen, Bilderstürmereien und Bücherverbrennungen durch. Französische Truppen dringen in Florenz ein. Florenz verliert Pisa.	
1495		Beginn der Reichsreform auf dem Reichstag in Worms.
1496	Konflikt Savonarolas mit dem Papst.	

Jahr	Toskana	Weltgeschehen
1497	Savonarola wird exkommuniziert.	
1498	Savonarola wird auf der Piazza della Signoria in Florenz verbrannt.	Vasco da Gama entdeckt den Seeweg nach Indien um das Kap der Guten Hoffnung herum.
1504	Michelangelo vollendet seinen *David*	Albrecht Dürer (1471-1528), deutscher Maler und Grafiker, schafft seinen berühmten Adam-und-Eva-Stich.
1508	Leonardo schreibt seinen *Trattato della Pittura (Traktat über die Malerei)*.	
1509	Florenz unterwirft Pisa erneut.	Heinrich VIII. wird König von England.
1512	Rückkehr der Medici nach Florenz. Niccolò Machiavelli, seit 1498 Sekretär des florentinischen Rats der Zehn, verliert diesen Posten.	
1513	Machiavelli veröffentlicht sein berühmtes Werk *Il principe* (*Der Fürst*).	
1514		Das Haus Fugger beherrscht den Ablaßhandel.
1515		Franz I. König von Frankreich. Er beginnt mit der Wiedereroberung Italiens.
1517		Martin Luther (1483-1546), deutscher Reformator, schlägt seine 95 Thesen über den Ablaßhandel an der Schloßkirche zu Wittenberg an.
1522		Luther vollendet seine Übersetzung der Bibel. Paracelsus (1494-1541), Arzt und Philosoph, wird Professor in Basel.
1527	Die Medici werden erneut aus Florenz vertrieben.	
1528		Albrecht Altdorfer (1438-1480) malt *Die Alexanderschlacht*.
1529		Die Türken belagern Wien.
1530	Die Stadt Florenz wird von kaiserlichen Truppen belagert.	
1531	Erneute Rückkehr der Medici nach Florenz.	
1532	Florenz wird zum Herzogtum erhoben.	

Jahr	Toskana	Weltgeschehen
1534		Ignatius von Loyola gründet den Jesuiten-Orden. Die englische Kirche trennt sich von Rom.
1537	Cosimo I. wird Herzog von Florenz. Er bemüht sich, die durch Savonarola gestörte Blüte und den Glanz der Stadt wiederherzustellen.	
1538		Tizian malt *Die Venus von Urbino* (Uffizien).
1541		Der Reformator Johannes Calvin führt in der Stadt Genf strengste Kirchenzucht ein. Katholische Gottesdienste werden untersagt.
1543		Nikolaus Kopernikus (1473-1543), Astronom und Begründer des heliozentrischen Weltbildes, veröffentlicht sein *De revolutionibus orbium coelestium* (*Über den Umlauf der Himmelskörper*).
1547	Livorno wird Freihafen.	
1549	Giorgio Vasari (1511-1574), Maler, Architekt und Schriftsteller, schreibt seine *Vite de' piu eccellenti pittori, scultori ed architteti italiani* (Lebensbeschreibungen der italienischen Künstler). Er wird damit zu einem der Begründer der Kunstgeschichte.	
1555	Herzog Cosimo I. erobert Siena.	Durch zahlreiche Tötungen und Verbannungen von Gegnern setzt sich Calvin in Genf endgültig durch.
1558		Elisabeth I. wird Königin von England.
1559	Siena fällt an Florenz.	
1560		Caterina de' Medici, Königin von Frankreich, übernimmt nach dem Tod ihres Sohnes Franz II. die Regentschaft.
1569	Die Toskana wird vom Papst zum Großherzogtum erhoben. Die Medici werden Großherzöge der Toskana.	

Jahr	Toskana	Weltgeschehen
1572		In Frankreich werden in der Nacht zum 24.8. weit über 20.000 Menschen ermordet, weil sie Protestanten oder Calvinisten (Hugenotten) sind. Dieses Ereignis ist unter der Bezeichnung »Bartholomäusnacht« in die Geschichte eingegangen.
1574	Cosimo I. stirbt. Francesco I. wird Großherzog der Toskana.	
1582	Gründung der ersten Sprachakademie, der Accademia della Crusca, in Florenz.	
1587	Ferdinando I. wird nach dem Tode seines Bruders Francesco I. Großherzog der Toskana.	Elisabeth von England läßt ihre Rivalin Maria Stuart hinrichten
1588		Philipp II. von Spanien sendet seine Flotte gegen England. Die spanische Armada wird von der englischen Flotte unter Sir Francis Drake vernichtend geschlagen.
1600		Giordano Bruno (1548-1600), italienischer Philosoph, wird nach siebenjähriger Haft durch die Inquisition verbrannt.
1601		William Shakespeare (1564-1616) schreibt seine große Tragödie *Hamlet*.
1604	Galilei, florentinischer Wissenschaftler, erforscht die Bewegungsgesetze.	
1609		Johannes Kepler (1571-1630), deutscher Astronom und Mathematiker, veröffentlicht seine *Astronomia nova*, in der die ersten beiden Gesetze der planetarischen Bewegung enthalten sind.
1612	Das erste Wörterbuch der Alltagssprache wird von der florentinischen Accademia della Crusca herausgegeben.	
1615	Galilei wird von einem römischen Inquisitionsgericht zum Schweigen verurteilt.	Der niederländische Maler Peter Paul Rubens (1577-1640) malt *Kopf eines Kindes*. Er erreicht damit eine bisher in der Malerei nicht dagewesene Unmittelbarkeit und Lebendigkeit.
1620		Francis Bacon (1561-1626), englischer Philosoph und Staatsmann, veröffentlicht sein *Novum Organum*.

Jahr	Toskana	Weltgeschehen
1631		Rubens malt Helene Fourment, seine zweite Frau, in für die damalige Zeit äußerst gewagter Form.
1632	Galilei veröffentlicht seine *Discorsi*.	
1633	Galilei wird wegen der *Discorsi* erneut in Rom vor ein Inquisitionsgericht gestellt, zum Widerruf gezwungen und in seinem Haus in Arcetri bei Florenz unter Hausarrest gestellt.	
1674		In Frankreich wird Molières *Tartuffe* verboten.

Nach dem Tode Cosimos I. beginnt die politische und künstlerische Kraft der Toskana zu versiegen. 1737 stirbt der letzte männliche Nachkomme der Medici. Danach wird die Toskana habsburgisch. Diese Herrschaft dauert – unterbrochen durch das Eindringen französischer Truppen unter Napoleon Bonaparte – bis zur Gründung des Königreichs Italien, in welches die Toskana einbezogen wird. Florenz wird Hauptstadt des Königreichs, das 1861 ausgerufen wird. Der Palazzo Pitti wird die Residenz König Viktor Emanuels II. 1871 wird Rom italienische Hauptstadt.

Die von den Medici gesammelten Kunstschätze hat die letzte Medici Anna Maria Luduvica bei ihrem Tode im Jahre 1743 der Stadt Florenz hinterlassen und als Attraktion für Fremde bestimmt.

Die Geschichtstabelle spricht für sich und zeigt deutlich, daß die Toskana der Renaissance der übrigen Welt voraus war und daß in der Toskana Grausamkeiten weniger gehäuft vorkamen als anderswo in der Welt. Doch läßt sich diese Vergangenheit nicht erfassen, wenn man nicht noch eine Reihe anderer Faktoren in Betracht zu ziehen versucht, die in der Tabelle nicht enthalten sein können, weil sie damals noch nicht entstanden waren, uns heute jedoch so selbstverständlich sind, daß wir Mühe haben, sie nicht einfach stillschweigend vorauszusetzen.

Beispielsweise ist oft von der Entstehung von Büchern die Rede. Für uns sind Bücher etwas, was jedem zugänglich ist. Damals aber waren Bücher selten, und Lesen war genausowenig eine Selbstverständlichkeit wie Schreiben. Information zu erlangen war damals sehr schwierig. Und vielfältige, einander vielleicht sogar widersprechende Informationen zu erlangen, um sich ein eigenes Urteil bilden zu können, war selbst für den Interessierten kaum möglich.

Oder: Unter Reisen verstehen wir heute etwas völlig anderes als zur damaligen Zeit. Für die Menschen der westlichen Industrienationen ist Mobilität weitgehend eine Selbstverständlichkeit, in der Zeit der Renaissance war Reisen ein beschwerliches Unternehmen, etwas, das nur wenige auf sich nahmen und was sich die meisten überhaupt nicht leisten konnten, wenigstens nicht häufig oder gar regelmäßig. Das bedeutet jedoch keineswegs, daß deshalb der Kontakt zwischen den Menschen besser gewesen wäre – wie heute vielfach gedankenlos behauptet wird. Tatsächlich war die Gleichschaltung der Menschen viel größer. Kommunikation war viel stärker institutionalisiert. Sie bedeutete noch viel mehr als heute Gleichschaltung ohne Rücksichtnahme darauf, was der einzelne dabei litt. Die Gemeinsamkeit des Singens – in welcher sogar der Atem der Singenden synchronisiert wird – hatte mehr Gewicht als die Auseinandersetzung im Gespräch. Die meisten Menschen lebten weitaus betäubter – oder »in die Gemeinschaft eingebunden«, wie moderne Fundamentalisten aller Richtungen es gern ausdrücken. In dieser blinden Angewiesenheit wurzelte die Unbedingtheit des Glaubens, die auch zum Mord bereit macht. Man wollte ausrotten, was die eigene Gewißheit störte, und die uneingeschränkte Wahrheit des eigenen Glaubens beweisen. Die fanatische Gläubigkeit bezog ihre Energien aus der Angst der Menschen, die eine vermeintliche Geborgenheit zu sichern trachteten.

Die toskanische Renaissance war ein Erwachen der Menschen. Sie stellte das Gegenteil jenes »Erwachens« dar, das die Fundamentalisten aller Schattierungen meinen, wenn sie den Geist der Vergangenheit oder die »reine Lehre« wiedererwecken wollen, ganz gleich um welche Lehre religiöser, nationaler oder wissenschaftlicher Art es sich handelt. Alle diese Fundamentalisten appelieren an die Angst der Menschen, die durch Entwicklung und das Zutagetreten immer neuer Möglichkeiten erschreckt sind. Angesichts einer Fülle von Möglichkeiten – also eben der größeren Bewußtheit, nach der heute so viele Menschen rufen – entstehen Zweifel. Wer zuvor in Eindeutigkeit gelebt hat, dem fällt es schwer, mit dem Zweifel zu leben, er benötigt Zeit, um die neue Lage zu meistern. In dieser kritischen Zeitspanne liegt die Chance der Savonarolas und der Bußprediger aller Zeiten, die immer wieder das alte Maß setzen, um neue Schuldige zu erzeugen. Sie verstehen es, sich die Angst der Menschen zunutze zu machen. In diesem Bereich liegt immer aufs neue die Bedrohung. Und wir haben in diesem Jahrhundert genug Savonarolas aller Schattierungen gehabt und sie haben mehr gemordet und mehr zerstört als jemals zuvor.

Liste der empfohlenen Liebhaber-Hotels und Liebhaber-Restaurants

Bei der Benutzung bitte beachten:

Die angeführten Häuser sind im Hauptteil des Buches ausführlich beschrieben. Hinter dem Namen befindet sich in Klammern die Seitenzahl der Beschreibung.

Alle Preise sind Inklusiv-Preise und enthalten Bedienung und IVA (italienische Mehrwertsteuer).

Die Hotelpreise gelten für Zimmer mit Bad oder Dusche und WC, jeweils pro Person und Nacht. Frühstück ist nicht inbegriffen.

Die Restaurantpreise sind pro Person, einschließlich Coperto (Gedeck), Bedienung, IVA (Mehrwertsteuer), einem Wein der zugleich gut und preiswert ist, sowie Espresso

Vorbemerkung zu den Preisen: Die Zimmerpreise sind in Italien behördlicher Kontrolle unterworfen und müssen genehmigt sein. In der Rezeption muß die amtlich genehmigte Tabelle aller Zimmer mit den dazugehörigen Preisen vorhanden sein. Wenn sie nicht sichtbar ist, kann der Gast verlangen, daß sie ihm gezeigt wird. Wenn einem Gast höhere Preise berechnet werden als in der behördlichen Tabelle angegeben und der Hotelier die Reklamation ablehnt, kann man sich an die zuständige »Ente Provinziale per il Turismo« wenden. Die Frühstückspreise unterliegen nicht der Kontrolle, auch die Speise- und Getränkepreise nicht. Der Frühstückspreis darf nur berechnet werden, wenn der Gast ausdrücklich Frühstück verlangt hat.

Ein guter Rat: Auch kontrollierte Preise sind leider nicht billig. Man sollte sich eine Liebhaber-Reise in die Toskana dadurch nicht vergällen lassen. Geschickte Einteilung ist die beste Form von Sparsamkeit. Wer mehrere Wochen Zeit für die Toskana hat, tut vielleicht gut daran, eine Ferienwohnung oder ein Ferienhaus in der Provinz zu mieten und seine Besuche in den Städten von dort aus zu machen. Zwar sind die Mieten auch nicht gerade niedrig, aber man kann sich dann einen Teil der Mahlzeiten selbst bereiten, und das ist allemal billiger als das Essen im Restaurant. Auch darin liegt eine Begegnung mit der Lebensweise des Landes: Toskanisch einkaufen und selbst toskanisch kochen. Mahlzeiten im Restaurant kann man dann zum Fest machen und umso intensiver genießen. Und noch ein Tip: in den meisten guten Lebensmittelgeschäften, auch oder gerade auf den Dörfern, kann man sich einen Sandwich machen lassen. Vielleicht ein frisches toskanisches Brötchen mit einer frisch abgeschnittenen großen Scheibe Mortadella. Das kostet nicht viel und macht auch mal Spaß. Man kann damit zur nächsten Bar gehen und sich einen Cappuccino dazu bestellen, dabei muß man ja nicht am Tresen stehen bleiben, sondern kann am Tisch Platz nehmen, auch wenn der Preis für den Cappuccino dann höher ist als am Tresen. Das kann durchaus eine Mahlzeit ersetzen und zugleich Liebhaber-mäßig sein. Als Liebhaber reisen, heißt vor allem, nicht immer das Gleiche tun. An einem anderen Tag genießt man dann die Kultur eines der Spitzenrestaurants wieder umso mehr.

Und eine Bitte: Wenn Sie reserviert haben, egal ob ein Zimmer oder einen Tisch, und dann nicht kommen können, sagen Sie so früh wie möglich ab. Dann bleibt Ihr Platz nicht leer, sondern ein anderer Gast kann ihn einnehmen und ist vielleicht froh deshalb. Beim nächsten Mal profitieren dann Sie vielleicht vom derart überlegten Verhalten Anderer. Denken Sie dabei auch an den Restaurateur, Sie erwarten von ihm, daß er Ihnen den Tisch frei hält, er muß aber auch sicher sein können, daß Sie kommen, denn sonst ist das für ihn ein Verlust an barem Geld. Gerade in den oft relativ kleinen und besonders gastlichen Spitzenrestaurants ist der Restaurateur darauf angewiesen, daß er sich auf Sie verlassen kann.

Alle Angaben sind unverbindlich.

A) *Auf dem Wege in die Toskana*

1. *Im Bereich der Strada del Sole zwischen Mailand und Bologna (Strada del Gourmet)*

Cassinetta di Lugagnano (MI) | 320 km bis Florenz

Antica Osteria del Ponte (S. 59)
Piazza G. Negri 9, Tel. 02/9 420 034
Küche: 12.30–14.00, 20.00–22.00.
Geschlossen: Sonntag und Montag,
Monat August und 24. Dezember–7. Januar
Unbedingt vorbestellen. Parken: problemlos.
Menu Lit. 75.000, carta 65/85.000
Kreditk.: American Expr.
Anfahrt: Autobahn Tangenziale/Ovest = West. Das ist der Teil der Stadtumfahrung Milano, welcher die A 9 – von Chiasso-Como – mit der A 1 (*Strada del Sole*) verbindet, bis zur Ausfahrt Lorenteggio, nach der Ausfahrt rechts einbiegen in die S.S. 494 bis Abbiategrasso, dort an der Piazza Castello nach rechts einbiegen in Richtung Cassinetta, der Straße folgen, bis man die alte Brücke mit der schönen Heiligenstatue erreicht.
Anmerkung: An der Piazza Castello in Abbiategrasso befindet sich das Hotel *Italia* (Tel.: 02/9 462 871), dort kann man bequem übernachten. Lire 35.000 pro Person.

Imola (BO) | 110 km bis Florenz

Ristorante San Dommenico (S. 64)
Via Sacchi 1, Tel.: 0542/29 000
Küche: 12.30–14.30, 20.00–22.00.
Geschlossen: Montag.
Unbedingt vorbestellen.
Parken: Man findet immer eine Möglichkeit.
Menu Lit. 80.000 Carta 60/90.000
Kreditk. American Expr., Diners. Visa.
Relais et Chateaux
Anfahrt: Von der *Strada del Sole* bei Borgo Panigale abzweigen in Richtung A 14 (Autobahn-Rimini-Ancona), auf der A 14 bis zur Ausfahrt Imola (27 km, nachdem man über die Tangenziale von Bologna die A 14 erreicht hat). Nach der Zahlstelle in die große Straße (S.S. 9) links einbiegen, immer geradeaus bis zur ersten Ampel, dort dann halblinks, es folgt gleich wieder eine Ampel, geradeaus weiter bis zur bald folgenden dritten Ampel, wieder geradeaus, von nun an den Wegweisern »Ristorante San Domenico« folgen bis zur ersten Grünanlage, an welcher sich das Restaurant befindet.
Anmerkung: Einige Minuten entfernt befindet sich das Hotel *Olimpia* (Via Pisacane 69, Tel.: 0542/35 830, Telex 216 006) dort kann man angenehm übernachten Lit. 40/45.000 pro Person.

Maleo (MI) | 235 km bis Florenz

Ristorante Il Sole (S. 60)
Via Trabattoni 22, Tel: 0377/58 142
Küche: 12.30–14.00, 20.00–22.00.
Geschlossen: Sonntagabend, Montag, Januar und August.
Unbedingt vorbestellen. Parken: problemlos.
Carta Lit. 36/50.000
Piatto del Buon Ricordo
Anfahrt: Autobahnausfahrt Piacenza Nord, dann über Codogna nach Maleo.

Milano | 300 km bis Florenz

Ristorante Gualtiero Marchesi (S. 56)
Via Bonvesin de la Riva 9, Tel: 02/741 246
Küche: 12.30–14.30, 20.00–23.00.
Geschlossen: Sonntag und Montagmittag,
im Juli auch Samstag, Monat August,
sowie 1.–7. Januar und 1.–7. April
Vorbestellung ratsam. Parken etwas schwierig.
Menu Lit. 105.000, Carta Lit. 80/100.000.
Kreditk.: Amerikan Expr.
Relais et Chateaux
Anfahrt: Von der Tangenziale West fährt man nicht in Richtung Bologna auf die A 1 (*Strada del Sole*), sondern in der Gegenrichtung (Milano-Flugplatz Lainate–Autobahn Venedig), und fährt dann die Tangenziale Est (Ost) bis zur Ausfahrt Via Forlanini, dann stadtwärts die große Straße immer geradeaus – der Straßenname ändert sich von Via Forlanini in Viale Corsica und in Corso XXII. Marzo – bis zur Piazza Santa Maria di Suffragio, dort gleich rechts einbiegen, an der Kirche vorbei gelangt man in die Via Bonvesin de la Riva, Nummer 9 befindet sich ziemlich am Ende dieser Einbahnstraße.
Anmerkung: Zur Übernachtung empfiehlt sich das in der Nähe gelegene Hotel Vittoria, Via Pietro Calvi 32, Telefon: 02/79 36 95. Lit. 40.000 pro Person. Oder Motel Agip del Sole an der Autobahn, Tel.: 02/51 29 41.

Modena | 130 km bis Florenz

Ristorante Fini (S. 53)
Largo San Francesco, Tel.: 059/233 314
Küche: 12.00–14.30, 19.30–23.00.
Geschlossen: Montag, Dienstag,
August und 24.–31. Dezember.
Parkplatz: vorhanden, aber oft überfüllt.
Carta Lit. 37/48.000.
Kreditk.: Amerikan Expr., Diners, Visa.
Anfahrt: Auf der *Strada del Sole* bis Ausfahrt Modena Nord, an der Ampel nach der Zahlstelle geradeaus die Tangenziale und dann Richtung *centro*.
Anmerkung: Ausgezeichnet übernachten kann man im Hotel Real Fini, Via Emilia Est 441, Tel. 059/ 23 80 91. Lit. 65.000–70.000 pro Person.

Noceto (PR) | 210 km bis Florenz

Ristorante Aquila Romana (S. 62)
Via Gramsci 6, Tel.: 0521/623 98
Küche: 12.30–14.00, 20.00–22.00.
Geschlossen: Montag, Dienstag und vom
15. Juli – 15. August.
Unbedingt vorbestellen.
Parken: In der Umgebung, aber ohne Probleme.
Menu Lit. 30.000, Carta Lit. 25/35.000.
Kreditk.: Diners.
Anfahrt: Von der *Strada del Sole* abzweigen auf die A 15 (Autobahn nach La Spezia), dann gleich bei der ersten Ausfahrt (Parma industriale) die Autobahn verlassen, ein kurzes Stück auf der S.S. 9 in Richtung Fidenza, nach kurzer Fahrt dem Wegweiser »Noceto« folgend links abbiegen. Das Restaurant liegt zentral und an der Hauptstraße.

Piacenza | 260 km bis Florenz

Antica Osteria del Teatro (S. 60)
Via Verdi 16, Tel.: 0523/23 777
Küche: 12.30–14.00, 20.00–22.00.
Geschlossen: Sonntag und August.
Parken: Etwas Glücksache.
Menu Lit. 45/60.000, Carta 50/65.000.
Kreditk.: American Expr., Diners.
Anfahrt: *Strada del Sole* Autobahnausfahrt Piacenza Nord, dann die S. S. 9 in Richtung Piacenza, das Restaurant liegt im Bereich des historischen Zentrums der Stadt.

Polesine Parmense (PR) | 235 km bis Florenz

Trattoria Da Colombo (S. 61)
Ortsteil Santa Franca, Tel.: 0524/98 114.
Küche 12.00–14.00, 20.00–22.00.
Geschlossen: Dienstag, vom 1. – 20. Januar
und vom 1. – 20. Juli.
Parken: eigener Parkplatz.
Menu Lit. 37.000, Touristen Menu Lit. 23.000,
Carta Lit. 27/39.000
Anfahrt: *Strada del Sole*, Ausfahrt Fiorenzuola, dann über Mercore und Busseto nach Polesine.

Roncole Verdi (PR) | 220 km bis Florenz

Ristorante Guareschi (S. 61)
Via Processione 160, Tel.: 0524/92 495.
Außer am Samstag nur Mittags geöffnet.
Geschlossen: Freitag,
Juli und 23. Dezember bis 31. Januar.
Parken: eigener Parkplatz.
Carta Lit. 28/36.000
Anfahrt: *Strada del Sole* Autobahnausfahrt Fidenza, nach der Zahlstelle rechts in Richtung Soragna, nach den ersten Häusern von Soragna links (dem Wegweiser folgend) abbiegen, in Roncole befindet sich das Restaurant in unmittelbarer Nähe des Verdi-Geburtshauses.

Rubiera (RE) | 160 km bis Florenz

Ristorante Arnaldo-Aquila d'Oro (S. 63)
Piazza 24. Maggio 3, Tel.: 0522/62 124
Küche: 12.00–14.00, 20.00–22.00.
Geschlossen: Sonntag, Weihnachten, Ostern
und August.
Parken: Ausreichend.
Carta Lit.29/40.000
Anfahrt: Autobahnausfahrt Modena Nord, nach der Zahlstelle bei der Ampel nach rechts einbiegen, dann bis zur Abzweigung nach Rubiera.
Anmerkung: Im *Aquila d'Oro* kann man auch gut und preiswert übernachten, Lit 20.000 pro Person.

Goito (MN) 233 km bis Florenz

Ristorante Al Bersagliere (S. 67)
Via Statale Goitese 258, Tel.: 0376/60 007.
Küche: 12.30–14.00, 20.00–22.00.
Geschlossen: Montag und 5. bis 27. August.
Parken: Problemlos.
Menu Lit. 55.000, Carta Lit.35/45.000.
Kreditk.: American Expr., Diners, Visa,
Piatto del Buon Ricordo.
Anfahrt: Autobahnausfahrt Nagarole Rocca, dann links bis Mozzecane dort in Richtung Roverbella – Goito abbiegen. Das Restaurant liegt im Zentrum an der Hauptstraße (S. S. 236)

Mantova 208 km bis Florenz

Ristorante Il Cigno (S. 68)
Piazza D'Arco 1, Tel.: 0376/327 101.
Küche: 12.30–14.00, 20.00–22.00.
Geschlossen: Montag, Dienstagabend,
August, sowie die ersten 10 Tage des Jahres.
Parken: Problemlos.
Carta Lit. 37/47.000.
Kreditk.: American Expr., Diners,
Piatto del Buon Ricordo.
Anfahrt: Autobahnausfahrt Mantova Nord, dann nach Mantova, der Hauptstraße Richtung Parma bzw. Stazione folgen, bis man linker Hand Wegweiser »Palazzo D'Arco« sieht, dem man folgt.

Meran (BZ) 400 km bis Florenz

Ristorante Andrea (S. 67)
Via Galilei 44, Tel.: 0473/37 400
Küche: 12.30–14.00, 20.00–22.00.
Geschlossen: Montag, Januar, Februar
und die erste Hälfte März.
Parken: Problemlos.
Menu Lit. 60.000, Carta Lit. 45/55.000.
Piatto del Buon Ricordo.
Anfahrt: Autobahnausfahrt Bozen Süd, dann die S.S. 38 bis Meran, die Brücke überqueren, weiter geradeaus, kurz vor dem Dom links in die Via Portici einbiegen, nach etwa 300 m geht rechter Hand die Via Galilei ab.

Villa Mozart (S. 66)
Hotel und Restaurant
Via San Marco 26, Tel.: 0473/30 630.
Das Restaurant dieses ganz besonderen Hotels ist fast ausschließlich den Hotel-Gästen vorbehalten. Es entspricht dem Stil des Hauses, daß man möglichst um 20.00 zum Essen erscheint.
Das Restaurant ist nur abends geöffnet.
Geschlossen: 10. Januar bis 14. März.
Unbedingt rechtzeitig vorbestellen.
Parken: Eigener Platz.
Es gibt nur Halbpension Lit. 120.000.
Relais et Châteaux.
Anfahrt: Autobahnausfahrt Bozen Süd, dann S.S. 38 bis Meran in Richtung Zentrum bis rechter Hand die (leicht zu übersehende), Via San Marco abzweigt.

Hotels in der Nähe des Brenner

Bressano (Brixen) (BZ) 448 km bis Florenz

Hotel Elefant (S. 65)
Via Rio Bianco 4, Tel.: 0472/22 288.
Geschlossen: Januar, Februar, November, Dezember.
Geschlossener Parkplatz (Lit. 5.000).
Einzel Lit. 65.000, Doppel Lit. 65.000
pro Person einschließlich Frühstück.
Im Restaurant (Montag geschlossen) ist die Elefantenplatte interessant.
Anfahrt: Autobahnausfahrt Bressanone/Brixen, dann die Schnellstraße in Richtung Bressanone, der man folgt, bis linker Hand die Via Rio Bianco abzweigt.

Vipiteno (Sterzing) (BZ) 470 km bis Florenz

Aquila Nera – Schwarzer Adler (S. 65)
Stadtplatz 1, Tel.: 0472/64 064.
Geschlossen: 24. Juni – 4. Juli.
Eigener Parkplatz.
Einzel Lit. 30.000, Doppel Lit. 28.000
pro Person, Frühstück Lit. 5.000.
Anfahrt: Autobahnausfahrt Vipiteno/Sterzing, dann in den Ort.

Corona – Krone e Maria (S. 65)
Altstadt 31, Tel.: 0472/65 210.
Geschlossen: November.
Eigener Parkplatz.
Einzel Lit. 23.000, Doppel Lit. 28.000
pro Person einschließlich Frühstück.

Anfahrt: Autobahnausfahrt Vipiteno/Sterzing, dann in den Ort.

3. *Im Bereich der Route durch Friaul-Julisch Venetien und Venetien*

Paderno die Ponzano (TV) | 278 km bis Florenz

Ristorante Relais El Toula (S. 70)
Via Postumia 37, Tel.: 0422/96 023.
Küche: 12.30–14.00, 20.00–22.00.
Geschlossen: Dienstag.
Eigener Parkplatz.
Carta Lit. 55/60.000.
Kreditk.: American Expr., Diners, Visa,
Relais et Château.
Das Restaurant ist Teil eines zauberhaften kleinen Hotels. Doppel Lit. 100/200.000 pro Person, Frühstück 18.000.
Anfahrt: Von der Autobahn A 4 einige Kilometer vor der Ausfahrt Mestre Est auf die Autobahn in Richtung Vittoria Veneto abbiegen, bis zur Ausfahrt Treviso Nord.
Nach der Autobahnausfahrt links, nach etwa 300 Meter wieder links, nach 3 km erreicht man eine Kreuzung (in der Ortschaft Catena), an der man erneut links abbiegen muß (Straße nach Postomia), dieser Straße folgt man etwa 10 km; bei der zweiten Ampel findet man ein Schild des Hotels, es ist dann nicht mehr weit.

Treviso | 270 km bis Florenz

Ristorante Alfredo-Relais El Toula (S. 70)
Via Collalta 26, Tel.: 0422/540 275
Küche: 12.00–14.00, 20.00–22.00.
Geschlossen: Montag, 5.–25. August.
Parken: Mitunter etwas problematisch.
Carta Lit. 40/50.000.
Anfahrt: Wie nach Paderno di Ponzano, aber bereits die Autobahnausfahrt Treviso Süd benutzen, dann nach Treviso. Das Restaurant liegt im Zentrum der Stadt.

Tricesimo (UD) | 350 km bis Florenz

Antica Trattoria Boschetti (S. 69)
Piazza Mazzini 9, Tel.: 0432/851 230.
Küche: 12.00–14.00, 20.00–22.00.
Geschlossen: Sonntagabend, Montag, 5.–20. August.
Reservieren.
Parken: Reichlich.
Menu Lit. 55.000, Carta Lit.40/60.000.
Kreditk.: American Expr., Diners, Visa.
Anfahrt: Autobahnausfahrt Udine Nord, dann Schnellstraße bis zur S.S. 13, diese in Richtung Tolmezzo, nach etwa 5 km erreicht man Tricesimo.

4. *Im Bereich der A 12 (Autobahn Genua-Pisa-Livorno)*

Ameglia (SP) | 160 km bis Florenz

Locanda dell'Angelo (S. 71)
Zwischen Sarzana und Marinella, Viale XXV Aprile, Tel.: 0187/64 391.
Küche: 12.30–14.00, 20.00–23.00.
Immer geöffnet.
Parken: Reichlich Platz.
Carta Lit. 60/95.000.
Kreditk.: American Expr., Diners, Visa,
Anfahrt: A 12, Ausfahrt Carrara, nach der Zahlstelle rechts, bei der 2. Ampel wieder rechts, durch Marinella di Sarzana, bei der 2. Ampel erneut Richtung Sarazana, das Restaurant liegt linker Hand an der Straße in wenig bebautem Gelände.
Anmerkung: Zu dem Restaurant gehört ein schönes, modernes Hotel. Man kann dort sehr angenehm übernachten, Lit. 45.000 pro Person.

Leivi (GE) | 210 km bis Florenz

Ristorante Cà Peo (S. 70)
Strada Panoramica 77, Tel.: 0185/319 090.
Küche: 12.30–14.00, 20.00–22.00.
Geschlossen: Montag, Dienstagmittag, November.
Nur mit Vorbestellung!
Parken: Reichlich.
Carta Lit. 35/55.000.
Zum Restaurant gehören einige sehr schöne Ferienappartements, die man auch mieten kann, wenn man nach der Mahlzeit nur für eine Nacht bleiben will. Eine Nacht für zwei Personen Lit. 80.000.
Anfahrt: Autobahn A 12, Ausfahrt Chiavari, dann den Schildern »Leivi« folgend in die Hügel hinauf.

5. *Im Bereich der A 1 aus Richtung Rom*

Assisi (PG) | 190 km bis Florenz

Ristorante Umbra (S. 72)
Via degli Archi 6, Tel.: 075/812 240.
Küche: 12.30–14.00, 20.00–22.00.
Geschlossen: Dienstag, sowie von Anfang November bis Anfang Dezember.
Parken: Mitunter etwas schwierig.
Carta Lit. 25/33.000.
Kreditk.: American Expr., Diners, Eurocard, Visa, Piatto del Buon Ricordo.
Anfahrt: Über Assisi zu fahren bringt einen bedeutenden Umweg, den man vor allem wegen der Sehenswürdigkeiten des Ortes machen sollte. Von Rom kommend, fährt man am besten die A 1 bis zur Ausfahrt Otricoli, dann über Terni, Spoleto und Roligno.
Anmerkung: Das *Ristorante Umbra* ist mit dem gleichnamigen Hotel verbunden.
Lit. 17–20.000 pro Person.

Torgiano (PG) | 170 km bis Florenz

Locanda Le Tre Vaselle (S. 73)
Via Garibaldi 48, Tel.: 075/982 447.
Küche: 12.00–14.00, 20.00–22.00.
Immer geöffnet.
Vorbestellung ratsam.
Parkplatz reichlich.
Carta Lit. 35/45.000.
Kreditk.: American Expr., Diners, Eurocard, Visa, Relais et Château.
Das Restaurant ist Teil eines sehr angenehmen Hotels. Einzel Lit. 90.000, Doppel Lit. 70.000 pro Person (Frühstück eingeschlossen).
Anfahrt: Von Assisi aus direkt.

Lago di Corbara (TR) | 170 km bis Florenz

Ristorante Il Vissani (S. 72)
Localita Civitella del Lago, An der S.S. 448,
Tel.: 0744/950 206.
Küche: 12.30–14.00, 20.00–22.00.
Geschlossen: Mittwoch.
Nur auf Vorbestellung.
Parkplatz: Reichlich.
Menu Lit. 65/80.000.
Kreditk.: American Expr.
Zum Restaurant gehören neu ausgebaute ordentliche Zimmer, in denen man übernachten kann.
Doppel Lit. 30.000 pro Person.
Anfahrt: Autobahn A 1, Ausfahrt Orvieto, dann Straße in Richtung Rom, nach etwa sieben Kilometern links (in Richtung Todi) abbiegen, die S.S. 448 fahren, bis man linker Hand das Restaurant sieht.

B) *In und um Florenz*

a) Hotels

Anfahrtswege: Man sollte sich bemühen, den zähflüssigen Verkehr in den engen Straßen der Stadt zu vermeiden. So gesehen ist die Anfahrt über Firenze Nord für alle Liebhaber-Hotels ungünstig. Für die Mehrzahl dieser Hotels ist die Anreise über eine von zwei Standardrouten anzuraten:

Route 1: Autobahn A 1, Ausfahrt Barberino, weiter auf der meist wenig befahrenen S.S. 65 in Richtung Florenz. Bis zur turbulenten Piazza Liberta sind es rund vierzig Kilometer auf einer landschaftlich reizvollen und recht gut ausgebauten Strecke.

Route 2: Autobahn A 1, Ausfahrt Firenze Certosa, am Kreisverkehr den Wegweisern »Firenze« bzw. *centro* folgen (etwa 3 km), bis man die Via del Gelsomino fahrend die Ampel an der Kreuzung Viale del Poggio Imperiale erreicht, da gabelt sich der Weg: Geradeaus – den Hügel aufwärts – gelangt man zum Piazzale Galilei (man erkennt diesen Platz am Standbild des Galileo, das mitten auf dem großen Platz steht), und wenn man links in die Viale del Poggio Imperiale einbiegt, gelangt man zur Porta Romana (erkennbar an dem alten Tor).
Wenn nicht anders vermerkt, sind die Hotels ganzjährig geöffnet. In Klammern vor der Adresse: Die Postleitzahl. Alle Zimmerpreise gelten für Zimmer mit Bad oder Dusche und WC.

Florenz

Hotel Villa Azalee (S. 79/80)
(50123) Viale Fratelli Rosselli 44, Tel. 055/284 331.
Parken: Vor dem Hotel.
Einzel Lit. 52.500, Doppel Lit. 41.000
pro Person, Frühstück Lit. 7.500.
Anfahrt: Route 2, an der Ampel Via Gelsomino/Viale del Poggio Imperiale links einbiegen, an der Porta Romana vorbei beim Kreisel so einbiegen, daß man die Fahrt in der bisherigen Richtung fortsetzt (Viale Petrarca), im Hauptstrom des Verkehrs bleiben, die

Ponte Vittoria überqueren, hinter der großen Piazza Vittorio Veneto beginnt die Viale Fratelli Rosselli, kurz hinter der Porta Prato liegt rechter Hand das Hotel. (Rechtzeitig in die Promenadenstraße einbiegen).

Hotel Villa Belvedere (S. 79)
(50124) Via Benedetto Castelli 3, Tel.: 055/222 501.
Parkplätze auf dem Hotelareal.
Einzel Lit. 69.000, Doppel Lit. 56.000
pro Person, Frühstück Lit. 8.000.
Anfahrt: Route 2, an der Kreuzung Via del Gelsomino/Viale del Poggio Imperiale (Ampel) scharf links in die Viale L. Magalotti einbiegen, dieser gewundenen Straße folgt man, bis sie in die Via Benedetto Castelli übergeht.
Vom 1. November bis 1. März ist das Hotel geschlossen.

Hotel Villa Betania (S. 79)
(50124) Via del Poggio Imperiale 23,
Tel.: 055/220 532
Parkplätze auf dem Hotelareal.
Einzel Lit. 47.500, Doppel Lit. 30/35.000
pro Person, Frühstück Lit. 7.500.
Anfahrt: Route 2, bis zur Kreuzung Via Gelsomino/Via del Poggio Imperiale (Ampel), man muß nach links einbiegen, gleich an der Ecke ist die Einfahrt zum Hotel.

Grandhotel Villa Cora (S. 78)
(50125) Viale Machiavelli 18–20, Tel.: 055/2 298 451.
Reservieren.
Hoteleigene Parkplätze.
Einzel Lit. 195.500, Doppel Lit. 155.000
pro Person, Frühstück Lit. 14.000.
Anfahrt: Route 2, an der Kreuzung Via del Gelsomino/Viale del Poggio Imperiale geradeaus weiter bis zum Piazzale Galilei, dann links einbiegen in die Viale Machiavelli.

Hotel Villa Carlotta (S. 79)
(50125) Via Michele di Lando 3, Tel.: 055/220 530.
Parken in der ruhigen Straße oder auf dem Hof (Lit. 12.000).
Das Hotel ist vom 15. November bis 1. März geschlossen.
Einzel Lit. 110.000, Doppel Lit. 75.000
pro Person, Frühstück Lit. 15.000.
Kreditk.: American Expr., Diners, Visa.
Anfahrt: Route 2 bis zum Piazzale Galilei, dort links in die Viale Machiavelli, die Via Michele di Lando zweigt ziemlich bald links ab.

Hotel David (S. 79)
(50125) Viale Michelangelo 1, Tel.: 055/6 811 696.
Hoteleigene Parkplätze.
Einzel Lit. 65.500, Doppel Lit. 43.000
pro Person, Frühstück Lit. 8.000.
Kreditk.: American Expr., Diners, Eurocard, Visa.
Anfahrt: Route 2 zum Piazzale Galilei, dort rechts einbiegen in die Viale Galilei, vorbei am Piazzale Michelangelo immer der großen Straße folgen (jetzt: Viale Michelangelo), am Ende der Straße unmittelbar vor dem Platz, von dem aus man zur Ponte San Niccolo gelangt, liegt rechts das Hotel.

Hotel Golf (S. 79)
(50123) Viale Fratelli Rosselli 56,
Tel.: 055/ 293 088.
Hoteleigene Parkplätze.
Einzel Lit. 66/70.000, Doppel Lit. 50/55.000
pro Person, Frühstück Lit. 9.500.
Kreditk.: Diners, Eurocard, Visa.
Anfahrt: Wie Hotel Azalee, ca. 250 Meter weiter.

Hotel Villa La Massa (S. 80)
(50125) Candeli, Tel.: 055/630 051
Parkplätze auf dem Hotelareal.
Einzel Lit. 140/200.000, Doppel Lit. 120/170.000
pro Person, Frühstück Lit. 14.000.
Kreditk.: American Expr., Diners, Eurocard, Visa.
Anfahrt: A 1 Ausfahrt Firenze Sud, der breiten Straße Richtung Firenze (*centro*) folgen bis sie endet, bzw. bis man zur Viale Europa geführt wird, in die Viale Europa links einbiegen, unmittelbar vor dem Crest Hotel rechts abbiegen (Via Olanda), bis die Straße endet bzw. auf die Via Villamagna trifft, rechts einbiegen, dann immer geradeaus und schließlich den Hinweisschildern »Villa La Massa« folgen.

Hotel Park Palace (S. 79)
(50125) Piazzale Galilei 5, Tel.: 055/222 431.
Parkplätze auf dem Hotelareal.
Einzel Lit. 75/100.000, Doppel Lit. 60/80.000
pro Person, Frühstück Lit. 12.000.
Kreditk.: American Expr., Diners, Eurocard, Visa.
Anfahrt: Route 2 bis zum Piazzale Galilei.

Hotel Regency (S. 80)
(50121) Piazza Massimo D'Azeglio 3,
Tel.: 055/245 247.
Parkplätze auf dem Hotelareal.
Einzel Lit. 210.000, Doppel Lit. 140.000
pro Person, Frühstück Lit. 15.000.
Kreditk.: American Expr., Diners, Eurocard, Visa, Relais et Château.
Anfahrt: Route 1, an der Piazza della Liberta in die

große breite Viale Giacomo Matteotti einbiegen (das ist nicht die erste große breite Straße, sondern die zweite), nach knapp 1.000 Metern, kurz hinter der Piazzale Donatello, rechts abbiegen (Via Alfieri), dann fährt man direkt auf die Piazza D'Azeglio zu.

Hotel Villa Le Rondini (S. 77)
(50139) Via Bolognese Vecchia 224,
Tel.: 055/400 081.
Rechtzeitig reservieren.
Parken auf dem Hotelareal.
Einzel Lit. 48.000, Doppel Lit. 43.000
pro Person, Frühstück Lit. 8.000.
Kreditk.: American Expr., Diners, Eurocard, Visa.
Anfahrt: Route 1, kurz hinter Trespiano liegt rechter Hand an einer Straßeneinmündung der Park des Hotels. Man muß aufpassen, daß man das Schild nicht übersieht. Hotelzufahrt ist oft nur von der Seitenstraße aus geöffnet.

Hotel Royal (S. 79)
(50129) via delle Ruote 52, Tel.: 055/483 287.
Rechtzeitig reservieren!
Hoteleigene Parkplätze.
Einzel Lit. 61.500, Doppel Lit. 47.000
pro Person.
Frühstück ist im Zimmerpreis enthalten. Ohne Einbeziehung des Frühstücks werden keine Zimmer abgegeben.
Kreditk.: American Expr., Diners, Eurocard, Visa.
Anfahrt: Route 1 bis zur Piazza Liberta, dort muß man sich gleich rechts halten und in die Via Lorenzo Il Magnifico einbiegen, bei der ersten Ampel wieder links einbiegen (Via Poliziano), die große Straße kreuzen und dann halbrechts in die Via S.C. D'Alessandria, die erste Querstraße links ist die Via delle Ruote.

Fiesole (FI)

Hotel Villa San Michele (S. 78)
(50014) Via Doccia 4, Tel.: 055/59 451.
Parkplätze auf dem Hotelareal.
Einzel Lit. 300.000, Doppel Lit. 230.000
pro Person, inklusive Frühstück.
Kreditk.: American Expr.
Relais et Château.
Anfahrt: Route 1, einige hundert Meter nach der Einfahrt zum Hotel Villa Le Rondini nach links in die Via Salviati (Wegweiser »Fiesole«) abbiegen. Man muß aufpassen, daß man diese Abzweigung nicht verfehlt. An der Badia die Fiesole und der Universita Europea vorbei gelangt man auf die Via San Domenico, die Florenz und Fiesole verbindet, nach links (Richtung Fiesole) einbiegen dann sieht man rechter Hand bald das Schild, das auf die Hoteleinfahrt hinweist.

Pensione Bencista (S. 78)
(50016) Ortsteil San Domenico, Tel.: 055/59 163.
Parkplätze auf dem Hotelareal.
Man muß mindestens Halbpension nehmen.
Einzel Lit. 57.000, Doppel Lit. 57.000
pro Person.
Anfahrt: Route 1, wie bei der Anfahrt zum Hotel Villa San Michele zur Via San Domenico hinüber, dort links einbiegen und dann ziemlich bald nach rechts abzweigen (Richtung Maiano).

Leccio Regello (FI)

Hotel Castello di Sammezzano (S. 80)
Tel.: 055/867 911.
Reichlich Parkplatz.
Einzel Lit. 130.000, Doppel Lit. 75.000
pro Person, Frühstück Lit. 10.000.
Kreditk.: American Expr., Diners, Visa.
Anfahrt: Autobahn A 1 bis zur Ausfahrt Incisa dann auf der S.S. 69 in Richtung Florenz, Kurz hinter Leccio geht es rechts ab zum Castello.

b) Restaurants

Florenz

Guiseppe Alessi (Bottega Antica) (S. 154)
in Montorsoli, 10 km außerhalb der Stadt
Via Bolognese 11, Tel. 055 / 401059
Nur am Abend geöffnet.
Geschlossen: Sonntag, Dienstag, August.
Unbedingt vorbestellen.
Festes Menu (inkl. Wein) Lit 65.000
Kreditk. American Expr., Visa
Anfahrt von Florenz über die Via Bolognese Vecchia, hinter San Bartolo auf der linken Seite.

Cantinetta Antinori (S. 156)
Piazza degli Antinori 3 (Palazzo Antinori),
Tel: 055 /292 234
Küche: 12.30–14.30, 19.00–22.30.
Geschlossen: Samstag, Sonntag
Parken: Schwierig. Carta Lit. 28 / 35.000
Lage: Wenn man die Via Tornabuoni von der Ponte S. Trinita her entlang geht, liegt die Piazza Antinori am Ende der Straße.

Barone di Porta Romana (S. 156)
Via Romana 123, Tel. 055 / 220 585
Küche: 12.00–14.00, 20.00–22.00
Geschlossen: Sonntag, Ferien unbestimmt
Vorbestellen
Parken: bei der Porta Romana
Carta Lit. 25 / 30.000
Kreditk. American Expr., Visa, Diners
Lage: In der Nähe der Porta Romana

Il Barrino (S. 156)
Via dei Biffi 2 r Ecke via Ricasoli
Tel. 055 / 215 180
Küche nur am Abend (bis 23.00)
Geschlossen: Sonntag und August
Vorbestellen ratsam
Parken: schwierig.
Carta Lit. 40.000
Kreditk.: American Expr. Eurocard, Visa
Lage: Nähe Dom. Vom Domplatz in die Via Ricasoli (läuft parallel zur Via Martelli).

Camillo (S. 155)
Borgo Sant'Jacopo 57, Tel. 055 / 212 427
Küche: 12.00–14.00 und 19.30–22.30
Geschlossen: Mittwoch, Donnerstag, 1.–20. August und 20. Dezember bis 15. Januar
Vorbestellung ratsam
Parken: schwierig
Carta Lit. 30 / 53.000
Kreditk. American Expr., Visa, Diners, Eurocard
Lage: Der Borgo Sant'Jacopo läuft auf der Belvedere-Seite des Arno parallel zum Fluß zwischen Ponte Vecchio und Ponte S. Trinità. Nr. 57 liegt näher bei der Ponte S. Trinità.

Il Cibreo (S. 156)
Via dei Macci 118 r, Tel. 055 / 677 394
Küche: 12.00–14.00, 19.30–22.30
Geschlossen Sonntag, Montag, 20.7. bis 12.9.
Vorbestellen erforderlich
Parken: schwierig
Carta Lit. 32 / 40.000
Kreditk. American Expr.
Lage: Die Via Macci beginnt an der Piazza Ambrogio, auf die man durch die Via Pietrapiana gelangen kann (siehe Lage des Ristorante Da Noi).

Trattoria La Gargotta (S. 157)
Via Vicchio Paterno 12, Tel. 055 / 630 137
Küche: 12.00–14.00 und 19.30–22.00.
Geschlossen: Sonntagabend und Montag
Parken problemlos
Carta Lit. 27 / 35.000
Lage: Etwas außerhalb der Stadt, nicht weit von Candeli und dem Hotel Villa La Massa. Man folgt also von der Ponte Varrazzano den Schildern »Hotel La Massa« und biegt beim Hotel nach rechts ab, bald darauf beim Hinweisschild »La Gargotta« nach links.

Da Noi (S. 154)
Via Fiesolana 40 r, Tel. 055 / 242 917
Küche: 12.00–14.00, 20.00–22.00
Geschlossen: Sonntag, Montag, August.
Vorbestellung notwendig. Parken in der weiteren Umgebung.
Carta Lit. 35 / 45.000
Lage: Die Via Fiesolana beginnt an der Piazza Salvemini und stellt die Fortsetzung der Via Verdi dar. Beim Postamt am Platz geht die Via Pietrapiana ab, dort findet man meist einen Parkplatz.

Enoteca Pinchiorri (S. 152 / 153)
Via Ghibellina 87, Tel. 055 / 242 777
Küche: 12.30–14.00 und 19.30–23.00
Geschlossen: Sonntag, Montagmittag, August, 25.–27. Dezember.
Vorbestellen ist wichtig
Parken: Mit etwas Geduld findet man meist einen Parkplatz in der Nähe.
Menu Lit 90.000 und Lit. 100.000.
Kreditk.: American Expr., Visa, Diners.
Relais et Chateaux.
Lage: Die Via Ghibellina beginnt gleich beim Bargello. Von der Piazza della Signoria sind es zu Fuß etwa 5 Minuten zur Enoteca. Parken kann man möglicherweise auf der Piazza S. Croce, von dort ist es nicht weit: Via Verdi, die erste Querstraße rechts ist die Via Ghibellina. Es sind dann nur noch ca. 50 Meter. Wenn man Glück hat, findet man auch einen Parkplatz vor dem Teatro Verdi in der Via Verdi kurz vor der Kreuzung mit der Ghibellina.

Lo Strettoio (S, 155)
in Serpiolle, 9 km außerhalb der Stadt
Via di Serpiolle 7, Tel. 055 / 452 344
Küche: 12.30–14.00, 20.00–22.00
Geschlossen: Sonntag, Montag, August.
Nur auf Vorbestellung.
Eigene Parkplätze.
Carte Lit. 29 / 40.000
Anfahrt von Florenz über die Via Pietro Fanfani nach Castello und weiter bis Serpiolle.

Il Tirabusciò (S. 157)
Via di Benci 34 r, Tel. 055 / 246 225
Küche: 12.00–14.00, 20.00–22.00
Geschlossen: Mittwoch, Donnerstag.

Vorbestellen.
Parken auf der Piazza S. Croce.
Carta Lit 18 / 33.000
Lage: Nahe bei der Piazza S. Croce.

La Vecchia Cucina (S. 156)
Viale de Amicis 1 r, Tel. 055 / 672 143
Küche 12.30–14.00, 20.00–22.00
Geschlossen: Sonntag und August.
Vorbestellen.
Parken: in der Umgebung
Carta Lit 27 / 35.000
Kreditk.: American Expr., Visa.
Lage: Die Viale de Amicis erreicht man von der Piazza Alberti aus.

Carmignano, Ortsteil Artimino 22 km von Florenz

Da Delfino (S. 157)
Via della Chiesa, Tel. 055 / 8 718 074
Küche 12.00–14.00, 19.30–22.00
Geschlossen: Montagabend, Dienstag, August und 1.–10. Januar
Vorbestellen empfohlen.
Eigene Parkplätze.
Carta Lit. 33 / 38.000
Kreditk.: American Expr.
Anfahrt aus der Stadt in Richtung Signa und Lastra S.S. 67. In Signa nach Artimino abzweigen.

Fiesole / Maiano (FI)

Trattoria Le Cave di Maiano (S. 154)
Via delle Cave 16, Tel. 055 / 59 133
Küche 12.00–14.00 und 19.30–22.00.
Geschlossen: Sonntagabend, Donnerstag und August.
Vorbestellung ratsam.
Parkplatz reichlich.
Carta Lit. 29 / 39.000.
Kreditk.: American Expr., Diners.
Lage: Man fährt auf der Dom-Seite am Arno entlang über die Ponte Niccolò hinaus, biegt dann nach links ab in die Via del Campofiori, passiert die Piazza Alberti, fährt dann die Viale de Amicis, die in die Viale Ojetti übergeht, biegt dann in den Lungo Affrico, der nach Maiano hinaufführt.

Prato (FI)

Il Piraña (S. 157)
Via Valentini 110, Tel.: 0574/25 746.
Küche 12.00–14.30, 20.00–22.30
Geschlossen Samstag, im Juli auch Sonntag, August und 24. Dezember – 5. Januar.
Vorbestellen.
Parken: Es findet sich immer eine Möglichkeit.
Carta Lit. 35. / 50.000
Kreditk.: American Expr., Diners, Eurocard
Anfahrt: Auf der A 11 bis zur Ausfahrt Prato. Nach der Ausfahrt die große Straße (Viale Leonardo da Vinci) Richtung Pistoia bis rechter Hand die Via Valentini abzweigt (kurz vorher fällt linker Hand ein Einkaufszentrum auf mit der Schrift »Pratilia«).

c) Treffpunkte in Florenz

Enoteca »Pane e Vino« (S. 156)
Bottigliera – Buffet Freddo
Via Poggio Bracciolini, Tel.: 055 / 683 746
Wein- und Imbißstube.
Nur abends geöffnet, bis 24.00.
Geschlossen: Sonntag, August. Mäßige Preise.
Parken: man findet immer etwas.
Lage: Vom Zentrum her über die Ponte Verrazzano, von der Piazza Ravenna geht die Via Poggio Bracciolini ab.

Bar Giacosa (S. 149)
Via del Tornabuoni 38 r, Tel: 055 / 296 226
Geöffnet: 7.00–23.00
Geschlossen: Montag
Parken: schwierig.

Procacci (S. 149)
Via del Tornabuoni 64, Tel: 055 / 211 656
Geöffnet: 8.00–13.00, 16.00–23.00
Geschlossen: Montag
Parken: schwierig.

Gelateria Vivoli (S. 157)
(Eisdiele)
Via dell'Isola delle Stinche 7 r, Tel. 055/292 334.
Geöffnet: Dienstag bis Samstag 9.00 bis über 24.00 hinaus. Sonntag 10.30–13.30 und 16.30 bis über 24.00 hinaus.
Geschlossen: Montag, 15. August bis 7. September.
Parken: Glückssache, eventuell auf der nahen Piazza S. Croce. Lage: Nahe S. Croce.

C) *In und um Siena*

a) Hotels

Siena

In Siena befinden sich an allen wichtigen Straßenkreuzungen Wegweiser zu allen Hotels. Damit erübrigt sich eine Beschreibung der Anfahrtswege.

Hotel Anna (S. 162)
(53100) Ortsteil Fontebecci, an der S.S. 222 in Richtung Chianti. Tel. 0577 / 51 371.
Parken auf dem Hotelarel.
Einzel Lit. 29.500, Doppel Lit. 23.000 pro Person, Frühstück Lit. 6.000.
Lage: Direkt an der S.S. 222, bei der Ausfahrt der Superstrada, nach der Ausfahrt links in die S.S. 222 einbiegen.

Hotel Castagneto (S. 162)
(53100) Via dei Cappuccini 55, Tel. 0577 / 45 103
Eigene Parkplätze.
Geöffnet 15. März bis November
Doppel LIt. 31.000 pro Person, Frühstück Lit. 6.500

Hotel Garden (S. 162)
(53100) Via Custoza 2, Tel. 0577 / 47 056,
Telex 574 239
Reichlich Parkplatz.
Ganzjährig geöffnet.
Einzel Lit. 41.000 Doppel Lit. 32.000 pro Person
Frühstück Lit. 7.000
Kreditk.: American Expr., Visa, Diners

Hotel Certosa di Maggiano (S. 162)
(53100) Strada di Certosa 82, Tel. 0577 / 288 180,
Telex 574 221
Eigener Parkplatz.
Geöffnet März bis November.
Einzel Lit. 180.000. Doppel Lit. 185.000
pro Person
Frühstück Lit. 12.000.
Kreditk.: American Expr., Visa, Diners,
Relais et Chateaux.

Park Hotel (S. 162)
(53100) Via di Marciano 16, Tel. 0577 / 44 803,
Telex 571 005.
Reichlich eigene Parkplätze.
Ganzjährig geöffnet.
Einzel Lit. 105 / 125.000. Doppel Lit. 68 / 78.000
pro Person. Frühstück Lit. 13.000.
Kreditk.: American Expr., Visa, Diners, Eurocard.

Grandhotel Villa Patricia (S. 162)
(53100) Via Cassia Nord 52, Tel. 0577 / 50 431
Parkplatz auf dem Hotelareal.
Einzel LIt. 87.500, Doppel Lit. 62.500 pro Person,
Frühstück Lit. 10.500.

Hotel Villa Scacciapensieri (S. 162)
(53100) Via di Scacciapensieri 24, Tel. 0577 / 41 442.
Reichlich Parkplatz.
Geöffnet vom 15. März bis Oktober.
Einzel Lit. 79.000, Doppel Lit. 70.000 pro Person,
Frühstück Lit. 10.000. Romantik Hotel.
Kreditk.: American Expr., Diners, Visa, Eurocard.

Castellina in Chianti (SI)

Hotel Villa Casalecchi (S. 163)
(53011). Tel. 0577 / 740 240.
Reichlich Parkplatz.
Geöffnet von April bis Oktober.
Doppel Lit 42.500 pro Person, Frühstück Lit 7.500.
Kreditk.: American Expr., Diners, Visa.
Anfahrt: Von Castellina in Richtung Siena die S.S. 222. Nach etwa 1 km geht es links zum Hotel.

Salivolpi (S. 163)
(53011), Tel. 0577 / 740 484.
Ganzjährig geöffnet.
Eigener Parkplatz.
Einzel Lit. 26 / 30.000, Doppel Lit. 18 / 20.000 pro Person, Frühstück Lit. 4.000.
Lage: Unweit des Zentrums von Castellina, an der Straße, die nach S. Donato führt.

Certaldo (FI)

Albergo Osteria del Vicarío (S. 164)
(50052) Via Rivellino 3, Tel. 0571 / 668 228
Parkplatz findet sich immer.
Geschlossen: 15.1.–15. März
Einzel LIt. 20.000, Doppel Lit. 18.000 pro Person
Frühstück Lit. 4.500
Lage: In der Oberstadt, ca. 50 Meter vom Boccaccio-Haus.

Cetona (SI)

Hotel Belverde (S. 164)
(53040), Tel. 09578 / 238 003
Parkplatz vorhanden.
Einzel Lit. 19.000, Doppel Lit 16.000 pro Person,

Frühstück inkl.
Lage: Liegt etwas außerhalb des Ortes an der Straße nach Sarteano, unterhalb des Klosters S. Francesco.

Chiusi (SI)

Albergo La Fattoria (S. 164)
(53043) Lago di Chiusi, Tel. 0578 / 21 407
Reichlich Parkplatz vorhanden.
Geschlossen: Januar und Februar
Einzel Lit. 19.000, Doppel Lit. 16.000 pro Person
Frühstück Lit. 5.000.
Kreditk.: American Expr., Visa, Diners.
Lage: Außerhalb von Chiusi am Lago di Chiusi, viele Hinweisschilder.

Colle Val d'Elsa (SI)

Hotel Villa Belvedere (S. 164)
(53034) Ortsteil Belvedere, Tel. 0577 / 920 966.
Reichlich Parkplatz.
Einzel Lit. 42.500, Doppel Lit. 31.000 pro Person, Frühstück Lit. 6.000.
Lage: etwas außerhalb des Ortes, nahe der Einfahrt zur Superstrada.

Gaiole in Chianti (SI)

Cavarchione Toscanum (S. 163)
(53013), Tel. 0577 / 749 550
Parken auf dem eigenen Areal.
Einzel Lit. 48.000, Doppel Lit. 45.000 pro Person, Frühstück ist im Zimmerpreis enthalten.
Lage: Oberhalb des Ortes, den Hinweisschildern folgen (Von der S.S. 408 aus).

Castello di Spaltenna (S. 160)
(53013) Tel. 0577 / 749 483
Reichlich Parkplatz
Einzel Lit. 40.000 Doppel Lit. 30.000 pro Person
Kreditk.: American Expr., Diners, Visa.
Anfahrt: Gaiole liegt an der S.S. 408. Das Castello liegt etwas oberhalb des Ortes.

Panzano (FI)

Hotel Villa Le Barone (S. 163)
(50020) Ortsteil Pieve, Tel. 055 / 852 215.
Reichlich Parkplätze.
Geöffnet März bis November.
Man muß mindestens Halbpension nehmen, Mindestaufenthalt 3 Tage.
Einzel Lit. 85.000, Doppel Lit. 80.000 pro Person.
Anfahrt: Über die S.S. 222 sowohl von Florenz (man verläßt die Stadt in Richtung Autobahnzufahrt Firenze-Sud) als auch von Castellina in Chianti. Von Florenz kommend fährt man durch Panzano hindurch und dann links ab (Wegweiser) nach Pieve di Panzano. Von Castellina aus biegt man noch vor Panzano nach rechts ab.

San Gimignano (SI)

Hotel La Cappuccina (S. 164)
(53037) Ortsteil La Cappuccina, Via Cellole, Tel. 0577 / 940 381
Reichlich eigener Parkplatz.
Doppel Lit 25.000 pro Person, Frühstück Lit. 4.000.
Anfahrt: Von San Gimignano aus den Hinweisschildern folgen.

Hotel La Cisterna (S. 163)
(53037) Piazza della Cisterna, Tel. 0577 / 940328
Parken schwierig.
Einzel Lit. 34.000 Doppel Lit. 30.000 pro Person.
Frühstück 6.000
Kreditk.: American Expr., Eurocard.
Anfahrt: Über die Schnellstraße Florenz / Siena, Ausfahrt Poggibonsi, dann den Wegweisern »S. Gimignano« folgen. Das Hotel liegt am Hauptplatz des Städtchens.

Hotel Pescille (S. 163)
(53037) bei San Donato, Tel. 0577/940 186.
Reichlich Parkplatz.
Geschlossen: Januar und Februar.
Einzel Lit. 29.000, Doppel Lit. 23.000 pro Person, Frühstück Lit. 4.500.
Anfahrt: Hinweisschildern von San Gimignano aus folgen.

Hotel Le Renaie (S. 163)
(53037) Ortsteil Pancole, 6 km außerhalb San Gimignano. Tel. 0577/955 044.
Reichlich Parkplatz.
Geschlossen: November.
Einzel Lit. 25.000, Doppel Lit. 21.000 pro Person, Frühstück Lit. 5.000.
Kreditk.: American Expr., Diners, Eurocard.
Anfahrt: Von San Gimignano die Straße nach Certaldo nehmen, den Hinweisschildern folgen.

Sinalunga (SI)

Locanda dell'Amorosa (S. 164)
(53048) Tel. 0577/679 497
Reichlich Parkplatz.
Geschlossen vom 20.1.–28.2.
Einzel Lit. 60.000 Doppel Lit. 45.000 pro Person
Frühstück Lit. 7.000
Kreditk.: American Expr., Visa, Diners.
Anfahrt: Von Siena über die S.S. 326 bis Sinalunga, von dort noch zwei Kilometer Richtung Süden.

b) Restaurants

Siena

Ristorante L'Angelo (S. 202)
(frühere Räume des Ristorante Serafino)
Via Garibaldi 15, Tel. 0577/289 251
Küche: 12.00–14.00, 20.00–22.00.
Geschlossen: Samstag und 17. August bis 15. September.
Vorbestellung nicht erforderlich.
Parken: man findet immer Platz.
Carta Lit. 33/40.000.
Kreditk.: American Expr., Diners, Visa,
Lage: Die Via Garibaldi erreicht man über die Via Banchi di Sopra und Via Montanini.

Antica Trattoria Bottega Nova (S. 201)
Strada Chiantigiana 29, Tel. 0577/284 230
Küche: 12.00–14.00, 20.00–22.00.
Geschlossen: Sonntag, 15. Juli bis 15. August.
Vorbestellung empfohlen.
Parken: kein Problem.
Carta Lit. 25/28.000
Kreditk.: Visa, Diners.
Lage: Am Rande von Siena, an der Ausfallstraße in Richtung Montevarchi (S.S. 408).

Ristorante Da Guido (S. 201)
Vicolo Pier Rettinaio 7, Tel. 0577/280 042.
Küche: 12.00–14.30 und 19.30–22.00.
Geschlossen: Montag und 20 Tage im Juli.
Vorbestellung ratsam.
Parken: In der Nähe nicht möglich.
Carta Lit. 27/40.000.
Kreditk.: American Expr., Diners, Visa, Eurocard.
Lage: Von der Piazza del Campo in die Via dei Banchi di Sopra, sehr bald geht links der Vicolo Pettinaio ab.

Ristorante Al Marsili (S. 201)
Via del Castoro 3, Tel. 0577/47 154.
Küche: 12.00–14.30, 19.30–22.00.
Geschlossen: Montag
Vorbestellung ratsam.
Parken: schwierig, auf dem Domplatz.
Carta Lit. 29/43.000.
Kreditk.: American Expr., Diners, Visa.
Lage: Die Via del Castoro geht von der Via di Citta ab.

Ristorante Tullio ai Tre Cristi (S. 201)
Vicolo Provenzano 1, Tel. 0577/280 608
Küche: 12.00–14.00, 19.30–22.00.
Geschlossen: Montag und Sonntagabend, 3.–24. Juli, Dezember und Januar.
Vorbestellung nicht erforderlich.
Parken: In der Nähe nicht möglich.
Carta Lit. 30/38.000.
Lage: Von der Piazza del Campo die Via di Banchi Sopra bis zur Piazza Tolomei, dort rechts abbiegen.

Borgo Pace (PS) 38 km bis Urbino

Da Rodolfo – la Diligenza (S. 188)
(61040) An der Piazza, Tel. 0722/89 124.
Küche: 12.00–14.30, 19.30–21.00.
Geschlossen: Mittwoch, 1.–15. September.
Vorbestellung ratsam.
Parkplatz auf der Piazza.
Carta Lit. 29/35.000.
Kreditk.: American Expr., Visa.
Anfahrt: Borgo Pace liegt auf dem Weg von Sansepolcro nach Urbino. Zum Restaurant gehören einige Zimmer, in denen man angenehm übernachten kann. Einzel Lit. 20.000, Doppel Lit. 15.000 pro Person, Frühstück Lit. 3.500.
Oder im Hotel La Rupa, Tel. 0722/89 261.
Einzel Lit. 20.000, Doppel Lit. 15.000 pro Person.

Certaldo (FI) 40 km bis Siena

Osteria del Vicario (S. 200)
Via Revellino 3, Tel. 0571/668 228.
Geschlossen: Mittwoch.
Vorbestellung empfohlen.
Parken: Man findet immer einen Platz.
Carta Lit. 26/33.000.
Lage: In der Oberstadt nahe dem Boccaccio-Haus.

Cetona (SI) | 99 km bis Siena

La Frateria di Padre Eligio (S. 196)
Convento di San Francesco fuori Umbra,
Tel. 0578/238 015.
Küche: 12.00–14.00, 20.00–22.00.
Geschlossen: Dienstag und
1. Januar bis 15. Februar.
Unbedingt vorbestellen.
Parkplatz: Reichlich vorhanden.
Menu Lit. 80/90.000.
Anfahrt: Autobahnausfahrt Chuisi der A 1, auf der S.S. 478 nach Sarteano, von dort in Richtung Cetona. Vor Erreichen der Ortschaft geht es rechter Hand zum Kloster hinauf.

Chianciano Terme (SI) | 85 km bis Siena

Ristorante La Casanova (S. 199)
Strada della Vittoria 10, Tel. 0578/60 449
Küche: 12.00–14.30, 19.30–22.30.
Geschlossen: Montag, 2. Januar bis 28. Februar.
Vorbestellung ratsam.
Parken: Reichlich Platz vorhanden.
Menu Lit. 35/45.000, Carta Lit. 50.000.
Kreditk.: American Expr., Diners, Visa.
Lage: Etwa 2,5 km außerhalb von Chianciano Terme.

Chiusi (SI) | 80 km bis Siena

La Fattoria (S. 200)
Lago di Chiusi, Tel. 0578/21 407
Küche: 12.00–14.30, 19.30–22.00
Geschlossen: Montag, Januar und Februar
Vorbestellung: empfohlen
Reichlich Parkplatz
Carta Lit. 20/35.000.
Kreditk.: American Expr., Diners, Visa
Lage: Siehe das gleichnamige Hotel.

Gaiole in Chianti (SI) | 28 km bis Siena

Badia e Coltibuono (S. 202)
Ortsteil Coltibuono, Tel. 0577/749 424
Küche: 12.00–14.00 und 19.30–21.00
Geschlossen: Montag, 2 Wochen im September
Vorbestellung ratsam.
Parken: Ohne Problem.
Carta Lit. 30/42.000.
Kreditk.: American Expr., Diners, Visa
Anfahrt: Von Gaiole auf der S.S. 408 bis zum Zusammentreffen mit der S.S. 429, dort geht eine Nebenstraße nach Coltibuono ab.

Castello di Spaltenna (S. 202)
Ortsteil Spaltenna, Tel. 0577/749 483
Küche: 12.00–14.00, 20.00–21.30.
Geschlossen: Montag, Dienstagmittag, November bis März.
Vorbestellung ratsam.
Ausreichend Parkplatz.
Carta Lit. 30/38.000
Kreditk.: American Expr., Diners, Visa,
Lage: Siehe das gleichnamige Hotel.

Greve (FI)

Locanda Giovanni da Verrazzano (S. 203)
Piazza Matteotti 28, Tel. 055/853 189
Küche: 12.00–14.00, 19.30–22.00
Geschlossen: Montag, 15. Januar – 15. Februar.
Vorbestellung ratsam.
Parken: auf der Piazza
Carta Lit. 25/30.000
Kreditk.: American Expr., Diners, Visa, Eurocard
Anfahrt: Das Restaurant befindet sich im Zentrum von Greve, das etwa auf halbem Wege zwischen Florenz und Castellina in Chianti an der S.S. 222 liegt.
Anmerkung: Das Restaurant gehört zu einem kleinen Hotel, in dem man ordentlich und preiswert übernachten kann.

Montalcino (SI) | 40 km bis Siena

Ristorante La Cucina di Edgardo (S. 200)
Via S. Saloni, Tel. 0577/848 232
Küche: 12.30–14.00, 20.00–22.00
Geschlossen: Mittwoch.
Vorbestellung empfohlen.
Parken: in der Nähe möglich
Carta Lit. 27/32.000
Anfahrt: Von Siena über die S.S. 2, hinter Buonconvento rechts abbiegen. Das Restaurant liegt im Zentrum der Stadt.

Montefollonico (SI) | 60 km bis Siena

Ristorante Fattoria La Chiusa (S. 198)
Via della Madonnina 88, Tel. 0577/669 668
Küche: 12.00–14.30, 20.00–22.00
Geschlossen: Dienstag (außer August/Sept.),
10. Januar – 30. März.

Vorbestellung empfohlen.
Parken: Eigene Parkplätze.
Menu Lit. 50.000 Carta Lit. 45/65.000
Kreditk.: American Expr., Diners
Anfahrt: Autobahnausfahrt Val di Chiana der A 1, dort der S.S. 327 in Richtung Torrita folgen. Hinter Torrita sind es noch etwa sieben Kilometer bis linker Hand die Straße nach Montefollonico abzweigt.

Monteriggioni (SI) 15 km bis Siena

Ristorante Il Pozzo (S. 201)
Piazza Roma Tel. 0577/304 127
Küche: 12.00–14.00 und 20.00–22.00
Geschlossen Sonntagabend, Montag, 1.–21. August, 8.–31. Januar
Vorbestellung empfohlen
Parken: Auf der Piazza
Carta Lit. 26/35.000
Kreditk.: American Expr., Diners
Anfahrt: Raccordo Firenze-Siena. Ausfahrt Monteriggioni. Den Wegweisern nach Monteriggioni folgen, gleich hinter dem engen Tor erblickt man das Restaurant.

San Gimignano (SI) 38 km bis Siena

Fattoria Ponte a Rondolino (S. 200)
Ortsteil Monteoliveto 32, Tel. 0577/941 029
Küche: 12.00–14.00, 20.00–22.00
Geschlossen: Montagabend, Dienstag, Januar bis März
Vorbestellung empfohlen, eigene Parkplätze
Carta Lit. 28/42.000
Kreditk. American Expr.
Lage: Das Restaurant liegt an der Straße San Gimignano-Poggibonsi

Ristorante Le Terrazze (S. 200)
Piazza della Cisterna 23, Tel. 0577/940 328
Küche: 12.00–14.30 und 20.00–21.30
Geschlossen: Dienstag, Mittwochmittag, 1. November bis 1. März.
Vorbestellung ratsam
Parken: meist nur auf den Parkplätzen vor dem Ort.
Carta Lit. 26/35.000
Kreditk. American Expr., Eurocard
Lage: Das Restaurant gehört zum Hotel La Cisterna und ist wie dieses zu erreichen.

San Rocco a Pilli (SI) 9 km südlich Siena

Ristorante Castello (S. 202)
Tel. 0577/347 711
Küche: 12.00–14.30, 19.30–22.00
Geschlossen: Montag, Juli
Vorbestellung empfohlen
Parken: Ohne Problem
Carta Lit. 30/35.000
Anfahrt: Von Siena auf der S.S. 223, kurz hinter S. Salvatore a Pilli rechts nach San Rocco einbiegen.

Sinalunga (SI) 45 km bis Siena

Locanda dell'Amorosa (S. 199)
Ortsteil Fattoria Amorosa, Tel. 0577/69 497
Küche: 12.00–14.00 und 19.30–21.30
Geschlossen: Montag, Dienstagmittag, 20.1.–28.2.
Vorbestellung: an Sonn- und Feiertagen empfohlen
Reichlich Parkplatz.
Menu Lit. 42.000 Carta Lit. 37/45.000
Kreditk.: American Expr., Diners, Visa,
Piatto del Buon Ricordo.
Anfahrt: Von Siena über die S.S. 326 bis Sinalunga, dann zwei Kilometer Richtung Süden.

Vagliagli (SI) 14 km nördlich Siena

Taverna del Chianti (S. 202)
Via del Sergente 5, Tel. 0577/322 532
Küche: 12.00–155.00, 18.00–22.00
Geschlossen: Montag
Vorbestellung: gern gesehen
Reichlich Parkplatz
Carta Lit. 20/25.000
Anfahrt: Von der S.S. 222 nach Vagliagli abbiegen. Das Restaurant liegt ganz zentral.

D) Die Maremma, Pisa, Lucca, Livorno und Umgebung

a) Hotels

Castagneto Carducci (LI)

Hotel La Torre (S. 215)
(57022) Tel. 0565/775 268.
Parken auf dem Hotelareal.
Einzel Lit. 26.000 Doppel Lit. 20.000 pro Person

Frühstück Lit. 4.500
Kreditk.: Visa
Anfahrt: Von der S.S. 1 bei Bambolo nach Castagneto abbiegen. Noch vor der Ortschaft geht rechts eine Straße ab, die zu dem einsam gelegenen Hotel führt.

Fonte Blanda (GR) an der S.S. 1 (Aurelia)

Corte dei Butteri (S. 212)
(58010) Tel. 0564/885 547.
Reichlich Parkplatz
Geöffnet 11. Mai bis 19. Oktober.
Einzel Lit. 90.000 Doppel Lit. 65.000 pro Person
Frühstück Lit. 8.500
Anfahrt: direkt von der S.S. 1

Lucca

Villa La Principessa (S. 217)
(55050) Massa Pisana, Tel. 0583/370 037.
Reichlich Parkplätze.
Geschlossen von Dezember bis 20. Februar.
Einzel Lit. 125.000 Doppel Lit. 95.000 pro Person
Frühstück Lit. 11.500
Kreditk.: American Expr., Visa, Diners, Eurocard
Relais et Châteaux
Anfahrt: Autobahn A 11 (Firenze–Mare) Ausfahrt Lucca, hinter der Zahlstelle den Kreisel halb umkreisen, also quasi geradeaus weiter, an der folgenden Kreuzung rechts, unter der Autobahn durch die S.S. 12, nach wenigen Kilometern erreicht man die Einfahrt zum Park des Hotels (Hinweisschild). Die Einfahrt kommt etwas abrupt hinter einer unübersichtlichen Rechtskurve, also Vorsicht.
Von der Stadt Pisa aus fährt man die S.S. 12 in Richtung Lucca-Abetone, nach etwa 7 km erreicht man San Giuliano Terme, dort gabelt sich die Straße in S.S. 12 und S.S. 12r, man folgt der S.S. 12r, nach dem Tunnel sind es dann noch etwa sechs Kilometer bis zum Hotel.

Villa Casanova (S. 216)
(55100) Nozzano, Tel. 0583/548 429.
Reichlich Parkplatz.
Geöffnet April bis Oktober.
Einzel Lit. 25.000 Doppel Lit. 23.000 pro Person
Frühstück Lit. 7.000
Anfahrt: Von Lucca auf der S.S. 439 in Richtung Viareggio bis zur Abzweigung nach Balbano und Nozzano.

Porto Ercole (GR)

Il Pellicano (S. 211).
(58018) Tel. 0564/833 801
Eigene Parkplätze.
Geschlossen vom 11. Januar – 9. März.
Einzel Lit. 255.000. Doppel Lit. 170.000 pro Person
Frühstück Lit. 17.000.
Kreditk.: American Expr., Diners, Visa,
Relais et Châteaux.
Anfahrt: von Porto Ercole über die Strada Panoramica, 4,5 km.

San Vincenzo (LI)

Hotel Sabbia d'Oro (S. 214)
(57027) Viale Repubblica 38, Tel. 0565/701 575
Parkplatz ausreichend
Einzel Lit. 35.000 Doppel Lit. 30.000 pro Person
Frühstück Lit. 6.000
Anfahrt: Vom Zentrum in Richtung Piombino. An der Einmündung der Viale Repubblica (rechts) weist ein Schild auf das Hotel hin.

Riva degli Etruschi (S. 214)
(57027) Tel. 0565/702 351. Telex 500 362
Reichlich eigene Parkplätze.
Einzel Lit. 40.000 Doppel Lit. 32.000 pro Person.
Frühstück Lit. 5.500
Anfahrt: Vom Zentrum in Richtung Piombino. Nach etwa 1,5 km liegt rechter Hand die Riva.

Hotel La Vela (S. 214)
(57027) Via Vittorio Emanuele II 72,
Tel. 0565/701 529.
Parken: in der Nähe möglich, evtl. vor dem Bahnhof
Einzel Lit. 38.000 Doppel Lit. 32.000 pro Person
Frühstück Lit. 6.000.
Kreditk.: American Expr., Visa
Lage: Zentral

La Vela – Residenza (S, 214)
(57027) Corso Italia 48, Tel. 0565/702 659 und 701 529.
Parken: Reservierte Parkplätze.
Gut eingerichtete Wohnungen, bis zu 7 Personen möglich. Auskunft im Hotel.

Tirrenia (PI)

Grand Hotel Golf (S. 216)
(56018) Via dell'Edera 29, Tel. 050/37 545.
Reichlich eigene Parkplätze und Garage.
Einzel Lit. 46/70.000 Doppel Lit. 42/60.000 pro Person, Frühstück Lit. 10.000.
Kreditk.: American Expr., Visa, Diners, Eurocard.
Anfahrt: Autobahn A 12 (Genua–Livorno), Ausfahrt Pisa Süd, den Straßenschildern »Tirrenia« folgend, erreicht man die S.S. 1, die man in Richtung Livorno fährt, an der ersten Abzweigung biegt man rechts ab und folgt weiter den Wegweisern »Tirrenia«. In Tirrenia fährt man immer geradeaus, bis man beim Wegweiser »Hotel Golf« links abbiegt.
Von der Stadt Pisa aus fährt man am Arno entlang (S.S. 224), zur Arnomündung, dann durch Marina di Pisa, in Tirrenia fährt man geradeaus, bis man beim Wegweiser »Hotel Golf« links abbiegt.
Von der Stadt Livorno aus folgt man den Straßenschildern (S.S. 224) und biegt dann in Tirrenia rechts ab. Von Pisa sind es 16 km, von Livorno 11 km.

Talamone (GR)

Capo d'Uomo (S. 211)
(58010) Tel. 0564/887 077.
Eigene Parkplätze.
Geöffnet von April bis September.
Einzel Lit. 35.000 Doppel Lit. 29.000 pro Person Frühstück Lit. 4.500.
Lage: Talamone liegt wenige Kilometer abseits von der S.S. 1 direkt am Meer.

b) Restaurants

Istia d'Ombrone (CR)

Il Terzo Cerchio (S. 238)
Piazza del Castello, Tel. 0564/409 235
Küche: 12.00–14.30, 20.00–22.00
Geschlossen Montag und zwei Wochen im November, 7.–20. Januar
Vorbestellung ratsam.
Parken: ohne Probleme.
Menu Lit. 25.000 Carta Lit. 27/30.000
Anfahrt: Istia d'Ombrone liegt 7 km vor Grosseto. Anfahrt auch über die S.S. 73 und Roselle. In Istia durch das Tor, dann links (nicht am Kriegerdenkmal vorbei).

Livorno

Banditella – da Cappa (S. 237)
Ortsteil Ardenza
Via Angioletti 3, Tel. 0586/501 246
Küche: 12.00–14.00 und 20.00–22.00
Geschlossen: Sonntag, 15. Juli–20. August
Vorbestellung empfohlen.
Parken: am Straßenrand
Carta LIt. 40/50.000
Kreditk.: Diners, American Expr.
Lage: Wenn man Livorno auf der Straße am Meer in Richtung Süden verläßt, geht die Via Angioletti im Ortsteil Ardenza nach links ab.

Ristorante Da Oscar (S. 237)
Ortsteil Ardenza, Via Oreste Franchini 78, Tel. 0586/501 258.
Küche: 12.00–14.00, 19.30–22.00.
Geschlossen: Montag, August oder September.
Vorbestellung empfehlenswert.
Parken: in der näheren Umgebung.
Carta Lit. 29/30.000.
Lage: Die Via Franchini geht von der S.S. 1 ab, die durch Ardenza führt.

Lucca

Buca di Sant'Antonio (S. 235)
Via della Cervia 1/3, Tel. 0583/55 881
Küche: 12.00–14.30, 20.00–22.00
Geschlossen: Sonntagabend, Montag 18.–31. Juli.
Vorbestellung gern gesehen.
Parken: auf der Piazza Napoleone.
Carta Lit. 28/40.000
Kreditk.: American Expr., Visa, Diners, Eurocard.
Anfahrt: Autobahn A 11 (Firenze-Mare) Ausfahrt Lucca, den Schildern *centro* folgen, nach dem Stadttor die Via Vittorio Emmanuele bis zur Piazza Napoleone, von dort zu Fuß durch die Via V. Veneto zur Piazza San Michele, dort gleich links einbiegen bis zur Via della Cervia.

Marina di Pisa (PI)

L'Arsella (S. 236/37)
Via Padre Agostino, Tel. 050/36 615
Küche: 12.00–14.30, 19.30–22.00
Geschlossen: Dienstagabend, Mittwoch, Januar
Vorbestellung empfohlen.
Parken: problemlos.
Carta Lit. 28/36.000.

Kreditk.: American Expr.
Lage: An der Uferstraße von Marina di Pisa. Von Tirrenia aus am Meer entlang in Richtung Pisa.

Montecarlo (LU)

Forassiepi (S. 235)
Porta Belvedere, Tel. 0583/22 005
Küche: 12.00–14.30, 19.30–22.00
Geschlossen: Montag, Dienstag, Januar, Februar
Vorbestellung empfohlen.
Reichlich Parkplatz
Carta Lit. 28/42.000
Anfahrt: Autobahn A 11 (Firenze–Mare), Ausfahrt Altopascio, gleich nach der Ausfahrt die Brücke über die Autobahn überqueren und weiter nach Montecarlo, dort gibt es Wegweiser, die zu den Restaurants führen.

La Nina (S. 235)
Via San Martino 114, Tel. 0583/22 018
Küche: 12.00–14.00 und 20.00–22.00
Geschlossen: Montagabend, Dienstag, Januar, 14.–21. August
Vorbestellung empfohlen.
Reichlich eigener Parkplatz
Carta Lit. 25/40.000
Kreditk.: Eurocard, Diners
Anfahrt: Siehe unter Ristorante Forassiepi.

Pisa

Al Ristoro dei Vecchi Macelli (S. 236)
Via Volturno 49, Tel. 050/20 424
Küche: 12.00–14.15, 20.00–22.15
Geschlossen: Samstag und Sonntag von 15.6.–30.8., sonst auch Mittwoch; 10 Tage im Dezember
Vorbestellung empfohlen.
Parken: auf dem kleinen Platz gegenüber.
Carta Lit. 35/48.000
Kreditk.: American Expr., Visa, Diners
Lage: Man überquert die Ponte Solferino in Richtung Dom, dann geht die Via Volturno halblinks ab.

Sergio (S. 236)
Lungarno Pacinotti 1, Tel. 050/48 245
Küche: 12.00–14.30, 19.30–22.00
Geschlossen: Sonntag, Montagmittag, Januar, 15.–30. Juli
Vorbestellung erbeten.
Parken: schwierig
Menu Lit: 35/55.000 Carta Lit. 40/60.000
Kreditk.: American Expr., Visa, Diners, Eurocard
Piatto del Buon Ricordo.
Lage im Zentrum von Pisa bei der Ponte di Mezzo.

Lo Schiaccianoci (S. 236)
Via Vespucci 104, Tel 050/21 024
Küche: 12.00–14.00 und 20.00–22.00
Geschlossen: Sonntag, Montag, August, eine Woche Januar
Parken: schwierig.
Carta Lit. 28/40.000
Lage: Wenige Minuten vom Bahnhof. Von der Piazza della Stazione in die Via Gramsci, nach etwa 50m ist rechter Hand eine Passage, wenn man sie passiert, und in der gleichen Richtung, weitergeht, befindet man sich in der Via Vespucci.

Ponte a Moriano (LU)

Ristorante La Mora (S. 234/35)
Via Sesto di Moriano 104, Tel. 0583/57 109
Küche: 12.00–14.00, 19.30–21.30.
Geschlossen: Mittwochabend, Donnerstag, Oktober
Vorbestellung ratsam.
Ausreichende Parkmöglichkeiten.
Menu Lit. 40.000 Carta Lit. 29/40.000.
Kreditk.: American Expr., Visa, Eurocard.
Piatto del Buon Ricordo.
Anfahrt: Von Lucca aus in Richtung Abetone (S.S 12). In Ponte a Moriano die Brücke überqueren, hinter der Brücke rechts einbiegen, dann noch etwa 1 Kilometer bis es rechts abgeht.

San Macario in Piano (LU)

Ristorante Solferino (S. 235)
Via delle Gavine, Tel. 0583/59 118
Küche: 12.00–14.30, 20.00–22.00.
Geschlossen: Dienstagabend, Mittwoch, August, 10.–15. Januar.
Vorbestellen ratsam
Parken: kein Problem.
Carta Lit. 35/45.000.
Kreditk.: American Expr., Visa, Diners, Eurocard.
Anfahrt: Von Lucca aus auf der S.S. 439 Richtung Viareggio, nach etwa 4 km rechts abbiegen (Hinweisschild des Restaurants).

San Vincenzo (LI)

Ristorante Gambero Rosso ((S. 233/234)
Piazza della Vittoria 13, Tel 0565/701 021.
Küche: 12.00–14.30, 20.00–22.00.
Geschlossen: Dienstag (im Sommer nur Dienstagmittag), November
Unbedingt vorbestellen.
Parken: in der Nähe gut möglich, am besten am Hafen.
Menu Lit. 55.000 Carta LIt 38/55.000.
Kreditk.: Diners, Visa.
Lage: Im Zentrum von San Vincenzo.

Ferienwohnungen

Cuendet S.p.A.
53030 Strove-Monteriggione (SI)
Tel. 0577/301 012, Telex 572 387
Hier findet man das umfangreichste Angebot an Ferienwohnungen und Ferienhäusern in der Toskana, die man wochenweise mieten kann.
In Deutschland vermitteln viele Reisebüros Mietobjekte von Cuendet. Außerdem kann man sich an die IHZ – Italia Hotel Zentrale GmbH wenden, 2000 Hamburg 76, Wandsbeker Chaussee 54, Tel.: 040 25 90 41 und an Toscan Stüven GmbH, 5040 Brühl, Tel.: 02232/27 2 83

Bella Italia
4000 Düsseldorf I, Wagnerstr. 7, Tel.: 02 11/16 21 45

Vermieteradressen in der Toskana

Palazzo Ricasoli Residence
50129 Florenz, Via delle Mantellate 2,
Tel.: 055/352 151, Telex 574 504. Preis für ein Appartment für zwei Personen pro Woche Lit. 259-360.000

Fattoria di Bacchereto
50040 Bacchereto (FI)
Tel. (055) 245 975

Fattoria di Cacchiano
53010 Monti in Chianti (SI)
Tel. (0577) 747 018

Tenuta di Capezzana
50040 Seano-Carmignano (FI),
Via Capezzana 100
Tel. (055) 8 706 005

Castello di Fonterutoli
53011 Castellina in Chianti (SI)
Tel. (0577) 740 476 Telex 57 10 08

Fattoria Montagliari
50020 Panzano in Chianti (FI)
Tel. (055) 483 819

Fattoria di Monte Vertine
53017 Radda in Chianti (SI)
Tel. (0577) 738 009

Azienda Agricola San Felice
53033 Castelnuovo Berardegna (SI)
Tel. (0577) 359 087

Castello Vicchiomaggio
50022 Greve in Chianti (FI)
Tel. (055) 854 079

Fattoria Torricino
50010 San Martino alla Palma (FI)
Tel. (055) 768 781

Die Appartments und Häuser werden im allgemeinen wochenweise vermietet. Die Preise variieren je nach Größe des Objektes und Jahreszeit.
Und wenn jemand daran denkt, sich in der Toskana niederzulassen: jahrelange Erfahrung mit Toskana-Immobilien hat die Firma Aebersold / Digenti, Walchestr. 17, CH-8006 Zürich, Tel. 01 / 362 95 05, Telex Tosca 58 945. Dort kann man Kontaktadressen in Italien erfahren.

Weine und Weingüter

Weine im Restaurant

Italien ist ein Weinland mit einer außerordentlich vielfältigen Produktion, vielfältig auch in qualitativer Hinsicht. Oft ist das, was auf dem Etikett groß geschrieben wird, lediglich der verwendete Traubentyp. Chardonnay ist nicht gleich Chardonnay, Müller-Thurgau nicht gleich Müller-Thurgau, Pinot Grigiot nicht gleich Pinot Grigiot. Das sind Bezeichnungen für das verwendete Material, für die Qualität der Aufbereitung ist der Erzeuger ausschlaggebend. Ich möchte hier eine Reihe von Erzeugern nennen, von denen man sagen kann: Bei ihnen kann man darauf vertrauen, für einen relativ geringen Preis einen besonders hochwertigen Wein serviert zu bekommen:

Abbazia di Rosazzo	La Scolca di Soldati
Pojer e Sandri	Ponte a Rondolino
Terre Rosse	Badia e Coltibuono
Mario Schiopetto	Montecarlo Buonamico
Grattamacco	Montecarlo Michi
Lungarotti	Bellendorf/Kehlburg

Auf dieser Liste fehlen viele große Namen, wie Riecine, Monte Vertine, Gaja, Jerman etc. Das sind Weine, die – sei es wegen besonders aufwendiger Herstellungsverfahren, sei es wegen besonderer und sehr beschränkter Traubenauswahl – nicht zu Preisen angeboten werden können, die die Rechnung im Restaurant nicht hochschnellen lassen. Man sollte sie bei besonderen Gelegenheiten bestellen und genießen.
Wer in einem Restaurant keinen Wein der oben angegebenen Häuser und Erzeuger findet, der sollte vielleicht zu einem Galestro greifen, einem Weintyp, den verschiedene große Produzenten anbieten; es handelt sich um trinkbare aber wenig ausgeprägte Weine. Eine Reihe anderer Möglichkeiten dieser Art: Villa Antinori, die Weine von Ricasoli oder die von Bolla.

Toskanische Weine

»Chianti« ist der große Name, den jeder kennt. Dieser Bekanntheitsgrad rührt sicherlich zu einem guten Teil daher, daß das Chianti das größte organisierte Weinanbaugebiet der Toskana ist.
Es gibt in der Toskana eine ganze Reihe von vorzüglichen Weinen, die nicht aus dem Chianti kommen: Der Brunello di Montalcino, der Vino Nobile di Montepulciano, der Vernaccia di San Gimignano, die Montecarlo Weine und die Weine aus der Gegend von Carmignano.
Die geographische Herkunft ist dabei keinesfalls eine Qualitätsgarantie. In allen diesen Gebieten erzeugen verschiedene Erzeuger Weine von recht unterschiedlicher Qualität. Andererseits kommt ein erstklassiger Wein wie der Grattamacco aus einer Gegend, von der bisher als Weinbauregion wenig die Rede war. Piermario Meletti Cavallari hat auf seinem Weingut Grattamacco gezeigt, was man durch sorgfältige Arbeit und intensiven persönlichen Einsatz selbst unter recht widrigen Umständen und ohne traditionellen Namen schaffen kann.
Die Erzeugung von Wein ist ja nichts, was man nach ewigen und für alle Zeit gültigen Rezepten und Verfahren machen kann. Die Tradition allein genügt nicht. Wo alle der gleichen Tradition verhaftet sind, entsteht Durchschnittlichkeit und aus der ergibt sich meist eine Tendenz zur Nachlässigkeit. Auch im Chianti hatte sich ein ziemlich tiefer Schlummer ausgebreitet, bis einige Newcomer der Weinerzeugung dort neue Impulse gegeben und gezeigt haben, daß besonderer Einsatz und neue Ideen auch besonderen Erfolg bringen. Pionierarbeit in dieser Hinsicht haben John und Palmina Abbagnano Dunkley geleistet. Sie haben 1970 ihre florierenden Unternehmungen in England aufgegeben und widmen sich seither der Weinproduktion auf ihrem kleinen Weingut Riecine in Gaiole in Chianti. Und bei ihnen kann keineswegs von »produzieren lassen« die Rede sein. Sie machen die Arbeit fast allein und ihre Weine sind ihr ganz persönliches Erzeugnis. Und sie haben nicht nur gute Weine produziert, sondern auch Impulse und Zuversicht in eine Gegend gebracht, die das dringend nötig hatte. Inzwischen sind ihnen andere gefolgt, etwa Raffaele Rossetti, der auf seiner Fattoria Capanelle im Jahre 1975 seinen ersten Wein produziert hat. Und dann Sergio Manetti, der sein Weingut Monte Vertine schon 1966 gekauft hat. Nach einer vielleicht etwas längeren Anlaufzeit geht er heute mit seinem *Le Pergole Torte* Wege, die neu sind und die Tradition der Weinbauern des Chianti weitgehend hinter sich lassen.
Das Erwachen des Chianti ist von Menschen gekommen, die keine Fachleute waren, als sie ihre Arbeit aufgenommen haben, Menschen die bis zu ihrem fünfzigsten Lebensjahr wohl allenfalls Wein getrunken haben. Sie haben neues Leben ins Chianti gebracht.

Adressen einiger besonders empfehlenswerter Weingüter

(Die Weinproduzenten freuen sich über interessierte Besucher und sind gerne bereit, ihre Einrichtungen zu zeigen. Es ist aber notwendig, daß man vorher anruft, handelt es sich doch meist um kleinere Betriebe, deren Inhaber von der Arbeit sehr in Anspruch genommen werden. Der Wein verlangt sein Recht!)

Fattoria Riecine
John und Palmina Abbagnano Dunkley
53013 Gaiole in Chianti (SI) Tel: 0577/749 527
Ziemlich guter Fahrweg von der Ortschaft Gaiole aus.

Fattoria Capannelle
Raffaele Rossetti
53013 Gaiole in Chianti (SI) Tel: 0577/749 691

Castello di San Polo in Rosso
Cesare und Katrin Canessa
53013 Gaiole in Chianti (SI), Tel: 0577/746 045
San Polo liegt ziemlich abseits von Gaiole. von der S.S. 429 in Richtung Siena nach rechts abbiegen. Frau Canessa spricht Deutsch.

Tenuta di Coltibuono
Ing. Piero Stucchi Prinetti
53013 Gaiole in Chianti (SI) Tel: 0577/749 498
Anfahrt wie zum Restaurant Badia a Coltibuono

Fattoria Monte Vertine
Sergio Manetti
53017 Radda in Chianti, 0577/738 009

Fattoria Ponte a Rondolino
Enrico Teruzzi und Carmen Puthod
53037 San Gimignano, Tel: 0577/940 143
Direkt an der Straβe von Poggibonsi nach San Gimignano

Tenuta San Agnese
Cav. Guiseppe Fanetti
53045 Montepulciano (SI), Tel: 0578/757 266

Fattoria Fontodi
Dino und Domiziano Manetti
50020 Panzano (Loc. Fontodi) (FI),
Tel: 055/852 005

Podere Grattamacco
Piermario Meletti Cavallari
57022 Castagneto Carducci, Tel: 0565/763 840
Kurz hinter Castagneto von der S.S. 329 links abbiegen (Richtung Castello di Segalari). Später, wenn der Weg sich gabelt, rechts halten. Schlechter Weg

Fattoria del Buonamico
Rina Berti Grassi
55015 Montecarlo (LU), Tel: 0583/20 038

Die meisten dieser Weingüter produzieren und verkaufen nicht ausschlieβlich Wein, sondern auch Olivenöl, Honig etc.

Einkaufstips

Der eigentliche Spaβ am Einkaufsbummel oder am Lädelen, wie in manchen Gegenden so hübsch gesagt wird, liegt ja in der eigenen Entdeckung, darin daβ man unverhofft etwas findet. Wer genau weiβ, was er will und wo er es findet, der eilt ja vielleicht gerade an dem vorüber, von dem er noch nicht einmal weiβ, daβ es ihm viel mehr Spaβ manchen würde. So sollte man sich eigentlich darauf beschränken, die Straβen und Bezirke anzugehen, in denen die interessanten Geschäfte zu finden sind. Andererseits: Manchmal benötigt man ja etwas ganz Bestimmtes, und dann ist man mit dem »gewuβt wo« gut dran.

Florenz

Die gröβte Fülle schöner Läden findet man im Bereich Via Tornabuoni-Dom Ponte Vecchio-Palazzo Pitti. Neben der Via Tornabuoni sind die Via Calimala und die Via del Calzaiuoli (vom Dom zur Piazza della Signoria) besondere Schwerpunkte mit einer groβen Vielfalt von Läden.

Bücher

Liberia Internazionale Seeber
Via Tornabuoni 68 r, Tel: 215 697

Marzocco
Via Martelli 22 r, Tel: 265 251

Lebensmittel, Delikatessen

Mercato Centrale
Piazza del Mercato Centrale
Eine Sehenswürdigkeit für sich, vielfältiges Angebot

Calderai
Via dell'Arientino 51 r Tel: 210 068
Einst der Lieferant des Königs

Da Vera
Piazza Frescobaldi 3 r, Tel: 215 465

Modische Lederwaren und Moden

Gucci
Via Tornabuoni 73–75 r, Tel: 212 665

Principe
Via degli Strozzi 29 r, Tel: 216 821
Damen- und Herrenmode

Emilio Pucci
Via del Pucci 6, Tel: 214 439

Zanobetti
Via Calimala 20 r, Tel: 210 646
Damen- und Herrenmoden

Schuhe

Beltrami
Via del Pecori 1 r, Tel: 211 434

Süßigkeiten

Doney
Via Tornabuoni 46, Tel: 214 308

Rivoire
Piazza Signoria 5 r, Tel: 606 896

Reformhäuser, Kräuter

De Herbore
Via Proconsolo 6 a, Tel: 283 196

Officina Farmaceutica di Santa Maria Novella
Via della Scala 16, Tel: 216 276
Hier findet man vor allem Kräuter, auch eine besondere Mischung duftender Kräuter, die in der Umgebung der Stadt gepflückt sind, und die sich kultivierte Florentiner in Schalen in die Wohnräume stellen (Pot-Pourri). Diese alte Apotheke ist eine Sehenswürdigkeit für sich.

Warenhäuser

Upim
Piazza della Repubblica 1, Tel: 282 029

Standa
Via Panzani 31 r, Tel: 298 963

Schmuck

Allerhand Schmuck findet man in den Läden auf der Ponte Vecchio

Siena

Siena ist nicht so weitläufig wie Florenz. Hier verlocken die Straßen um die Piazza del Campo zum Einkaufsbummel, vor allem Via Citta, Banchi di Sopra und Banchi di Sotto

Pisa

Der Dom liegt abseits vom Zentrum der Stadt. Die interessanten Einkaufsstraßen liegen beiderseits von der Ponte di Mezzo. Biegt man von der Ponte di Mezzo kommend gleich am Anfang des Borgo Stretto nach links ab, kommt man auf einen kleinen Markt und in die Gegend der Lebensmittelgeschäfte.

Livorno

Livorno ist ein guter Ort für einen Einkaufsbummel. In der Via Grande, der Via Cairoli und der Via Ricasoli findet man eine Fülle interessanter Geschäfte. Nicht weit von der Via Grande, auf der Piazza Cavallotti ist werktags am Vormittag Markt, wenige Schritte weiter befindet sich die eindrucksvolle Markthalle (nur vormittags geöffnet).

Die wichtigsten Galerien, Museen, Palazzi und Kirchen

Da die Öffnungszeiten der Galerien und Museen oftmals verändert werden, sind die Telefonnummern angegeben.

Wichtig: Mit »Öffnungszeiten« wird bei den italienischen Galerien und Museen meist nicht die Zeit bezeichnet, in der man Einlaß erhält, sondern die Zeit, während welcher Besucher anwesend sein dürfen. Beispielsweise in den Uffizien enden Kartenverkauf und Einlaß 45 Minuten vor dem Ende der Öffnungszeiten. Bei meinem letzten Besuch war an der Kasse auch ein Schild zu sehen, auf dem zu lesen war, daß 15 Minuten vor Ende der Öffnungszeiten mit dem Schließen der Säle begonnen wird. Man tut also gut daran, mindestens eine Stunde vor Ende der Öffnungszeiten mit dem Besuch zu beginnen, auch für den Fall, daß man nur mal einen kurzen Besuch machen möchte.
Praktisch alle Galerien und Museen sind an den folgenden Tagen geschlossen: 1. Januar, 1. Mai, 15 August, 25. Dezember. Bei vielen kommen hinzu: Ostersonntag oder Ostermontag oder Dienstag nach Ostern, 25. April, erster Sonntag im Juni. In Florenz gelten bei vielen am 24. Juni die Feiertagsöffnungszeiten.

Kirchen in der gesamten Toskana:
Kernzeiten der Öffnung 8.30–12.00, 15.30–18.00.
Es gibt zahlreiche, oft jahreszeitlich bedingte Abweichungen. In der Stadt Siena sind die Kirchen täglich von 7.00–19.00 geöffnet.

Arezzo

Casa del Vasari (Wohnhaus des Giorgio Vasari aus dem 16. Jahrh.) Via XX. Settembre 55, Tel. 0575/20 295
9.00–14.00, sonn- und feiertags 9.00–13.00, Montag geschlossen.

Die Kirche S. Francesco (Fresken von Piero della Francesca) ist täglich von 8.00–12.00 und 15.00–18.00 geöffnet, im Sommer bereits um 7.00.

Asciano

Abbazia del Monte Oliveto Maggiore, Tel: 0577/707 017, 9.00–12.30, 15.00–19.00, im Winter nur bis 17.30. (Am Klostertor läuten).

Certaldo

Casa Boccaccio (in der Oberstadt)
8.30–12.00, 16.00–19.00, Oktober bis März 8.30–12.00, 15.00–18.00.

Chiusi

Museo Etrusco, Via Porsenna (Nähe Dom), Tel: 0578/20 177
9.00–14.00, Sonn- und Feiertag 9.00–13.00, Montag geschlossen.

Fiesole

Römische Bauwerke (einschließlich Theater)
März bis September 10.00–19.00,
sonst 10.00–16.30,
Mittagspausen 12.00–15.00, Montag geschlossen.
Eintritt Lit 1.500.

Florenz

Accademia (Galleria dell'Accademia), Via Ricasoli 60, Tel. 055/214 375. 9.00–14.00, Sonn- und Feiertag 9.00–13.00, Montag geschlossen.
Eintritt Lit. 3.000.

Bargello (Museo Nazionale), Via del Proconsolo 4, Tel: 055/210 801. 9.00–14.00, Sonn- und Feiertag 9.00–13.00, Montag geschlossen. Eintritt Lit 2.000.

Casa Buonarroti, Via Ghibellina 70, Tel. 055/241 752, 9.00–13.00, Dienstag geschlossen.

Museo dell'Opera di S. Maria del Fiore (beim Dom) Tel: 055/213 229. 9.30–13.00, 15.00–17.30. Eintritt Lit 2.000.

Kuppel des Doms, Zugang 8.30–12.30, 14.30–17.30, Eintritt Lit. 2.000.

Campanile (Turm des Doms): Aufstieg wie Kuppel des Doms.

Das Baptisterium ist geöffnet: 9.30–12.30, 14.30–17.30.

Museo San Marco, Piazza San Marco, Tel: 055/210 741. 9.00–14.00, Sonn- und Feiertag 9.00–13.00. Montag geschlossen. Eintritt Lit 2.000.

Palazzo Medici-Riccardi, Via Cavour 1, 9.00–13.00 und 15.00–17.00, Sonn- und Feiertag 9.00–12.00.

Palazzo Pitti (Galleria Palatina). Piazza Pitti, Tel: 055/210 323. 9.00–14.00, Sonn- und Feiertag 9.00–13.00, Montag geschlossen. Eintritt Lit. 3.000.

Palazzo Vecchio, Piazza della Signoria, Tel. 055/27 681. 9.00–18.00, Sonn- und Feiertag 9.00–13.00, Samstag geschlossen. Eintritt Lit. 3.000.

Uffizien (Galleria degli Uffizi), Loggiato degli Uffizi 6, Tel: 055/218 341. 9.00–14.00, Sonn- und Feiertag 9.00–13.00, Montag geschlossen. Eintritt Lit. 4.000.
Möglicherweise wird wenigstens für die Sommermonate die Öffnungszeit bis 19.00 verlängert. Bei Redaktionsschluß (April 1985) stand das noch nicht fest.

Villa I Tatti, Via di Vincigliata 26, 50185 Firenze-Settignano, Tel. 055/603 251 und 608 909. Besuchstermine müssen schriftlich beantragt werden.

Pisa

Die Bauten an der Piazza del Duomo werden geöffnet:
Dom 7.45, **Baptisterium** 9.00,
Schiefer Turm 9.00, **Camposanto** 9.00.
Schließungszeit: Mai bis September 19.00, November bis Januar 16.30, übrige Zeit 17.00. Dom und Baptisterium sind von 13.00–15.00 geschlossen. Eintritt für den Schiefen Turm Lit. 2.000, Camposanto Lit. 1.500

Museo delle Sinopie (dem Dom gegenüber im Hospital S. Chiara)
9.00–12.30 und 15.00–17.00. Tel 050/22 531. Eintritt Lit. 1.500.

San Gimignano

Palazzo del Popolo (einschließlich Museo Civico) Tel. 0577 / 940 340
April bis September 9.30–12.30 und 15.30–18.00, Rest des Jahres 9.30–12.30 und 14.30–17.30. Eintritt Lit. 2.000.

Sansepolcro

Museo Civico, Tel. 0575 / 76 465
9.30–13.00 und 14.30–18.00.
Eintritt Lit. 2.000.

Friedhofskapelle von Monterchi (17 km von Sansepolcro) Wenn man Piero della Francescas Madonna del Parto sehen will, muß man sich an den Küster wenden.

Santomato di Pistoia

Villa Celle, Anfahrt Autobahn A 11 (Firenze Mare) Ausfahrt Pistoia, bei Erreichen der Hauptstraße rechts einbiegen, bis zum ersten großen Kreisverkehr fahren, zur ursprünglichen Fahrtrichtung links einbiegen (Wegweiser »Montale«, »Zona Industriale«), die gut ausgebaute Schnellstraße bis zum Ende fahren, dann rechts einbiegen und der Straße folgen bis man zwei Kilometer nach Ponte nuovo linker Hand ein großes Parktor sieht, auf dessen Seitenpfeiler »Villa Celle« steht. Falls man dieses Tor übersieht und die Ortschaft Santomato erreicht, muß man umkehren und bei der Fahrt in der Gegenrichtung besser aufpassen. Besuch nur nach telefonischer Vereinbarung. Tel: 0573/479 628. (Mrs. Panton, die die Besucher betreut, spricht Englisch).

Siena

Museo dell' Opera del Duomo, Piazza del Duomo, Tel. 0577/283 048. Mai–August täglich 9.00–13.00 und 14.30–18.00, übrige Zeit 9.00–12.30 und 14.30–17.00. Eintritt Lit. 2.000.

Palazzo Pubblico (Museo Civico) und Torre della Mangia, Piazza del Campo 1, Tel: 0577/292 111. Täglich 9.30–12.30 und 14.00–17.00. Eintritt Lit. 2.000.

Pinacoteca Nazionale, Via San Pietro 31, Tel. 0577/281 161. 9.00–14.00, Sonn- und Feiertag 9.00–13.00. Eintritt Lit. 1.000.

Santuario e Casa di S. Caterina, Via Camporegio 31 (Eingang Via S. Caterina), Tel. 0577/44 177. 8.00–12.00 und 15.00–18.30.

Das berühmte **Palio** findet am 2. Juli und am 16. August statt. Kartenvorverkauf und Kartenbestellung: Azienda Autonoma per il Turismo, Piazza del Campo 55, Tel. 0577/280 551. Tribünenplatz: Lit. 130.000.

Urbino

Palazzo Ducale (Einschließlich Galleria Nazionale delle Marche) Tel. 0722 / 2 760. 9.00–14.00, Sonn- und Feiertag 9.00–13.00.
Montag geschlossen. (Falls Montag Feiertag ist Dienstag geschlossen).
Eintritt Lit 2.000.

Casa di Raffaello (Raffaels Geburtshaus) Tel. 0722 / 37 105. April–September 9.00–13.00 und 15.00–19.00, übriges Jahr sowie Sonn- und Feiertag 9.00–13.00.
Geschlossen Montag und im Februar.
Eintritt Lit. 1.000.

Vinci

Museo Leonardiano (Castello).
Tel. 0571 / 56 055
9.30–12.00 und 14.30–17.30. Eintritt Lit. 2.000.

In vielen Galerien und Museen – besonders den staatlichen – ist der Eintritt am ersten und dritten Samstag des Monats sowie am 2. und letzten Sonntag des Monats frei. Dafür ist dann an solchen Tagen der Andrang oft besonders groß. Wie man hört, soll gegenwärtig in Rom der Entwurf eines Gesetzes beraten werden, aufgrund dessen die Museen, Galerien und Ausgrabungsstätten künftig täglich geöffnet sein sollen. Gleichzeitig sollen die Eintrittspreise verdoppelt werden. Ob dieses Gesetz angenommen wird, läßt sich gegenwärtig nicht sagen.

Naturschutzparks

Parco Naturale della Maremma
Informationen: Centro Visite di Albarese, Tel: 0564/407 098. Mittwoch, Samstag, Sonntag 6.30–18.30, an den anderen Tagen 9.00–18.30. Besichtigungen des Parks sind nur in geführten Gruppen möglich. Täglich finden von Albarese und von Talamone aus zwei- bis zweieinhalbstündige Führungen statt, frühmorgens und am Nachmittag. Jeweils Mittwoch, Samstag und Sonntag finden von Albarese aus auch ausgedehntere Führungen statt. Eintritt Lit. 3.000.

Rifugio Faunistico Lago di Burano, Zugang bei km 131 der S.S. 1 (Aurelia). Führungen: Donnerstag und Sonntag um 10.00 und um 13.00. Eintritt Lit 2.000. Auskunft Tel. 0564/862 439.

Rifugio Faunistico Orbetello, Zugang bei km 148 der S.S. 1 (Aurelia). Führungen Donnerstag und Sonntag 10.00 und 13.00. Eintritt Lit 2.000. Auskunft Tel: 0564/898 829.

Reisetips

Planung und Vorbereitung

Wahl des Reisetermins

Welche Monate sind für eine Liebhaber-Reise in die Toskana besonders empfehlenswert? Das hängt im Einzelfall davon ab, was man in erster Linie erleben will. Sehr viel einfacher läßt sich sagen, welchen Monat man möglichst meiden sollte: Den August. Es ist der traditionelle Ferienmonat der Italiener, da ist das Leben in den Städten stark reduziert, dafür ist am Meer alles überfüllt. In Florenz machen im August so ziemlich alle Liebhaber-Restaurants Ferien (siehe Restaurant-Liste). Auch viele Läden sind im August geschlossen. Dafür ist es leichter, Parkplätze zu finden. Ähnlich ist es in Pisa, Lucca und Livorno. Wenig beeinträchtigt ist Siena, und vor allem die Provinz Siena. Am Meer ist im August alles überlaufen. Auch auf dem Weg in die Toskana findet man im August sehr viele Liebhaber-Restaurants geschlossen.
Besonders empfehlenswert für Toskana-Reisen sind Juni und September, da sind die Städte voller Leben und in den Orten am Meer ist man ein gern gesehener Gast. Wer große Hitze liebt, wird die Toska-

na im Juli besonders genießen. In den Städten sind Mai und Oktober sehr angenehm, am Meer mag manchem zumindest das Wasser noch oder schon wieder zu kühl sein. Ein angenehmer Monat für Besichtigungen ist der April. Da ist auch das Aufblühen der Natur ein besonderes Erlebnis. Man sollte allerdings daran denken, daß um Ostern viele Hotels ausgebucht sind (ähnlich ist es um Pfingsten herum). In Stadt und Provinz Siena sind von November bis Ende März viele Hotels und Restaurants geschlossen. Florenz kann auch in den Wintermonaten zum Erlebnis werden, genau wie Pisa, Lucca und das Meer, das auch dann reizvoll ist, wenn das Wasser zum Schwimmen zu kalt ist.

Reservierungen

Von der Wahl des Reisetermins hängt es ab, in welchem Maße und wie lange im voraus man Reservierungen vornehmen muß. Sich von vornherein weitgehend festzulegen, entspricht im Grunde nicht einer Liebhaber-Reise. Aber wer im Juni oder September oder um Ostern herum nach Florenz will, dem bleibt nichts übrig, als rechtzeitig zu buchen. Und wer im August ans Meer will, der hat wenig Hoffnung, Quartier zu finden, wenn er nicht lange vorausbestellt. Ganz besonders schlimm ist es um den 15. August (Ferragosto).
In touristisch ruhigeren Zeiten genügt es meist, wenn man seine Reservierung zwei oder drei Tage im voraus macht. Doch sollte man bedenken, daß in den ruhigeren Zeiten – vor allem im Mai und Oktober – Messen und Kongresse stattfinden (besonders in Florenz), da ist dann auch alles ausgebucht. Man sollte also auf jeden Fall schon mal telefonisch anfragen, wie die Lage in der in Aussicht genommenen Zeit sein wird. Im übrigen: Lieber vorsorglich reservieren, man kann ja immer noch absagen, allerdings sollte man das rechtzeitig tun. Bei der Reservierung – egal ob telefonisch oder schriftlich – sollte man nicht vergessen, nach dem Preis zu fragen.

Einreisepapiere

Erforderlich: Gültiger Personalausweis oder Reisepaß. Für Autolenker: Nationaler Führerschein. Für das Auto: Zulassung bzw. Fahrzeugausweis. Nicht vorgeschrieben, aber empfehlenswert: Das Mitführen der Grünen Versicherungskarte.
Wer Hund oder Katze mit nach Italien nehmen will, muß an der Grenze eine Tollwutimpfbescheinigung sowie ein amtstierärztliches Gesundheitszeugnis vorlegen. Nähere Auskünfte erteilt die Geschäftsstelle des örtlichen Tierschutzverbandes oder des nationalen Automobilclubs.

Benzingutscheine

Italienreisende können bei den Geschäftsstellen ihres heimatlichen Automobilclubs Gutscheinhefte mit 10 Bons für insgesamt 150 Liter Superbenzin erwerben. Dadurch tritt eine Verbilligung des hohen Benzinpreises um derzeit etwa 13 Prozent ein. Das Heftchen enthält außerdem fünf Gutscheine zu je 2.000 Lire zur Bezahlung von Autobahngebühren. (Für die Fahrt auf der Autobahn nach Florenz, beispielsweise vom Brenner, reichen die allerdings nicht im mindesten). Ein solches Gutscheinheft erhält man lediglich einmal pro Kalenderjahr. Wer über Rom hinaus nach Süden fährt, kann ein zusätzliches »Südpaket« beantragen. Das leere Heft sollte man sich unbedingt aufheben; die darin enthaltene Carta Carburante Turistica ist im Falle einer Panne nützlich: Sie dient als Gutschein für kostenfreies Abschleppen. Trotzdem: Der Schutzbrief des heimatlichen Automobilclubs kann im Pannenfall sehr dienlich sein und Kosten sparen helfen.
Für Dieselkraftstoff gibt es keine Verbilligung. Diesel kostet in Italien erheblich weniger als in der Bundesrepublik Deutschland, der Schweiz und Österreich.

Devisen

Die Einfuhr von Lire nach Italien ist derzeit bis zum Höchstbetrag von Lit. 400.000 pro Kopf gestattet. Fremde Währungen dürfen unbegrenzt eingeführt werden. Will man diese Devisen oder einen Teil davon wieder ausführen, muß man – falls die Summe höher als der Gegenwert von einer Million Lire ist – bei der Einreise an der italienischen Zollstation ein Formular ausfüllen und sich die Einfuhr bestätigen lassen. Die Ausfuhr von Lire-Beträgen ist auf Lit. 400.000 pro Kopf begrenzt.
Das Mitführen größerer Barbeträge ist aus vielen Gründen weder praktisch noch empfehlenswert. Wirklich praktisch und besonders vielseitig verwendbar sind Eurocheques. Bei Vorlage der Eurochequekarte kann man überall mit Eurocheques bezahlen. Wegen der für jeden Scheck anfallenden Gebühr ist es aber wirtschaftlicher, wenn man die Schecks lediglich zur Bezahlung größerer Rechnungen und zur Beschaffung von Bargeld (in allen Banken) benutzt.
Viele Restaurants, Hotels und Geschäfte nehmen auch Kreditkarten.

Kleidung

Was das Klima angeht, verweise ich auf Seite 29. Jedenfalls auch in der ausgesprochen warmen Jahreszeit können ein warmer Pulli oder eine wärmende Stola gelegentlich recht nützlich sein, genauso wie ein Regenschirm.

Verkehrsverhältnisse und Straßenzustand

Man sollte sich beim heimischen Automobilclub darüber informieren, an welchen Tagen auf den Anreisestrecken mit Stauungen zu rechnen ist und seine Anreise möglichst so legen, daß man nicht an solchen »heißen« Tagen unterwegs ist. Bei der Anreise sind innerhalb von Italien vor allem die Tage vor und nach dem berühmten Ferragosto (15. August) kritisch, der Ferragosto selbst aber meist nicht. Da ist dann jeder schon vor Ort. Kritisch sind auch die Wochenenden im Juli und August. Ist man gezwungen, an einem Stautag zu fahren, sollte man auf die Benutzung der Autobahn verzichten. Während sich auf den Autobahnen alles staut, bleiben die Straßen anderer Kategorien meist frei.
Reist man im Spätherbst oder Winter in die Toskana, sollte man daran denken, daß in Norditalien, vor allem in der Gegend um Mailand herum, oft sehr schwerer Nebel herrscht. Man sollte sich also rechtzeitig durch den telefonischen Straßenzustands- und Reisewetterbericht informieren.

Auskünfte

Wer praktische Fragen haben sollte, auf die er in diesem Buch keine Antwort findet, wendet sich am besten an den heimatlichen Automobilclub oder an eines der Auslandsbüros der ENIT (staatliches Fremdenverkehrsbüro Italiens):

Frankfurt / Main, Kaiserstr. 65,	Tel. 069 / 231 213
München 2, Goethestr. 20,	Tel. 089 / 530 369
Düsseldorf, Berliner Allee 26,	Tel. 0211 / 377 035
Wien 1, Kärntnertr. 4,	Tel. 0222 / 651 939
Zürich, Uraniastr. 32,	Tel. 01 / 273 633
Genf, 3 Rue du Marché,	Tel. 022 / 282 922.

Anreise

Entfernungen

Die Länge der Anreise nach Florenz auf dem jeweils kürzesten Weg:

Hamburg	1.500 km	Berlin	1.250 km
Frankfurt / Main	1.000 km	München	650 km
Basel	700 km	Zürich	600 km
Wien	950 km		

Und von der italienischen Grenze nach Florenz:

Chiasso	380 km	Brenner	450 km
Tarvisio	470 km		

Die wichtigsten Anreisestrecken

(In Klammern eventuelle Mautgebühren für die einfache Fahrt, soweit sie vor Erreichen der italienischen Grenze anfallen).

Lausanne – Großer St. Bernhardt (Sfr. 22,50 / ca. DM 27,–) – Aostatal – Turin – Genua

Gotthard – Chiasso – Mailand – Bologna

Chur – San Bernardino – Mailand – Bologna

München – Innsbruck – Brenner (DM 18,–) – Verona – Bologna

Tauernautobahn (DM 17,–) – Villach – Tarvisio – Udine – Padua – Bologna

München – Kufstein – Felbertauern (DM 27,–) – Villach – Tarvisio – Udine – Padua – Bologna.

Frei von Straßen- oder Tunnelgebühren ist die Anreise vor dem Erreichen der italienischen Autobahn also nur über Gotthard und San Bernardino. Auf diesen beiden Strecken in der Schweiz muß man allerdings – falls man sie nicht ohnehin schon hat – die Schweizer Autobahnvignette kaufen. (Beim ADAC in Deutschland für DM 37,– oder beim Schweizer Zoll bzw. bei Poststellen und Tankstellen in der Schweiz für Sfr. 30,–). Es sei denn man meidet die Autobahnen und benutzt die alten Straßen, die man gefahren ist, bevor die Autobahnen gebaut worden sind. Im Falle San Bernardino läßt sich das gut machen, weil der Abschnitt Thusis – San Bernardino – Bellinzona der Schweizerischen Nationalstraße gebührenfrei ist. Will man die Autobahn in der Schweiz meiden, ist auch die Strecke Agno – Ponte Tresa – Varese (Schweizerische Bundesstraße 23) eine gute Möglichkeit. Die Vignette gilt jeweils bis zum 31. Januar des Jahres, das auf das aufgedruckte Jahr folgt und kann für beliebig viele Fahrten auf den Autobahnen in der Schweiz benutzt werden.
Ohne große Schwierigkeiten läßt sich die Gebühr für die Brennerautobahn einsparen, wenn man die recht gut ausgebaute alte Straße Innsbruck – Sterzing (Vipiteno) benutzt. In Österreich ist das die Bundesstraße 182, in Italien die S.S. 12). Man muß dann spätestens bei der Ausfahrt Innsbruck-Süd die Au-

tobahn verlassen und auf dem Rückweg muß man die Autobahnausfahrt Sterzing benutzen.

Grenzübergänge

Die Grenzstationen an allen wichtigen Reiserouten sind durchgehend geöffnet. Die Grenzbüros des ACI (italienischer Automobilclub), in denen man auch Geld einwechseln kann, sind während der Nachtstunden bis morgens sieben Uhr geschlossen.
Die Einfuhr von persönlichen Effekten ist frei. Die zollfreie Einfuhr von Zigaretten ist auf 300 Stück begrenzt (aus Nicht-EG-Ländern 200 Stück). Die Mitnahme von Waffen, auch Jagd- und Sportwaffen, unterliegt besonderen Bestimmungen, die bei den italienischen Konsulaten im Heimatland erfragt werden können.
Wer ein Auto mit Benzinmotor fährt, sollte vor dem Grenzübertritt nach Italien volltanken. Dabei ist der Treibstoff in Österreich derzeit bedeutend teurer als in Deutschland. Wer einen Diesel fährt, der tankt erheblich billiger in Italien.
So gut wie alle Autobahnen in Italien sind gebührenpflichtig. Für die Strecke Brenner–Florenz muß man derzeit mit dem Gegenwert von etwa DM 50,– rechnen. Dabei ist die Gebühr für die Benutzung der Brennerstraße (DM 18,– für die einfache Fahrt) nicht eingerechnet.
Die Tankstellen an den italienischen Autobahnen sind rund um die Uhr geöffnet. Außerhalb der Autobahnen sind die Tankstellen von 12.30 bis 15.00 und von 19.00 bis 7.30, sowie Samstagnachmittag und Sonntag geschlossen. Neuerdings findet man mitunter Tankautomaten, die auch nachts bedienen. Für diese Automaten muß man 1.000 und 10.000 Lirescheine bereithalten. Benzingutscheine nehmen die Automaten nicht.
Es ist vorteilhaft, für die Autobahngebühren die entsprechenden Lire-Beträge mit sich zu führen. Die Kassierer nehmen auch fremde Währungen, aber das ist aufhaltsam und bringt meist schlechtere Wechselkurse.

Pannenhilfe in Italien

Im ganzen Land unter der Rufnummer 116 (Soccorso Stradale).

Anreise mit Bahn oder Flugzeug

Siehe Seiten 49 und 50. Die Bahnverbindungen sind aus den meisten Gegenden Deutschlands, der Schweiz und Österreichs nicht schlecht. Detaillierte Angaben sind wegen der regelmäßig wechselnden Fahrpläne nicht angebracht.

Aufenthalt

Autowerkstätten

Man findet Werkstätten für alle bekannten Fabrikate. Die meisten Werkstätten arbeiten nicht an Samstagen.

Banken und Geldwechsel

Die Banken sind Montag bis Freitag (Feiertage ausgenommen) von 8.20 oder 8.30 bis 13.20 geöffnet. Neuerdings öffnen viele Banken auch noch um 14.30 oder 14.45 für eine Stunde. Praktisch alle der sehr zahlreichen Banken wechseln fremde Währungen in Lire und lösen bei Vorlage der Scheckkarte Eurocheques bis zur Höhe des Garantiebetrages ein (derzeit Lit. 250.000).
Lire in fremde Währung zu wechseln, ist – sofern keine besondere Genehmigung vorliegt – nicht vorgesehen.
Der Bankschalter am Flugplatz Pisa ist Montag bis Samstag von 9.00 bis 19.00 geöffnet. Die Geldwechselschalter in den Hauptbahnhöfen der Provinzhauptstädte sind ebenfalls auch Samstag geöffnet. In Florenz gibt es auch einige Wechselstuben, die unabhängig von den Banköffnungszeiten geöffnet sind. Für diese Dienstleistung muß man wohl mit einem etwas schlechteren Wechselkurs einverstanden sein. In der Nähe der Piazza della Signoria gibt es eine solche Wechselstube, die in den Monaten April bis Oktober auch an Sonn- und Feiertagen durchgehend bis 19.30 geöffnet ist, in der Via Codotta 42 r. (Das »r« hinter der Nummer bedeutet »rosso«. Eine Spezialität in der Stadt Florenz: für Geschäftsadressen rote Nummern, für Wohnadressen schwarz oder blau. Die beiden Systeme laufen ziemlich durcheinander).
Bei der Tankstelle an der Autobahnausfahrt Firenze-Nord gibt es einen Bankschalter, der Montag bis Samstag durchgehend von 8.00 bis 17.30 geöffnet ist. Außerhalb dieser Zeit ist der Portier des in der Nähe befindlichen Motel Agip bereit, Eurocheques einzulösen (auch nachts) und verlangt dafür lediglich eine Gebühr von Lit. 1.000. Im übrigen sind Hotelportiers im allgemeinen bereit, Devisen einzuwechseln.

Feiertage

1. Januar	Capodanno	Neujahr
25. April	Festa della Liberazione	Tag der Befreiung

1. Mai	Festa del Lavoro	Tag der Arbeit
15. August	Ferragosto	Maria Himmelfahrt
1. November	Ognissanti	Allerheiligen
8. Dezember	L'Immacolato Condezione	Maria Empfängnis
25. Dezember	Natale	Weihnachten
26. Dezember	Santo Stefano	Stefanstag

Ostermontag ist ebenfalls Feiertag.
Auch gibt es lokale Feiertage, die dem örtlichen Schutzpatron gewidmet sind. In Florenz ist der 24. Juni, der Tag des heiligen Johannes, ein halber Feiertag.
Karfreitag, Himmelfahrt und Pfingstmontag sowie auch Fronleichnam sind in Italien keine Feiertage.

Fundbüros

In Florenz: Via Circondaria 19, Tel: 367 943.
An allen anderen Orten wendet man sich am besten an die Gemeindeverwaltung und fragt nach dem Uffizio Oggetti Smarriti. Solche Büros sind im allgemeinen von 8.30 bis 13.00 geöffnet.

Geld

Daß die Lira ursprünglich mal in 100 Centesimo unterteilt war, ist heute fast vergessen. Heute ist schon eine Lira so gut wie nichts wert. Dementsprechend ist die Stückelung der Zahlungsmittel:
Münzen zu 5, 10, 20, 50, 100, 200, 500 Lire. Dabei sind die Münzen unter 50 Lire (derzeitiger Gegenwert 8 Pfennige) recht selten.
Geldscheine zu 500, 1000, 2.000, 5.000, 10.000, 20.000, 50.000 und 100.000 Lire. Die gebräuchlichsten Stückelungen sind 1.000 Lire, 10.000 Lire, 50.000 Lire.
Ministerpräsident Craxi spricht mitunter von Plänen, eine neue Lira zu schaffen, indem drei Nullen gestrichen werden. Das wäre eine wertneutrale Reform, ist aber wohl dennoch schwer durchzusetzen.

Geschwindigkeitsbegrenzungen

Personen-kraftwagen	auf Landstraßen	Autobahnen
bis 599 ccm	80 km/h	90 km/h
bis 900 ccm	90 km/h	110 km/h
bis 1 300 ccm	100 km/h	130 km/h
über 1 300 ccm	110 km/h	140 km/h

Innerorts 50 km/h.

Konsulate

Bundesrepublik Deutschland:
Florenz, Borgo SS. Apostoli 22, Tel. 055/294 722
Livorno, Via S. Francesco 17, Tel. 0586 / 38 008

Schweiz:
Florenz, Via de Tornabouni 1, Tel. 055/296 865

Österreich:
Florenz, Via dei Servi 9, Tel. 055/215 352.

Läden

Manche Lebensmittelgeschäfte öffnen morgens um 8.00, die Geschäfte des gehobenen Bedarfs meist erst um 9.00. Über Mittag schließen praktisch alle Läden, dabei ist der Zeitpunkt nicht einheitlich, manche Läden schließen bereits um 12.00, andere erst um 12.30 oder 13.00. Die Öffnungszeiten an den Nachmittagen sind unterschiedlich, und zwar sowohl branchenmäßig als auch regional. Geöffnet wird zwischen 15.00 und 17.00. Die Ladenschlußzeiten liegen dann zwischen 19.00 und 20.00.
Viele Läden sind auch am Samstagnachmittag geöffnet. In ausgesprochenen Ferienorten – etwa in Viareggio – sind die Läden auch sonntags geöffnet, in kleineren Orten nur während der Saison (meist Juni–September). Viele Läden und Kaufhäuser sind am Montagvormittag geschlossen.

Parken

Dazu ist bereits vieles gesagt. Das Problem tritt praktisch nur in den Zentren der großen und größeren Städte auf, ganz besonders in Florenz. Im allgemeinen läßt sich sagen: Man findet Parkplatz, wenn man morgens nicht viel nach 8.00 eintrifft. Auch zwischen 13.00 und 14.00, wenn die Florentiner zum Essen fahren, ist es oft einigermaßen günstig. Auf den bewachten Parkplätzen zahlt man Gebühren, die nicht auf allen Plätzen gleich sind, sie liegen zwischen Lit 500 und 1.200 pro Stunde. Dabei ist die erste Stunde meist billiger als die folgenden. Leider endet die Bewachung um 20.00 oder um 20.30, also genau dann, wenn man das Auto abstellen will, um in ein Restaurant zu gehen. Rund um die Uhr ist lediglich der Parkplatz bei der Fortezza di Basso bewacht, der ist aber einigermaßen abgelegen. Da kann man auch gleich ein Taxi vom Hotel nehmen.
In Siena gibt es direkt am Dom einen bewachten Parkplatz, der ist aber besetzt, wenn man nicht um

8.00 eintrifft. Sonst muß man sehen, etwas außerhalb der Altstadt einen Platz zu finden.
In Lucca parkt man am besten auf der Piazza Napoleone. Dort ist die Fluktuation meist groß genug, um Platz zu finden.
In Pisa findet man meist auf dem bewachten Parkplatz beim Hauptbahnhof einen Platz. Vom Dom und Schiefen Turm ist das allerdings weit entfernt. In der Gegend um den Dom muß man ein wenig Glück haben.

Post

Die Öffnungszeiten der Postämter sind unterschiedlich. Die Hauptpostämter in den Provinzhauptstädten sind im allgemeinen ganztägig geöffnet, d.h. von 8.15–19.30. Weitgehend alle anderen Postämter sind Montag bis Freitag von 8.15 bis 13.40 geöffnet, samstags nur bis 12.20.
Ein Hinweis für Briefmarkensammler: Sondermarken bekommt man meist nur an den besonders dafür eingerichteten Schaltern der Hauptpostämter der Provinzhauptstädte. Diese Sonderschalter sind mit Ausnahme von Florenz nur vormittags geöffnet.

Hauptpostämter:
Florenz: Via Pellicceria (in der Nähe der Piazza Repubblica)
Siena: Piazza G. Matteotti 37 (Samstag 8.30–13.30)
Pisa: Piazza Vittorio Emanuele (Samstag 8.15–13.20)
Lucca: Via Vallisneri 1 (Samstag 8.15–14.00).

Sicherheit

In allen Ländern der Erde werden Autos gestohlen und bestohlen. Kann man wirklich sagen, daß es in Italien besonders schlimm ist? So global ausgedrückt, ist es sicher nicht gerechtfertigt. Sicherlich kommt in Mailand und in Rom sehr viel mehr vor als in Florenz oder Pisa. Aber auch in Florenz ist es immer noch genug. In den ländlichen Gegenden der Toskana passiert praktisch nichts. Auf jeden Fall: man soll vorsichtig sein. Für Wertsachen haben die meisten Hotels Safes, die den Gästen auf Wunsch zur Verfügung gestellt werden. Eurocheques und Scheckkarten sollte man stets getrennt aufbewahren. Wenn man parkt, sollte man möglichst nichts im Wagenfond sichtbar liegen lassen. Gefährdet sind auch Autoradios.
Wenn etwas passiert, sollte man möglichst umgehend Anzeige bei der Polizei erstatten. Die Anzeige muß auf einem Stempelpapier (derzeit im Wert von Lit. 3.000) gemacht werden, das man in Tabakläden zu kaufen bekommt. Die Anzeige ist schon wegen der Versicherungen wichtig, die ohne Anzeige keinen Schadenersatz leisten müssen.
Im Fall des Verlustes von Ausweispapieren gilt die polizeiliche Bestätigung bis zur Heimkehr als Ersatz.

Streiks

Daß in Italien relativ viel gestreikt wird, ist allgemein bekannt. In den letzten Jahren ist es eher weniger geworden. Dennoch: »Sciòpero« (italienisch für »Streik«) ist zu einer Art Institution geworden. Die meisten Streiks betreffen die Touristen nicht oder nur wenig. Dennoch: Es ist ratsam, sich täglich in der Tagespresse über die anstehenden Streiks zu informieren.
Man kann von zwei Grundformen von Streiks sprechen: Erstens gibt es Proteststreiks, sie werden mitunter sehr plötzlich ausgerufen, etwa mit dem Bekanntwerden der Entführung eines sehr prominenten Mannes oder eines besonders krassen Sprengstoffanschlags. In solchen Fällen schließen sich auch Ladeninhaber und Restaurantbesitzer dem Aufruf an. Solche Streiks erfassen meist das ganze Land. Zeitlich sind sie erfahrungsgemäß auf wenige Stunden begrenzt. Als zweite Hauptgruppe von Streiks gibt es die Streiks einzelner Berufsgruppen mit dem Ziel der Verbesserung der Bezahlung, der Arbeitsbedingungen etc. Solche Streiks werden im voraus angekündigt und man kann sich durch die Tageszeitungen stets rechtzeitig informieren. Derartige Streiks können das ganze Land erfassen, sie können aber auch auf einzelne Regionen beschränkt bleiben, zeitlich erstrecken sie sich mitunter über mehrere Tage. Von solchen Streiks sind nur wenige für den Touristen unmittelbar spürbar. Am unangenehmsten kann sich ein Streik der Tankwarte mit Schließung aller Tankstellen auswirken. Aber auch ein Streik der Tankwagen-Fahrer kann durch Mangel an Zulieferung zur Schließung der Tankstellen führen. Da sollte man sich also nicht nur informiert, sondern auch den Benzintank stets gefüllt halten. Für den Touristen spürbar können natürlich auch Poststreiks sein. Da genügt ein ganz begrenzter Streik an einem Knotenpunkt – etwa Mailand –, um zu beträchtlichen Verzögerungen der Auslandspost zu führen. Störungen im Reiseverkehr treten im übrigen durch Streiks des Fährpersonals (z.B. nach Sardinien) auf und durch die bekannten Streiks der Piloten oder Fluglotsen etc.

Tabakwaren

Tabakwaren sind Staatsmonopol und dürfen offiziell nur in bestimmten Geschäften (Tabacchi) verkauft werden, die durch ein schwarzes Schild mit weißem »T« kenntlich gemacht sind.

Tanken

Siehe unter »Anreise«. Für den Fall, daß ein Streik der Tankstellen drohen sollte (oder ein Streik der Fahrer der Tankwagen) sollte man den Tank seines Wagens stets gefüllt halten.

Telefon

Die Telefongebühren für ein Gespräch ins Ausland sind in Italien höher als die Gebühren für ein Gespräch aus dem Ausland nach Italien. Es ist daher empfehlenswert, sich anrufen zu lassen bzw. kurz durchzurufen und um Rückruf zu bitten. Dabei spart man auch eventuelle Aufschläge, die das Hotel auf die Telefongebühr macht.
Wer unterwegs telefonieren muß, findet überall in den Städten Telefonzellen. Außerdem kann man in zahlreichen Bars und Tabakläden telefonieren, und zwar überall dort, wo eine gelbe Telefonwählscheibe an der Fassade darauf hinweist. Wenn auf der Scheibe »Interurbano« steht, kann man von dem betreffenden Apparat auch mit Anschlüssen in anderen Städten sprechen sowie mit allen an den internationalen Selbstwählverkehr angeschlossenen Ländern. Von den Telefonzellen kann man nicht nur alle Anschlüsse in Italien wählen, sondern auch alle Nummern in den Ländern, in welche man von Italien aus durchwählen kann, dazu gehören die Bundesrepublik Deutschland, die Schweiz und Österreich. Zum Telefonieren benötigt man besondere Telefon-Münzen (gettoni). Eine Telefon-Münze kostet 200 Lire. In den Telefonzellen gibt es Automaten, aus denen man Telefonmünzen ziehen kann. Diese Automaten sind allerdings häufig leer. In den Bars kann man Telefon-Münzen an der Theke kaufen. Mehr und mehr werden die Telefonzellen mit Tastentelefonen versehen, bei denen man außer *gettoni* auch 200-Lire-Stücke und 100-Lire-Stücke einwerfen kann.

Vorwahl für	Deutschland	0049
	Schweiz	0041
	Österreich	0043

Wenn man ein Auslandsgespräch führen will, muß man natürlich viele *gettoni* zur Hand haben. 15 gettoni kann man auf Vorrat einwerfen, und zwar auch bevor man den Hörer abnimmt. Nach dem Einwerfen der Münzen nimmt man den Hörer ab und wählt die gewünschte Nummer. Wenn man nicht durchkommt, muß man den Hörer einhängen, die eingeworfenen *gettoni* bleiben dabei im Magazin des Apparates, genau wie nach der Beendigung eines Gesprächs. Wenn man nicht mehr telefonieren will, muß man auf die rote Taste des Apparates drücken, um die restlichen *gettoni* zurückzuerhalten. Während eines Gesprächs muß man darauf achten, daß man rechtzeitig *gettoni* oder Geldmünzen nachwirft. Besonders bei Auslandsgesprächen verbrauchen sie sich schnell.
In den Provinzhauptstädten gibt es öffentliche Telefonsprechstellen mit zahlreichen Telefonzellen. In Florenz befindet sich eine solche öffentliche Telefonsprechstelle im Gebäude der Hauptpost. Das ist keine Selbstverständlichkeit. In Italien gehören Post und Telefon nicht zusammen. Das Telefon wird von einer Gesellschaft mit der Bezeichnung S.I.P. (Societa Italiana per l'Esercizio Telefonico p.a.) betrieben.
Adresse der Hauptpost in Florenz: Via Pellicceria (nahe Piazza della Repubblica). Eine weitere Sprechstelle der S.I.P. befindet sich im Hauptbahnhof. (Beide rund um die Uhr geöffnet).
S.I.P. in Siena: im Hauptbahnhof (8.00–20.45)
S.I.P. in Pisa: Hauptbahnhof (rund um die Uhr) und im Gebäude des Flughafens (8.00–22.00).
S.I.P. in Lucca: Via S. Paolino 22 (8.30–12.30, 15.00–18.00, Samstag 9.00–12.00, Sonn- und Feiertag geschlossen).
Außerdem gibt es in allen größeren Städten Bars mit besonderen Posti Telefonici Pubblici (öffentlich Telefonsprechstellen).
Zwischen 22.00–8.00 sowie den ganzen Sonntag gilt für Auslandsgespräche ein reduzierter Tarif, d.h. es tritt eine Ermäßigung von ca. 20 % ein. Für Gespräche nach Deutschland, der Schweiz und Österreich bedeutet das, man kann für eine Gebühreneinheit anstelle von 5,75 Sekunden 7,20 Sekunden lang telefonieren.

Trinkgelder

Es gibt keine festen Regeln. Man kann davon ausgehen, daß alle Angestellten, die persönliche Dienstleistungen erbringen (also Kellner, Hotelportiers, Tankwarte, Zimmermädchen, Taxifahrer) enttäuscht sind, wenn sie kein Trinkgeld erhalten. Über die Höhe lassen sich keine verbindlichen Normen aufstellen, im allgemeinen dürften angemessen sein: Im Restaurant 5–10% des Rechnungsbetrages, Tankwart 500 Lire, Taxifahrer 500 Lire, Hausdiener im Hotel (für das Tragen des Gepäcks) 500–1.000 Lire, Hotelportier bei der Abreise ab 2.000 Lire, je nach Umfang der Sonderleistungen etc.

Versicherung

Die Pflichtversicherungssumme für Sachschäden liegt in Italien relativ niedrig, bei ca 40.000,– DM. Es ist also zu erwägen, ob man eine kurzfristige Reise-Vollkaskoversicherung für das Auto abschließen soll.

Wandern

Wer ausgiebig wandern will, sollte daran denken, daß es in zahlreichen Gebieten der Toskana sehr giftige Vipern gibt. Hohes Schuhwerk schützt. Apotheken bieten auch Serum für den Fall von Schlangenbissen an.

Zeitungen

Für den Touristen, der sich über die täglichen Devisenkurse seiner Heimatwährung, eventuell anstehende Streiks und andere Aktualitäten informieren will, ist sicherlich der überregionale »Corriere della Sera« die brauchbarste italienische Zeitung. Man bekommt ihn praktisch überall. Ein Exemplar kostet 600 Lire. Die italienischen Zeitungen erscheinen siebenmal in der Woche.
Nicht-italienische Zeitungen und Zeitschriften erhält man in Florenz an fast allen Zeitungskiosken der Innenstadt. In Siena in den großen Buchhandlungen, in Pisa am Bahnhof und am Flugplatz.

Zoll

Bei der Rückreise in die Bundesrepublik sind abgabenfrei (pro Person – bei Tabakwaren und alkoholischen Getränken nur für Personen, die mindestens 17 Jahre alt sind, bei Kaffee muß man 15 Jahre alt sein):

300 Zigaretten
1,5 Liter destillierte Getränke oder Spirituosen mit einem Alkoholgehalt von mehr als 22% vol. oder
3 Liter destillierte Getränke oder Spirituosen mit einem Alkoholgehalt von 22% vol. oder weniger, oder
3 Liter Schaumwein oder Likörwein,
und 4 Liter sonstiger Wein
750 Gramm Kaffee
75 Gramm Parfüm
0,375 Liter Toilettewasser
ferner: andere Waren bis zu einem Warenwert von insgesamt 620,– DM (ausgenommen Gold, Goldlegierungen, Goldplattierungen).

Wichtig: Die vorstehend aufgeführten Freimengen können bei einer Reise von einem EG-Land durch ein anderes Land nicht nebeneinander in Anspruch genommen werden. Insgesamt stehen Ihnen höchstens die EG-Freimengen zu. In einem anderen Land zugekaufte Waren dürfen die jeweils ausgeführten Mengen nicht überschreiten (so bleiben z.B. bei einer Reise von Italien über Österreich insgesamt 300 Zigaretten abgabenfrei; davon dürfen bis zu 200 Stück in Österreich erworben sein).
Überschreitet man die angegebenen Freimengen (beispielsweise bei Wein), dann kann für Waren aus der EG bis zu einem Gesamtwert von DM 290,– pro Person das pauschalierte Verfahren angewendet werden. Es sind dann an der Grenze 5 v.H. des Wertes als Abgabe zu entrichten. Dafür ist wichtig, daß man die Rechnung bei sich hat. Außerdem muß klar sein, daß die Waren weder zum Handel noch zu gewerblicher Verwendung eingeführt werden.
Überschreitet man die Pauschalierungsgrenze, ist für Waren aus dem EG-Bereich die Mehrwertssteuer zu entrichten, bei Wein 14% des Wertes.
Wer in der Schweiz wohnt, darf abgabenfrei in sein Heimatland mitnehmen:

200 Zigaretten
1 Flasche Spirituosen
2 Liter Wein.

Wird die Freigrenze bei Wein überschritten, sind zu entrichten:
bis zu einer Gesamtmenge von 10 Litern Sfr –,50 pro Liter. Bei mehr als 10 Litern werden pro Liter Sfr 1,50 fällig. Höchstmenge 50 Liter für eine Person.
Wer in Österreich wohnt, darf abgabenfrei in sein Heimatland mitnehmen:

200 Zigaretten
1 Liter Spirituosen
2 Liter Wein.

Bei Überschreitungen fallen 20% des Wertes als Einfuhrumsatzsteuer, 7% Alkoholsteuer und als Zoll 630 Schilling für 100 Kilogramm an.

Erwähnte und empfehlenswerte Literatur

Über die übliche Funktion einer Bibliographie hinaus soll diese Liste dem Leser die Möglichkeit geben, über den Rahmen des Buches hinauszugehen und Anregungen zu folgen, die im Buch nur knapp angedeutet sind. Um dem Leser die Auswahl zu erleichtern, ist jedes Buch kurz charakterisiert.

Alberti, Leon Battista: *Della Pittura*

Alberti, Leon Battista: *De Statua*, beide in »Kleinere kunsttheoretische Schriften«, hrsg. von Hubert Janitschek, Wien, 1877.
Früheste kunsttheoretische Schriften von Bedeutung. Alberti hat bereits damals die Zusammenhänge zwischen Projektion und den Ursprüngen der Kunst erfaßt und dargestellt.

Arnheim, Rudolf: *Entropy and Art. An Essay on Order and Disorder*. Berkeley: University of California Press, 1971. Deutsch: Entropie und Kunst. Ein Versuch über Unordnung und Ordnung. Köln: DuMont Buchverlag, Taschenbuch 86. Ein kurzer Essay des bekannten Kunstpsychologen, welcher gerade dank der Anfechtbarkeit seiner Voraussetzungen und seiner Folgerungen eine äußerst anregende Lektüre darstellt.

Artusi, Pellegrino: *La scienza in cucina e l'arte di mangar bene*, Modena: La Vela, 1980
Der »Artusi« ist das klassische italienische Kochbuch. Die fast 700 Rezepte der »Kunst des guten Essens« stellen noch immer die Grundlage der italienischen Küche dar.

Barincou, Edmond: *Niccolò Machiavelli in Selbstzeugnissen und Bilddokumenten*, Reinbek bei Hamburg: Rowohlt Taschenbuch Verlag, 1958. Ein brauchbarer Überblick über das Leben Machiavellis mit interessanten Illustrationen.

Bateson, Gregory: *Style, Grace and Information in Primitive Art*.In: Bateson, Gregory: *Steps towards an Ecology of Mind*, London: Paladin Books, 1973. Deutsch: *Ökologie des Geistes*. S. 182 – 216 Frankfurt / Main: Suhrkamp 1984.
Gregory Bateson (1904-1980) – heute unverständlicherweise noch weitgehend unbekannt – zählt zu den wichtigsten Denkern und Wissenschaftlern dieses – und nicht nur dieses – Jahrhunderts. In diesem Essay stellt er im Rahmen einer Analyse eines balinesischen Gemäldes Kunst als Ausdruck menschlichen Verhaltens dar. Ein Vorgehen, mit dem sich jeder Kunstinteressierte auseinandersetzen sollte.

Behrmann, S. N.: *Duveen und die Millionäre*,Reinbek bei Hamburg: Rowohlt Taschenbuch Verlag, 1960.
Ein fesselnd geschriebenes Buch über den großen Kunsthändler Duveen, in dem auch Bernard Berenson als Experte für die Malerei der italienischen Renaissance eine wesentliche Rolle spielt.

Berenson, Bernard: *Italienische Maler der Renaissance*, Zürich: Phaidon, 1958.
Mit dieser Darlegung seiner Kunsttheorie hat Berenson seinen Ruhm begründet. Kritisch gelesen, stellt sie auch heute noch – rund 75 Jahre nach dem ersten Erscheinen der vier in diesen Bänden zusammengefaßten Essays – eine sehr instruktive Lektüre dar. Gut illustriert.

Berenson, Bernard: *Seeing and Knowing*, Greenwich, Connecticut: New York Graphic Society Art Library, 1953.
In diesem kurzen Essay über den Widerspruch von Wahrnehmung und Wissen zeigt Berenson, daß er erheblich tiefer blickte, als seine Kunsttheorie vermuten läßt.

Bergese, Nino:*Mangiare da re*, Mailand: Feltrinelli, 1972.
Ein modernes Kochbuch für italienische Küche von einem der größten italienischen Köche dieses Jahrhunderts. Nach vielen Jahren Tätigkeit in dem damals berühmten Restaurant »La Santa« in Genua hat er während der letzten Jahre seines Lebens in Imola im Restaurant »San Domenico« gearbeitet und die Grundlagen geschaffen, auf denen heute der junge Meister Valentino Marcattilii seine Kunst aufbaut und entfaltet.

Bierbaum, Otto Julius: *Eine empfindsame Reise im Automobil*, München: Langen-Müller, 1979.
Ein unterhaltsamer Bericht über eine Autoreise durch Italien in der Frühzeit des Automobils. Die Reise führt auch durch die Toskana.

Boccaccio, Giovanni: *»Der Decamerone«*,Zürich: Diogenes 1984 (detebe 1265) Enthält auch einen Bericht über die Pestepidemie, die im Jahre 1348 in der Stadt Florenz 40.000 der annähernd 90.000 Bewohner hingerafft haben soll. In Siena sollen damals von 42.000 nur 15.000 überlebt haben.

Brion, Marcel: *Die Medici*,Wiesbaden: F. A. Brockhaus 1971.
Instruktives und hervorragend illustriertes Werk über die Familie, die die florentinische Renaissance geprägt hat.

Clark, Kenneth:*Leonardo da Vinci in Selbstzeugnissen und Bilddokumenten*, Reinbek bei Hamburg: Rowohlt Taschenbuch Verlag, 1969. Ein guter Überblick über Leben und Werk Leonardos.

Dante Alighieri: *Die göttliche Komödie*,zweisprachig, München: Deutscher Taschenbuch Verlag, 1978. Die große und für die Entwicklung der italienischen Sprache so wichtige Dichtung.

Delort, Robert: *Life in the Middle Ages*, London Phaidon Press Ltd., 1974. Mit über 500 Bildern. Eines der wenigen Bücher, bei denen man meint, daß es tatsächlich eine Vorstellung des Alltagslebens im Mittelalter vermittelt.

Elffers, Joost – Schuyt, Michael – Leeman, Fred: *Anamorphosen. Ein Spiel mit der Wahrnehmung, dem Schein und der Wirklichkeit.* Köln: DuMont Buchverlag (DuMont Taschenbücher 107).
Ein sehr anregendes Buch über die Vielfalt von Darstellungs- und Sehmöglichkeiten, das einige sehr leicht faßbare Abschnitte über die Erfindung der Zentralperspektive enthält, sowie über die Form der Beziehung, die durch sie zwischen Kunstwerk und Betrachter geschaffen wird. Was hier vielleicht spielerisch wirkt, wird zum Hinweis auf umfassendere Tatsachen des Sehens.

Escher, M. C.: *Grafik und Zeichnungen*, München: Heinz Moos Verlag, 1979.
Das Buch gibt etwa siebzig der wichtigsten Arbeiten des großen Graphikers ganzseitig wieder. Jedes Bild ist von Escher knapp kommentiert. Eine richtungweisende Publikation.

Flaiano, Ennio: *L'opera completa di Paolo Uccello*, Mailand: Rizzoli Editore, 1971
Ein preisgünstiger Band, der in erster Linie aus Bildern besteht, also auch für den einen Gewinn darstellt, der nicht italienisch liest. Im Anhang ein vollständiger Katalog des Werkes von Uccello.

Flocon, Albert – Barre, André: *Die kurvenlineare Perspektive, vom gesehenen Raum zum konstruierten Bild.* Berlin, Wien: Medusa Verlag 1983.
Für alle, die sich für das Thema 'Perspektive' nachhaltig interessieren. In diesem Buch läßt der einstige Bauhaus-Student die Relativität des Sehens und der Perspektive deutlich werden.

Forster, Kurt W.: *Pontormo*, München: Bruckmann Verlag, 1966.
Eine ausführliche Monografie mit einem kritischen Katalog der Werke des Malers.

Freud, Sigmund: *Eine Kindheitserinnerung des Leonardo da Vinci*, in Freud, *Werke*, Studienausgabe Bd. 10, *Schriften zu bildender Kunst und Literatur*, Frankfurt am Main: S. Fischer Verlag, 1975.
Die berühmte Leonardo-Studie des Begründers der Psychoanalyse. Die Arbeit wirft mehr Licht auf die psychoanalytische Methodik und ihre Gefahren als auf Leonardo.

Galilei, Galileo:*Sidereus nuncius*, Frankfurt a.M.: Insel Verlag, Sammlung Insel 65.
Neben anderen Schriften Galileis enthält der Band eine gekürzte Fassung von Galileis *Dialog über die zwei Hauptsysteme der Welt*, Galileis berühmter Versuch, trotz des Schweigegebots, das die Inquisition ihm auferlegt hatte, das System des Ptolemäus dem heliozentrischen System des Kopernikus gegenüberzustellen. Die Veröffentlichung dieser Schrift führte zu einem neuen Prozeß und erneuter Verurteilung Galileis durch die Inquisition.

Gombrich, H. R.: *Die Geschichte der Kunst*, Stuttgart: Belser Verlag 1979
Ein außerordentlich lebendiger und anregender Überblick über künstlerische Entwicklungen und Ansätze auf dieser Erde. Hervorragend und instruktiv illustriert. Keine trockene Aneinanderreihung von Beschreibungen von Kunstwerken, sodern ein Buch, das Funktion, Wirkung und Wahrnehmung der bildenden Künste im Wandel der Kulturen faßbar werden läßt. Für jedermann verständlich geschrieben.

Gombrich, H. R. und Gregory, R. L. (Hg.): *Illusion in Nature and Art* (Beiträge von C. Blackmore, R. L. Gregory, H. E. Hinton, J. B. Deregowski, E. H. Gombrich, P. Penrose), London: Duckworth and Company, 1973.
Ein allgemein faßliches Buch über Probleme von Wahrnehmung und Darstellung in Natur, Alltag und Kunst unter Einbeziehung der biologischen Voraussetzungen. Hervorragend aufgemacht und illustriert.

Gombrich, H. R.: *Kunst und Illusion*, Stuttgart: Belser Verlag, 1979.
Das bisher wohl wesentlichste Buch überhaupt über den Zyklus Wahrnehmung – künstlerische Gestaltung – Wahrnehmung des Gestalteten.

Gombrich, H. R., Julian Hochberg, Max Black: *Kunst, Wahrnehmung, Wirklichkeit*, Frankfurt a.M.: Suhrkamp Verlag, Edition Suhrkamp, 1977.
Ein Büchlein, das auf knappe und eindringliche Art den Leser mit verschiedenen Aspekten der im Titel umrissenen Bereiche vertraut macht. Eine kurze Darstellung, die neugierig macht.

Gombrich, H. R.: *Norm and Form – Studies in the Art of the Renaissance*, London: Phaidon, 1977
Eine Sammlung von Aufsätzen, die zu einem großen Teil sich gerade mit der Kunst der florentinischen Renaissance befassen.

Gombrich, H. R.: *Symbolic Images. Studies in the Art of the Renaissance* II. London: Phaidon 1978.
Eine hochinteressante Erweiterung von in 'Norm

and Form' begonnenen Darstellungen.
Hemingway, Ernest: *Paris, ein Fest fürs Leben*, Reinbek bei Hamburg: Rowohlt Taschenbuch Verlag, 1965. Dieses Buch ist hier im Hinblick auf Ezra Pound interessant. Hemingway schildert seine Begegnungen mit dem Dichter in Paris. Es ergibt sich ein zusätzlicher Aspekt im vielfältigen und widersprüchlichen Bild von Ezra Pound.

Hemleben, Johannes: *Galileo Galilei in Selbstzeugnissen und Bilddokumenten*, Reinbek bei Hamburg: Rowohlt Taschenbuch Verlag, 1969.
Ein Lebensbild des Mannes, der durch Erweiterung des Erfahrungsrahmens die Alltagserfahrung des Volkes in Frage stellte.

Hofstadter, Douglas R.: *Gödel, Escher, Bach, ein endlos gewobenes Band*. Stuttgart: Klett – Cotta 1985.
Dieses außerordentliche und ungewöhnlich komplexe Buch, das bereits 1979 in den USA erschienen ist, liegt nun endlich in deutscher Übersetzung vor. Der Autor gibt– neben sehr vielen anderen– ausgezeichnete und erhellende Hinweise auf das Werk von Escher, sowie auch auf das Werk von Magritte. Es enthält auch zahlreiche Abbildungen von Werken der beiden Künstler.

Jauch, Josef M.: *Die Wirklichkeit der Quanten. Ein zeitgenössischer galileischer Dialog*. Mit einem Vorwort von Carl Friedrich von Weizsäcker, München: Carl Hanser Verlag, 1973.
In der Form und vermittels der Personen, die Galilei für seinen berühmten *Dialog über die zwei Hauptsysteme der Welt* wählte, stellt Professor Jauch die Probleme der heutigen Physik dar. Eine außerordentlich anregende und streckenweise amüsante Lektüre, die keine speziellen Vorkenntnisse erfordert. Einführung in die Quantentheorie.

Koch, Heinrich: *Michelangelo in Selbstzeugnissen und Bilddokumenten*. Reinbek bei Hamburg: Rowohlt Taschenbuch Verlag, 1966.
Eine brauchbare Monographie für jeden, der sich einen Überblick über das Leben Michelangelos verschaffen will.

Koestler, Arthur: *Die Nachtwandler. Das Bild des Universums im Wandel der Zeit*, Bern: Scherz Verlag, 1959.
Eine eindringliche und fundierte Darstellung des Weges von der Erdbezogenheit zur Sonnenbezogenheit.

Kroeber-Keneth, Ludwig: *Machiavelli und wir. Der Florentiner in neuer Sicht*, Stuttgart: Seewald Verlag, 1980.
Das Buch demonstriert die Anwendbarkeit der Gedanken und Ideen des Machiavelli in unserer Zeit.

Larkin, David: *Dali*, Verona: Arnoldo Mondadori, 1975.
Nur wenige Seiten Text, zahlreiche Wiedergaben von Gemälden. Das Buch vermittelt eine gute Vorstellung vom Schaffen von Salvador Dali.

Leonardo da Vinci, *The Literary Work of*, unter Zugrundelegung der deutschsprachigen Original-Ausgabe durch Jean Paul Richter (rev. Ausgabe 1938), London: Phaidon Press Ltd., 1970.
Band I des umfangreichen Werkes befaßt sich mit Malerei, Band II mit Bildhauerei, Architektur und Wissenschaft.

Leonardo da Vinci: *Paintings and Drawings* (mit der Leonardo-Biographie von Giorgio Vasari aus dem Jahre 1568), London: Phaidon Press Ltd., 1969
Alle Gemälde und fast 100 Zeichnungen Leonardos in guter Wiedergabe. Außerdem enthält das Buch einige Briefe und wichtige Dokumente, eine detaillierte Bibliographie und zahlreiche Anmerkungen. Ein ausgezeichneter Überblick über das Werk des großen Künstlers.

Leonardo da Vinci: *Treatise on Painting*, hrsg. von A. Philip McMahon, Princeton, 1956.
Leonardos grundlegende Schriften über Malerei.

Leonhard, Kurt: *Dante Alighieri in Selbstzeugnissen und Bilddokumenten*, Reinbek bei Hamburg: Rowohlt Taschenbuch Verlag, 1970.
Ein Überblick über das Leben des großen Dichters und zugleich über seine Zeit.

Machiavelli, Niccolò:*Der Fürst*, Stuttgart: Philipp Reclam, 1961.
Das berühmte und zu Unrecht vielfach verrufene Werk des großen Florentiners.

Malaparte, Curzio: *Verdammte Toskaner*, Karlsruhe: Stahlberg 1957.
Ein höchst amüsantes Buch über die Toskaner.

McCarthy, Mary: *Florenz*, München, Zürich: Knaur-Taschenbücher, 1967.
Eine sehr amüsante Plauderei der berühmten Romanautorin über Florenz und die Renaissance.

Marchesi, Gualtiero: *La mia nuova grande cucina italiana*. Mailand: Rizzoli Editore 1980. Deutsch: *Die große italienische Küche*. München: Wilhelm Heyne Verlag 1984 (Heyne Taschenbuch)
Das für die Modernisierung der italienischen Küche richtungweisende Buch des 'göttlichen Marchesi'. Zusammen mit der Philosophie des großen Restaurateurs und Kochs findet der Leser klar gefaßte Rezepte, die sich am heimischen Herd durchaus 'nachvollziehen' lassen

Morini, Gianluigi:*A tavola al San Domenico. Ricette a cura di Valentino Marcattilii*.Mailand: Rizzoli Editore 1982.

In diesem Buch präsentiert der 'Zauberer von San Domenico' neben einem Abriß der Geschichte seines einzigartigen Restaurants im Rahmen von zwanzig nach der jeweiligen Jahreszeit meisterhaft komponierten Menus die Rezepte des unvergleichlichen Valentino. Ein Regiebuch für festliche Menus.

Panofsky, Erwin: *Die Perspektive als symbolische Form.* In: *Aufsätze zu Grundfragen der Kunstwissenschaft.* Berlin: Verlag Volker Spiess, 1980.
In diesem Essay ist die Darstellung der Technik der Entwicklung der Zentralperspektive nur Anlaß für die Untersuchung dessen, was sich in diesem wichtigen Schritt der Maler der Renaissance ausdrückte, wovon er Funktion war.

Panofsky, Erwin: *Die Renaissancen der europäischen Kunst.* Frankfurt / Main: Suhrkamp 1984.
Eine bedeutende Theorie der Kunst der Renaissance mit wichtigen Erörterungen zur Entwicklung der Zentralperspektive, jenes kühnen Aufbruchs in eine neue 'unendliche' Erfahrungswelt.

Petrarca: *Sonette an Madonna Laura*, Zweisprachig, Stuttgart: Philipp Reclam, 1956.
Die berühmten Sonette des großen Lyrikers.

Pico della Mirandola, Giovanni: *Über die Würde des Menschen*, übersetzt von H. W. Rüssel, Leipzig: Pantheon Akademische Verlagsanstalt, 1940.
Hauptwerk des großen florentinischen Philosophen, der nur 31 Jahre alt wurde.

Pope-Henessy, John: *Paolo Uccello*, London: Phaidon Press Ltd., 1969.
Standardwerk über den großen Maler. Mit vollständigem Katalog der Werke Uccellos.

Pound, Ezra: *Pisaner Cantos*, Zweisprachige Ausgabe, hrsg. und übertragen von Eva Hesse, Zürich: Verlag der Arche, 1969.
Pounds Cantos LXXIV bis LXXXIV, die er im Lager bei Pisa verfaßt hat. Im Anhang eine Dokumentation zum Straflager bei Pisa.

Pound, Ezra, *Literary Essays of Ezra Pound*, Faber and Faber, 1968.
Die wesentlichsten Arbeiten von Ezra Pound, in denen seine Stärken wirklich zur Geltung kommen.

Pound, Ezra: *Selected Poems* 1908-1959, London: Faber and Faber, 1975.
Dieser Band enthält eine Reihe der besten Gedichte von Pound. Besonders interessant ist es, wenn man die frühen Gedichte seinen späteren Arbeiten – etwa den Pisaner Cantos – gegenüberstellt. Da wird die ganze Problematik dieses Mannes deutlich und zugleich die Problematik seiner Zeit.

Reichenbach, Hans: *Von Kopernikus bis Einstein*, in ders., Gesammelte Werke in 9 Bdn., Braunschweig: Vieweg, 1977 ff.
Eine knappe und prägnante Darstellung der Schritte, die zum gegenwärtigen Weltbild geführt haben

Rilke, Rainer Maria: *Das Florenzer Tagebuch.* Frankfurt / Main: Suhrkamp 1982 (Bibliothek Suhrkamp 791)
Hier hat Rilke als sehr junger Mann die Eindrücke dargestellt, die Florenz und seine Kunst auf ihn gemacht haben. Er ist dabei oft zu bemerkenswerten Einsichten gelangt.

Schneede, Uwe M.: *René Magritte, Leben und Werk.* Köln: DuMont-Kunsttaschenbücher, 1973
Eine Monografie, die dank der in ihr enthaltenen Abbildungen von Werken Magrittes sehr instruktiv wirkt hinsichtlich der von Magritte immer wieder dargestellten Paradoxien des Sehens. Nicht empfehlenswert ist der Text des Buches.

Shapley, Fern Rusk: *Paintings from the Samual H. Kress Collection: Italian Schools: 13th to 15th Century*, und
Shapley, Fern Rusk: *Paintings from the Samual H. Kress Collection: Italien Schools: 15th to 16th Century*, London: Phaidon Press Ltd, 1968.
Diese beiden Bände geben einen Begriff von einer der größten amerikanischen Sammlungen italienischer Renaissance-Malerei. Es handelt sich um eine jener großen Sammlungen, die mit Hilfe des von Bernard Berenson beratenen großen Kunsthändlers Duveen angelegt wurden.

Steinhardt, Wolfgang O.: *Überall wo es schön ist. Eine Erzählung aus der Toskana.* Berlin: Arcus 1984.
Eine Erzählung aus unseren Tagen, deren Lektüre auch zur Ergänzung und Erweiterung des Toskana-Reiseführers des gleichen Autors führen kann.

Tozzi, Federigo: *Das Gehöft.* München: Piper 1984.
Bei der Lektüre dieser Erzählung des bedeutenden italienischen Autors wird deutlich, wie hart das bäuerliche und ländliche Leben in der Toskana sein kann, und zwar sowohl für Eigner wie für Landarbeiter. Über beiden waltet die Unerbittlichkeit einer Tradition, in die sie hineingeboren und in der sie erzogen sind, so daß es ihnen schwer fällt sie abzubauen.

Vasari, Giorgio: *Leben und Werke der berühmtesten italienischen Architekten, Bildhauer und Maler*, hrsg. von F. Gansberg: Hamburg-Berlin 1913. Neuere Ausgabe: Lebensbeschreibungen der ausgezeichnetsten Maler, Bildhauer und Architekten der Renaissance. Hrsg. von Ernst Jaffé. Zürich: Diogenes 1980. (Kunst-detebe 26019).
Vasari berichtet als Zeitgenosse über die größten

Künstler der Renaissance. Dieses Werk wird später zu einem Ausgangspunkt einer Kunstwissenschaft, in der die Künstlerpersönlichkeiten im Vordergrund stehen.

Kartenmaterial

Für eine Liebhaber-Reise in die Toskana sind detailreiche und übersichtliche Straßenkarten erforderlich, der Maßstab sollte nicht größer als 1 : 200.000 sein. Solche Karten lassen sich im Rahmen eines Buches nicht veröffentlichen. Ebenso sollte man für den Besuch der Städte über Stadtpläne mit Straßenverzeichnissen verfügen, wie sie sich im Rahmen eines Buches nicht wiedergeben lassen.
Empfehlenswert:
Die Straßenkarte Toskana des Touring Club Italiano (Maßstab 1 : 200.000). Sie ist in allen Geschäftsstellen des Touring Clubs und in vielen Buchhandlungen in Italien erhältlich (Preis Lit. 6.000). Die Legende dieser Karte ist viersprachig. Für den Buchhandel in den deutschsprachigen Ländern ist diese Karte bei Kümmerly und Frey erschienen, Preis DM 12,80).
Wer sich in der einen oder anderen Provinz der Toskana besonders eingehend umsehen will, der sollte sich in Italien zusätzlich die entsprechende Provinzkarte kaufen. Diese Karten liegen in Maßstäben von 1 : 100.000 oder 1 : 150.000 vor und sind dank ihres kleineren Formats sehr handlich.
Außerdem sollte man jeweils vor Ort einen Stadtplan mit Straßenverzeichnis kaufen. Die Kosten sind gering und machen sich schnell bezahlt, man spart die Zeit für Umwege. Das kann oft genug entscheidend dafür sein, daß man ein Museum rechtzeitig erreicht und nicht vor verschlossenen Türen steht.
Für Florenz gibt es im Buchhandel einen Falkplan (DM 7,50) und einen Stadtplan von Hallwag (DM 6,80).

Ortsregister

Abetone 25

Albarese 213, 277
  Parco Naturale della Maremma 213, 277

Arezzo 185, 275
  Casa Vasari 275
  Chiesa (Kirche) San Francesco 185, 275
  Piazza Grande 185

Assisi 72

Bagno a Ripoli 135

Barratti, Golf von 215

Bolgheri 215

Carrara 219

Castagneto Carducci 215

Castellina in Chianti 27, 181

Castelnuovo dell'Abate 208
  Kloster S.Antimo 208

Certaldo 275
  Casa Boccaccio 275

Cetona 196 f.
  Convento di San Francesco fuori Umbra 196 f.

Chianciano Terme 164

Chianti 27, 180 f.

Chiusi 164, 210, 275
  Dom 210
  Museo Nazionale Etrusco 210, 275
  Tomba della Cimmia 210

Colle di Val d'Elsa 164

Cortona 210
  Palazzo Communale 210

Emilia-Romagna 61

Fiesole 28, 137, 275
  Römische Bauwerke 275

Florenz 18, 27, 30, 41 f., 77 ff., 275 f.
  Baptisterium 87 f.
  Boboli-Gärten 129, 134, 144 f., Abb. 145
    Bacchus 134
  Cappelle Medicee 149

Casa Buonarroti 135, 275
Certosa (Kartause) 137
Forte Belvedere 81, 88
Loggia 89
Mercato Centrale 149
Palazzo Medici-Riccardi 276
Palazzo Pitti 28, 129 ff., 252, 276
Palazzo Vecchio 88 f., 134, 276
Piazza della Signoria 88 f., 135
Piazzale Michelangelo 81
Ponte Vecchio 81, 93, 135
San Marco, Kloster 43
Via Tournabuoni 149
Kirchen
Orsanmichele 134
San Lorenzo 88, 149
Kreuzgang 149
Santa Croce 88, 134
Pazzi-Kapelle 134
Santa Maria del Fiore (Dom) 81 ff., 88, 275 f.
Abb. 82, 83, 84
Santa Maria Novella 134
Chiostro Verde 134
Museen
Bargello (Museo Nazionale) 89 f., 134, 275
Dom-Museum 86
Galleria dell'Accademia 86, 134, 275
Galleria Palatina (Palazzo Pitti) 129 ff., 252, 276
San Marco 46, 88, 110, 134, 276
Silbermuseum (Palazzzo Pitti) 131
Uffizien 91 ff., 119, 124, 129, 276, Abb. 91, 119
Tribuna der Venus 119, Abb. 119
Corridore Vasari 93 f., 129

Forte dei Marmi 220

Friaul-Julisch Venetien 69

Gaiole in Chianti 27, 161, 163, 182

Grosseto 213

Lago di Burano 277
Rifugio Faunistico 277

Livorno 216

Lucca 217 ff.
Palazzo Guinigi 219
Piazza del Anfiteatro 219
San Martino (Dom) 217
Volto Santo 217
San Michele 217 Abb. 217
Stadtmauer 218
Villa Mansi 219
Villa Reale 219

Mantua 68
Palazzo Ducale 68

Maremma 207 ff.
Parco Naturale 212 f.

Marina di Albarese 213

Marina di Pisa 216
Bocca d'Arno 216

Marzabotto 52

Massa Marittima 210, 213

Metano 230

Montalcino 208
Palazzo Priori 208
Fortessa 208

Montecarlo 219

Monte Oliveto Maggiore, Abbazia 183, 208, 275

Montepulciano 209
Piazza Grande 209
Palazzo Communale 209

Monterchi 276
Friedhofskapelle 276

Monteriggioni 180, 184

Orbetello 277
Rifugio Faunistico 277

Panzano 163

Pienza 208

Pisa 220 ff.
Campo Santo 222
Dom 220, 276
Flugplatz Galileo Galilei 49
Kapelle der Heiligen Agatha 220
Kirche della Spina 220
Lungarni 220
Museo delle Sinopie 276
Piazza dei Cavalieri 220
Piazza dei Miracoli 220 ff.
Santuario dei Caduti di Kindu 233, Abb. 233
Schiefer Turm (Torre pendente) 220, 276
Zitadelle 220

Populonia 215

Porrettana 52

Prato 137

Radda 27

Roselle 213

San Cerbone, Nekropole 215

San Galgano, Abbazia 183

San Gimignano 27, 163, 181, 189 ff., 276
Dom 194 f.
Kapelle der Heiligen Fina 194
Palazzo del Popolo 195, 276
Piazzale della Cisterna 191
Piazza Duomo 191
La Rocca 195

San Piero a Grado 49, 276
Basilica 49, 276

Sansepolcro 187 f., 276
Museo Civico 276

Santomato 143 ff., 276
Villa Celle 143 ff., 276

San Vincenzo 214

Settignano
Villa I Tatti 28, 137 f., 143, 276

Siena 161 ff., 165 ff., 188 f., 276 f.
Dom 169
Palazzo Pubblico 166, 168, 276
Piazza del Campo 166, 188, Abb. 166
San Domenico (Kirche) 189
Santuario e Casa di S. Caterina 189, 277
Torre del Mangia 168

Museen
Museo dell'Opera Metropolitana (Dom-Museum) 169, 276
Pinacoteca 169, 172, 276

Spergolaia 213

Talamone 277
Parco Nazionale della Maremma 277

Tirrenia 216

Urbino 188, 277
Casa di Raffaelo 277
Palazzo Ducale 277

Venedig 18, 89, 90

Vetulonia 213

Via Chiantigiana 181

Viareggio 220

Vinci 114, 137, 277
Museo Leonardino 277

Volterra 207

Register der Orte mit Liebhaber-Hotels oder Liebhaber-Restaurants

Hinter dem Ortsnamen in Klammern die Abkürzung des Namens der jeweiligen Provinz, so wie es in Italien üblicherweise geschrieben wird.

In der Region Toskana:

AR	Arezzo	MS	Massa-Carrara
FI	Firenze	PI	Pisa
GR	Grosseto	PT	Pistoia
LI	Livorno	SI	Siena
LU	Lucca		

Auf dem Wege in die Toskana kommen Orte in den folgenden Provinzen vor:

BO	Bologna	PR	Parma
BZ	Bolzano (Bozen)	PC	Piacenza
GE	Genova (Genua)	RE	Reggio nell'Emilia
MN	Mantova (Mantua)	SP	La Spezia
MI	Milano	TR	Terni
MO	Modena	TV	Treviso
PG	Perugia	UD	Udine

Die Namen der Provinzhauptstädte sind fast durchwegs identisch mit den Namen der Provinz, da entfallen die Zusatzbezeichnungen. Die Provinznamen geben einen Hinweis auf die Gegend, in der ein Ort liegt. Die Abkürzungen finden auch auf den Nummernschildern der Autos Verwendung.

Ameglia (SP) 71, 257

Assisi (PG) 72, 258

Borgo Pace (PS) 188, 265

Bressanone (Brixen) (BZ) 65, 256

Carmignano (FI) 157, 262

Cassinetta di Lugnano (MI) 59, 254

Castagneto Carducci (LI) 215, 267

Castellina in Chianti (SI) 163, 263

Certaldo (FI)

Hotel 164, 263
Restaurant 200, 265

Cetona (SI)
Hotel 164, 263
Restaurant 196, 266

Chiusi (SI)
Hotel 164, 264
Restaurant 200, 266

Colle Val d'Elsa (SI), 164, 264

Fiesole (FI)
Hotels 78, 259
Restaurant 154, 262

Florenz
Hotels 77–80, 258–259
Restaurants 152–157, 260–262
Treffpunkte 157–158, 262

Fonte Blanda (GR) 212, 268

Gaiole in Chianti (SI)
Hotels 160, 163, 264
Restaurants 202, 266

Goito (MN) 67, 256

Greve (FI) 203, 267

Imola (BO) 254, 64

Istia d'Ombrone (GR) 238, 265

Lago di Corbara (TR) 72, 258

Leccio Regello (FI) 80, 260

Leivi (GE) 70, 257

Livorno 237, 269

Lucca
Hotels 217, 268
Restaurant 235, 269

Maleo (MI) 60, 254

Marina di Pisa (PI) 236, 269

Mantova 68, 256

Meran (BZ) 67, 256

Modena 53, 255

Montalcino (SI) 200, 266

Montecarlo (LU) 235, 270

Montefollonico (SI) 198, 260

Monteriggioni (SI) 201, 267

Noceto (PR) 62, 255

Paderno di Ponzano (TV) 70, 257

Panzano (FI) 163, 264

Piacenza 60, 255

Pisa 236, 270

Polesine Parmense (PR) 61, 255

Ponte a Moriano (LU) 234, 270

Porto Ercole (GR) 211, 268

Prato (FI) 157, 262

Roncole Verdi (PR) 61, 255

RubierA (RE) 63, 255

San Gimignano (SI)
Hotels 163–164, 264
Restaurants 200, 267

San Macario in Piano (LU) 235, 270

San Rocco a Pilli (SI) 202, 267

San Vincenzo (LI)
Hotels 214, 268
Restaurant 233–234, 271

Siena
Hotels 162, 263
Restaurants 201–202, 265

Sinalunga (SI)
Hotel 164, 265
Restaurant 199, 267

Talamone (GR) 211, 269

Tirrenia (PI) 216, 269

Torgiano (PG) 73, 258

Treviso 70, 257

Tricesimo (UD) 69, 257

Vagliagli (SI) 202, 267

Vipiteno (Sterzing) (BZ) 65, 256

Personen- und Sachregister

Zahlen, die auf Abbildungen verweisen sind unterstrichen gedruckt, Verweisungen auf Stelle in Bildlegenden haben den Zusatz L.

Abstraktion 17, 111, 113, 113 L, 219, 231 f., 112, 179

Accademia della Crusca 41, 251

Alberti, Leon Battista 113, 247, 285

Alessi, Guiseppe 154 f.

Appollonio di Giovanni 101

Aristoteles 41

Artusi, Pellegrino 60, 285

Bankwesen 32, 190, 228, 246, 42

Bateson, Gregory 97, 285

Beltrami, Alfredo 70

Berenson, Bernard 28, 99, 108 f., 137 ff., 186, 285

Bergese, Nino 35, 285

Bergpredigt 114

Bibel 114

Boccaccio 246, 285

Bocuse, Paul 58

Borso d'Este, Herzog 44

Botticelli, Sandro 30, 43, 92, 95, 109, 111L, 114, 110, 112

Braque, George 105, 108

Bronzino, Agnolo 120

Brown, G. Spencer 9

Brunelleschi, Filippo 41, 85, 134, 246 f.

Brunicardi, Sauro 234

Bücherverbrennungen 44, 174

Buonaiuto, Andrea 134

Buonarroti, Lionardo 135

Byron, Lord George Gordon Noël 227

Canaletto 129

Cantarelli, Peppino 55

Carducci, Giosuè 215

Carrol, Lewis 75

Cellini, Benvenuto 89, 134. 88

Cézanne, Paul 33, 92

Cimabue 95, 166, 244, 96, 221

Cogny, George 61

Dali, Salvador 106, 108, 113, 116, 122 L, 127, 145, 287, 106

Dante, Aligheri 41, 87, 184, 244 f., 286

Donatello 89, 95, 100, 134, 90

Douglas, Clifford Hugh 228

Dovier, Vinicio 69

Duccio di Buoninsegna 95, 165 f., 169, 245, 173

Dunkley, John 152, 272

Dunkley, Palmina 272

Duveen, Joseph, Lord of Millbank 142 f.

Einstein, Albert 140, 224, 226 f, 232, 288

Eligio, Padre 197

Eliot, T.S. 229

Elisa, Herzogin von Lucca 217 f.

Environmentkunst 144 ff.

Escher, Maurice 106, 108, 286, 287, 108

Etrusker 52, 137, 207, 210, 213, 215, 243, 275

Feolde, Annie 55, 152 f.

Ferdinando Ottavio Ximines von Aragonien, Marquis 80

Ferrari, Massimo 67

Fina, Heilige 194 f.

Fitzgerald, Scott F. 239

Fra Angelico 109, 111 L, 134, 110

Fra Bartolomeo 45

Fra Giovanni da Verona 184

Franz von Assisi, Heiliger 196

Freud, Sigmund 118, 119, 140, 286

Fundamentalismus 229, 252 f.

Gaddi, Agnolo 86

Galileo Galilei 33, 222 ff., 251 f., 286

Gesell, Silvio 228

Ghiberti, Lorenzo 88

Ghirlandaio, Domenico 194 f.

Gimignano, San, Bischof von Modena 195

Giorgione 120 ff., 127, 143, 121, 122

Giotto di Bondone 31, 32, 34, 84, 88, 92, 95, 96, 165, 169 f., 245

Goethe, Johann Wolfgang von 45 L, 82, 150, 191 f.

Gogh, Vincent van 33, 92

Gombrich, E.H. 32, 109, 141, 286

Gori, Guiliano 144 ff.

Guardi, Francesco 129

Guareschi, Giovanni 61

Heine, Heinrich 227

Heinrich von Orleans, später König Heinrich II. 36

Heisenberg, Werner 140, 205, 226

Hellrigl, Andreas 66 f.

Hemmingway, Ernest 229, 231, 241, 287

Hitler, Adolf 43, 174

Hofer, Andreas 68

Holzherr, Georg, Abt 138, 147

Huxley, Aldous 27

Joyce, James 229

Jung, Carl Gustav 26

Karavan, Dani 146

Katharina von Medici 36, 61

Katharina von Siena, Heilige 189

Khomeini 174

Konflikte 33, 103

Korzybski, Alfred 13

Küche 17 ff., 35 f., 41, 53, 57, 198

Kultur 17, 19, 97, 113, 149 f., 212, 228, 238

Lawrence, T.E. 89

Leonardo da Vinci 5, 11, 16, 27, 30 ff., 92 f., 104, 108 f., 114 ff., 125, 128, 136, 167, 218, 231, 248 f., 285, 287, 115, 117, 125, 129, 133

Lippi, Filippo 137

Longhi, Pietro 129

Lorenz, Konrad Z. 26

Lorenzetti, Ambrogio 165, 168 f., 172, 172

Lucherini, Umberto und Dania 198 f.

Machiavelli, Niccolò 249, 287

Madonnen 95, 130 f., 96, 126, 129, 132, 133, 171, 173, 177

Magritte, René 106, 107 L

Malaria 210

Malerei 31, 33, 57, 92, 98, 113. 116, 140 ff, 165 f., 177 ff., 185 ff., 192

Manetti, Sergio 272

Mantegna, Andrea 68

Marcattilii, Valentino 64 f., 288

Marchesi, Gualtiero 35, 55 ff., 287

de Maria 146

Martini Tano 69

Masaccio 41

McCarthy, Mary 28, 287

Medici 285
  Cosimo I. 91, 247, 250
  Giovanni di Bicci 247
  Katharina 36, 61
  Lorenzo 43, 247 f., 44
  Maria 120

Meletti Cavallari, Piermario 272

Melotti Fausto 147, 147

Michelangelo Buonarroti 85 ff., 95, 119, 124 f, 129, 135 f., 149, 219, 249, 287, 87, 124, 135

Mondo X 197

Morini, Gianluigi 55, 64 f., 288

Morris, Robert 145

Napoleon I. 68, 89, 218

National-Galerie in Washington 142 f.

Newton, Isaak 224, 226

Ordnung 29, 130, 150, 177, 207, 222, 232

Painture absolut 113

Palio 167

Paracucchi, Angelo 54, 55, 71

Perspektive 33, 85, 91, 99, 101 L, 102 L, 104, 123 L, 286, 288

Petrini, Giorgio 62

Picasso, Pablo 105, 106

Pico della Mirandola, Giovanni 42 f., 97, 150, 178, 226, 228, 248, 288

Pierangelini, Fulvio 54, 55, 233 ff.

Piero della Francesca 184 ff., 186, 208

Pisano
- Andrea 88, 222
- Giovanni 169, 222
- Niccolò 222

Pinchiorri, Giorgio 55, 152 f.

Point, Fernand 153

Pontormo 31, 120, 125, 127, 286, 120, 126

Pound, Ezra 227 ff., 288

Puthod, Carmen 200

Quercia, Jacopo della 217

Raffael 129 ff., 131, 132

Reinhardt, Ad 108, 109 L

Rembrandt 129

Renaissance 31, 33 ff., 41 f., 42 L., 103, 150, 167, 196, 211 f., 219, 225, 252, 288

Rilke, Rainer Maria 94, 288

Routinen 29, 118, 125

Rubens, Peter Paul 129

Russell, Bertrand 138

Savonarola, Girolamo 43 ff., 103, 134, 177, 248 f., 253, 43, 45, 46

Schöpfungsgeschichten 97

Schopenhauer, Arthur 226

Sehen, Sehweisen 92, 94 ff., 99, 103 f., 107 L., 123 f., 138 f., 170, 185 ff., 209 f., 224

Shakespeare, William 209

Shelley, Percy Bisshe 227

Signorelli, Luca 184

Simone Martini 98, 109, 111 L., 165, 168, 177, 97, 111, 168, 177

Sokrates 41

Solari, Franco 70

Sozialer Druck 136, 191, 225

Staccioli, Mauro 145

Stalin 174

Steinhardt, Wolfgang O. 288

Strozzi, Familie 44

Symbol 62, 104, 109, 111, 138 f., 147, 175, 224

Tactil values (Berührungswerte) 138, 141, 166 f.

Taddeo di Bartolo 192, 193, 194

Tiepolo, Giovanni Batista 129

Tintoretto 129

Tizian 92, 127 ff., 143, 128, 129

Tramontana, Bruno und Sabina 54, 153 f.

Trakas, George 145

Uccello, Paolo 31, 33 f., 41, 85 f., 85 L., 98 ff., 103 f., 121, 127, 130, 134, 137, 139, 186 f., 222, 247, 286, 85, 98, 99, 101, 102, 103

Vasari, Giorgio 33, 91, 100, 119, 167, 250, 288, 44

Velasquez, Diego 120

Verdi Guiseppe 61

Verkündigungen 98, 195, 97, 110, 111, 115, 175

Verrocchio, Andrea del 89, 95, 134, 90

Villard de Honnecourt 116

Villon, Francois 159

Vissani, Gianfranco 55, 72

Warhol, Andy 83

Wahrnehmung 11, 140, 147, 178 f., 223, 225

Wein 39, 62, 182 f., 238, 271

Whitehead, Alfred North 138

Zocchi, Guiseppe 91

Zu den Abbildungen an den Kapitelanfängen:

S. 11: Paolo Ucello, Konstruktion (Ausschnitt), Uffizien

S. 13: Baldovinetti, Geburt Christi (Ausschnitt), Santissima Annunziata

S. 23: In der Kirche San Lorenzo, Florenz

S. 47: Zypressenallee nach Bolgheri (LI)

S. 75: Standbilder auf der Piazza della Signoria in Florenz

S. 159: Siena: Dom

S. 205: Der schiefe Turm von Pisa

S. 239: Gozzoli: Florentinische Landschaft (Ausschnitt), Fresko Palazzo Medici

S. 151 und Schutzumschlag (von oben nach unten):
Der Schiefe Turm von Pisa
Pontormo. Abendmahl, Uffizien
Siena: Dom
Badia di Fiesole
Im Gambero Rosso in S. Vincenzo
Siena, Piazza del Campo

Schutzumschlag, Rückseite von oben nach unten:
Am Golf von Barratti
Toskanische Landschaft
Blick auf Florenz

Bildnachweis

(Zahlen beziehen sich auf die Seiten)
Statens Konstmuseer – Moderna Museet, Stockholm 83 (unten)
Gabinetto Fotografico Soprintendanza Beni Artistici e Storico di Firenze 90 (rechts), 115, 126, 129, 133
»Fliegende Blätter« 105
Sopraintendanza B.A.S. – Siena 168, 171, 172, 173, 177
U.S. Army photograph 231
Réunion des musées nationaux, Louvre 142 (oben)
Pressefoto H.v. d. Becke, Berlin 142 (unten)
Alle übrigen vom Autor.

1986 erscheint in der Reihe
Liebhaber-Reiseführer:

Wolfgang O. Steinhardt

Venedig für Liebhaber

Ein Führer durch Land, Kunst, Geschichte und Gastronomie der Lagunenstadt, Venetiens und Friaul-Julisch Venetiens

ca. 300 Seiten, Leinen, 16 x 22 cm,
135 Abbildungen, ca. DM 44,00
ISBN 3-924720-05-3

Ein Reiseführer für alle, die nicht mit Daten vollgestopft werden wollen, bis sie vor lauter Wissen nichts mehr zu sehen vermögen. Eine Anleitung zum rückhaltlosen Erleben und Selbstherausfinden. »Wenn es nur Venedig gäbe, wäre Venedig unerträglich,« hat ein berühmter Reisender gesagt, »man muß es im Zusammenhang mit den Gebieten sehen, von denen seine Bewohner sich abgegrenzt haben, nur so wird es lebendig.«
Eine einmalige Stadt als Zeugnis von Glanz und Elend ihrer Bewohner, die sich mit ihr eine Zuflucht schufen, die ihnen im Laufe der Jahrhunderte zum Gefängnis wurde.
Zum großen Abenteuer der rückhaltlosen Begegnung mit der Lagunenstadt und ihrem geographischen und historischen Umfeld gehören als Ausgangspunkte stilvolle Hotels, genau wie hervorragende Restaurants als Orte der Rast und Begegnung mit der kulinarischen Kultur und Entwicklung. Der Autor gibt detaillierte Empfehlungen für über 100 erstklassige Adressen.

ARCUS

Cip-Kurztitelaufnahme der Deutschen Bibliothek

Steinhardt, Wolfgang O.:
Toskana für Liebhaber: e. Führer durch Land, Kunst, Geschichte u. Gastronomie / Wolfgang O. Steinhardt. – Berlin: Arcus, 1985.
(Liebhaber–Reiseführer; Nr. 1)

ISBN 3-924720-01-0

Verlegt bei Arcus-Print, Buchverlag
in Arcus-Medien, W. Steinhardt,
Berlin 33, Clayallee 74a.
Satz: Bongé & Partner, Berlin
Druck und Buchbinder: Franz Spiegel Buch GmbH, Ulm
Lithos: Decker & Wahl, Berlin
Umschlaggestaltung: W.O. Steinhardt
und Jürgen Stockmeier unter Verwendung
von Fotos des Autors.

ISBN 3-924720-01-0